Volvo S70, V70 & C70
Gör-det-själv handbok

RM Jex

Modeller som behandlas

(3590-256/3573)

Volvo S70, V70 och C70 modeller med 5-cylindriga bensinmotorer, inklusive specialmodeller
2.0 liter (1984cc), 2.3 liter (2319cc) och 2.5 liter (2435cc)

Behandlar inte fyrhjulsdrift, dieselmotorer eller Bi-fuel

© Haynes Group Limited 2000

En bok i **Haynes serie Gör-det-själv handböcker**

ISBN **978 0 85733 942 3**

British Library Cataloguing in Publication Data
En katalogpost för denna bok finns att få från British Library.

Haynes Group Limited
Haynes North America, Inc

www.haynes.com

Auktoriserad representant i EU

HaynesPro BV
Stationsstraat 79 F, 3811MH Amersfoort, The Netherlands
gpsr@haynes.co.uk

Ansvarsfriskrivning

Det finns risker i samband med fordonsreparationer. Förmågan att utföra reparationer beror på individuell skicklighet, erfarenhet och lämpliga verktyg. Enskilda personer bör handla med vederbörlig omsorg samt inse och ta på sig risken som utförandet av bilreparationer medför.

Syftet med den här handboken är att tillhandahålla omfattande, användbar och lättillgänglig information om fordonsreparationer för att hjälpa dig få ut mesta möjliga av ditt fordon. Den här handboken kan dock inte ersätta en professionell certifierad tekniker eller mekaniker. Det finns risker i samband med fordonsreparationer.

Den här reparationshandboken är framtagen av en tredje part och är inte kopplad till någon enskild fordonstillverkare. Om det finns några tveksamheter eller avvikelser mellan den här handboken och ägarhandboken eller fabriksservicehandboken, se fabriksservicehandboken eller ta hjälp av en professionell certifierad tekniker eller mekaniker.

Även om vi har utarbetat denna handbok med stor omsorg och alla ansträngningar har gjorts för att se till att informationen i denna handbok är korrekt, kan varken utgivaren eller författaren ta ansvar för förlust, materiella skador eller personskador som orsakats av eventuell felaktig eller utelämnad information.

Innehåll

DIN VOLVO S70, V70 & C70

UNDERHÅLL

Rutinmässigt underhåll

Innehåll

Volvo S70/V70 sedan- och kombimodeller presenterades i slutet av 1996, och är framtagna ur den framgångsrika 850-serien. Den nya serien har genomgått en ansiktslyftning och flera detaljer har ändrats men den har fortfarande en hel del gemensamt med 850, som till exempel den tvärmonterade motorn/växellådan, framhjulsdriften och den avancerade fjädringstekniken.

Volvo S70 sedan

Volvo V70 kombi

Volvo C70 Coupe

I april 1997 presenterades de fyrhjulsdrivna AWD-modellerna, följt av sportmodellen C70 i juni 1997. C70-modellen representerar ett djärvt steg för Volvo och är ett flaggskepp för Volvos nya strävan efter ökad körglädje. Under den smakfulla exteriören delar C70-modellen flera mekaniska komponenter med sedan- och kombimodellerna.

Alla motorer är femcylindriga radmotorer med bränsleinsprutning, med en volym på 1984cc, 2319cc eller 2435cc. Både motorer med och utan turbo finns tillgängliga. Motorerna är utrustade med ett övergripande motorstyrningssystem med omfattande avgasreningssystem.

Växellådorna är antingen femväxlade manuella växellådor eller fyrväxlade automatväxellådor med datorstyrning. Automatväxellådorna har tre lägen som låter föraren välja mellan växlingsegenskaper som lämpar sig för de olika körförhållandena ekonomi, sport eller vinter.

Bromsarna består av skivbromsar rakt igenom och handbromsen verkar på trummor inbyggda i de bakre bromsskivorna. Låsningsfria bromsar (ABS) och servostyrning är standard på alla modeller.

Ett stort utbud av standard- och extrautrustning finns som tillval för hela serien för att tillfredsställa så gott som alla smaker. Precis som med alla modeller från Volvo är säkerheten av största vikt och säkerhetssystemet (SRS) och sidokrockskyddssystemet (SIPS) bidrar till en genomgående mycket hög säkerhetsnivå för både förare och passagerare.

Förutsatt att regelbunden service utförs enligt tillverkarens rekommendationer, kommer Volvo S/V/C70 att uppvisa den avundsvärda pålitlighet som Volvo gjort sig kända för. Trots motorns komplexitet är motorrummet relativt rymligt, och de flesta komponenter som behöver regelbunden översyn är placerade lättåtkomligt.

Din handbok till Volvo

Syftet med den här handboken är att hjälpa dig att få så stor glädje av din bil som möjligt och den kan göra det på flera sätt. Boken är till hjälp vid beslut om vilka åtgärder som ska vidtas, även om en verkstad anlitas för att utföra själva arbetet. Den ger även information om rutinunderhåll och service och föreslår arbetssätt för ändamålsenliga åtgärder och diagnos om slumpmässiga fel uppstår. Förhoppningsvis kommer handboken dock att användas till försök att klara av arbetet på egen hand. Vad gäller enklare jobb kan det till och med gå snabbare att ta hand om det själv än att först boka tid på en verkstad och sedan ta sig dit två gånger, för att lämna och hämta bilen. Och kanske viktigast av allt, en hel del pengar kan sparas genom att man undviker de avgifter verkstäder tar ut för att kunna täcka arbetskraft och drift.

Handboken innehåller teckningar och beskrivningar som förklarar de olika komponenternas funktion och utformning. Arbetsförfarandena är beskrivna och fotograferade i tydlig ordningsföljd, steg för steg. Bilderna är numrerade med numren till det avsnitt och den punkt som de illustrerar. Om det finns mer än en bild per punkt anges ordningsföljden mellan bilderna alfabetiskt.

Hänvisningar till "vänster" eller "höger" avser vänster eller höger för en person som sitter i förarsätet och tittar framåt.

Tack till...

Tack till Champion Spark Plug för bilderna som visar skicket på tändstift i olika stadier, och till Duckhams Oils för uppgifter om smörjning. För vissa illustrationer har Volvo Car Corporation copyright och bilderna används med deras tillåtelse. Ett stort tack även till Draper Tools Limited som tillhandahöll vissa specialverktyg, samt till alla i Sparkford som har hjälpt till med denna handbok.

Vi är mycket stolta över tillförlitligheten i den information som ges i den här boken, men biltillverkare modifierar och gör konstruktionsändringar under pågående tillverkning och talar inte alltid om det för oss. Författarna och förlaget kan inte ta på sig något ansvar för förluster, skador eller personskador till följd av fel eller ofullständig information i denna bok.

Att arbeta på din bil kan vara farligt. Den här sidan visar potentiella risker och faror och har som mål att göra dig uppmärksam på och medveten om vikten av säkerhet i ditt arbete.

Allmänna faror

Skållning

• Ta aldrig av kylarens eller expansionskärlets lock när motorn är het.
• Motorolja, automatväxellådsolja och styrservovätska kan också vara farligt varma om motorn just varit igång.

Brännskador

• Var försiktig så att du inte bränner dig på avgassystem och motor. Bromsskivor och -trummor kan också vara heta efter körning.

Lyftning av fordon

• Vid arbete nära eller under ett lyft fordon, använd alltid extra stöd i form av pallbockar eller använd ramper. *Arbeta aldrig under en bil som endast stöds av en domkraft.*
• När muttrar eller skruvar med högt åtdragningsmoment skall lossas eller dras, bör man lossa dem något innan bilen lyfts och göra den slutliga åtdragningen när bilens hjul åter står på marken.

Brand och brännskador

• Bränsle är mycket brandfarligt och bränsleångor är explosiva.
• Spill inte bränsle på en het motor.
• Rök inte och använd inte öppen låga i närheten av en bil under arbete. Undvik också gnistbildning (elektrisk eller från verktyg).
• Bensinångor är tyngre än luft och man bör därför inte arbeta med bränslesystemet med fordonet över en smörjgrop.
• En vanlig brandorsak är kortslutning i eller överbelastning av det elektriska systemet. Var försiktig vid reparationer eller ändringar.
• Ha alltid en brandsläckare till hands, av den typ som är lämplig för bränder i bränsle- och elsystem.

Elektriska stötar

• Högspänningen i tändsystemet kan vara farlig, i synnerhet för personer med hjärtbesvär eller pacemaker. Arbeta inte med eller i närheten av tändsystemet när motorn går, eller när tändningen är på.

• Nätspänning är också farlig. Se till att all nätansluten utrustning är jordad. Man bör skydda sig genom att använda jordfelsbrytare.

Giftiga gaser och ångor

• Avgaser är giftiga. De innehåller koloxid vilket kan vara ytterst farligt vid inandning. Låt aldrig motorn vara igång i ett trångt utrymme, t ex i ett garage, med stängda dörrar.
• Även bensin och vissa lösnings- och rengöringsmedel avger giftiga ångor.

Giftiga och irriterande ämnen

• Undvik hudkontakt med batterisyra, bränsle, smörjmedel och vätskor, speciellt frostskyddsvätska och bromsvätska. Sug aldrig upp dem med munnen. Om någon av dessa ämnen sväljs eller kommer in i ögonen, kontakta läkare.
• Långvarig kontakt med använd motorolja kan orsaka hudcancer. Bär alltid handskar eller använd en skyddande kräm. Byt oljeindränkta kläder och förvara inte oljiga trasor i fickorna.
• Luftkonditioneringens kylmedel omvandlas till giftig gas om den exponeras för öppen låga (inklusive cigaretter). Det kan också orsaka brännskador vid hudkontakt.

Asbest

• Asbestdamm kan ge upphov till cancer vid inandning, eller om man sväljer det. Asbest kan finnas i packningar och i kopplings- och bromsbelägg. Vid hantering av sådana detaljer är det säkrast att alltid behandla dem som om de innehöll asbest.

Speciella faror

Flourvätesyra

• Denna extremt frätande syra bildas när vissa typer av syntetiskt gummi i t ex O-ringar, tätningar och bränsleslangar utsätts för temperaturer över 400 °C. Gummit omvandlas till en sotig eller kladdig substans som innehåller syran. *När syran väl bildats är den farlig i flera år. Om den kommer i kontakt med huden kan det vara tvunget att amputera den utsatta kroppsdelen.*
• Vid arbete med ett fordon, eller delar från ett fordon, som varit utsatt för brand, bär alltid skyddshandskar och kassera dem på ett säkert sätt efteråt.

Batteriet

• Batterier innehåller svavelsyra som angriper kläder, ögon och hud. Var försiktig vid påfyllning eller transport av batteriet.
• Den vätgas som batteriet avger är mycket explosiv. Se till att inte orsaka gnistor eller använda öppen låga i närheten av batteriet. Var försiktig vid anslutning av batteriladdare eller startkablar.

Airbag/krockkudde

• Airbags kan orsaka skada om de utlöses av misstag. Var försiktig vid demontering av ratt och/eller instrumentbräda. Det kan finnas särskilda föreskrifter för förvaring av airbags.

Dieselinsprutning

• Insprutningspumpar för dieselmotorer arbetar med mycket högt tryck. Var försiktig vid arbeten på insprutningsmunstycken och bränsleledningar.

⚠ *Varning: Exponera aldrig händer eller annan del av kroppen för insprutarstråle; bränslet kan tränga igenom huden med ödesdigra följder*

Kom ihåg...

ATT

• Använda skyddsglasögon vid arbete med borrmaskiner, slipmaskiner etc, samt vid arbete under bilen.

• Använda handskar eller skyddskräm för att skydda händerna.

• Om du arbetar ensam med bilen, se till att någon regelbundet kontrollerar att allt står väl till.

• Se till att inte löst sittande kläder eller långt hår kommer i vägen för rörliga delar.

• Ta av ringar, armbandsur etc innan du börjar arbeta på ett fordon - speciellt med elsystemet.

• Försäkra dig om att lyftanordningar och domkraft klarar av den tyngd de utsätts för.

ATT INTE

• Ensam försöka lyfta för tunga delar - ta hjälp av någon.

• Ha för bråttom eller ta osäkra genvägar.

• Använda dåliga verktyg eller verktyg som inte passar. De kan slinta och orsaka skador.

• Låta verktyg och delar ligga så att någon riskerar att snava över dem. Torka upp olje- och bränslespill omgående.

• Låta barn eller husdjur leka nära en bil under arbetets gång.

Följande sidor är tänkta att vara till hjälp vid hantering av vanligt förekommande problem. Mer detaljerad information om felsökning finns i slutet av boken, och beskrivningar av reparationer finns i bokens olika huvudkapitel.

Om bilen inte startar och startmotorn inte går runt

☐ Om bilen har automatväxellåda, se till att växelväljaren står på P eller N.
☐ Öppna motorhuven och kontrollera att batteripolerna är rena och ordentligt åtdragna.
☐ Slå på strålkastarna och försök starta motorn. Om strålkastarljuset försvagas mycket under startförsöket är batteriet troligen urladdat. Lös problemet genom att använda startkablar (se nästa sida) och en annan bil.

Om bilen inte startar trots att startmotorn går runt som vanligt

☐ Finns det bränsle i tanken?
☐ Finns det fukt i elsystemet under motorhuven? Slå av tändningen och torka bort synlig fukt med en torr trasa. Spraya vattenavvisande medel (WD-40 eller liknande) på tänd- och bränslesystemets elektriska kontaktdon som visas på bilden. Var extra noga med tändspolens kontaktdon och tändkablarna.

A Kontrollera att tändkablarna är ordentligt anslutna till fördelaren och att fördelarlocket är rent och ordentligt monterat. *Senare modeller har inga tändkablar eller fördelarlock.*

B Kontrollera att tändkablarna och kabelanslutningarna är ordentligt anslutna till tändspolen. *Senare modeller har inga tändkablar, och tändspolen är inte synlig.*

Kontrollera att alla elektriska anslutningar sitter säkert (med tändningen avslagen) och spraya dem med vattenavvisande medel av typen WD-40 om problemet misstänks bero på fukt.

C Kontrollera att kontaktdonen till luftflödesgivaren eller insugsluftens temperaturgivare sitter ordentligt.

D Kontrollera batterianslutningarnas skick och att de är ordentligt åtdragna.

TiPS *Start med startkablar löser ditt problem för stunden, men det är viktigt att ta reda på vad som orsakar batteriets urladdning.*
Det finns tre möjligheter:

1 *Batteriet har laddats ur efter ett flertal startförsök, eller för att lysen har lämnats på.*

2 *Laddningssystemet fungerar inte tillfredsställande (generatorns drivrem slak eller av, generatorns länkage eller generatorn själv defekt).*

3 *Batteriet är defekt (utslitet eller låg elektrolytnivå).*

Starthjälp

När en bil startas med hjälp av ett laddningsbatteri, observera följande:

✔ Innan det fulladdade batteriet ansluts, slå av tändningen.

✔ Se till att all elektrisk utrustning (lysen, värme, vindrutetorkare etc.) är avslagen.

✔ Observera eventuella speciella föreskrifter som är tryckta på batteriet.

✔ Kontrollera att laddningsbatteriet har samma spänning som det urladdade batteriet i bilen.

✔ Om batteriet startas med startkablar från batteriet i en annan bil, får bilarna INTE VIDRÖRA varandra.

✔ Växellådan ska vara i neutralläge (PARK för automatväxellåda).

1 Anslut den ena änden av den röda startkabeln till den positiva (+) polen på det urladdade batteriet.

2 Anslut den andra änden av den röda startkabeln till den positiva (+) polen på det fulladdade batteriet.

3 Anslut den ena änden av den svarta startkabeln till den negativa (-) polen på det fulladdade batteriet.

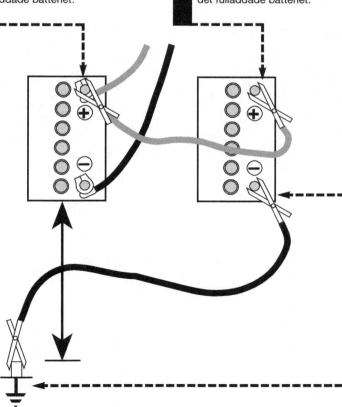

4 Anslut den andra änden av den svarta kabeln till en bult eller ett fäste på motorblocket, på ett visst avstånd från batteriet, på den bil som ska startas.

5 Se till att startkablarna inte kommer i kontakt med fläkten, drivremmarna eller andra rörliga delar av motorn.

6 Starta motorn med laddningsbatteriet och låt den gå på tomgång. Slå på lysen, bakrutevärme och värmefläktsmotor och koppla sedan loss startkablarna i omvänd ordning mot anslutning. Slå sedan av lysen etc.

Hjulbyte

⚠️ **Varning:** Byt aldrig hjul om du befinner dig i en situation där du riskerar att bli påkörd av ett annat fordon. Försök stanna i en parkeringsficka eller på en mindre avtagsväg om du befinner dig på en högtrafikerad väg. Håll uppsikt över passerande trafik, det är lätt att bli distraherad av arbetet med hjulbytet.

Förberedelser

- ☐ Vid punktering, stanna så snart det är säkert för dig och dina medtrafikanter.
- ☐ Parkera om möjligt på plan mark där du inte hamnar i vägen för annan trafik.
- ☐ Använd varningsblinkers om det behövs.

- ☐ Använd en varningstriangel (obligatorisk utrustning) för att göra andra trafikanter uppmärksamma på bilens närvaro.
- ☐ Dra åt handbromsen och lägg i ettan eller backen (P på automatväxellåda).

- ☐ Blockera det hjul som är placerat diagonalt mot det hjul som ska tas bort - några stora stenar kan användas till detta.
- ☐ Om marken är mjuk, lägg t.ex. en plankbit under domkraften för att sprida tyngden.

Hjulbyte

1 Reservhjulet och verktygen ligger under mattan i bagageutrymmet. Ta loss remmen och skruva loss verktyget och hjulklämman. Lyft sedan ut domkraften och verktygen från mitten av hjulet.

2 Ta bort eventuell hjulsida genom att antingen dra den rakt ut (stålfälgar) eller genom att bända bort den (vissa lättmetall-fälgar). Lossa hjulbultarna ett halvt varv med fälgkorset. STÅ ALDRIG på fälgkorset om bultarna sitter för hårt, ta istället hjälp av någon. På vissa modeller kan en speciell hylsa behövas till säkerhetsbulten – hylsan bör finnas i handskfacket.

3 Fäst domkraftsskallen i den förstärkta fästbygeln i mitten av tröskelns undersida (finns på båda sidorna av bilen, lyft aldrig bilen med domkraften mot någon annan del av tröskeln). Fyrhjulsdrivna (AWD) modeller har en extra stödpunkt framför bakhjulen och den måste användas vid punktering på bakhjulen.

4 Vrid handtaget medurs tills hjulet lyfts från marken.

5 Skruva loss hjulbultarna och ta bort hjulet.

6 Montera reservhjulet. Observera att det sitter en tapp på hjulnavet som måste passas in i hålet i det tillfälliga reservhjulet, eller i utrymmet inuti hjulnavet på vanliga hjul.

Slutligen...

- ☐ Ta bort hjulblockeringen.
- ☐ Lägg tillbaka domkraften och verktygen i bilen.
- ☐ Kontrollera lufttrycket i det nymonterade däcket. Om det är lågt eller om en tryck-mätare inte finns tillgänglig, kör långsamt till närmaste bensinstation och kontrollera/justera trycket. För utrymmesbesparande reservhjul gäller att trycket är betydligt högre än för normala däck.
- ☐ Låt reparera det skadade däcket eller hjulet så snart som möjligt.

7 Sätt i bultarna och dra åt dem något med fälgkorset. Sänk sedan ner bilen på marken och dra åt hjulbultarna ordentligt. Montera sedan hjulsidan om det är tillämpligt. Hjulbultarna ska lossas och dras åt till angivet moment så snart som möjligt.

Observera: *Vissa modeller är utrustade med ett speciellt lättviktigt "utrymmesbesparande" reservhjul. Däcket är smalare än på vanliga hjul och märkt med TEMPORARY USE ONLY (endast för tillfälligt bruk). Det utrymmes-besparande reservhjulet är endast avsett för tillfällig användning och* **måste** *bytas ut mot ett vanligt hjul så snart som möjligt. Kör extra försiktigt när reservhjulet är monterat. Var särskilt försiktig vid körning i skarpa kurvor och vid inbromsningar. Volvo rekommenderar en maxhastighet på 80 km/tim när reservhjulet är monterat.*

Pölar på garagegolvet (eller där bilen parkeras) eller våta fläckar i motorrummet tyder på läckor som man måste försöka hitta. Det är inte alltid så lätt att se var läckan är, särskilt inte om motorrummet är mycket smutsigt. Olja eller andra vätskor kan spridas av fartvinden under bilen och göra det svårt att avgöra var läckan egentligen finns.

 Varning: De flesta oljor och andra vätskor i en bil är giftiga. Vid spill bör man tvätta huden och byta indränkta kläder så snart som möjligt

Att hitta läckor

 Lukten kan vara till hjälp när det gäller att avgöra varifrån ett läckage kommer och vissa vätskor har en färg som är lätt att känna igen. Det är en bra idé att tvätta bilen ordentligt och ställa den över rent papper över natten för att lättare se var läckan finns. Tänk på att motorn ibland bara läcker när den är igång.

Olja från sumpen

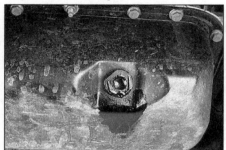

Motorolja kan läcka från avtappnings-pluggen . . .

Olja från oljefiltret

. . . eller från oljefiltrets packning.

Växellådsolja

Växellådsolja kan läcka från tätningarna i ändarna på drivaxlarna.

Frostskydd

Läckande frostskyddsvätska lämnar ofta kristallina avlagringar liknande dessa.

Bromsvätska

Läckage vid ett hjul är nästan alltid bromsvätska.

Servostyrningsvätska

Servostyrningsvätska kan läcka från styrväxeln eller dess anslutningar.

Bogsering

När ingenting annat hjälper kan du behöva bli bogserad hem – eller kanske är det du som får hjälpa någon annan med bogsering. Bogsering längre sträckor bör överlåtas till en verkstad eller en bärgningsfirma. Vad gäller kortare sträckor går det utmärkt med bogsering av en annan privatbil, men tänk på följande:

☐ Använd en riktig bogserlina – de är inte dyra.
☐ Slå alltid på tändningen när bilen bogseras så att rattlåset släpper och blinkers och bromsljus fungerar.
☐ Det finns en bogseringsögla under varje stötfångare. Den främre bogseringsöglan sitter dold bakom en skyddspanel under den främre stötfångarens högra ände **(se bild)**.

☐ Lossa handbromsen och ställ växellådan i neutralläge innan bogseringen börjar.
☐ Observera att du behöver trampa hårdare än vanligt på bromspedalen eftersom vakuumservon bara fungerar när motorn är igång.
☐ På modeller med servostyrning behövs även större kraft än vanligt för att vrida ratten.
☐ Föraren av den bogserade bilen måste vara noga med att hålla bogserlinan spänd hela tiden för att undvika ryck.
☐ Försäkra er om att båda förarna känner till den planerade färdvägen innan ni startar.
☐ Bogsera kortast möjliga sträcka och kom ihåg att högsta tillåtna hastighet vid bogsering är 30 km/tim. Kör försiktigt och sakta ner mjukt och långsamt innan korsningar.

☐ För modeller med automatväxellåda gäller särskilda föreskrifter. Om det råder tvekan om vad som gäller bör bilen inte bogseras med de drivande hjulen i kontakt med marken. Det finns risk för att växellådan skadas.

Den främre bogseringsöglan sitter dold bakom en panel i den främre stötfångaren

Inledning

Det finns ett antal mycket enkla kontroller som endast tar några minuter i anspråk, men som kan bespara dig mycket besvär och stora kostnader.

Dessa veckokontroller kräver inga större kunskaper eller specialverktyg, och den korta tid de tar att utföra kan visa sig vara väl använd, till exempel följande:

☐ Att hålla ett öga på däckens lufttryck förebygger inte bara att de slits ut i förtid utan det kan också rädda liv.

☐ Många motorhaverier orsakas av elektriska problem. Batterirelaterade fel är särskilt vanliga och genom regelbundna kontroller kan de flesta av dessa förebyggas.

☐ Om bilen får en läcka i bromssystemet kanske den upptäcks först när bromsarna slutar att fungera. Vid regelbundna kontroller av oljenivån uppmärksammas sådana fel i god tid.

☐ Om olje- eller kylvätskenivån blir för låg är det till exempel betydligt billigare att laga läckan direkt, än att bekosta dyra reparationer av de motorskador som annars kan uppstå.

Kontrollpunkter i motorrummet

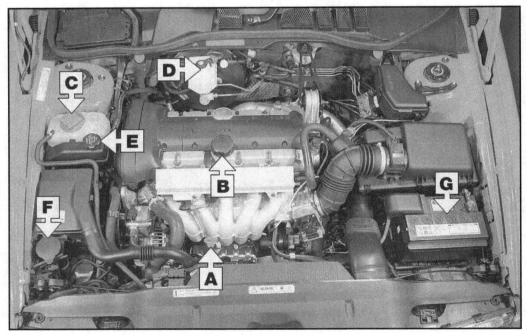

◀ 2.5 liters motor (andra liknande)

A *Mätsticka för motorolja*

B *Påfyllningslock för motorolja*

C *Kylsystemets expansionskärl*

D *Bromsoljebehållare*

E *Behållare för servostyrningsolja*

F *Spolarvätskebehållare*

G *Batteri*

Motoroljenivå

Innan arbetet påbörjas

✔ Se till att bilen står på plan mark.
✔ Oljenivån måste kontrolleras innan bilen körs, eller tidigast 5 minuter efter det att motorn stängts av.

 HAYNES TiPS *Om oljenivån kontrolleras omedelbart efter körning kommer det att finnas en del olja kvar i motorns övre utrymmen, vilket ger en felaktig nivå på oljestickan!*

Korrekt oljetyp

Moderna motorer ställer höga krav på oljans kvalitet. Det är viktigt att rätt olja används (Se Smörjmedel och vätskor på sidan 0•16).

Bilvård

● Om oljan behöver fyllas på ofta bör bilen undersökas med avseende på oljeläckor. Lägg ett rent papper under motorn över natten och se om det finns fläckar på det på morgonen. Om inga läckage upptäcks kan problemet vara att motorn bränner olja (se *Felsökning*) eller så förekommer läckaget endast när motorn är igång.

● Oljenivån ska alltid vara någonstans mellan oljemätstickans övre och nedre markering. Om oljenivån är för låg kan motorn ta allvarlig skada och oljetätningarna kan gå sönder om man fyller på allt för mycket olja.

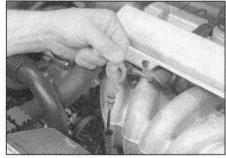

1 Mätstickans topp har en klar färg för att det ska gå lätt att hitta den (se *Kontrollpunkter i motorrummet* på sidan 0•10 för exakt placering). Dra upp oljemätstickan.

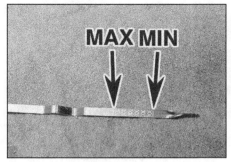

3 Observera oljenivån på mätstickans ände, som ska vara mellan det övre märket "MAX" och det nedre "MIN". Det skiljer ungefär 1,5 liter olja mellan min- och maxnivån.

2 Torka av oljan från mätstickan med en ren trasa eller en bit papper. Stick in mätstickan i röret och dra ut den igen.

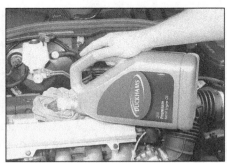

4 Skruva loss oljepåfyllningslocket och fyll på olja. En tratt hjälper till att minimera oljespill. Häll i oljan långsamt och kontrollera på mätstickan så att behållaren fylls med rätt mängd. Fyll inte på för mycket (se *Bilvård*).

Kylvätskenivå

 Varning: Skruva aldrig av expansionskärlets lock när motorn är varm eftersom det föreligger risk för brännskador. Låt inte behållare med kylvätska stå öppna – vätskan är giftig.

Bilvård

● Ett slutet kylsystem ska inte behöva fyllas på regelbundet. Om kylvätskan ofta behöver fyllas på har bilen troligen en läcka i kylsystemet. Kontrollera kylaren, alla slangar och fogytor efter stänk och våta märken och åtgärda eventuella problem.

● Det är viktigt att frostskyddsvätska används i kylsystemet året runt, inte bara under vintermånaderna. Fyll inte på med enbart vatten, då sänks koncentrationen av frostskydd.

1 Kylvätskebehållaren är placerad på höger innerskärm. Kylvätskenivån är synlig genom behållaren. Nivån varierar med motorns temperatur. När motorn är kall bör den ligga mellan MAX- och MIN-markeringen. När motorn är varm kan nivån ligga något över MAX-markeringen.

2 Vänta med att fylla på kylvätska tills motorn är kall. Skruva loss locket till expansionskärlet sakta, för att släppa ut övertrycket ur kylsystemet, och ta sedan bort det.

4 Häll en blandning av vatten och frostskyddsvätska i expansionskärlet tills kylvätskan når rätt nivå. Sätt tillbaka locket och dra åt ordentligt.

Broms- och kopplingsoljenivå

Varning:
● Var försiktig vid hantering av bromsolja eftersom den kan skada dina ögon och bilens lack.
● Använd inte olja ur kärl som har stått öppna en längre tid. Bromsolja drar åt sig fuktighet från luften vilket kan försämra bromsegenskaperna avsevärt.

HAYNES TIPS

● Se till att bilen står på plan mark.

● Nivån i oljebehållaren sjunker en aning allt eftersom bromsklossarna slits. Nivån får dock aldrig sjunka under MIN-markeringen.

Säkerheten främst!
● Om bromsoljebehållaren måste fyllas på ofta har bilen fått en läcka i bromssystemet, vilket i så fall måste undersökas omedelbart.

● Vid en misstänkt läcka i systemet får bilen inte köras förrän bromssystemet har kontrollerats. Ta aldrig några risker med bromsarna.

1 MAX- och MIN-markeringarna sitter på behållaren. Oljenivån måste alltid hållas mellan dessa två markeringar.

2 Om bromsoljan behöver fyllas på ska området runt påfyllningslocket först rengöras så att inte smuts kommer in i hydraulsystemet. Skruva loss behållarens lock och lyft försiktigt bort det. Var noga med att inte skada nivågivarens flottör. Undersök behållaren. Om oljan är smutsig ska hydraulsystemet tappas av och fyllas på igen (se kapitel 1).

3 Fyll på olja försiktigt. Var noga med att inte spilla på de omgivande komponenterna. Använd bara olja av angiven typ. Om olika typer blandas kan systemet skadas. När oljenivån är återställd, skruva på locket och torka bort eventuellt spill. Återanslut oljenivågivarens kontaktdon.

Servostyrningsoljans nivå

Innan arbetet påbörjas
✔ Se till att bilen står på plan mark.
✔ Vrid ratten så att hjulen pekar rakt framåt.
✔ Stäng av motorn.

HAYNES TIPS

För att kontrollen skall vara rättvisande får ratten inte vridas efter det att motorn har stängts av.

Säkerheten främst!
● Om servostyrningsoljan behöver fyllas på ofta betyder det att systemet läcker. Undersök och åtgärda detta omedelbart.

1 På tidiga modeller sitter behållaren på motorns högra, främre sida. På senare modeller sitter behållaren på den högra innerskärmen, framför kylsystemets expansionskärl. Rengör området runt behållarens påfyllningsrör och skruva loss påfyllningslocket/mätstickan från behållaren.

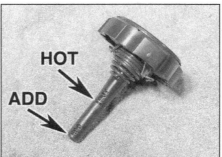

2 Doppa mätstickan i oljan genom att skruva tillbaka locket helt. När motorn är kall ska oljenivån ligga mellan ADD- och COLD-markeringen. När motorn är varm ska nivån ligga mellan ADD- och HOT-markeringen. Fyll på olja när nivån är vid ADD-markeringen.

3 Använd rätt sorts olja och fyll inte på behållaren för mycket. Dra åt locket ordentligt när oljenivån är korrekt.

Batteri

Varning: Läs "Säkerheten främst" i början av boken innan några som helst arbeten utförs på startbatteriet.

✔ Se till att batterilådan är i gott skick och att klämman sitter ordentligt. Rost på plåten, hållaren och batteriet kan tas bort med en lösning av vatten och bikarbonat. Skölj noggrant alla rengjorda delar med vatten. Alla rostskadade metalldelar ska först målas med en zinkbaserad grundfärg och därefter lackeras.

✔ Kontrollera regelbundet (ungefär var tredje månad) batteriets skick enligt beskrivningen i kapitel 5A.

✔ Om batteriet inte är av underhållsfri typ måste batteriets elektrolytnivå kontrolleras regelbundet – se kapitel 1.

✔ Om batteriet är urladdat och det behövs starthjälp för att starta bilen, se *Reparationer vid vägkanten.*

Korrosion på batteriet kan minimeras genom att man applicerar lite vaselin på batteriklämmorna och polerna när man dragit åt dem.

1 Batteriet är placerat framtill i motorrummet på vänster sida. Lossa och ta bort kåpan för att komma åt batteriet om det behövs. Batteriets utsida bör kontrolleras regelbundet efter skador som sprickor i höljet eller kåpan.

2 Kontrollera att batteriklämmorna sitter ordentligt så att de ger bästa möjliga ledareffekt. Det ska inte gå att rubba dem. Undersök också om kablarna är spruckna eller har fransiga ledare.

3 Om korrosion finns, ta bort kablarna från batteripolerna, rengör dem med en liten stålborste och sätt sedan tillbaka dem. Biltillbehörsbutiker säljer ett särskilt verktyg för rengöring av batteripoler. . .

4 . . . och batteriets kabelklämmor

Spolarvätskenivå

● På vissa modeller används spolarvätskan även till att rengöra strålkastarna, och på kombimodeller också till bakrutan.
● Spolarvätskekoncentrat rengör inte bara rutan utan fungerar även som frostskydd så

att spolarvätskan inte fryser under vintern. Fyll inte på med enbart vatten eftersom spolarvätskan då späds ut och kan frysa.

Använd aldrig kylvätska i spolarsystemet. Det kan missfärga eller skada lacken.

1 Spolarvätskebehållarens påfyllningsrör är placerat framtill i motorrummet till höger (själva behållaren sitter under bilen).

2 Lossa locket och kontrollera nivån i behållaren genom att titta ner i påfyllningsröret.

3 När behållaren fylls på bör spolarvätskekoncentrat tillsättas enligt rekommendationerna på flaskan.

Däckens skick och lufttryck

Det är viktigt att däcken är i bra skick och har rätt lufttryck – däckhaverier är farliga i alla hastigheter.

Däckslitage påverkas av körstilen – hårda inbromsningar och accelerationer eller tvära kurvtagningar leder till högt slitage. Generellt sett slits framdäcken ut snabbare än bakdäcken. Axelvis byte mellan fram och bak kan jämna ut slitaget, men om detta är effektivt kan du komma att behöva byta ut alla fyra däcken samtidigt.

Ta bort alla spikar och stenar som fastnar i däckmönstret så att de inte orsakar punktering. Om det visar sig att däcket är punkterat när en spik tas bort, sätt tillbaka spiken för att märka ut platsen för punkteringen. Byt sedan omedelbart ut det punkterade däcket och lämna in det till en däckverkstad för reparation, eller köp ett nytt.

Kontrollera regelbundet däcken med avseende på skador i form av rispor eller bulor, särskilt på däcksidorna. Ta loss hjulen med jämna mellanrum för att rengöra dem invändigt och utvändigt. Undersök om hjulfälgarna är rostiga eller korroderade eller har andra skador. Lättmetallfälgar skadas ofta av trottoarkanter vid parkering men även stålfälgar kan få bucklor. Är ett hjul väldigt skadat är ett hjulbyte ofta den enda lösningen.

Nya däck ska balanseras när de monteras men de kan också behöva balanseras om i takt med att de slits eller om motvikten på hjulfälgen ramlar av. Obalanserade däck slits ut snabbare än balanserade och orsakar dessutom onödigt slitage på styrning och fjädring. Vibrationer är ofta ett tecken på obalanserade hjul, särskilt om vibrationerna förekommer vid en viss hastighet (oftast runt 70 km/tim). Om vibrationerna endast känns genom styrningen är det troligt att framhjulen är obalanserade. Om vibrationerna däremot känns i hela bilen är det antagligen bakhjulen som är obalanserade. Balansering av hjul ska utföras av en däckverkstad eller annan lämpligt utrustad verkstad.

1 Mönsterdjup - visuell kontroll

Originaldäcken har säkerhetsband mot mönsterslitage (B), som blir synliga när däcken slitits ner ungefär 1,6 mm. En triangelformad markering på däcksidan (A) anger säkerhetsbandens placering.

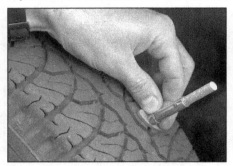

2 Mönsterdjup - manuell kontroll

Mönsterdjupet kan också kontrolleras med hjälp av en enkel och billig mönsterdjupsmätare.

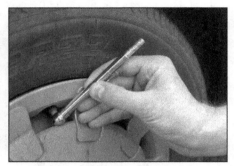

3 Däcktryck - kontroll

Kontrollera däcktrycket regelbundet när däcken är kalla. Justera inte däcktrycket omedelbart efter att bilen har använts, det kommer att resultera i felaktigt tryck.

Däckslitage

Slitage på sidorna

Otillräckligt lufttryck i däck (slitage på båda sidor)
Är trycket i däcken för lågt kommer däcket att överhettas på grund av för stora rörelser och mönstret kommer att ligga an mot underlaget på ett felaktigt sätt. Det bidrar till sämre fäste och överdrivet slitage och risken för punktering på grund av upphettning ökar.
Kontrollera och justera tryck
Felaktig cambervinkel (slitage på en sida)
Reparera eller byt ut fjädringen.
Hård kurvtagning
Sänk hastigheten!

Slitage i mitten

För högt däcktryck
För högt lufttryck orsakar snabbt slitage av mittersta delen av däcket, dessutom minskat väggrepp, stötigare gång och risk för stötskador i korden.
Kontrollera och justera tryck

Om däcktrycket ibland måste ändras till högre tryck avsett för maximal lastvikt eller ihållande hög hastighet, glöm inte att minska trycket efteråt.

Ojämnt slitage

Framdäcken kan slitas ojämnt på grund av felaktig hjulinställning. De flesta däckåterförsäljare och verkstäder kan kontrollera och justera hjulinställningen för en låg kostnad.
Felaktig camber- eller castervinkel
Reparera eller byt ut fjädringsdetaljer.
Defekt fjädring
Reparera eller byt ut fjädringsdetaljer.
Obalanserade hjul
Balansera hjulen.
Felaktig toe-inställning
Justera framhjulsinställningen.
Notera: *Den fransiga ytan i däckmönstret, ett typiskt tecken på toe-förslitning, kontrolleras bäst genom att man känner med handen över ytan.*

Torkarblad

Observera: *Monteringen av torkarbladen varierar beroende på modell och beroende på om äkta Volvo-torkarblad används eller inte. Använd procedurerna och bilderna som visas som riktlinje.*

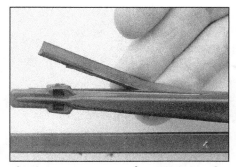

1 Kontrollera skicket på torkarbladen. Om de är spruckna eller visar tecken på åldrande, eller om vindrutan inte blir ren, ska de bytas ut. Torkarbladen ska bytas en gång om året.

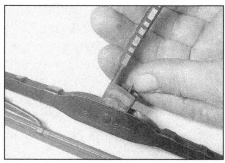

2 Böj ut torkararmen så långt från rutan det går innan den spärras. Vinkla bladet 90°, tryck in låsfliken med fingrarna och dra ut bladet ur armens böjda ände.

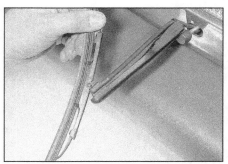

3 Glöm inte att också kontrollera strålkastarnas torkarblad. Ta bort bladet genom att lyfta armen och helt enkelt dra ut bladet ur fästet. Montera bladet genom att trycka tillbaka det ordentligt.

Glödlampor och säkringar

✔ Kontrollera alla yttre lampor samt signalhornet. Se aktuella avsnitt i kapitel 12 för närmare information om någon av kretsarna inte fungerar.

✔ Se över alla tillgängliga kontaktdon, kablar och kabelklämmor så att de sitter ordentligt och inte är skavda eller skadade.

Om du måste kontrollera blinkers och bromsljus ensam, backa upp mot en vägg eller garageport och sätt på ljusen. Det reflekterade skenet visar om de fungerar eller inte.

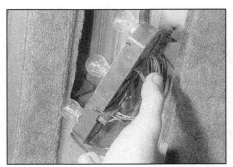

1 Om enstaka körriktningsvisare, bromsljus eller strålkastare inte fungerar beror det antagligen på en trasig glödlampa som behöver bytas ut. Se kapitel 12 för mer information. Om båda bromsljusen är sönder är det möjligt att bromsljusbrytaren är defekt (se kapitel 9).

2 Om mer än en blinkers eller strålkastare inte fungerar har troligen en säkring gått eller ett fel uppstått i kretsen (se kapitel 12). Säkringarna är placerade i säkringsdosan som sitter placerad i motorrummet på förarsidan, precis framför vindrutan. Extra säkringar finns i säkrings- och relädosan bakom det vänstra fjäderbensfästet men dessa säkringar byts i allmänhet ut av en Volvo-mekaniker. Om de har gått sönder beror det på ett allvarligt fel.

3 Använd den medföljande plastpincetten för att dra ut den säkring som behöver bytas. Montera en ny säkring med samma kapacitet (se kapitel 12). Om säkringen går sönder igen är det viktigt att orsaken till felet kontrolleras. En komplett kontroll beskrivs i kapitel 12.

Smörjmedel och vätskor

Motor . . . . Flergradig motorolja, viskositet SAE 10W/30, 10W/40, eller 15W/40, till ACEA A2 eller A3 (ACEA A3 för turbomotorer)
(Duckhams QXR Premium Petrol Engine Oil)

Kylsystem . . . . Etylenglykolbaserad frostskyddsvätska
(Duckhams Antifreeze and Summer Coolant)

Manuell växellåda . . . . Volvos syntetiska växellådsolja 97308

Automatväxellåda . . . . Volvos syntetiska växellådsolja 97337 (Dexron IIE-typ automatväxelolja)
(Duckhams ATF Autotrans III)

Bromssystem . . . . Broms- och kopplingsolja till DOT 4+ (eller DOT 4)
(Duckhams Universal Brake & Clutch Fluid)

Servostyrning . . . . Dexron typ ATF
(Duckhams ATF Autotrans III)

Däcktryck (kalla däck)

Observera: *Se etiketten med uppgifter om däcktryck på luckan till tanklocket (S70 och V70) eller på bakkanten av förarsidans dörr (C70) för information om absolut korrekt däcktryck. Angivna tryck gäller endast originaldäck. Om andra däck monteras, kontrollera tillverkarens rekommendationer.*

Observera: *De angivna trycken gäller endast för hastigheter upp till 160 km/h. Se etiketten med däcktrycksinformation eller fråga en Volvo-verkstad angående däcktryck för användning vid högre hastigheter.*

S70 och V70 modeller

Modeller utan turbo med framhjulsdrift:	Fram	Bak
S70:		
Upp till tre passagerare	2,2 bar	2,0 bar
Full belastning	2,3 bar	2,5 bar
V70:		
Upp till tre passagerare	2,2 bar	2,1 bar
Full belastning	2,4 bar	2,8 bar
Turbomodeller med framhjulsdrift:		
S70:		
Upp till tre passagerare	2,3 bar	2,1 bar
Full belastning	2,5 bar	2,5 bar
V70:		
Upp till tre passagerare	2,3 bar	2,2 bar
Full belastning	2,5 bar	2,8 bar
Fyrhjulsdrivna (AWD) modeller:		
S70:		
Upp till tre passagerare	2,2 bar	2,2 bar
Full belastning	2,5 bar	2,6 bar
V70, 15- och 16-tumshjul:		
Upp till tre passagerare	2,2 bar	2,3 bar
Full belastning	2,5 bar	2,8 bar
V70, 17-tumshjul:		
Upp till tre passagerare	2,5 bar	2,5 bar
Full belastning	2,6 bar	2,8 bar
Utrymmesbesparande reservdäck	4,2 bar	4,2 bar

C70 modeller

	Fram	Bak
16-tumshjul:		
Upp till tre passagerare	2,3 bar	2,1 bar
Full belastning	2,5 bar	2,4 bar
17-tumshjul:		
Upp till tre passagerare	2,3 bar	2,1 bar
Full belastning	2,5 bar	2,5 bar
18-tumshjul:		
Upp till tre passagerare	2,4 bar	2,2 bar
Full belastning	2,5 bar	2,5 bar
Utrymmesbesparande reservdäck	4,2 bar	4,2 bar

Anteckningar

Kapitel 1
Rutinmässigt underhåll

Innehåll

Svårighetsgrader

Enkelt, passar novisen med lite erfarenhet	**Ganska enkelt,** passar nybörjaren med viss erfarenhet	**Ganska svårt,** passar kompetent hemmamekaniker	**Svårt,** passar hemmamekaniker med erfarenhet	**Mycket svårt,** för professionell mekaniker

Smörjmedel och vätskor
Se slutet av *Veckokontroller* på sidan 0•16

Volymer

Motorolja

Avtappning och påfyllning inklusive filterbyte .... 5,8 liter (plus 0,9 liter för turbooljekylare – om den är tom)

Kylsystem

Motorer utan turbo .... 7,2 liter
Turbomotorer .... 7,0 liter

Bränsletank

Framhjulsdrivna modeller .... 68 liter
Fyrhjulsdrivna (AWD) modeller .... 66 liter

Motor

Oljefilter .... Champion C164

Kylsystem

Angiven frostskyddsblandning .... 50 % frostskyddsvätska/50 % vatten
Observera: *Se kapitel 3 för ytterligare information.*

Bränslesystem

Luftfilter .... Champion U644

Tändsystem

Tändstift:	Typ:	Elektrodavstånd
2.0 liters motorer:		
10-ventilers (B5202 S):		
T.o.m 1997	Champion RC9YCC	0,8 mm
Fr.o.m. 1998	Champion RC89TMC	Ej justerbart
20-ventilers utan turbo (B5204 S)	Champion RC89TMC	Ej justerbart
20-ventilers turbo (B5204 T)	Champion RC8PYP	0,7 mm
2.3 liters motorer:		
Utan turbo (B5234 S)	Champion RC89TMC	Ej justerbart
Turbo (B5234 T)	Champion RC8PYP	0,7 mm
2.5 liters motorer:		
Utan turbo (B5252 S och B5254 S*):		
T.o.m 1997	Champion RC9YCC	0,8 mm
Fr.o.m. 1998	Champion RC89TMC	Ej justerbart
Turbo (B5254 T*)	Champion RC8PYP	0,7 mm

*Observera: *Från slutet av 1999 och framåt har alla motorkoder på 2.5 liters motorer som börjar med B525 ändrats till B524, så B5252 S blir B5242 S och så vidare. Se specifikationerna i kapitel 2A för en fullständig lista över motorkoder.*

Bromsar

Främre bromsklossbeläggens minimitjocklek .... 3,0 mm
Bakre bromsklossbeläggens minimitjocklek .... 2,0 mm
Handbromsspakens rörelse:
    Efter justering .... 3 till 5 klick
    Vid användning .... maximalt 11 klick

Däck

Däcktryck .... Se slutet av *Veckokontroller* på sidan 0•17

Åtdragningsmoment

	Nm
Motorns oljeavtappningsplugg	35
Hjulbultar	110
Tändstift	25
Växellådans oljepåfyllnings-/nivåplugg	35

Underhållsintervallen i denna handbok förutsätter att arbetet utförs av en hemmamekaniker och inte av en verkstad. Dessa är genomsnittliga underhållsintervall som rekommenderas av tillverkaren för bilar som körs dagligen under normala förhåll-

anden. Räkna med att intervallen varierar något beroende på i vilken miljö bilen används och vilka påfrestningar den utsätts för. Om bilen konstant ska hållas i toppskick bör vissa moment utföras oftare. Vi rekommenderar tätt och regelbundet underhåll eftersom det höjer

bilens effektivitet, prestanda och andrahandsvärde.

Om bilen körs på dammiga vägar, används till bärgning, körs mycket i kösituationer eller korta körsträckor, ska intervallen kortas av.

Var 400:e km eller en gång i veckan

☐ Se *Veckokontroller.*

Var 8 000:e km eller var sjätte månad, det som först inträffar

☐ Byt motorolja och filter (avsnitt 3)

Observera: *Täta olje- och filterbyten är bra för motorn. Vi rekommenderar oljebyten efter de körsträckor som anges här, eller minst två gånger om året om körsträckan inte uppnår angivna värden.*

Var 16 000:e km eller var tolfte månad, det som först inträffar

Förutom de åtgärder som räknas upp ovan ska följande vidtas:

☐ Kontrollera bromsklossarnas skick (avsnitt 4).
☐ Undersök motorn noga efter oljeläckage (avsnitt 5).
☐ Kontrollera styrningens och fjädringens komponenter med avseende på skick och säkerhet (avsnitt 6).
☐ Kontrollera drivaxeldamaskernas skick (avsnitt 7)
☐ Undersök komponenterna till kopplingens hydraulsystem (avsnitt 8).
☐ Kontrollera växellådans oljenivå – manuell växellåda (avsnitt 9).
☐ Kontrollera batteriets elektrolytnivå (avsnitt 10).
☐ Undersök underredet, bromsarnas rör och slangar samt bränsleledningarna (avsnitt 11).
☐ Kontrollera avgassystemet med avseende på skick och säkerhet (avsnitt 12)
☐ Kontrollera handbromsinställningen (avsnitt 13).
☐ Kontrollera säkerhetsbältenas skick (avsnitt 14).
☐ Smörj lås och gångjärn (avsnitt 15).
☐ Kontrollera strålkastarinställningen (avsnitt 16).
☐ Kontrollera skicket på yttre dekor och lack (avsnitt 17).
☐ Kontrollera växelspaksvajerns inställning – automatväxellåda (avsnitt 18).
☐ Landsvägsprov (avsnitt 19).
☐ Kontrollera växellådsoljans nivå – automatväxellåda (avsnitt 20)
☐ Kontrollera luftkonditioneringssystemets funktion (avsnitt 21).

Var 32 000:e km eller vartannat år, det som först inträffar

Förutom de åtgärder som räknas upp ovan ska följande vidtas:

☐ Kontrollera drivremmens skick och byt ut den om det behövs (avsnitt 22).

Var 48 000:e km eller vart tredje år, det som först inträffar

Förutom de åtgärder som räknas upp ovan ska följande vidtas:

☐ Undersök fördelarlocket, rotorarmen och tändkablarna (avsnitt 23).
☐ Byt tändstift (avsnitt 24).

Var 64 000:e km eller vart fjärde år, det som först inträffar

Förutom de åtgärder som räknas upp ovan ska följande vidtas:

☐ Byt luftfilter (avsnitt 25)

Var 80 000:e km eller vart femte år, det som först inträffar

Förutom de åtgärder som räknas upp ovan ska följande vidtas:

☐ Byt bränslefilter (avsnitt 26)
☐ Kontrollera avgasreningssystemet (avsnitt 27).

Var 128 000:e km eller vart åttonde år, det som först inträffar

Förutom de åtgärder som räknas upp ovan ska följande vidtas:

☐ Byt kamrem (avsnitt 28) – se anmärkningen nedan.

Observera: *Vi rekommenderar å det starkaste att detta intervall halveras till var 64 000:e km. I synnerhet på bilar som utsätts för intensiv användning, det vill säga i huvudsak korta resor eller körning med många stopp och starter, som i stadstrafik. Det är således upp till ägaren hur ofta remmen byts, men tänk på att motorn skadas allvarligt om remmen går sönder.*

Vartannat år, oberoende av körsträcka

☐ Byt kylvätska (avsnitt 29)
☐ Byt bromsolja (avsnitt 30)

Översikt över motorrummet på en senare 2.5 liters modell utan turbo

1   Kylsystemets expansionskärl
2   Servostyrningsbehållare
3   Huvudsäkringsdosa
4   Övre kamremskåpa
5   Bromshuvudcylinderns behållare
6   Tändstiftskåpa
7   ABS-systemets modulator
8   Extra säkringsdosa
9   Fjäderbenets övre fäste
10 Luftrenare
11 Batteri
12 Kylarfläktskåpa
13 Insugsgrenrör
14 Bränslefördelarskena
15 Oljepåfyllningslock
16 Mätsticka för motorolja
17 Kylarens övre slang
18 Servostyrningspump
19 Generator
20 Spolarbehållarens påfyllningsrör

Översikt över det främre underredet på en senare 2.5 liters modell

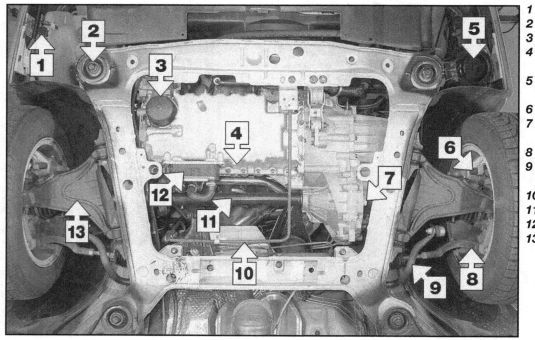

1   Vindrutespolarpump
2   Kryssrambalkens fäste
3   Oljefilter
4   Motoroljans avtappningsplugg
5   Andunstningsregleringens kolfilter
6   Främre bromsok
7   Avtappningsplugg till manuell växellåda
8   Styrstagsände
9   Krängningshämmarens anslutningslänk
10 Servostyrningens oljerör
11 Höger drivaxel
12 Motoroljekylare
13 Fjädringens länkarm

Översikt över det bakre underredet på en 2.5 liters kombimodell

1 Bränslefilter
2 Avgassystemets centrala ljuddämpare
3 Bakre krängningshämmare
4 Bakfjädringens hjälparm
5 Handbromsvajer
6 Bakre stötdämpare
7 Bakre bromsok
8 Avgassystemets bakre ljuddämpare
9 Bränsletank
10 Bränslepåfyllningsrör
11 Bakre spiralfjäder
12 Bakfjädringens tvärarm

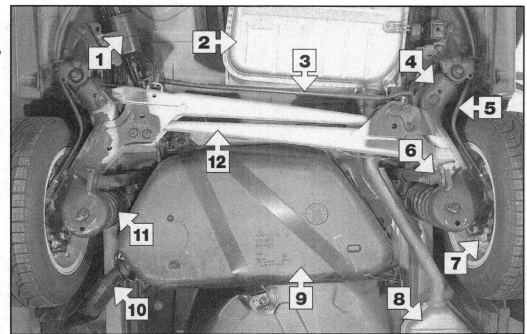

Underhållsarbeten

1 Inledning

Detta kapitel är utformat för att hjälpa hemmamekanikern att underhålla sin bil på ett sådant sätt så att den förblir säker och ekonomisk och ger lång tjänstgöring och topprestanda.

Kapitlet innehåller ett underhållsschema som följs av avsnitt som i detalj behandlar åtgärderna i schemat. Kontroller, justeringar, byte av delar och annat nyttigt är inkluderat. Se de tillhörande bilderna av motorrummet och underredet vad gäller de olika delarnas placering.

Underhåll av bilen enligt schemat för tid/körsträcka och de följande avsnitten ger ett planerat underhållsprogram som bör resultera i lång och pålitlig tjänstgöring för bilen. Planen är heltäckande, så om man väljer att bara underhålla vissa delar, men inte andra, vid angivna tidpunkter går det inte att garantera samma goda resultat.

Under arbetet med bilen kommer det att visa sig att många arbeten kan – och bör – utföras samtidigt, antingen på grund av den typ av åtgärd som ska utföras eller helt enkelt för att två separata delar råkar vara placerade nära varandra. Om bilen t.ex. av någon anledning lyfts upp, kan kontroll av avgassystemet utföras samtidigt som styrning och fjädring kontrolleras.

Första steget i detta underhållsprogram är att vidta förberedelser innan själva arbetet påbörjas. Läs igenom relevanta avsnitt, gör sedan upp en lista på vad som behövs och skaffa verktyg och delar. Om problem dyker upp, rådfråga en specialist på reservdelar eller vänd dig till återförsäljarens serviceavdelning.

Servicedisplay

Alla modeller är utrustade med en servicedisplay på instrumentbrädan. När en förutbestämd sträcka, tidsperiod eller ett förutbestämt antal timmar med motorn igång har förflutit sedan displayen senast återställdes, kommer serviceindikatorn att tändas som påminnelse om när det är dags för nästa service.

Displayen behöver inte nödvändigtvis ses som en absolut guide till bilens servicebehov, men den är bra som påminnelse så att den regelbundna servicen inte glöms bort av misstag. Äldre bilar eller bilar som inte körs så långt årligen kan behöva service oftare. I sådana fall är servicedisplayen mindre relevant.

Displayen ska återställas varje gång bilen har servats. I skrivande stund verkar det som att detta endast kan utföras av en Volvo-mekaniker.

2 Regelbundet underhåll

1 Om underhållsschemat följs noga från det att bilen är ny och om vätske- och oljenivåerna och de delar som är utsatta för stort slitage kontrolleras enligt denna handboks rekommendationer, hålls motorn i bra skick och behovet av extra arbete minimeras.

2 Ibland går motorn dåligt på grund av bristande underhåll. Risken för detta ökar om bilen är begagnad och inte fått tät och regelbunden service. I sådana fall kan extra

arbeten behöva utföras, utöver det normala underhållet.

3 Om motorn misstänks vara sliten ger ett kompressionsprov (se kapitel 2A) värdefull information om de inre huvudkomponenternas skick. Ett kompressionsprov kan användas för att avgöra omfattningen på det kommande arbetet. Om provet avslöjar allvarligt inre slitage är det slöseri med tid och pengar att utföra underhåll på det sätt som beskrivs i detta kapitel, om inte motorn först renoveras (kapitel 2B).

4 Följande åtgärder är de som oftast behöver vidtas för att förbättra prestanda hos en motor som går dåligt:

Primära åtgärder

a) Rengör, undersök och testa batteriet (se Veckokontroller och avsnitt 10).
b) Kontrollera alla motorrelaterade oljor och vätskor (se Veckokontroller).
c) Kontrollera drivremmens skick (avsnitt 22)
d) Undersök fördelarlocket, rotorarmen och tändkablarna, om det är tillämpligt – till och med modellår 1999 (avsnitt 23).
e) Byt ut tändstiften (avsnitt 24).
f) Kontrollera luftrenarens filterelement och byt ut det om det behövs (avsnitt 25).
g) Byt ut bränslefiltret (avsnitt 26).
g) Kontrollera skicket på samtliga slangar och leta efter läckor (avsnitt 5).

Sekundära åtgärder

5 Om ovanstående åtgärder inte ger fullständiga resultat, gör följande:
Alla åtgärder som anges under *Primära åtgärder*, samt följande:
a) Kontrollera laddningssystemet (kapitel 5A).
b) Kontrollera tändsystemet (kapitel 5B).
c) Kontrollera bränslesystemet (kapitel 4A och B).
d) Byt ut fördelarlocket och rotorarmen, om tillämpligt (avsnitt 23 och kapitel 5B).
e) Byt ut tändkablarna, om tillämpligt (avsnitt 23).

Var 8 000:e km eller var sjätte månad

3 Motorolja och filter – byte

HAYNES TiPS *Täta oljebyten är det bästa förebyggande underhåll en hemmamekaniker kan ge en motor eftersom begagnad olja blir utspädd och förorenad med tiden, vilket medför att motorn slits ut i förtid.*

1 Se till att alla nödvändiga verktyg finns tillgängliga innan den här åtgärden påbörjas. Flera trasor och tidningspapper kommer att

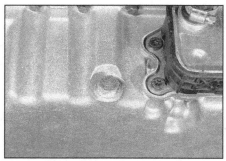
3.3 Skruva loss oljesumpens avtappningsplugg och låt oljan rinna ut

behövas för att torka upp spill. Oljan ska helst bytas medan motorn fortfarande är uppvärmd till normal arbetstemperatur, just när den blivit körd. Varm olja och varmt slam blir nämligen mer lättflytande. Se dock till att inte vidröra avgassystemet eller andra heta delar vid arbete under bilen. Använd handskar för att undvika skållning och för att skydda huden mot irritationer och skadliga föroreningar i begagnad motorolja.

2 Det går betydligt lättare att komma åt bilens underdel om bilen först hissas upp med en lyft, körs upp på ramper eller ställs på pallbockar. (Se *Lyftning och stödpunkter*). Oavsett metod, se till att bilen står plant, eller om den lutar, att oljesumpens avtappningsplugg befinner sig nederst på motorn. På tidigare modeller kan man behöva ta bort motorns undre skyddskåpa för att komma åt oljesumpen och filtret.

3 Placera behållaren under avtappningspluggen och skruva loss pluggen **(se bild)**. Om det går, försök pressa pluggen mot oljesumpen när den skruvas loss för hand de sista varven.

HAYNES TiPS *När avtappningspluggen släpper från gängorna, dra snabbt undan den så att oljan hamnar i kärlet och inte i tröjärmen!*

4 Låt oljan rinna ut i behållaren. Undersök pluggens tätningsbricka och byt ut den om den är sliten eller skadad.

5 Låt den gamla oljan rinna ut ordentligt. Observera att behållaren kan behöva flyttas något när oljeflödet saktar av. När all olja runnit ut, torka ren avtappningspluggen och gängorna i oljesumpen. Skruva sedan tillbaka pluggen och dra åt den till angivet moment.

6 Oljefiltret sitter i oljesumpens nederdel på den främre högra sidan.

7 Ställ behållaren under oljefiltret. Lossa filtret med ett filterborttagningsverktyg, om det behövs, och skruva sedan bort filtret för hand. Var beredd på oljespill **(se bilder)**. Töm ut oljan från filtret i behållaren.

8 Rengör motorblocket runt filterfästet med en ren, luddfri trasa. Undersök det gamla filtret för att se till att gummitätningsringen inte har fastnat på motorn. Ta försiktigt bort den om den har fastnat.

9 Applicera ett tunt lager ren motorolja på det nya filtrets tätningsring **(se bild)**. Skruva fast filtret på motorn tills det fäster i rätt läge och dra åt ordentligt för hand – använd **inte** några verktyg.

10 Ta bort behållaren med gammal olja och verktygen under bilen och Sänk ner bilen.

11 Ta bort mätstickan och oljepåfyllningslocket från motorn. Fyll motorn med rätt klass och typ av olja (se *Specifikationer*). Börja med att hälla i halva den angivna mängden olja och

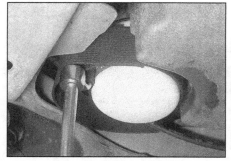
3.7a Lossa oljefiltret med ett lämpligt filterborttagningsverktyg . . .

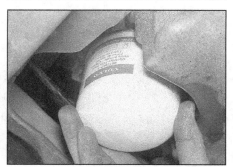
3.7b . . . skruva sedan bort filtret för hand

3.9 Lägg ett tunt lager ren motorolja på det nya filtrets tätningsring

vänta några minuter så att den hinner sjunka ner i oljesumpen **(se bild)**. Fortsätt hälla i olja, lite i taget, tills nivån når upp till mätstickans nedre nivåmarkering. Om ytterligare ungefär 1,5 liter olja fylls på kommer nivån att höjas till stickans maximinivå.

12 Starta motorn. Det tar några sekunder innan varningslampan för oljetryck slocknar medan det nya filtret fylls med olja. Varva inte motorn medan lampan lyser. Låt motorn gå i några minuter och leta under tiden efter läckor runt oljefiltertätningen och avtappningspluggen.

13 Stäng av motorn och vänta ett par minuter på att oljan ska rinna tillbaka till oljesumpen. Kontrollera oljenivån igen när den nya oljan har cirkulerat och filtret är fullt. Fyll på mer olja om det behövs.

14 Ta hand om den använda motoroljan på ett säkert sätt och i enlighet med gällande miljöförordningar (se *Allmänna reparationsanvisningar*).

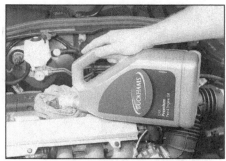

3.11 Motorn fylls med olja

Var 16 000:e km eller var tolfte månad

4 Bromsklosslitage – kontroll

1 Lyft upp framvagnen/bakvagnen och ställ den på pallbockar (se *Lyftning och stödpunkter*).

2 Ta bort hjulen för att komma åt bromsoken bättre.

3 Titta genom inspektionsfönstret i bromsoket och kontrollera att friktionsbeläggets tjocklek på klossarna inte understiger den rekommenderade minimitjockleken i *Specifikationer* **(se bild)**. Om någon av bromsklossarna är nedsliten till eller under minimitjockleken måste *alla fyra* bromsklossarna bytas ut samtidigt (d.v.s. alla främre bromsklossar eller alla bakre bromsklossar).

4 Om en fullständig kontroll ska utföras bör bromsklossarna demonteras och rengöras. Bromsklossarnas funktion kan då kontrolleras och bromsskivorna kan undersökas noga. Se kapitel 9 för mer information.

5 Kontroll under motorhuven – slangar och läckage

Varning: Byte av luftkonditioneringens slangar måste överlåtas till en verkstad eller till en specialist på luftkonditionering som har utrustning för att tryckutjämna systemet på ett säkert sätt. Ta aldrig bort luftkonditioneringens komponenter eller slangar innan systemet har tryckutjämnats.

Allmänt

1 Höga temperaturer i motorrummet kan orsaka uttorkning av gummi- och plastslangarna till motorns, hjälpsystemens och avgassystemets funktion. Slangarna bör kontrolleras regelbundet efter tecken på sprickor, lösa klämmor, materialförhårdningar och läckage.

2 Kontrollera noga kylarens övre och nedre slang **(se bild)**, tillsammans med kylsystemets tunnare slangar och metallrör. Glöm inte bort värmeslangarna/-rören som leder från motorn till torpedväggen. Undersök varje slang i dess helhet och byt ut de slangar som är spruckna, som har svällt eller som visar tecken på att ha torkat. Eventuella sprickor syns bättre om slangen kläms ihop.

3 Se till att alla slanganslutningar sitter ordentligt. Om fjäderklämmorna som används för att fästa vissa av slangarna verkar sitta löst ska de bytas ut mot klämmor av skruvtyp för att förhindra att läckor uppstår.

4 Vissa av slangarna sitter redan fästa med klämmor av skruvtyp. Undersök dessa och kontrollera att de inte har lossnat och läckage uppstått. Om inga klämmor används, kontrollera att slangarna inte har förstorats och/eller hårdnat där de sitter över anslutningarna och på så sätt gett upphov till läckor.

5 Kontrollera alla olje- och vätskebehållare, påfyllningslock, avtappningspluggar och anslutningar etc. och leta efter tecken på läckage av motorolja, hydraulolja från

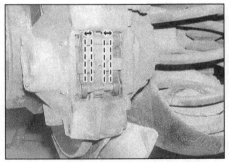

4.3 Bromsklossarnas tjocklek kan ses genom inspektionsfönstret

5.2 Kontrollera att alla slangar sitter ordentligt och inte läcker

HAYNES TiPS

Kylvätskeläckage visar sig vanligen som vita eller rostfärgade avlagringar i området runt läckan.

5.6 Kontrollera alla vakuumslangar. Se till att de inte har delat sig eller klämts sönder av fästklämmorna

växellåda och/eller bromsar, kylvätska och servostyrningsolja. Om bilen regelbundet parkeras på samma plats syns läckor tydligt vid en kontroll av marken under bilen. Ignorera vattenpölen som kommer att finnas om luftkonditioneringen används. Så snart en läcka har upptäckts måste orsaken spåras och åtgärdas. Om ett oljeläckage har varat under en längre tid brukar det behövas högtryckstvätt, ångtvätt eller liknande för att få bort den samlade smutsen, så att läckans exakta orsak kan spåras.

Vakuumslangar

6 Vakuumslangar, särskilt i avgassystemet, är ofta märkta med nummer eller färgkoder, eller med färgade ränder **(se bild)**. Olika system kräver slangar med olika tjocka väggar, elasticitet och temperaturtålighet. Om slangarna ska bytas, se till att de byts mot slangar av samma material.
7 Ofta måste en slang tas bort helt från bilen för att kunna undersökas effektivt. Om mer än en slang tas bort samtidigt måste slangarna märkas så att de garanterat återansluts på rätt platser.
8 Kom ihåg att också kontrollera alla T-anslutningar av plast när vakuumslangarna kontrolleras. Leta efter sprickor på anslutningarna. Kontrollera slangen där den sitter över anslutningen och leta efter tecken på åldrande som kan leda till läckage.
9 En bit vakuumslang kan användas som stetoskop för att avslöja vakuumläckage. Håll ena änden av slangen mot örat och sondera området runt vakuumslangarna och deras

6.2 Undersök om spindelledernas dammkåpor är skadade

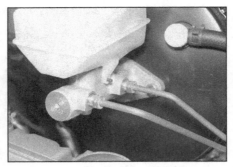

5.16 Undersök alla bromsledningar av metall

anslutningar. Lyssna efter det karaktäristiska väsande som hörs från vakuumläckage.

⚠ *Varning: Var mycket noga med att inte komma i kontakt med rörliga motordelar, som drivrem, kylarfläkt etc. när du söker efter vakuumläckage med hjälp av en bit vakuumslang enligt ovan.*

Bränsleslangar

⚠ *Varning: Innan arbetet påbörjas, se föreskrifterna i Säkerheten främst! i början av denna handbok och följ dem till punkt och pricka. Bensin är en ytterst brandfarlig vätska och säkerhetsföreskrifterna för hantering kan inte nog betonas.*

10 Kontrollera alla bränsleslangar och leta efter tecken på åldrande och skavning. Leta extra noga efter sprickor i de områden där slangarna böjs och precis intill anslutningarna, t.ex. vid fästet till bränslefiltret.
11 Bränsleledningar av hög kvalitet, ofta med ordet Fluoroelastomer tryckt på slangen, ska användas om någon bränsleledning måste bytas ut. Använd aldrig under några som helst omständigheter oförstärkt vakuumslang, genomskinliga plaströr eller vattenslangar som bränsleledningar.
12 Klämmor av fjädertyp används ofta till bränsleledningar. Dessa klämmor blir ofta uttöjda med tiden och kan lossna vid demontering. Byt ut alla klämmor av fjädertyp mot klämmor av skruvtyp när en slang byts ut.

6.5 Kontrollera om hjullagren är slitna genom att ta tag i hjulet och försöka vicka på det

13 Kom ihåg att en misstänkt bränsleläcka är lättare att upptäcka när systemet är helt trycksatt, som när motorn är igång eller strax efter att motorn stängts av.

Metalledningar

14 Metallrör används ofta som bränsleledningar mellan bränslefiltret och motorn. Undersök metallrören noga för att kontrollera att de inte har böjts eller veckats, och att inga sprickor har uppstått i ledningen.
15 Om en bränsleledning av metall måste bytas ut ska endast skarvlösa stålrör användas, eftersom koppar- och aluminiumrör inte är tillräckligt starka för att hålla för normala motorvibrationer.
16 Undersök om bromsledningarna av metall är spruckna eller har lösa anslutningar på de ställen där de leder in i huvudcylindern och ABS-systemets hydraulenhet **(se bild)**. Alla tecken på bromsoljeläckage kräver omedelbar och noggrann kontroll av hela bromssystemet.

---

6 Styrning och fjädring – kontroll

Framvagnens fjädring och styrning – kontroll

1 Dra åt handbromsen och lyft upp framvagnen på pallbockar (se *Lyftning och stödpunkter*).
2 Undersök spindelledernas dammskydd och styrväxelns damasker. De får inte vara spruckna eller skavda och gummit får inte ha torkat **(se bild)**. Varje defekt på dessa komponenter leder till dålig smörjning, vilket tillsammans med intrång av vatten och smuts leder till snabb utslitning av styrväxel eller spindelleder.
3 Kontrollera servostyrningens oljeslangar och leta efter tecken på skavning och åldrande och undersök rör- och slanganslutningar efter oljeläckage. Kontrollera också att det inte läcker olja ur styrväxelns damasker när den är under tryck. Det indikerar i så fall blåsta oljetätningar inne i styrväxeln.
4 Leta efter tecken på oljeläckage runt fjäderbenets hus, eller från gummidamasken runt kolvstången (i förekommande fall). Om det finns spår av olja är stötdämparen defekt och ska bytas.
5 Ta tag i hjulet längst upp och längst ner och försök vicka på det **(se bild)**. Ett ytterst litet spel kan märkas, men om rörelsen är stor krävs en närmare undersökning för att fastställa orsaken. Fortsätt rucka på hjulet medan en medhjälpare trycker på bromspedalen. Om spelet försvinner eller minskar markant är det troligen fråga om ett defekt hjullager. Om spelet finns kvar när bromsen är nedtryckt rör det sig om slitage i fjädringens leder eller fästen.

7.1 Undersök drivknutarnas damasker (vid pilen)

6 Greppa sedan hjulet på sidorna och försök rucka på det igen. Märkbart spel beror på slitage antingen i hjullagret eller styrleden. Om den yttre styrleden är sliten är det synliga spelet tydligt. Om den inre leden misstänks vara sliten kan detta kontrolleras genom att man placerar handen över kuggstångens gummidamask och tar tag om styrstaget. När hjulet ruckas kommer rörelsen att kännas vid den inre leden om den är sliten.

7 Använd en stor skruvmejsel eller ett plattjärn och leta efter glapp i fjädrings-fästenas bussningar genom att bända mellan relevant komponent och dess fästpunkt. En viss rörelse förekommer alltid eftersom bussningarna är av gummi, men större slitage märks tydligt. Kontrollera även skicket på synliga gummibussningar, leta efter brist-ningar, sprickor eller föroreningar i gummit.

8 Ställ bilen på marken och låt en med-hjälpare vrida ratten fram och tillbaka ungefär en åttondels varv åt vardera hållet. Det ska inte finnas något, eller bara ytterst lite, spel mellan rattens och hjulens rörelser. Om spelet är större ska spindellederna och fästena som beskrivs ovan undersökas noga. Kontrollera också om rattstångens kardanknutar är slitna och undersök kuggstångsstyrningens drev.

9 Stötdämparens effektivitet kan kontrolleras genom att bilen gungas i de båda främre hörnen. I normala fall ska bilen återta planläge och stanna efter en nedtryckning. Om den höjs och återvänder med en studs är troligen stötdämparen defekt. Undersök även om stötdämparens övre och nedre fästen visar tecken på slitage eller oljeläckage.

Bakvagnens fjädring – kontroll

10 Klossa framhjulen och ställ bakvagnen på pallbockar (se *Lyftning och stödpunkter*).

11 Undersök om de bakre hjullagren är slitna. Använd samma metod som beskrevs för de främre hjullagren (punkt 5).

12 Använd en stor skruvmejsel eller ett plattjärn och leta efter glapp i fjädrings-fästenas bussningar genom att bända mellan relevant komponent och dess fästpunkt. En viss rörelse förekommer alltid eftersom bussningarna är av gummi, men större slitage syns tydligt. Kontrollera stötdämparnas skick enligt beskrivningen ovan.

7 Drivaxeldamask – kontroll

1 Hissa upp bilen och stöd den på pallbockar (se *Lyftning och stödpunkter*). Vrid ratten till fullt utslag och vrid sedan hjulet långsamt. Undersök skicket på de yttre drivknutarnas gummidamasker, och kläm ihop damaskerna så att vecken öppnas **(se bild)**. Leta efter spår av sprickor, bristningar och åldrat gummi som kan släppa ut fett och släppa in vatten och smuts i drivknuten. Kontrollera även damaskernas klamrar vad gäller åtdragning och skick. Upprepa dessa kontroller på de inre drivknutarna. Om skador eller slitage påträffas bör damaskerna bytas enligt beskrivningen i kapitel 8.

2 Kontrollera samtidigt drivknutarnas skick genom att först hålla fast drivaxeln och försöka snurra på hjulet. Håll sedan fast innerknuten och försök vrida på drivaxeln. Varje märkbar rörelse är ett tecken på slitage i drivknutarna, slitage i drivaxelspårningen eller på lösa fästmuttrar till drivaxeln.

8 Kopplingens hydraulik – kontroll

1 Kontrollera att kopplingspedalen rör sig mjukt och lätt hela vägen, och att själva kopplingen fungerar som den ska, utan att slira eller dra.

2 Ta bort den ljudisolerande panelen under instrumentbrädan så att det går att komma åt kopplingspedalen. Applicera sedan några droppar tunn olja på pedalens kulbult. Montera panelen.

3 Arbeta inuti motorrummet. Undersök oljeledningar och slangar, samt kopplingens slavcylinder **(se bild)**. Leta efter tecken på oljeläckage runt gummidamasken och kontrollera att länksystemet sitter säkert. Applicera några droppar olja på tryckstångens sprintbult och länksystem.

9 Manuella växellådans oljenivå – kontroll

1 Manuella växellådor har inga mätstickor. För att oljenivån ska kunna kontrolleras måste bilen hissas upp på pallbockar. Se till att bilen står plant (se *Lyftning och stödpunkter*). På den vänstra sidan av växellådans hölje sitter påfyllnings-/nivåpluggen och avtappnings-pluggen. Rengör området runt påfyllnings-/nivåpluggen (den övre av de två) med en ren trasa. Skruva sedan bort pluggen **(se bild)**. Om nivån är korrekt ska oljan nå upp till hålets nedre kant.

2 Om växellådan behöver mer olja (om oljenivån inte når upp till hålet), använd en pipett eller en plastflaska och ett rör för att

8.3 Kopplingens slavcylinder på växellådans framsida

fylla på mer. Sluta fylla på olja i växellådan när det börjar rinna ut olja ur hålet. Se till att rätt typ av smörjolja används.

3 Låt oljan stabilisera sig ett tag. Vänta tills oljeflödet avtar om en stor mängd olja hälldes i och ett kraftigt oljeflöde kommer från hålet. Montera påfyllnings-/nivåpluggen och dra åt den ordentligt. Kör bilen en sväng och leta sedan efter läckor.

4 Om oljan behöver fyllas på regelbundet måste det bero på en läcka, som i så fall måste lokaliseras och åtgärdas så snart som möjligt.

10 Batteriets elektrolytnivå – kontroll

⚠️ *Varning: Elektrolyten i ett batteri består av utspädd syra och det är klokt att använda gummihandskar under hanteringen. Fyll inte batteticellerna för mycket så att elektrolyten svämmar över. Vid spill måste elektrolyten sköljas bort omedelbart. Montera locken till batteticellerna och skölj batteriet med stora mängder rent vatten. Försök inte sifonera ut överflödig elektrolyt.*

1 Batteriet sitter i motorrummets främre vänstra hörn. Lossa och ta bort kåpan från batteriets ovansida om det är tillämpligt.

2 Några av de modeller som behandlas i den här handboken kan vara utrustade med ett så kallat underhållsfritt batteri, antingen som standard eller som ersättning för det ursprungliga batteriet. Om batteriet är märkt

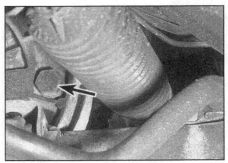

9.1 Påfyllnings-/nivåplugg på manuell växellåda (vid pilen)

10.4a Skruva loss locken från battericellerna

med "Freedom", "Maintenance-Free" eller något liknande behöver inte elektrolytnivån kontrolleras (batteriet är ofta fullständigt förseglat och kan inte fyllas på).

3 Batterier där elektrolytnivån måste kontrolleras känns igen på de löstagbara locken över de sex battericellerna. Ibland är dessutom batterihöljet genomskinligt för att elektrolytnivån ska gå att kontrollera lättare. En av exempelbilarna i vår verkstad hade ett batteri som var märkt med "maintenance-free", men som ändå hade löstagbara lock till cellerna. I det här fallet gäller att elektrolytnivån ska kontrolleras enligt ovan, men kontakta en Volvoverkstad om batteriet behöver fyllas på.

4 Ta bort locken från cellerna och kontrollera elektrolytnivån genom att antingen titta ner i batteriet eller genom att läsa av markeringar på batterihöljet **(se bilder)**. Elektrolyten ska täcka batteriplattorna med ungefär 15 mm.

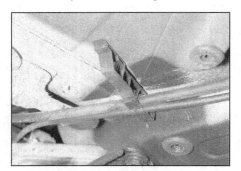

11.4 Kontrollera att underredets alla slangar (och kablar) är ordentligt fästa

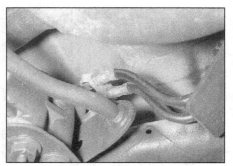

11.5b ... och vid bakaxelanslutningarna

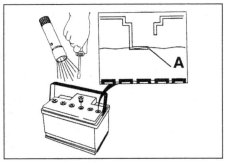

10.4b Kontrollera att batteriets elektrolytnivå når upp till rätt nivå (A)

5 Om batteriet behöver fyllas på ska det fyllas på med destillerat vatten lite i taget, tills nivån är korrekt i alla sex cellerna. Fyll inte på cellerna upp till kanten. Torka upp eventuellt spill och sätt tillbaka locken.

6 Ytterligare information om batteri, laddning och starthjälp finns i början av den här handboken och i kapitel 5A.

11 Underrede och bränsle-/bromsledningar – kontroll

1 Lyft upp bilen och ställ den på pallbockar (se *Lyftning och stödpunkter*), eller parkera den över en smörjgrop. Undersök underredet och hjulhusen noga och leta efter tecken på skador och korrosion. Var extra noga med sidotrösklarnas undersidor samt ihåliga utrymmen där lera kan samlas.

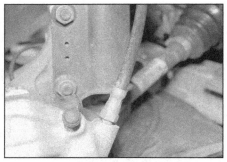

11.5a Kontrollera bromsslangarna vid de främre bromsoken ...

12.2a Undersök avgassystemets alla anslutningar efter tecken på läckage

2 Om underredet är angripet av korrosion eller rost, tryck eller knacka hårt på panelen med en skruvmejsel och kontrollera om angreppet är allvarligt och behöver åtgärdas. Om panelen inte är allvarligt angripen räcker det med att tvätta bort rosten och applicera ett nytt lager med underredsbehandling. Se kapitel 11 för ytterligare information om karossreparationer.

3 Undersök samtidigt skicket på de behandlade, nedre karosspanelerna och leta efter stenskott.

4 Undersök alla olje- och bromsledningar på underredet och leta efter skador, rost, korrosion och läckage. Kontrollera även att alla ledningar är ordentligt fästa med klämmorna **(se bild)**. Där tillämpligt, kontrollera ledningarnas PVC-lager och leta efter skadorl.

5 Undersök bromsslangarna i närheten av de främre bromsoken och bakaxeln, där de utsätts för störst rörelser **(se bilder)**. Böj dem mellan fingrarna (men böj dem inte för mycket, då kan höljet skadas) och kontrollera att inga sprickor eller delningar förekommer.

12 Avgassystem – kontroll

1 Undersök hela avgassystemet från motorn till änden av avgasröret när motorn är kall (minst tre timmar efter att bilen har körts). Detta ska helst göras i en lyft så att det går att komma åt överallt. Om en lyft inte finns tillgänglig, hissa upp bilen och stöd den på pallbockar (se *Lyftning och stödpunkter*).

2 Undersök rören och anslutningarna, leta efter tecken på läckor, allvarlig korrosion eller skador. Se till att alla fästbyglar och gummifästen är i gott skick och att de sitter ordentligt. Kontrollera att ersättningsfästena är av rätt typ om något av fästena måste bytas ut **(se bilder)**. Läckage i någon fog eller annan del visar sig vanligen som en sotfläck i närheten av läckan.

3 Undersök samtidigt bilens undersida efter hål, korrosion, öppna skarvar och liknande som kan leda till att avgaser kommer in i passagerarutrymmet. Täta alla karossöppningar med silikon eller karosskitt. Ta

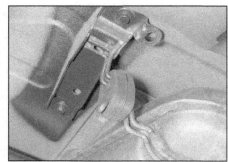

12.2b Kontrollera avgassystemets alla fästen

hänsyn till värmen från avgassystemet och avgaserna.

4 Skaller och andra missljud kan ofta härledas till avgassystemet, speciellt till gummifästen. Försök rubba avgassystem, ljuddämpare och katalysator. Om någon komponent kan komma åt karossen eller fjädringen måste avgassystemets fästen bytas ut.

13 Handbroms – kontroll och justering

När handbromsen är åtdragen ska den vara åtdragen med ungefär 11 hack på handbromsspakens tandning. Handbromsen behöver justeras regelbundet för att kompensera för slitage och töjning av vajern. Se kapitel 9 för information om hela justeringsproceduren.

14 Säkerhetsbälte – kontroll

1 Kontrollera att säkerhetsbältena fungerar ordentligt och att de är i gott skick. Undersök om väven fransat sig eller fått revor. Kontrollera att bältena dras tillbaka mjukt och utan att fastna i hasplarna.

2 Kontrollera säkerhetsbältenas fästen och se till att alla bultar är ordenligt åtdragna.

15 Dörrar, bak-/bagagelucka och motorhuv – kontroll och smörjning

1 Kontrollera att dörrarna, motorhuven och bak-/bagageluckan går att stänga ordentligt. Kontrollera att motorhuvens säkerhetsspärr fungerar som den ska och undersök också dörrstoppens funktion.

2 Smörj gångjärnen, dörrstoppen, låsplattorna och motorhuvens hake sparsamt med olja eller fett **(se bild)**.

3 Om någon av dörrarna, motorhuven eller bakluckan inte går att stänga helt, eller inte är i samma nivå som de omgivande panelerna, ska relevanta justeringar utföras enligt beskrivningen i kapitel 11.

16 Strålkastarinställning – kontroll

Korrekt inställning av strålkastarna kan endast utföras med optisk utrustning och ska därför överlåtas till en Volvoverkstad eller en annan lämpligt utrustad verkstad.

Grundläggande inställning kan göras i nödfall. Ytterligare information finns i kapitel 12.

17 Kaross, lack och yttre dekor – kontroll

1 Det är bäst att utföra den här kontrollen när bilen är nytvättad och fått torka, så att eventuella repor eller bucklor syns tydligt och inte döljs bakom en hinna av smuts. Om kontrollen utförs när bilen är våt syns inte mindre defekter i lacken lika tydligt.

2 Starta i det ena främre hörnet. Kontrollera lacken runt hela bilen och leta efter både mindre repor och större bucklor. Kontrollera all dekor och se till att den sitter ordentligt fäst överallt.

3 Kontrollera att dörrhandtag, backspeglar, modellbeteckningar, stötfångare, dekordetaljer, kylargaller och navkapslar sitter ordentligt. Allt som sitter löst eller behöver tillsyn ska åtgärdas enligt beskrivningarna i relevanta kapitel i den här handboken.

4 Åtgärda alla eventuella problem med lacken eller karosspanelerna enligt beskrivningen i kapitel 11.

18 Automatväxellådans växelväljarvajer – kontroll av inställningen
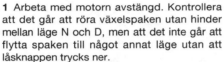

1 Arbeta med motorn avstängd. Kontrollera att det går att röra växelspaken utan hinder mellan läge N och D, men att det inte går att flytta spaken till något annat läge utan att låsknappen trycks ner.

2 Dra åt handbromsen ordentligt och se till att bilen bara kan starta när spaken är i läge P eller N. Starta nu motorn och flytta spaken försiktigt till läge D. Kontrollera att växellådan arbetar när läge D läggs i. Flytta tillbaka spaken till läge N och kontrollera att växellådan är i friläge. Kontrollera slutligen att växellådan är spärrad när motorn är avstängd och växelspaken i läge P. Lossa handbromsen och försök flytta bilen för att kontrollera detta.

3 Om växellådan inte reagerar enligt beskrivningen ska växelspaksvajern justeras enligt beskrivningen i kapitel 7B.

4 Kontrollera även växellådslåsets funktion.

15.2 Dörrens övre gångjärn smörjs

Med växelspaken i läge P, kontrollera att växelspaken inte kan flyttas förrän startnyckeln vrids till läge II. På samma sätt ska det inte gå att ta ut startnyckeln med motorn avstängd, förrän växelspaken är placerad i läge P. Det ska gå att utmanövrera systemet med hjälp av den lilla knappen på växelspakspanelens främre högra sida.

19 Landsvägsprov

Bromssystem

1 Kontrollera att bilen inte drar åt ena hållet vid inbromsning, och att hjulen inte låser sig vid hård inbromsning.

2 Kontrollera att ratten inte vibrerar vid inbromsning. Observera att det är normalt att känna vissa vibrationer genom bromspedalen vid kraftig inbromsning. Vibrationerna uppstår när de låsningsfria bromsarna (ABS-systemet) arbetar och är normalt inte ett tecken på att något är fel.

3 Kontrollera att handbromsen fungerar ordentligt, utan för stort spel i spaken, och att den kan hålla bilen stillastående i en backe.

4 Kontrollera bromsservon med motorn avstängd enligt följande. Tryck ner bromspedalen fyra eller fem gånger för att häva vakuumet och starta sedan motorn. När motorn startar ska pedalen ge efter märkbart medan vakuumet byggs upp. Låt motorn gå i minst två minuter och stäng sedan av den. Om pedalen nu trycks ner igen ska ett väsande ljud höras från servon. Efter fyra eller fem nedtryckningar ska väsandet upphöra och motståndet i pedalen ska öka.

Styrning och fjädring

5 Leta efter onormalt uppträdande i styrning, fjädring, köregenskaper eller "vägkänsla".

6 Kör bilen och var uppmärksam på ovanliga vibrationer eller ljud.

7 Kontrollera att styrningen känns bra, utan överdrivet "fladder" eller kärvningar. Lyssna efter missljud från fjädringen vid kurvtagning och körning över gupp.

Drivaggregat

8 Kontrollera funktionen hos motorn, växellådan och kardanaxeln.

9 Kontrollera att motorn startar som den ska både när den är kall och när den är varm.

10 Lyssna efter ovanliga ljud från motorn och växellådan.

11 Kontrollera att motorn går jämnt på tomgång och att den svarar direkt vid acceleration.

12 På modeller med manuell växellåda, kontrollera att alla växlar går i mjukt, utan missljud och att växelspaken inte är onormalt obestämd eller ryckig.

13 På modeller med automatväxellåda, kontrollera att drivningen verkar smidig utan att hoppa och utan att motorvarvtalet ökar. Kontrollera att alla lägen kan väljas när bilen står stilla.

Koppling

14 Kontrollera att kopplingspedalen rör sig mjukt och lätt hela vägen, och att själva kopplingen fungerar som den ska, utan att slira eller dra. Om rörelsen är ojämn eller stel på vissa ställen ska systemets komponenter undersökas enligt instruktionerna i kapitel 6.

Instrument och elektrisk utrustning

15 Kontrollera funktionen hos alla instrument och den elektriska utrustningen.
16 Kontrollera att instrumenten ger korrekt information och aktivera all elektrisk utrustning i tur och ordning för att kontrollera att den fungerar som den ska.

20 Automatväxellådans oljenivå – kontroll

1 Automatväxellådans oljenivå ska hållas under noggrann uppsikt. För låg oljenivå kan leda till slirning eller försämrad drivning medan för hög oljenivå kan leda till skumning, oljeförlust och skador på växellådan.
2 Helst ska växellådans oljenivå kontrolleras när växellådan är varm (vid normal arbetstemperatur). Om bilen just har körts i ungefär 30 minuter är oljetemperaturen runt 80°C, och växellådan är varm.
3 Parkera bilen på plant underlag, lägg i handbromsen och starta motorn. Låt motorn gå på tomgång. Tryck ner bromspedalen och flytta växelspaken genom alla växlar. Avsluta med att flytta tillbaka den till läge P.
4 Vänta i två minuter. Ta sedan bort oljemätstickan (gult handtag) från röret på motorns främre del, fortfarande med motorn på tomgång **(se bild)**. Observera oljans skick och färg på mätstickan.
5 Torka bort oljan från mätstickan med en ren trasa och stick in mätstickan i påfyllningsröret tills locket fäster.
6 Dra ut mätstickan igen och notera oljenivån.

Nivån ska vara mellan MIN- och MAX-markeringarna på mätstickans övre del som är märkt HOT. Om nivån ligger på MIN-markeringen, stäng av motorn och fyll på med angiven automatväxelolja genom mätstickans rör. Använd en ren tratt om det behövs. Det är mycket viktigt att inte smuts kommer in i växellådan vid påfyllningen.
7 Fyll på lite olja i taget och kontrollera nivån mellan varje påfyllning enligt beskrivningen ovan tills nivån är korrekt. Det skiljer ungefär 0,5 liter mellan mätstickans MIN- och MAX-markering.
8 Om bilen inte har körts och motorn och växellådan är kalla ska momenten i punkt 3 till 7 utföras som ovan, men den del av mätstickan som är märkt COLD, ska användas. Det är dock bäst att kontrollera nivån när växellådan är varm. Det ger en mer korrekt avläsning.
9 Om oljan behöver fyllas på regelbundet måste det bero på en läcka, som i så fall måste lokaliseras och åtgärdas så snart som möjligt.
10 Undersök oljans skick samtidigt som oljenivån kontrolleras. Om oljan på mätstickan är svart eller mörkt rödbrun, eller om den luktar bränt, måste oljan bytas ut. Jämför den befintliga oljans färg och lukt med nyköpt växelolja av samma typ om det råder tvivel om oljans skick.
11 Om bilen används regelbundet för kortare resor, taxiarbete eller om den ofta används till att dra släp måste växellådsoljan bytas ut regelbundet. Om bilen har körts en längre sträcka eller om bilens historia är okänd kan det också vara klokt att byta ut oljan. Normalt behöver dock oljan inte bytas ut. Se kapitel 7B, avsnitt 2 för mer information.

21 Luftkonditioneringssystem – kontroll

⚠️ *Varning: Luftkonditioneringssystemet är högt trycksatt. Lossa inte några anslutningar och ta inte bort några komponenter förrän systemet har tryckutjämnats. Luftkonditioneringens kylmedium måste kastas i en särskild sorts godkänd behållare, på en*

verkstad eller hos en specialist på luftkonditioneringssystem, med möjlighet att hantera kylmediet säkert. Bär alltid skyddsglasögon när luftkonditioneringssystemets anslutningar lossas.

1 Följande kontroller ska utföras regelbundet för att systemet ska fortsätta fungera med största möjliga effektivitet:
a) *Undersök drivremmen. Om den är sliten eller defekt måste den bytas ut (se avsnitt 22).*
b) *Kontrollera systemslangarna. Leta efter sprickor, bubblor, förhårdnader eller tecken på att gummit har torkat. Undersök slangarna och anslutningarna och leta efter tecken på oljebubblor och genomsippring. Vid tecken på slitage, skador eller läckage ska slangarna bytas.*
c) *Undersök kondensatorflänsarna och leta efter löv, insekter eller annan smuts. Använd en "flänskam" eller tryckluft för att rengöra kondensatorn.*

⚠️ **Varning: Bär skyddsglasögon vid arbete med tryckluft!**

d) *Kontrollera att dräneringsröret från förångarens främre del inte är blockerad. Observera att det är normalt att genomskinlig vätska (vatten) droppar från röret när systemet arbetar. Det kan bildas en riktigt stor vattenpöl under bilen när den står parkerad.*

2 Det är bra att låta systemet arbeta i ungefär 30 minuter åtminstone en gång i månaden. Särskilt under vintern. Om systemet inte används på länge kan tätningarna hårdna och till sist gå sönder.
3 Eftersom luftkonditioneringssystemet är mycket komplext och det behövs special-utrustning för att underhålla det, behandlas inte några större ingrepp i den här handboken, förutom de moment som tas upp i kapitel 3.
4 Den vanligaste orsaken till dålig luft-nedkylning är helt enkelt att systemets kylmedienivå är för låg. Om nedkylningen av luften försämras märkbart kan följande snabba kontroll utföras för att avgöra om kylmedienivån är för låg.
5 Värm upp motorn till normal arbets-temperatur.
6 Placera luftkonditioneringens temperatur-reglage i det kallaste läget och vrid på fläkten så mycket som går. Öppna dörrarna så att luftkonditioneringssystemet inte stängs av så fort passagerarutrymmet är nedkylt.
7 Låt kompressorn vara igång – kopplingen avger ett hörbart klick och mitten av kopplingen roterar – och känn på insugnings-och utblåsningsrören vid kompressorn. Ena sidan ska vara kall och den andra varm. Om det inte går att känna skillnad mellan de två rören är något fel på luftkonditionerings-systemets kompressor. Det kan bero på för låg kylmedienivå men det kan också vara något annat. Lämna in bilen till en Volvo-verkstad eller till en specialist på luft-konditioneringssystem.

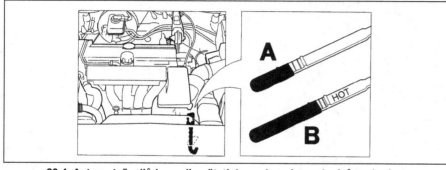

20.4 Automatväxellådans oljemätsticka – placering och nivåmarkeringar

Var 32 000:e km eller vartannat år

22 Drivrem – kontroll och byte

1 Drivremmen överför kraft från vevaxelns remskiva till generatorn, servostyrnings-pumpen och luftkonditioneringskompressorn (efter tillämplighet).

Kontroll

2 Kontrollera att motorn och tändningen är avstängd. Ställ upp motorhuven och lokalisera drivremmen vid vevaxelns remskiva.

> ⚠ **Varning: Var mycket försiktig. Använd skyddshandskar för att minimera risken för brännskador från heta komponenter om bilen just har körts.**

3 Använd en kontrollampa eller en liten ficklampa och vrid motorn när det behövs med hjälp av en skiftnyckel på vevaxel-remskivans mutter. Undersök hela driv-remmen och leta efter sprickor, bristningar i gummit och slitna eller trasiga ribbor. Kontrollera även om drivremmen fransats eller blankslitits.

4 Båda sidorna av drivremmen ska under-sökas, vilket betyder att drivremmen måste vridas för att undersidan ska kunna kontrolleras. Undersök drivremmen med fingrarna där det inte går att se den.

Byte

5 Byt ut drivremmen vid minsta tvivel om dess skick.
6 Det är enklast att komma åt den nedre delen av remmen genom det högra hjulhuset. Lossa det högra framhjulets bultar. Lyft sedan upp framvagnen och ställ den på pallbockar. Demontera hjulet. Ta sedan bort de två plastmuttrarna och vik undan innerskärmen så att det går att komma åt vevaxelns remskiva.
7 Notera hur den gamla remmen är dragen runt alla remskivor innan den demonteras.
8 Drivremmen hålls ständigt korrekt spänd av en automatisk justerar- och spännarenhet. Den här enheten är fäst på motorns framsida och innehåller en fjäderstyrd överförings-remskiva.
9 Använd en skiftnyckel på spännarens mutter och vrid spännaren mot motorrummets bakre del för att på så sätt minska remspänningen. Dra bort remmen från alla remskivor. Ta sedan loss spännaren och ta bort remmen **(se bild)**.

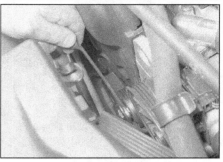

22.9 Använd en skiftnyckel på remspännarens mutter för att lossa drivremmen

10 Montera den nya remmen löst över remskivorna och spännarhjulet och se till att den är korrekt placerad. Utelämna dock den övre remskivan (servostyrningspumpen) för tillfället.
11 Vrid spännaren bakåt och lirka sedan drivremmen över den övre remskivan. Lossa spännaren så att den automatiskt justerar remmens spänning.
12 Montera innerskärmen om den tagits bort. Montera sedan hjulet och sänk ner bilen. Dra åt hjulbultarna till angivet moment.

Var 48 000:e km eller vart tredje år

23 Fördelarlock, rotorarm och tändkablar – kontroll

Observera: *Det här avsnittet gäller inte modeller från 1999 och senare med det fördelarlösa tändsystemet Motronic ME7 (se kapitel 5B).*

> ⚠ **Varning: Spänningen från ett elektroniskt tändsystem är mycket högre än den från konventionella system. Var mycket försiktig vid arbete med systemet om tändningen är påslagen. Personer med pacemaker bör inte vistas i närheten av tändningskretsar, komponenter och test-utrustning.**

1 Kontrollera tändkablarna en i taget för att undvika att tändningsföljden blir fel. Tändningsföljden är viktig för att motorn ska fungera korrekt. Ta bort de komponenter som sitter ivägen och koppla loss kablarna på det sätt som beskrivs i avsnittet om kontroll och byte av tändstift (avsnitt 24).
2 Kontrollera insidan av hylsan och leta efter tecken på korrosion, som visar sig som ett vitt, torrt puder. Ta bort så mycket av korrosionen som möjligt. Om det finns för mycket korrosion eller om metallkontaktdonet efter rengöringen visar sig vara för illa angripet för att kunna användas måste kabeln bytas ut.

3 Tryck tillbaka kabeln och hylsan över änden av tändstiftet. Hylsan ska sluta tätt över änden av tändstiftet. Om den inte gör det ska kabeln tas bort och metallkontaktdonet inuti hylsan försiktigt böjas med en tång tills hylsan sitter som den ska.
4 Rengör helakabeln med en ren trasa för att ta bort ansamlad smuts och fett. Undersök kabeln och leta efter brännskador, sprickor och andra skador när den är rengjord. Böj inte kabeln för tvärt, då kan själva ledaren gå av.
5 Undersök de återstående tändkablarna och se till att de sitter ordentligt anslutna till fördelarlocket och tändstiften efter kontrollen. Om det finns tecken på ljusbågsbildning, allvarlig korrosion på skarvdonet, bränn-skador, sprickor eller annan skada ska alla tändkablarna bytas ut.

HAYNES TiPS *Om nya tändkablar ska monteras ska kablarna tas bort en i taget och den nya ledningen placeras på exakt samma plats som den gamla.*

6 Se kapitel 5B och ta bort fördelarlocket. Rengör sedan fördelarlockets in- och utsida med en torr, luddfri trasa.
7 Undersök tändkabelsegmenten inuti locket. Om de verkar svårt brända eller rostangripna ska fördelarlocket bytas ut. Kontrollera även kolborsten i mitten av locket och se till att den

kan röra sig fritt och att den sticker upp ur sin hållare. Kontrollera att det inte finns tecken på sprickor eller svarta spår längs insidan av locket. Om det gör det måste fördelarlocket bytas ut.
8 Undersök rotorarmen. Kontrollera att den sitter ordentligt och att den inte visar tecken på åldrande enligt beskrivningen ovan.
9 Avsluta med att montera fördelarlocket enligt beskrivningen i kapitel 5B. Montera även de komponenter som togs bort för att det skulle gå att komma åt tändkablarna, enligt beskrivningen i avsnitt 24.

24 Tändstift – byte

1 Bilens funktion, prestanda och motor-ekonomi är beroende av att tändstiften fungerar med högsta möjliga effektivitet. Allra viktigast är att de tändstift som används är av rätt typ för motorn (lämplig tändstiftstyp anges i början av detta kapitel). Om rätt typ används och motorn är i bra skick ska tändstiften inte behöva åtgärdas mellan de schemalagda bytesintervallen. Rengöring av tändstift är sällan nödvändig och ska inte utföras utan specialverktyg, eftersom det är lätt att skada elektrodernas spetsar.
2 För att tändstiften ska kunna monteras och demonteras behövs en tändstiftshylsa med

24.3 Ta bort tändstiftskåpan

24.5 Dra bort tändkablarna genom att ta tag i gummihylsan, inte i själva ledningen

24.7a Ta bort de sex skruvarna . . .

skaft som kan vridas med ett spärrhandtag eller liknande. Tändstiftshylsan är fodrad med gummi för att tändstiftets porslinsisolering ska skyddas, och för att tändstiftet ska hållas fast medan det sticks in i tändstiftshålet. Beroende på vilken typ av tändstift som ska monteras kan det även behövas ett bladmått för kontroll och justering av tändstiftets elektrodavstånd. En momentnyckel behövs för att dra åt de nya tändstiften till angivet moment.

Modeller med fördelare

3 Skruva loss skruvarna och ta bort tänd-stiftskåpan i mitten av topplocket **(se bild)**. Observera var tändkabelns gummimuff sitter inuti kåpan och hur den är monterad. Notera även hur tändkablarna är dragna och fästa med klämmor runt topplockets övre del. Det är klokt att jobba med ett tändstift i taget för

att inte blanda ihop tändkablarna med varandra.
4 Om märkningen på de ursprungliga tändkablarna inte syns bör kablarna märkas från 1 till 5 så att det går att para ihop dem med motsvarande cylindrar.
5 Dra bort kablarna från tändstiften genom att ta tag i gummihylsan, inte i kabeln. Annars kan kabelanslutningen skadas **(se bild)**.

Modeller utan fördelare

6 Skruva loss de två skruvarna och lossa de två fjäderklämmorna som håller fast den övre kamremskåpan, och lossa kåpan från tänd-stiftskåpan mitt på topplocket.
7 Skruva loss de sex skruvarna som fäster tändstiftskåpan och lyft bort kåpan så att det går att komma åt tändspolarna och tänd-stiften **(se bilder)**.
8 Starta vid spolen närmast kamremmen och

koppla loss kontaktdonet från spolen **(se bild)**. Det är säkrast att arbeta med ett tändstift i taget. Om spolarna och kontakt-donen är ordentligt märkta kan dock alla fem spolar tas bort samtidigt.
9 Skruva loss spolens fästbult. Dra sedan ut spolen och kontaktdonet ur urholkningen i topplocket **(se bilder)**.

Alla modeller

10 Skruva loss tändstiften och se till att hylsan hålls i linje med varje tändstift. Om hylsan tvingas åt sidan kan tändstiftets porslinsspets brytas av **(se bilder)**. Om det är ovanligt svårt att skruva loss tändstiften, undersök om topplockets gängor och tätningsytor är slitna, kraftigt korroderade eller skadade. Om någon av ovanstående defekter upptäcks bör en verkstad kontaktas för råd om den bästa reparationsmetoden.

24.7b . . . och lyft bort tändstiftskåpan

24.8 Koppla loss kontaktdonet från den första spolen

24.9a Ta bort spolens fästbult . . .

24.9b . . . och dra ut spolen och kontaktdonet ur topplocket

24.10a Använd en tändstiftshylsa . . .

24.10b . . . och skruva loss tändstiften

24.15 Ett tändstifts elektrodavstånd justeras

11 Undersök varje tändstift som tas bort enligt följande – det ger tydliga fingervisningar om motorns skick. Om tändstiftens isolatorspetsar är rena och vita, utan avlagringar, är detta ett tecken på för mager blandning.

12 Om isolatorns spets är täckt med en hård svartliknande avlagring är det ett tecken på att bränsleblandningen är för fet. Om tändstiftet är svart och oljigt är det troligt att motorn är ganska sliten, förutom att bränsleblandningen är för fet.

13 Om isolatorns spets är täckt med en ljusbrun eller gråbrun beläggning är bränsleblandningen korrekt och motorn sannolikt i god kondition.

14 Tändstiftets elektrodavstånd är av avgörande betydelse, eftersom ett felaktigt avstånd påverkar gnistans storlek och effektivitet negativt. Flera modeller som

behandlas i den här handboken har dock tändstift med flera jordelektroder. Om inte tydliga instruktioner anger det motsatta *ska inga försök göras att justera tändstiftens elektrodavstånd på tändstift med mer än en jordelektrod.*

15 Elektrodavståndet på tändstift med en jordelektrod justeras på följande sätt: Mät avståndet med ett bladmått eller ett justeringsverktyg. Böj sedan den yttre tändstiftselektroden inåt eller utåt tills det angivna avståndet uppnås **(se bild)**. Elektroden i mitten får inte böjas eftersom detta kan spräcka isolatorn och förstöra tändstiftet, om inget värre. Om den yttre elektroden inte är exakt ovanför elektroden i mitten måste den böjas till så att elektroderna hamnar rätt i förhållande till varandra.

16 Kontrollera att de gängade anslutningsmuffarna ovanpå tändstiften sitter ordentligt och att tändstiftens gängor och yttre ytor är rena innan tändstiften ansluts.

17 Kontrollera först att topplocksgängorna och tätningsytan är så rena som möjligt när tändstiften monteras. Rengör tätningsytan med en ren trasa virad runt en pensel. Se till att tändstiftsgängorna är rena och torra och skruva sedan in dem för hand där så är möjligt. Var noga med att skruva in tändstiften rakt i gängorna **(se Haynes tips)**.

18 När alla tändstift är korrekt placerade i gängorna ska de skruvas ner precis så mycket att de fäster. Dra sedan åt dem till angivet moment.

Man måste vara försiktig när man skruvar fast tändstiften så att de inte korsgängas. Speciella monteringsverktyg för tändstift finns att köpa, men det går också att tillverka ett av en bit smal gummislang

Modeller med fördelare

19 Återanslut tändkablarna i korrekt ordningsföljd. Vrid hylsan tills den sitter som den ska. Avsluta med att montera tändstiftskåpan.

Modeller utan fördelare

20 Tryck fast tändstiftets kontaktdon ordentligt på tändstiftet. Fäst tändspolen med fästbulten. Återanslut anslutningskontakterna till spolarna och se till att alla placeras på sina ursprungliga platser.

Var 64 000:e km eller vart fjärde år

25 Luftfilter – byte

1 Lossa klämmorna som fäster luftrenarkåpan vid huset **(se bild)**.

2 Lyft upp kåpan tillräckligt mycket för att skapa åtkomlighet och ta bort luftfiltret **(se bild)**.

3 Om det behövs mer utrymme för att komma åt kan kåpan demonteras helt enligt beskrivningen i kapitel 4A.

4 Rengör insidan av huset och kåpan med en

trasa. Var noga med att inte borsta ner smuts i luftintaget.

5 Montera ett nytt filter och se till att det hamnar åt rätt håll. Tryck fast tätningen på filtrets kant i spåret på huset.

6 Montera kåpan och fäst den med klämmorna.

25.1 Lossa klämmorna som fäster luftrenarkåpan vid huset

25.2 Lyft upp kåpan och ta bort luftfiltret

26.1 Bränslefiltrets placering - observera fästbandets bult
(vid pilen)

26.5 Ventil monterad i bränsletillförselledningen för att minska
bränsletrycket

Var 80 000:e km eller vart femte år

26 Bränslefilter – byte

Varning: Innan arbetet påbörjas, se föreskrifterna i Säkerheten främst! i början av denna handbok och följ dem till punkt och pricka. Bensin är en ytterst brandfarlig vätska och säkerhetsföreskrifterna för hantering kan inte nog betonas.

1 Bränslefiltret sitter under bilens bakre del, framför bränsletanken **(se bild)**.
2 Koppla loss batteriets minusledare.
3 Lyft upp bakvagnen på ramper eller parkera bilen över en smörjgrop (se *Lyftning och stödpunkter*).
4 Rengör noga området runt bränslerörsanslutningarna i filtrets ändar, täck sedan anslutningarna med absorberande trasor.
5 Bränsletrycket måste nu utjämnas innan bränslerörsanslutningarna kan kopplas isär (se kapitel 4A, avsnitt 1). För att systemet ska

kunna tryckutjämnas sitter en ventil, liknande en däckventil, monterad i bränsleledningen som leder till filtret **(se bild)**. Skruva loss ventilhylsan. Placera sedan en behållare eller en absorberande trasa under ventilen. Vrid bort huvudet för att undvika att bränsle sprutar i ansiktet. Tryck sedan ner ventilskaftet i några sekunder för att släppa ut den första bränslestrålen. Montera sedan ventilhylsan.
6 Koppla loss snabbanslutningarna. Använd en 17 mm nyckel för att trycka tillbaka anslutningshylsorna. Var beredd på bränslespill när kopplingarna lossas. Plugga igen anslutningarna efter losskopplingen för att förhindra ytterligare bränslespill.
7 Skruva loss fästbulten från filtrets fästband och ta bort filtret.
8 Montera det nya filtret och se till att det monteras åt samma håll som det gamla. Observera att pilen på det nya filtret visar bränsleflödets riktning.
9 Fäst filtret med fästbandet. Tryck sedan tillbaka bränslerörsanslutningarna över filterutgångarna.

10 Återanslut batteriet. Kör motorn och kontrollera att inget bränsleläckage förekommer.

Varning: Ta hand om det gamla filtret på ett säkert sätt. Det är mycket brandfarligt och kan explodera om det kastas på en eld.

27 Avgasreningssystem – kontroll

Av de avgasreningssystem som bilen kan vara utrustad med behöver endast vevhusventilationssystemet och avdunstningsregleringen kontrolleras regelbundet, och även i dessa fall behöver komponenterna i systemet mycket få åtgärder. Information om dessa kontroller finns i kapitel 4B.

Om de andra systemtn inte fungerar som de ska bör en återförsäljare kontaktas för rådgivning.

Var 128 000:e km eller vart åttonde år

28 Kamrem – byte

Se kapitel 2A.

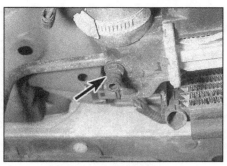

29.3a Placering av kylarens avtappningskran (vid pilen)

29.3b Kylarens nedre slanganslutning

29.4 Motorblockets avtappningskran (vid pilen)

Vartannat år, oberoende av körsträcka

29 Kylvätska – byte

> **Varning: Vänta till dess att motorn är helt kall innan arbetet påbörjas. Låt inte frostskyddsmedel komma i kontakt med huden eller med lackerade ytor på bilen. Spola omedelbart bort eventuellt spill med stora mängder vatten. Lämna aldrig frostskyddsmedel i ett öppet kärl eller i en pöl på uppfarten eller garagegolvet. Barn och husdjur kan attraheras av den söta doften och frostskyddsmedel kan vara livsfarligt att förtära.**

Observera: *Om Volvos egen kylvätska av typ C har använts i angiven mängd under en längre tid behöver kylvätskan normalt inte bytas ut. För att man ska kunna vara riktigt säker på att kylvätskans frostskyddande och rostskyddande egenskaper bör den dock bytas ut regelbundet.*

Avtappning av kylvätska

1 Börja med att ta bort expansionskärlets påfyllningslock (se *Veckokontroller*).
2 Om så behövs för att skapa större arbetsutrymme, lyft upp framvagnen och ställ den på pallbockar (se *Lyftning och stödpunkter*).
3 Ta bort kåpan under kylaren och, i förekommande fall, motorns undre skyddskåpa. Placera sedan en stor behållare under kylaren. Öppna avtappningskranen i botten av kylarens vänstra hörn och låt kylvätskan rinna ner i behållaren. Om det inte finns någon avtappningskran, lossa försiktigt kylarens nedre slanganslutning och ta bort den **(se bilder)**.
4 Flytta behållaren till motorns högra sida när kylaren är tom och skruva loss motorblockets avtappningskran (i förekommande fall) **(se bild)**.

Spolning av kylsystemet

5 Med tiden kan kylsystemet gradvis förlora sin effektivitet allt eftersom kylaren täpps igen av rost och andra avlagringar. Detta är särskilt troligt om en undermålig typ av frostskyddsvätska har använts. Särskilt om den inte bytts ut tillräckligt ofta. För att minimera risken för att detta ska hända bör endast den angivna typen av frostskyddsvätska och rent mjukt vatten användas. Dessutom bör systemet spolas enligt följande varje gång någon komponent i systemet rubbas och/eller när kylvätskan byts ut.
6 Töm hela kylsystemet. Stäng avtappningskranarna och fyll sedan hela systemet med rent vatten. Montera expansionskärlets påfyllningslock. Starta motorn och värm upp den till normal arbetstemperatur. Stäng av motorn och låt den svalna helt. Töm sedan systemet igen. Upprepa proceduren så många gånger som behövs tills endast rent vatten kommer ut ur avtappningskranarna. Fyll sedan på systemet igen med angiven kylvätskeblandning.
7 Om endast rent, mjukt vatten och frostskyddsvätska av hög kvalitet används, och om kylvätskan har bytts ut vid de angivna intervallen, räcker ovanstående åtgärder för att hålla systemet rent under en lång tid. Om systemet däremot har försummats behövs ett mer ingående arbete enligt följande för att få det rent igen.
8 Tappa först ur kylvätskan. Koppla sedan loss kylarens övre och undre slang. Stick in en trädgårdsslang i den övre slangen och låt vattnet cirkulera genom kylaren tills rent vatten kommer ut från det nedre hålet.
9 Motorn spolas på följande sätt: Ta bort termostaten (se kapitel 3), stick in trädgårdsslangen i termostathuset och låt vatten cirkulera tills det kommer ut rent vatten från den nedre slangen. Om det efter en rimlig tid fortfarande inte kommer ut rent vatten ska kylaren spolas ur med kylarrengöringsmedel.
10 Vid fall av riktigt kraftig nedsmutsning kan kylaren behöva spolas baklänges. Gör detta genom att demontera kylaren (se kapitel 3), vända den upp och ned och sticka in en trädgårdsslang i bottenhålet. Fortsätt spola tills rent vatten rinner ut från den övre slangens utlopp. Värmepaketet kan spolas på liknande sätt.
11 Använd kemiska rengöringsmedel endast som en sista utväg. Normalt förebygger regelbundna byten av kylvätska att systemet smutsas ned.

Påfyllning av kylvätska

12 När kylsystemet är tömt och spolat, se till att alla komponenter som rubbats och alla slanganslutningar sitter ordentligt och att de två avtappningskranarna är ordentligt åtdragna. Montera motorns undre kåpor som togs bort för att förbättra åtkomligheten. Sänk ner bilen om den har lyfts upp.
13 Förbered tillräcklig mängd av den angivna kylvätskeblandningen (se *Specifikationer*). Gör lite extra som en reserv för påfyllning.
14 Fyll systemet långsamt genom expansionskärlet. Eftersom kärlet är systemets högsta punkt bör all luft i systemet försvinna ut i tanken allt eftersom vätskan stiger. Långsam påfyllning minskar risken för att luftfickor bildas i systemet. Det är också bra att klämma försiktigt på de stora kylarslangarna under påfyllningen.
15 Fortsätt påfyllningen tills kylvätskenivån når expansionskärlets MAX-markering. Vänta sedan i några minuter. Fortsätt att klämma på kylarslangarna under tiden. Fyll på till MAX-markeringen igen när vätskan har slutat sjunka och skruva på expansionskärlets lock.
16 Starta motorn och kör den på tomgång tills den värmts upp till normal arbetstemperatur. Om nivån i expansionskärlet sjunker märkbart, fyll på till MAX-nivån för att minimera mängden luft som cirkulerar i systemet.
17 Stäng av motorn och låt den svalna *helt* (över natten om det är möjligt). Ta sedan bort expansionskärlets påfyllningslock och fyll på kärlet till MAX-nivån. Montera påfyllningslocket och dra åt det ordentligt. Tvätta bort eventuellt kylvätskespill från motorrummet och karossen.
18 Kontrollera noga systemets alla komponenter efter påfyllningen (var extra noga med de anslutningar som rubbades under avtappningen och spolningen) och leta efter tecken på kylvätskeläckage. Ny frostskyddsvätska avslöjar snabbt alla svaga punkter i systemet.

Luftfickor

19 Om tecken på överhettning uppstår som inte fanns innan systemet tömdes och fylldes på, beror felet nästan säkert på att det finns luftfickor i systemet som hindrar kylvätskeflödet. Oftast beror luftfickorna på att kylsystemet fylldes på för snabbt.

20 Om en luftficka misstänks ska först alla synliga kylvätskeslangar klämmas försiktigt. En kylvätskeslang som är full av luft känns helt annorlunda än en slang fylld med kylvätska när man klämmer på den. När systemet har fyllts på försvinner de flesta luftfickor efter att systemet har svalnat och fyllts upp.

21 Låt motorn gå med normal arbetstemperatur. Slå på värmeenheten och värmefläkten och kontrollera värmeeffekten. Om det finns tillräckligt med kylvätska i systemet kan bristande värme bero på en luftficka i systemet.

22 Luftfickor kan ha allvarligare effekter än att bara försämra värmeeffekten. En allvarlig luftficka kan försämra kylvätskeflödet i motorn. Kontrollera att kylarens övre slang är varm när motorn har nått arbetstemperatur. En kall övre slang kan orsakas av en luftficka (eller av en termostat som inte öppnar).

23 Om problemet består, stäng av motorn och låt den svalna **helt** innan expansionskärlets påfyllningslock skruvas loss eller några slangar kopplas loss för att släppa ut luften. I värsta fall kan systemet behöva tömmas delvis eller helt (den här gången kan kylvätskan sparas för återanvändning) och spolas för att problemet ska försvinna.

30 Bromsolja – byte

⚠️ *Varning: Bromsolja kan skada ögonen och bilens lack, så var ytterst försiktig vid hanteringen.*

Använd aldrig olja som stått i ett öppet kärl under någon längre tid eftersom den också absorberar fukt från luften. För mycket fukt i bromsoljan kan medföra en livsfarlig försämring av bromseffekten.

Arbetet liknar i stort sett det som beskrivs för luftning i kapitel 9, bortsett från att bromsoljebehållaren måste tömmas genom sifonering, samt att det måste lämnas plats för den gamla olja som töms ut vid luftning av en del av kretsen.

Eftersom kopplingens hydraulsystem använder samma olja och behållare som bromssystemet behöver antagligen även det systemet luftas (se kapitel 6, avsnitt 5).

> **HAYNES TiPS**
> *Gammal bromsolja är alltid mycket mörkare än ny olja, vilket gör det enkelt att skilja dem åt.*

Kapitel 2 Del A:
Reparationer med motorn kvar i bilen

Innehåll

Svårighetsgrader

Enkelt, passar novisen med lite erfarenhet 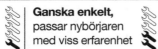	Ganska enkelt, passar nybörjaren med viss erfarenhet 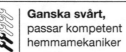	Ganska svårt, passar kompetent hemmamekaniker 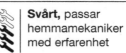	Svårt, passar hemmamekaniker med erfarenhet	Mycket svårt, för professionell mekaniker

Specifikationer

Allmänt

Motorkod:
B5202 S	2.0 liter (1984 cc), 10 ventiler, utan turbo
B5204 S	2.0 liter (1984 cc), 20 ventiler, utan turbo
B5204 T	2.0 liter (1984 cc), 20 ventiler, med turbo
B5234 S	2.3 liter (2319 cc), 20 ventiler, utan turbo
B5234 T	2.3 liter (2319 cc), 20 ventiler, med turbo
B5252 S eller B5242 S*	2.5 liter (2435 cc), 10 ventiler, utan turbo
B5254 S eller B5244 S*	2.5 liter (2435 cc), 20 ventiler, utan turbo
B5254 T eller B5244 T*	2.5 liter (2435 cc), 20 ventiler, med turbo

*Se avsnitt 1

Lopp:
2.0 och 2.3 liters motorer	81,0 mm
2.5 liters motorer	83,0 mm

Kolvslag:
2.0 liters motorer	77,0 mm
Alla andra motorer	90,0 mm

Kompressionsförhållande:
B5202 S	10,0 : 1
B5204 S	10,3 : 1
B5204 T	8,4 : 1
B5234 S	10,5 : 1
B5234 T	8,5 : 1
B5252 S / B5242 S	10,0 : 1
B5254 S / B5244 S	10,3 : 1
B5254 T / B5244 T	9,0 : 1

Kompressionstryck:
Motorer utan turbo	13 till 15 bar
Motorer med turbo	11 till 13 bar
Maximal skillnad mellan högsta och lägsta värden	2 bar
Tändningsföljd	1-2-4-5-3 (cylinder nr 1 vid motorns kamremsände)
Vevaxelns rotationsriktning	Medurs (sett framifrån motorn)

Kamaxel

	Insug	Avgassystem
ID-bokstav (präglad på änden):		
10-ventilsmotorer	HEI	HEE
20-ventilsmotorer utan turbo	PGI	PGE
20-ventils turbomotorer	PHI	PHE

Maximalt lyft (insug och avgas):
   10-ventilsmotorer .... 9,60 mm
   20-ventilsmotorer utan turbo .... 8,45 mm
   20-ventils turbomotorer .... 7,95 mm
Kamaxelns axialspel .... 0,05 till 0,20 mm

Ventillyftare

Diameter:
   10-ventilsmotorer .... 34,959 till 35,025 mm
   20-ventilsmotorer .... 31,959 till 32,025 mm
Höjd .... 25,500 till 26,500 mm

Smörjsystem

Oljetryck (varm motor vid 4000 varv per minut) .... 3,5 bar
Oljepumpstyp .... Kugghjul, drivs från vevaxeln
Maximalt avstånd mellan pumpdrev och hus .... 0,35 mm
Övertrycksventilfjäderns fria höjd:
   Motorer utan turbo .... 82,13 mm
   Turbomotorer .... 76,22 mm

Åtdragningsmoment*

	Nm
Hjulbultar	110
Kamaxeldrevets bultar	20
Kamremmens överföringsremskiva	25
Kamremsspännarens bult	20
Motorns oljeavtappningsplugg	35
Oljepump till motorblock	10
Oljetryckskontakt	25
Svänghjul/drivplatta**	
Steg 1	45
Steg 2	Vinkeldra ytterligare 65°
Topplockets nedre del till blocket:**	
Steg 1	20
Steg 2	60
Steg 3	Vinkeldra ytterligare 130°
Topplockets övre del till den nedre delen	17
Tändstift	25
Vevaxeldrevets mittmutter	180
Vevaxelns remskiva till drevet, bultar:	
Steg 1	25
Steg 2	Vinkeldra ytterligare 30°

Motor-/växellådsfästen (se bild 11.7)

Motorns nedre stödstagsfäste till kryssrambalk:
   Steg 1 65
   Steg 2 .... Vinkeldra ytterligare 60°
Motorns nedre stödstagsfäste till växellåda:**
   Steg 1 35
   Steg 2 .... Vinkeldra ytterligare 40°
Motorns nedre stödstagsbussningar till fästbyglar:**
   Steg 1 35
   Steg 2 .... Vinkeldra ytterligare 90°
Motorns högra fästbygel till motor:
   8 mm bult:**
      Steg 1 20
      Steg 2 .... Vinkeldra ytterligare 60°
   10 mm bultar:**
      Steg 1 35
      Steg 2 .... Vinkeldra ytterligare 60°
Motorns högra fäste till motorfästbygel:**
   Steg 1 35
   Steg 2 .... Vinkeldra ytterligare 90°

Atdragningsmoment* (forts.)

Motor/växellådsfästen (forts.) (se bild 11.7)

	Nm
Motorns högra fäste till kryssrambalk:**	
Steg 1	65
Steg 2	Vinkeldra ytterligare 60°
Motorns övre stödstagsfäste till motor:	
Nedre bultar:**	
Steg 1	45
Steg 2	Vinkeldra ytterligare 90°
Övre bult:	
Motorer utan turbo	25
Turbomotorer:	
Steg 1	35
Steg 2	Vinkeldra ytterligare 60°
Motorns övre stödstag till torpedväggens fästbygel:	
Steg 1	35
Steg 2	Vinkeldra ytterligare 60°
Motorns övre stödstag till motorfäste:	
Steg 1	35
Steg 2	Vinkeldra ytterligare 90°
Växellådans främre fästbygel till kryssrambalk	50
Växellådans främre fästbygel till växellåda	25
Växellådans bakre fästmuttrar/bultar	50

*Oljade gängor om inget annat nämns
Nya muttrar/bultar måste **alltid användas

---

1 Allmän information

Hur detta kapitel används

Den här delen av kapitel 2 beskriver de reparationer som kan utföras med motorn monterad i bilen. Om motorn har tagits ur bilen och tagits isär enligt beskrivningen i del B, kan alla preliminära isärtagningsinstruktioner ignoreras.

Observera att även om det är möjligt att fysiskt renovera delar som kolvar/vevstakar medan motorn sitter i bilen, så utförs sällan sådana åtgärder separat. Normalt måste flera ytterligare åtgärder utföras, för att inte nämna rengöring av komponenter och smörjkanaler. Av den anledningen klassas alla sådana åtgärder som större renoveringsåtgärder, och beskrivs i del B i det här kapitlet.

Del B beskriver demontering av motor/växellåda, samt tillvägagångssättet för de reparationer som kan utföras med motorn/växellådan demonterad.

Beskrivning av motorn

Den femcylindriga motorn har dubbla överliggande kamaxlar, med två eller fyra ventiler per cylinder beroende på typ. Motorn är rak och sitter tvärmonterad på en kryssrambalk i motorrummet. Motorkoderna (som bara förekommer där det behövs) är mycket logiska att följa – den första siffran är antalet cylindrar, den andra och tredje tillsammans anger motorns slagvolym i liter och den sista siffran är antalet ventiler per cylinder. Ett T efter siffrorna anger att det är en turbomotor. B5234 T är alltså en femcylindrig, 2.3 liters motor med 4 ventiler per cylinder med turbo.

Från och med hösten 1999 verkar det som om alla 2.5 liters motorer har fått motorkoderna ändrade från B525 till B524. Detta beror på ett EU-direktiv som säger att motorkoder måste ange slagvolymen exakt, och 2.5 liters motorn har i själva verket 2435 cc (alltså närmare 2.4 liter), så nu anges 24 istället för 25 i motorkoden.

Hela motorn är tillverkad av aluminiumlegering och består av fem delar. Topplocket har en övre och en nedre del, och motorblocket, mellandelen och sumpen utgör de andra tre delarna. Topplockets övre och nedre del sitter ihop längs kamaxlarnas mittlinje, medan motorblocket och mellandelen sitter ihop längs vevaxelns mittlinje. En vanlig topplockspackning används mellan topplocket och blocket, och flytande packning används mellan de övriga huvuddelarna.

Motorblocket har fem torra cylinderfoder i gjutjärn som är fastgjutna i blocket och inte kan bytas. Gjutjärnsförstärkningar används även i mellandelen som förstärkning i ramlagerområdena.

Kraft överförs till kamaxeln via en kuggad kamrem och drev, och har en automatisk spänningsmekanism. Kamremmen driver även kylvätskepumpen. Alla tillbehör drivs från vevaxelns remskiva via en enda flerribbad drivrem.

Topplocket är av korsflödestyp, insugsportarna ligger i motorns framkant och avgasportarna baktill. Den övre delen av topplocket fungerar som en kombinerad ventilkåpa och kamaxelkåpa, och kamaxlarna löper i sex släta lager inuti de två topplocksdelarna. Ventilerna styrs av underhållsfria hydrauliska ventillyftare som i sin tur styrs direkt av kamloberna. 2.0 och 2.5 liters motorerna finns tillgängliga med 10 eller 20 ventiler, medan 2.3 liters motorerna alla har 20 ventiler.

Från hösten 1999 och framåt har vissa 2.5 liters motorer fått ett variabelt ventilinställningssystem som är kopplat till insugskamaxeln. Tyvärr fanns ingen information om detta system tillgänglig när denna handbok skrevs.

Vevaxeln löper i sex ramlager av skåltyp, och vevstakslagren är också av skåltyp. Vevaxelns axialspel tas upp av tryckbrickor som är inbyggda i ramlageröverfall nr 5.

Smörjsystemet är av tryckmatad fullflödestyp. Olja sugs upp från sumpen av en pump av kugghjulstyp som drivs från vevaxelns främre del. Olja under tryck passerar genom ett filter innan den matas till de olika lagren och till ventilregleringen. Senare modeller utan turbo har en extern oljekylare monterad på baksidan av sumpen. På turbomodeller finns en extern oljekylare som sitter i kylarens sidotank. Turbomodeller har även separata rör för oljematning och oljeretur för turboaggregatets lager.

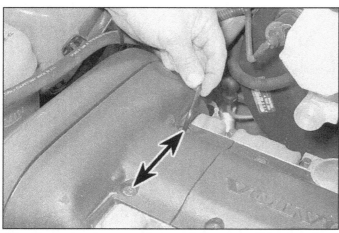 

3.3a Skruva loss kamremskåpans två fästskruvar (vid pilarna) . . .   3.3b . . . lossa sedan klämmorna framtill och baktill på kåpan . . .

3.3c . . . och ta bort den från tändstiftskåpan

Reparationer som kan göras med motorn monterad i bilen

Följande arbeten kan utföras med motor monterad i bilen:

a) Kompressionstryck – kontroll.
b) Kamrem – demontering och montering.
c) Kamaxelns oljetätningar – byte.
d) Kamaxlar och ventillyftare – demontering och montering.
e) Topplock – demontering och montering.
f) Topplock och kolvar – sotning.
g) Vevaxelns oljetätningar – byte.
h) Oljepump – demontering och montering.
i) Svänghjul/drivplatta – demontering och montering.
j) Motorfästen – demontering och montering.

2 Kompressionsprov – beskrivning och tolkning

1 Om motorns prestanda sjunker eller om misständningar uppstår som inte kan hänföras till tänd- eller bränslesystem, kan ett kompressionsprov ge en uppfattning om motorns skick. Om kompressionsprov tas regelbundet kan de ge förvarning om problem innan några andra symptom uppträder.

2 Motorn måste vara uppvärmd till normal arbetstemperatur, batteriet måste vara fulladdat och alla tändstift måste vara urskruvade (kapitel 1). Dessutom behövs en medhjälpare.

3 Avaktivera tändsystemet genom att koppla loss varvräknarens kablage vid skarvdonet alldeles under och bakom fördelaren. Koppla även loss kontaktdonen till varje bränsleinsprutare för att förhindra att bränsle skadar katalysatorn.

4 Montera ett verktyg för kompressionsprov till tändstiftshålet för cylinder nr 1. Det är bäst att använda den typ av verktyg som skruvas fast i hålet.

5 Låt en medhjälpare hålla gasspjället vidöppet, dra sedan runt motorn på startmotorn. Efter ett eller två varv ska trycket byggas upp till ett maxvärde och stabiliseras. Anteckna den högsta avläsningen.

6 Upprepa testet på återstående cylindrar och notera trycket på var och en.

7 Alla cylindrar ska ha liknande tryck. Om skillnaden mellan det högsta och det lägsta värdet överstiger 2 bar är det ett tecken på att något är fel.

8 Observera att trycket ska byggas upp snabbt i en sund motor. Lågt tryck i första slaget följt av ett gradvis stigande tryck är ett tecken på slitna kolvringar.

9 Lågt tryck som inte höjs är ett tecken på läckande ventiler eller trasig topplockspackning (eller ett sprucket topplock). Låg kompression kan även orsakas av avlagringar på undersidorna av ventilhuvudena.

10 Om trycket i en cylinder är mycket lägre än i de andra, utför följande kontroll för att hitta orsaken. Häll i en tesked ren olja i cylindern genom tändstiftshålet och upprepa provet.

11 Om oljan tillfälligt förbättrar kompressionen är det ett tecken på att slitage på kolvringar eller lopp orsakar tryckfallet. Om ingen förbättring sker tyder det på läckande/brända ventiler eller trasig topplockspackning.

12 Lågt tryck i två angränsande cylindrar är nästan helt säkert ett tecken på att topplockspackningen mellan dem är trasig. Förekomst av kylvätska i oljan bekräftar detta.

13 Om en cylinder har ett värde som är 20 % lägre än de andra cylindrarna, och motorns tomgång är något ojämn, kan en sliten kamaxellob vara orsaken.

14 Om kompressionen är ovanligt hög är förbränningskamrarna troligen täckta med kolavlagringar. Om så är fallet måste topplocket demonteras och rengöras från kolrester.

15 Efter avslutat prov, skruva i tändstiften och anslut tändsystem och bränslepump.

3 Kamrem – demontering och montering

Observera: När den här handboken skrevs fanns ingen information tillgänglig om det variabla ventilinställningssystem som finns på nyare 2.5 liters motorer. Motorer som har detta system känns igen på att de har en stor navenhet fastskruvad på det främre (insugs-) kamaxeldrevet (se bild 3.13b). Antagligen påverkas inte proceduren för byte av kamrem av detta, men det är i alla fall bäst att rådfråga en Volvoverkstad innan arbetet påbörjas.

Demontering

1 Koppla loss batteriets minusledare.

2 Demontera drivremmen enligt beskrivningen i kapitel 1.

3 På senare modeller som saknar fördelare, skruva loss de två skruvarna och lossa de två fjäderklämmorna som håller fast den övre kamremskåpan, och lossa kåpan från tändstiftskåpan mitt på topplocket (se bilder).

4 Efter tillämplighet, lossa turboaggregatets insugskanaler, skruva sedan loss de sex skruvarna och ta bort tändstiftskåpan från mitten av topplocket.

5 Lyft av kylsystemets expansionskärl från dess fästbygel och flytta det åt sidan. Koppla

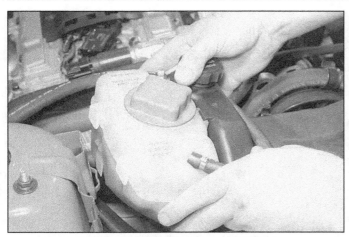

3.5 Lyft ut kylvätskans expansionskärl

3.6 Expansionskärlet och servostyrningsoljans behållare kan bindas fast så att de inte är i vägen under arbetet

loss kontaktdonet för kylvätskenivågivaren, men man ska inte behöva koppla loss kylvätskeslangarna (se bild).

6 Lossa servostyrningens oljebehållare från dess fästen och flytta den åt sidan utan att koppla loss vätskeslangarna. Se till att behållarens lock sitter ordentligt fast och att behållaren hålls så upprätt som möjligt, för att förhindra spill (se bild).

7 Åtkomligheten kan förbättras ytterligare genom att locket tas av från ECU-boxen – koppla loss lufttillförselslangen, lossa de två hakarna och ta bort locket (se bild).

8 Skruva loss bulten från mitten av den främre kamremskåpan, dra loss kåpan från

motorn och lyft den så att fästklämmorna lossar (se bilder).

9 Lossa det högra framhjulets bultar, och lyft sedan upp framvagnen och ställ den på pallbockar (se *Lyftning och stödpunkter*). Demontera höger framhjul.

10 Lossa de två muttrar som håller fast innerskärmen och vik undan skärmen för att komma åt vevaxelns remskiva (se bilder).

11 Skruva loss bultarna och ta loss kamremmens skyddsplåt bakom vevaxelns remskiva, om en sådan finns (se bild).

12 På senare modeller, montera tillfälligt tillbaka den övre kamremskåpan.

13 Vrid vevaxeln medurs (sett från höger sida

3.7 Ta bort ECU-boxens lock

3.8a Skruva loss fästbulten . . .

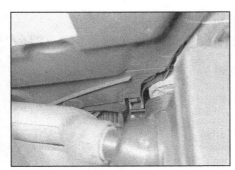

3.8b . . . och lyft kåpan för att lossa klämmorna längst ner . . .

3.8c . . . och ta bort kåpan

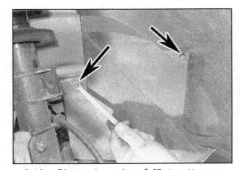

3.10a Skruva loss de två fästmuttrarna (vid pilarna) . . .

3.10b . . . och vik undan innerskärmen

3.11 Ta bort kamremmens skyddsplåt

3.13a Tändinställningsmärkena på kamaxeldreven (A) inpassade mot inskärningarna (B) på remmens bakre kåpa - tidiga modeller

3.13b Kamaxeldrevens tändinställningsmärken (A) och markeringarna på remmens övre kåpa (B) - senare modeller

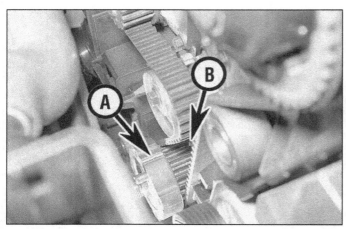

3.14 Vevaxeldrevets ribba (A) ska passa in mot markeringen på oljepumphuset (B)

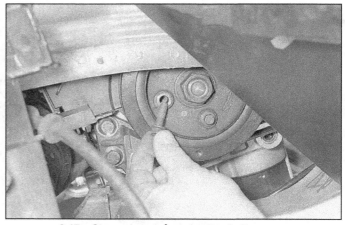

3.17a Skruva loss två av de yttre bultarna . . .

av bilen) med en hylsnyckel på vevaxel-remskivans mittmutter, tills tändinställnings-märkena på kamaxeldrevets kanter passar in mot inskärningarna på den bakre kamrems-kåpan (tidiga modeller) eller den övre kåpan (senare modeller) **(se bilder)**.

14 I denna position ska tändinställnings-märket på vevaxeldrevets övre, yttre kant även vara inpassat mot markeringen på olje-pumphuset **(se bild)**.

15 Tändningsinställningsmärkena är svåra att se – märkena på kamaxeldrevet kan se ut som inte mycket mer än svaga repor på drevens kanter. På liknande sätt kan markeringen på vevaxeldrevet bara nätt och jämnt ses ovanifrån. Det krävs antagligen att man tittar både två och tre gånger innan man är säker på att markeringarna är korrekt inpassade.

16 Vevaxelns (drivremmens) remskiva måste

nu demonteras. Den sitter fäst på vevaxeln (kamremmens) drev med fyra bultar, och på själva vevaxeln med en stor mittmutter.

17 Lossa de fyra yttre bultarna och ta bort två av dem. Håll fast remskivan med ett hemmagjort drevhållarverktyg som skruvas fast vid remskivan i två tomma bulthål när den mittre muttern lossas – den sitter mycket hårt **(se bilder)**.

18 När muttern är lös, kontrollera justeringen av kamremsdreven enligt beskrivningen i punkt 13 och 14 innan remskivan tas bort.

19 Vevaxelns remskiva hålls på plats av en valstapp, och det kan hända att en avdragare krävs för att få loss remskivan **(se bilder)**. Det rekommenderas inte att remskivan bänds loss, eftersom kanten lätt kan gå sönder om man inte är försiktig.

20 Lossa kamremsspännarens fästbult och vrid spännaren medurs så att spänningen på remmen släpper **(se bild)**. Om en ny rem monteras, demontera spännaren helt och notera hur den utstickande tappen på spännaren hakar i motorn. Volvo rekom-menderar att en ny spännare monteras varje gång kamremmen byts ut.

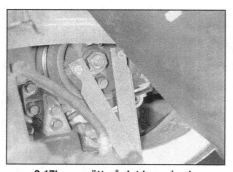

3.17b . . . sätt på det hemgjorda fasthållningsverktyget . . .

3.17c . . . och lossa den mittre muttern

3.19a Vevaxelns remskiva sitter på en valstapp (vid pilen)

3.19b Ta bort vevaxelns remskiva

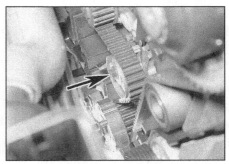

3.20 Lossa remspännarens fästbult (vid pilen)

21 Märk remmen med dess rotationsriktning om den ska återanvändas, och ta sedan loss den från dreven och överföringsremskivorna. Utrymmet är mycket begränsat vid vevaxeldrevet och ett visst lirkande krävs. **Vrid inte** vevaxeln eller kamaxlarna med remmen borttagen.

22 Vrid överföringsremskivan och kontrollera om den går trögt eller skakar, och byt den om det behövs.

23 Undersök kamremmen noga och leta efter tecken på ojämnt slitage eller sprickor. Var extra uppmärksam på tändernas "rötter". Byt ut remmen vid minsta tvivel om dess skick.

24 Om motorn renoveras och har gått mer än 60 000 km med den befintliga remmen monterad, ska remmen bytas ut oavsett skick. Kostnaden för en ny rem är försumbar i jämförelse med kostnaderna för de motorreparationer som skulle behövas om remmen gick av under drift.

25 Om spår av olja eller kylarvätska återfinns på den gamla remmen, leta rätt på läckan och laga den. Tvätta bort alla spår av olja från motorns kamremsområde och alla relaterade komponenter.

26 Även om remmen inte visar några tecken på kylarvätskeläckage, undersök kylvätskepumpen noggrant och leta efter tecken på läckor. När en kylvätskepump går sönder börjar den ofta läcka från 'spillhålet' längst upp, alldeles bakom pumpens kamremsdrev (se kapitel 3, avsnitt 7). En kylvätskeläcka uppträder vanligen som en vit skorpa. Om motorn har gått långt och fortfarande har kvar

originalpumpen, kan det vara en god idé att byta kylvätskepump samtidigt som kamrem. Om detta inte görs, och pumpen sedan börjar läcka, måste remmen demonteras igen för montering av en ny pump.

27 Byt spännare om tveksamheter föreligger vad gäller dess skick. Volvo rekommenderar att en ny spännare alltid monteras när remmen byts.

Montering och spänning

28 Innan kamremmen monteras tillbaka, se till att dreven sitter korrekt (punkt 13 och 14). För att göra detta krävs det att den bakre kamremskåpan (tidiga modeller) eller den övre kåpan (senare modeller) tillfälligt monteras tillbaka.

29 Om den demonterats, montera tillbaka remspännaren på samma plats som noterats vid demonteringen. Dra åt fästbulten lätt.

30 Sätt på remmen på vevaxeldrevet. Håll remmen spänd, var noga med att inte vrida kamaxeldreven, och placera remmen på överföringsremskivorna, det främre kamaxeldrevet, det bakre kamaxeldrevet, kylvätskepumpens drev och spännarremskivan **(se bild)**. Notera korrekt rotationsriktning om den gamla remmen ska återanvändas.

31 Kontrollera återigen att markeringarna på dreven är korrekt inpassade.

32 Vrid remspännaren moturs med en 6 mm insexnyckel tills visaren når stoppet till höger om den mittre inskärningen, och vrid sedan tillbaka den så att den passas in mot inskärningen **(se bilder)**. Spännaren måste

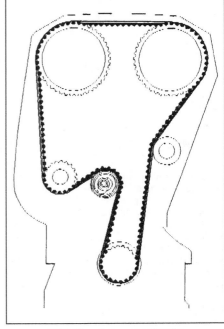

3.30 Kamremmens löpväg

alltid ställas in på det här sättet, så att den ställs in från höger om mittpositionen.

33 Med spännaren inpassad mot den mittre inskärningen, håll fast spännaren med insexnyckeln och dra åt fästbulten till angivet moment **(se bild)**.

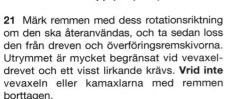

-20° C / 5° F   20° C / 68° F   50° C / 120° F

3.32a Inställningar för kamremsspännaren vid olika temperaturer

3.32b Kamremsspännaren inpassad mot den mittre inskärningen

3.33 Håll fast spännaren med en insexnyckel och dra åt muttern

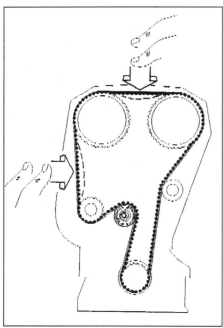

3.34 Tryck på remmen vid de angivna punkterna och kontrollera att spännaren kan röra sig

34 Tryck på remmen på en punkt mitt emellan dreven och kontrollera att spännarens visare kan röra sig fritt **(se bild)**.

35 Vrid vevaxeln medurs två hela varv och kontrollera sedan att alla tändinställningsmärken kan passas in mot varandra.

36 Kontrollera även att spännarens visare är inpassad mot den mittre inskärningen. Om inte, lossa spännarens fästbult och justera remspänningen igen enligt beskrivningen i punkt 31 till 35.

37 Montera kamremmens skyddsplåt bakom vevaxelns remskiva, i förekommande fall.

38 Montera tillbaka vevaxelns remskiva över valstappen, sätt sedan tillbaka och dra åt den mittre muttern och de fyra yttre bultarna till angivet moment.

39 Vik tillbaka innerskärmen och fäst den med de två muttrarna.

40 Montera tillbaka hjulet och sänk ner bilen. Dra åt hjulbultarna i diagonal ordningsföljd till angivet moment.

41 Montera tillbaka alla kvarvarande delar som tagits bort vid demonteringen, i omvänd ordning mot demonteringen.

4 Kamaxlarnas främre oljetätningar – byte

Observera 1: *Till detta krävs Volvos låsningsverktyg 999 5452 för att förhindra att kamaxlarna vrids när dreven demonteras. Hur hemmagjorda verktyg tillverkas beskrivs i texten. Försök inte utföra arbetet utan att låsa kamaxlarna – ventilinställningen kan fördärvas.*
Observera 2: *Modeller med en 2.5 liters motor från slutet av 1999 eller senare kan vara utrustade med ett justerbart ventilinställningssystem. Modeller med det här systemet känns igen på att de har en stor navenhet fastbultad vid det främre kamaxeldrevet (insuget). I skrivande stund finns ingen information om detta system tillgänglig. En Volvoverkstad bör kontaktas innan arbetet fortsätter.*

1 Demontera kamremmen enligt beskrivningen i avsnitt 3.

2 Om båda kamaxeldreven ska tas bort, markera dem med insug och avgas så att de monteras tillbaka på rätt platser. Insugsdrevet sitter närmast bilens front.

3 Skruva loss de tre bultarna och demontera aktuellt drev för att komma åt den trasiga tätningen. Håll fast dreven med ett lämpligt verktyg i hålen i sidorna **(se Haynes tips)**.

4 Ta loss aktuellt drev från kamaxeln **(se bild)**.

5 Ta försiktigt loss tätningen genom att bända ut den med en liten skruvmejsel eller ett krokformat verktyg. Se till att inte skada axelns tätningsyta.

6 Rengör tätningssätet. Undersök axelns tätningsyta med avseende på slitage eller skador som kan orsaka att den nya tätningen slits ut i förtid.

7 Smörj den nya oljetätningen med ren motorolja. Sätt tätningen på axeln, läpparna inåt, och knacka den på plats med en stor hylsnyckel eller ett rörstycke tills dess yttre yta ligger jäms med huset **(se bild)**.

8 Innan kamaxeldrevet/dreven kan monteras tillbaka måste kamaxlarnas inställning (ventilinställningen) kontrolleras.

Tillverka ett fasthållningsverktyg för kamaxeldrevet av två bitar bandstål, ungefär 6 mm tjocka och 30 mm breda, den ena 600 mm lång, den andra 200 mm lång (alla mått är ungefärliga). Skruva ihop de två banden så att de formar en gaffel utan att dra åt bulten, så att den kortare delen kan vridas runt. Böj änden av varje "tand" på gaffeln i rät vinkel ungefär 50 mm från ändarna. Dessa hakar ska sedan sättas in i hålen i dreven. Det kan hända att kanterna måste slipas ner för att få plats i hålen

9 Demontera luftrenaren och insugskanalerna enligt beskrivningen i kapitel 4A för att komma åt bakänden av båda kamaxlarna.

10 Skruva loss muttern och ta bort bulten som fäster motorns övre stödstag vid fästbygeln på motorn. Observera att det behövs en ny mutter och bult vid monteringen **(se bild)**.

11 Skruva loss muttern som fäster den andra änden av motorns stödstag vid torpedväggens fästbygel och sväng stödstaget åt sidan. Observera att det behövs en ny mutter och bult vid monteringen.

12 Skruva loss den övre muttern och de två nedre bultarna som fäster stödstagets fästbygel vid sidan av motorn. Notera hur kontaktdonets stödplattor är placerade och flytta dem åt sidan. Lossa alla kabelklämmor och kontaktdon som behövs för att ta bort fästbygeln, och bänd sedan loss fästbygeln från dess styrstift på motorn. Den sitter hårt på styrstiften och man kan behöva bända en hel del.

4.4 Demontera insugskamaxeldrevet

4.7 Sätt på oljetätningen över axeln med läpparna inåt

4.10 Ta bort stödstaget från motorfästet

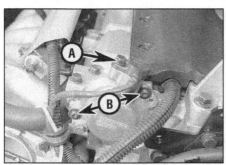

4.16 Kamaxelgivarens fästbult (A) och ändkåpans skruvar (B)

13 Koppla loss kamaxelgivarens kablage vid kontaktdonet som sitter placerat vid växellådssidan av motorn.
14 Skruva loss de två skruvarna och ta bort givarhuset från topplocket i avgaskamaxelns bakre del. Skruva loss bulten och ta bort givarens rotorplatta från änden av avgaskamaxeln.
15 På modeller med fördelare, skruva loss de tre skruvarna och lyft bort fördelarlocket och tändkablarna. Ta bort gnistskyddet. Skruva sedan loss de tre skruvarna och ta bort rotorarmen. Skruva loss bulten och ta bort rotorarmens fästplatta.
16 På modeller med fördelare, skruva loss fästbulten och lyft ut kamaxelgivaren från insugskamaxeln. Skruva loss de två skruvarna och ta loss kamaxelns ändkåpa **(se bild)**.
17 Notera positionen för urtagen i kamaxlarnas bakändar. Innan dreven kan monteras tillbaka måste kamaxlarna placeras så att dessa urtag ligger parallellt med fogen mellan topplockets övre och nedre del, och sedan låsas i denna position. Observera även att urtagen ligger något vid sidan av mittlinjen, ett något över och ett något under.
18 Lås kamaxlarna i rätt position för återmonteringen med Volvos verktyg 999 5452, eller tillverka ett eget **(se Haynes tips)**.
19 Kontrollera att vevaxeldrevets tändinställningsmärken fortfarande är rätt inställda, och anslut sedan Volvos eller ditt eget verktyg till baksidan av topplocket **(se bild)**. Det kan krävas att kamaxlarna vrids en aning så att urtagen hamnar exakt horisontellt så att verktyget kan sättas i.

4.19 Hemgjort kamaxellåsverktyg på plats (topplockets övre del demonterad för att det ska synas bättre)

20 Montera tillbaka kamaxeldrevet/dreven, med tändinställningsmärken inpassade och fästa med två av fästbultarna för varje drev. Om endast ett drev har demonterats, lossa de tre bultarna på det andra drevet och ta bort en av dem. Dra åt bultarna så att de precis snuddar vid dreven, men låt dreven rotera så långt som de förlängda bulthålen tillåter. Placera dreven så att bultarna är centrerade i hålen.
21 Utför de åtgärder som beskrivs i avsnitt 3, punkt 28 till 34.
22 Montera de återstående bultarna på dreven och dra åt dem till angivet moment.
23 Ta bort låsverktyget från kamaxlarnas bakre ändar.
24 Fortsätt återmonteringen av kamremmen enligt beskrivningen i avsnitt 3, punkt 35 och framåt. Återanslut inte batteriet än.
25 På modeller med fördelare, montera tillbaka fästplattan, gnistskyddet, rotorarmen, fördelarlocket och tändkablarna.
26 På modeller utan fördelare, montera tillbaka kamaxelns ändkåpa och fäst den med skruvarna. Montera tillbaka insugskamaxelgivaren och dra åt fästbulten ordentligt.
27 Montera tillbaka kamaxelgivarens rotorplatta och hus.
28 Montera tillbaka motorns stödstagsfästbygel på sidan av motorn, och fäst den med muttern och de två bultarna och dra åt dem till angivet moment. Återanslut kablaget som flyttats vid demonteringen och fäst det med relevanta kabelklämmor.
29 Fäst motorns stödstag vid fästbyglarna med nya muttrar och bultar. Dra åt stödstagets fästen till angivet moment.
30 Montera tillbaka luftrenaren och luftkanalerna.
31 Kontrollera att allt har monterats tillbaka korrekt, och återanslut sedan batteriet.

5 Kamaxlarnas bakre oljetätningar – byte

1 Koppla loss batteriets minusledare.
2 Demontera luftrenaren och insugskanalerna enligt beskrivningen i kapitel 4A för att komma åt bakänden av båda kamaxlarna.
3 Koppla loss kamaxelgivarens kablage vid kontaktdonet som sitter placerat på växellådssidan av topplocket.
4 Skruva loss de två skruvarna och ta bort givarhuset från topplocket vid avgaskamaxelns bakre del. Skruva loss bulten och ta bort givarens rotorplatta från änden av avgaskamaxeln.
5 På modeller med fördelare, skruva loss de tre skruvarna och lyft bort fördelarlocket och tändkablarna. Ta bort gnistskyddet. Skruva sedan loss de tre skruvarna och ta bort rotorarmen. Skruva loss bulten och ta bort rotorarmens fästplatta.
6 På modeller utan fördelare, skruva loss de

Ett kamaxellåsverktyg kan tillverkas av ett vinkeljärn som kapas till en längd som passar över baksidan av topplocket. Märk ut och borra två hål, så att verktyget kan skruvas fast i fördelarlockets och kamaxelgivarens bulthål. Ta ett stycke bandstål av passande tjocklek, så att det passar precis i urtagen i kamaxlarna, dela bandet i två delar och borra hål så att båda delarna kan skruvas fast i vinkeljärnet. Med hjälp av mellanläggsbrickor, muttrar och bultar, placera och fäst banden vid vinkeljärnet så att kamaxlarna kan låsas med urtagen horisontellt. Sätt mellanläggsbrickor på banden för att kompensera för urtagens förskjutning

två skruvarna och ta loss kamaxelns ändkåpa.
7 Ta försiktigt loss tätningen genom att bända ut den med en liten skruvmejsel eller ett krokformat verktyg. Se till att inte skada axelns tätningsyta.
8 Rengör tätningssätet. Undersök axelns tätningsyta med avseende på slitage eller skador som kan orsaka att den nya tätningen slits ut i förtid.
9 Smörj den nya oljetätningen med ren motorolja. Sätt tätningen på axeln, läpparna inåt, och knacka den på plats med en stor hylsnyckel eller ett rörstycke tills dess yttre yta ligger jäms med huset **(se bild)**.
10 Montera tillbaka de delar som tagits bort för att förbättra åtkomligheten, i omvänd ordning mot demonteringen.
11 Montera tillbaka luftrenaren och kanalerna, och återanslut sedan batteriet.

5.9 Montera insugskamaxelns bakre oljetätning

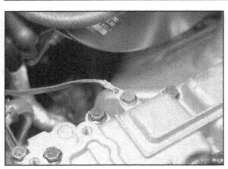

6.7 En av jordledningarna ansluten till baksidan av topplocket

6 Kamaxlar och ventillyftare – demontering, kontroll och montering

Observera 1: *Till detta krävs Volvos special-verktyg 999 5452, 999 5453 och 999 5454 för att låsa kamaxlarna på plats i topplockets övre del under återmonteringen, och till att dra den övre delen på plats. Hur hemmagjorda verktyg tillverkas beskrivs i texten. Försök inte utföra arbetet utan dessa verktyg. En tub med flytande packning och en korthårig roller (tillgänglig från Volvo-återförsäljare) behövs också.*

Observera 2: *Modeller med en 2.5 liters motor från slutet av 1999 eller senare, kan vara utrustade med ett justerbart ventilinställnings-system. Modeller med det här systemet känns igen på att de har en stor navenhet fastbultad vid det främre kamaxeldrevet (insuget). I skrivande stund fanns ingen information om detta system tillgänglig. En Volvoverkstad bör kontaktas innan arbetet fortsätts.*

Demontering

1 Koppla loss batteriets minusledare.
2 Tappa av kylsystemet enligt beskrivningen i kapitel 1.
3 Demontera kamremmen enligt beskriv-ningen i avsnitt 3.
4 Märk kamaxeldreven med insug och avgas, så att de kan monteras tillbaka på rätt plats. Insugsdrevet sitter närmast bilens front.

6.15 Ta loss ventillyftarna och lägg dem i en segmenterad behållare

5 Skruva loss de tre bultarna och ta bort dreven från kamaxlarna. Håll fast dreven med ett lämpligt verktyg i hålen i sidorna. Se avsnitt 4 för information om hur man tillverkar ett passande verktyg.
6 Utför de åtgärder som beskrivs i avsnitt 4, punkt 9 till och med 16.
7 Arbeta inåt i stegvis diagonal ordningsföljd och lossa först och ta sedan bort alla bultar som håller fast topplockets övre del. Notera jordledningarnas plats på de bakre bultarna **(se bild)**.
8 Med en mjuk klubba, knacka försiktigt, eller bänd loss, topplockets övre del uppåt från den nedre delen. Observera att det finns särskilda tappar som är till för att den övre delen ska kunna knackas eller bändas loss utan skada. Stick inte in en skruvmejsel eller liknande i skarven mellan de två delarna för att bända isär dem. Den övre delen sitter mycket hårt, eftersom den hålls fast av ett antal styrstift. Tålamod krävs.
9 Lyft försiktigt av den övre delen när den väl lossnat. Kamaxlarna kommer att lyftas på grund av spänningen i ventilfjädrarna – se till så att de inte hamnar snett och fastnar i den övre delen.
10 Ta loss O-ringarna från tändstifts-brunnarna i den nedre delen. Använd nya O-ringar vid återmonteringen.
11 Märk kamaxlarna, insug och avgas, och lyft ut dem tillsammans med de främre och bakre oljetätningarna. Var försiktig med loberna, som kan ha vassa kanter.
12 Ta bort oljetätningarna från kamaxlarna, och notera hur de sitter monterade. Använd nya tätningar vid återmonteringen.
13 Ha en passande låda redo, indelad i tio eller tjugo fack, beroende på vad som behövs, eller någon annan typ av behållare där ventillyftarna kan förvaras och hållas sorterade efter demonteringen. Lådan eller behållarna måste vara oljetäta och så pass djupa att ventillyftarna kan sänkas ner nästan helt i olja.
14 Märk facken i lådan eller behållarna med cylindernumret för varje ventillyftare, samt insug eller avgas. På motorer med 20 ventiler, ange även om det är den främre eller bakre ventillyftaren.
15 Lyft ut ventillyftarna, med en sugkopp eller magnet om det behövs. Håll reda på var de ska sitta och placera dem upprätt i deras respektive platser i lådan eller behållaren **(se bild)**. När alla ventillyftare har tagits bort, häll i ren motorolja i lådan eller behållaren så att oljehålet i sidan av ventillyftaren täcks.

Kontroll

16 Undersök kamloberna och kamaxel-lagertapparna och leta efter repor eller andra synliga tecken på slitage. När kamlobernas hårda yta väl har slitits bort, kommer slitaget att gå snabbt.
17 Inga specifika diametrar eller mellanrum anges av Volvo för kamaxlarna eller axel-

tapparna. Om de däremot är synligt slitna måste de bytas.
18 Undersök ventillyftarna och leta efter repor, sprickor eller andra skador. Mät deras diameter på flera ställen med en mikrometer. Byt ventillyftarna om de är skadade eller slitna.

Förberedelser för montering

19 Torka noggrant bort tätningsmedlet från fogytorna på de övre och nedre topplocks-delarna. Använd en lämplig lösningsvätska för flytande packningar tillsammans med en mjuk spackelkniv. Använd inte en metallskrapa, då skadas ytorna. Eftersom ingen konventionell packning används, är fogytornas skick av yttersta vikt.
20 Ta bort all olja, smuts och fett från båda delarna och torka av dem med en ren, luddfri trasa. Se till att alla smörjkanaler är helt rena.
21 Vid återmonteringen sätts kamaxlarna på plats i den övre delen och hålls på plats med specialverktyg. Allt detta sätts sedan på plats på den nedre delen, hålls på plats mot spänningen i ventilfjädrarna med fler special-verktyg, och skruvas till sist fast. Om möjligt, skaffa Volvos specialverktyg som nämns i början av detta avsnitt och använd dem enligt medföljande instruktioner. Alternativt, tillverka en uppsättning egna verktyg som följer.
22 För att placera och hålla fast kamaxlarna längst bak, tillverka det kamaxellåsverktyg som beskrivs i verktygstipset i avsnitt 4.
23 För att hålla fast kamaxlarna längst fram, tillverka en rem som i bilden **(se Haynes tips nedan)**.
24 Till sist krävs ett verktyg med vilket den övre delen kan hållas fast mot ventilfjädrarnas spänning **(se Haynes tips på nästa sida)**.

Montering

25 Börja återmonteringen genom att olja ventillyftarnas lopp och kamaxellagren i

Håll fast kamaxlarna längst fram i topplockets övre del vid monteringen genom att tillverka ett fästband av en bit svetsstav, böjd till rätt form, som sätts under kamaxlarnas utskjutningar längst fram, och som hålls fast vid den övre delen med två bultar

HAYNES TiPS

Dra ner topplockets övre del mot ventilfjädrarnas spänning genom att ta två gamla tändstift och försiktigt bryta bort allt porslin så att bara den nedre gängade delen blir kvar. Borra bort mitten av tändstiften, om det behövs, och sätt sedan på en lång bult eller ett gängstag på båda och fäst dem ordentligt med muttrar. Bultarna eller stagen måste vara så långa att de sticker upp ur tändstiftshålen ovanför det ihopsatta topplocket. Borra ett hål mitt i två 6 mm tjocka bitar bandstål som är så långa så att de sträcker sig över topplockets övre del. Placera banden på bultarna/stagen sätt sedan på en mutter och låsmutter på varje bult/stag.

topplockets nedre del rikligt med ren motorolja.

26 Sätt i ventillyftarna i sina ursprungliga lopp (om inte nya ventillyftare används). Fyll nya ventillyftare med olja genom oljehålet i sidan innan de monteras.

27 Se till att fogytorna på båda topplockets delar är rena och fria från olja eller fett.

28 Kontrollera att vevaxelns tändinställnings-märken fortfarande är korrekt inpassade.

29 Med en korthårig roller, applicera ett jämnt lager av Volvos flytande packning enbart på fogytan för topplockets övre del **(se bild)**. Se till att hela ytan täcks, men kontrollera att ingen lösning hamnar i smörjkanalerna. Ett tunt lager räcker för en god tätning.

30 Smörj kamaxeltapparna i den övre delen sparsamt med olja, och se till att ingen olja hamnar på den flytande packningen.

31 Lägg kamaxlarna på plats i den övre delen, och kom ihåg att insugskamaxeln ska ligga närmast motorns framkant.

32 Vrid kamaxlarna så att deras urtag ligger parallellt med den övre delens fog, och observera att urtagen i varje kamaxel sitter något vid sidan av mittlinjen **(se bild)**. Om man tittar på den övre delen rättvänd, d.v.s. som den skulle sitta om den vore monterad, sitter urtaget på insugskamaxeln ovanför mittlinjen och avgaskamaxelns urtag under mittlinjen. Verifiera detta genom att titta på den andra änden av kamaxlarna. Återigen, med den övre delen rättvänd ska det vara två drevbultshål över insugskamaxelns mittlinje,

6.29 Applicera den flytande packningen med en korthårig roller

och två bulthål under avgaskamaxelns mittlinje.

33 Med kamaxlarna rätt placerade, lås dem längst bak genom att sätta på det bakre lås- och fasthållningsverktyget. Det ska inte gå att vrida kamaxlarna alls med verktyget på plats. Fäst nu kamaxlarna längst fram med fasthållningsverktyget eller med den egentillverkade varianten.

34 Sätt nya O-ringar i urholkningarna runt varje tändstiftsförsänkning i den nedre delen **(se bild)**.

35 Lyft den ihopsatta övre delen, med kamaxlar, och lägg den på plats på den nedre delen.

36 Sätt i neddragningsverktygen i hålen för tändstift 1 och 5 och dra åt ordentligt. Om ett egentillverkat verktyg används, se till att bulten eller gängstaget sitter ordentligt fast i tändstiftet, annars går det inte att ta bort verktyget senare.

37 Lägg neddragningsverktygets övre plattor, eller det egentillverkade verktygets stålband, över bultarna eller gängstagen och fäst dem med muttrarna **(se bild)**. Dra långsamt och försiktigt åt muttrarna, lite i taget, så att verktygen drar ner den övre delen på den nedre. Ventilfjädrarna kommer att göra avsevärt motstånd. Se till att den övre delen hela tiden ligger helt plant, annars kommer styrstiften att fastna.

38 Sätt tillbaka den övre delens fästbultar och dra åt dem i stegvis diagonal ordnings-följd, inifrån och ut, till angivet moment. Glöm inte jordledningen på den bakre bulten.

6.34 Sätt på nya O-ringar i urholkningarna runt varje tändstiftsförsänkning

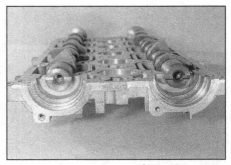

6.32 Placera kamaxlarna så att deras urtag ligger parallellt med den övre delens fog

39 När den övre delen sitter fast, ta bort neddragningsverktyget och verktyget som håller fast kamaxelns främre ände. Lämna det bakre låsningsverktyget på plats.

40 Smörj läpparna på fyra nya kamaxel-oljetätningar. Sätt på varje tätning rättvänd på axeln, och knacka dem på plats med en stor hylsnyckel eller ett rörstycke tills dess yttre yta ligger jäms med huset.

41 Montera tillbaka kamaxeldreven, passa in tändinställningsmärkena, och sätt i två av fästbultarna på vart och ett. Dra åt bultarna så att de precis snuddar vid dreven, men låt dreven rotera så långt som de förlängda bulthålen tillåter. Placera dreven så att bultarna är centrerade i hålen.

42 Resten av återmonteringen sker enligt beskrivningen i avsnitt 4, punkt 21 och framåt.

43 Avsluta med att fylla på kylsystemet enligt beskrivningen i kapitel 1.

7 Topplock – demontering och montering

Demontering

1 Koppla loss batteriets minusledare.

2 Demontera kylarfläkten enligt beskrivningen i kapitel 3.

3 Demontera insugs- och avgasgrenrören enligt beskrivningen i kapitel 4A respektive 4B.

4 Demontera kamaxlarna och ventillyftarna enligt beskrivningen i avsnitt 6.

6.37 Hemgjort neddragningsverktyg på plats

7.9 Topplocksbultarnas LOSSNINGSORDNING

7.20 Dra åt topplocksbultarna till steg 3 med en vinkelmätare

5 I förekommande fall, skruva loss bulten som håller fast den bakre kamremskåpan vid topplocket.

6 Om det inte redan gjorts, skruva loss bulten och ta loss jordledningen/ledningarna baktill på topplocket.

7 Lossa klämmorna och ta bort den övre kylarslangen från termostathuset och kylaren. Ta loss expansionskärlets slang från termostathuset.

8 Skruva loss de två bultar som håller fast kylvätskerörets fläns vid baksidan av topplocket.

9 Lossa topplocksbultarna, till att börja med ett halvt varv i taget, i den ordning som visas **(se bild)**. Ta bort bultarna. Observera att nya bultar kommer att behövas vid monteringen.

10 Lyft av topplocket och ställ det på träblock för att förhindra att ventilerna skadas. Ta loss den gamla topplockspackningen.

11 Om topplocket ska tas isär för renovering, se del B i detta kapitel.

Förberedelser för montering

12 Fogytorna mellan topplocket och motorblocket måste vara noggrant rengjorda innan topplocket monteras.

13 Ta bort alla packningsrester och allt sot med en plastskrapa, och rengör även kolvkronorna. Var mycket försiktig vid rengöringen, eftersom aluminiumlegeringen lätt kan skadas.

14 Se till att sot inte kommer in i olje- och vattenkanalerna – detta är särskilt viktigt när det gäller smörjningen eftersom sotpartiklar kan täppa igen oljekanaler och blockera oljematningen till motordelarna. Försegla vattenkanaler, oljekanaler och bulthål i motorblocket med tejp och papper. Lägg lite fett i gapet mellan kolvarna och loppen för att hindra sot från att tränga in. När varje kolv är rengjord, använd en liten borste för att ta bort alla spår av fett och kol från öppningen, torka sedan bort återstoden med en ren trasa. Rengör alla kolvar på samma sätt.

15 Kontrollera fogytorna på motorblocket och topplocket och leta efter hack, djupa repor och andra skador. Om skadorna är små kan de tas bort försiktigt med en fil, men om de är omfattande måste de åtgärdas med maskin eller de skadade delarna bytas ut.

16 Kontrollera topplockspackningens yta med en ställinjal om den misstänks vara skev. Se del B i detta kapitel om så behövs.

17 Kontrollera att topplocksbultarnas hål är rena och torra. Om möjligt, skruva i en gängtapp av rätt storlek i varje hål, annars kan en gammal bult med två spår skurna tvärs över gängorna användas. Det är av yttersta vikt att ingen olja eller kylvätska finns i bulthålen, eftersom blocket annars kan spräckas av det övertryck som bildas när bultarna sätts i och dras åt.

Montering

18 Börja monteringen med att sätta på en ny topplockspackning på motorblocket. Se till att den är rättvänd. Sidan märkt med TOP ska vara vänd uppåt.

19 Lägg topplocket på plats, olja sedan gängorna på de nya topplocksbultarna lätt. Sätt i bultarna och dra åt dem till angivet moment för steg 1, i motsatt ordning mot den som visas (se bild 7.9).

20 Dra åt bultarna i samma ordning till momentet för steg 2, och till sist, återigen i samma ordning, till den vinkel som anges för steg 3 med en vinkelmätare **(se bild)**.

21 Använd en ny packning och montera tillbaka kylvätskerörets fläns på baksidan av topplocket och fäst den med de två bultarna.

22 Montera tillbaka den övre kylarslangen till termostathuset och kylaren.

23 Montera tillbaka kamremskåpans fästbult och bulten som håller fast den bakre jordledningen.

24 Montera kamaxeln och ventillyftarna enligt beskrivningen i avsnitt 6, punkt 26 och framåt, men återanslut inte batteriet än.

25 Montera tillbaka insugs- och avgasgren-

rören enligt beskrivningen i kapitel 4A respektive 4B.

26 Montera tillbaka kylarens kylfläkt enligt beskrivningen i kapitel 3.

8 Vevaxelns oljetätningar – byte

Främre tätning

1 Demontera kamremmen enligt beskrivningen i avsnitt 3.

2 Vevaxeldrevet måste hållas fast medan dess mittre fästmutter lossas. Om Volvos verktyg 999 5433 inte finns tillgängligt måste ett hemgjort alternativ tillverkas. Verktyget blir i grunden likadant som fasthållningsverktyget till kamaxeldrevet som beskrivs i avsnitt 4, men lämna gaffelns spetsar raka och borra lagom stora hål i dem, i stället för att böja dem.

3 De fyra bultarna som fäster vevaxelns remskiva vid drevet tas sedan bort så att verktyget kan skruvas fast på remskivan med två av bultarna. Håll verktyget stadigt och skruva loss drevets mittre fästmutter med hjälp av en hylsnyckel. Ta bort verktyget och lyft bort remskivan från drevet.

4 Med remskivan borttagen, sätt i två av fästbultarna och dra loss drevet från vevaxeln med en tvåbent avdragare. Passa in avdragarens ben med de utstickande bultarna på baksidan **(se bild)**.

5 Med drevet borttaget, bänd försiktigt loss den gamla oljetätningen. Var noga med att inte skada oljepumphuset eller vevaxelns yta. Alternativt, stansa eller borra två små hål mitt emot varandra i oljetätningen. Skruva i självgängande skruvar i hålen och dra i skruvarna med tänger för att få ut tätningen.

6 Rengör oljetätningens plats och vevaxeln. Undersök vevaxeln och se efter om det finns något spår eller en kant som beror på slitage från den gamla tätningen.

7 Smörj huset, vevaxeln och den nya tätningen. Montera tätningen med läpparna inåt och använd en bit rör (eller den gamla tätningen, ut- och invänd) och knacka den på plats tills den är i nivå.
8 Montera tillbaka vevaxeldrevet och remskivan i omvänd ordningsföljd.
9 Montera tillbaka kamremmen enligt beskrivningen i avsnitt 3.

Bakre tätning

10 Demontera svänghjulet eller drivplattan enligt beskrivningen i avsnitt 10.
11 Ta bort den gamla tätningen och sätt på den nya enligt beskrivningen i punkt 5 till 7.
12 Montera tillbaka svänghjulet eller drivplattan enligt beskrivningen i avsnitt 10.

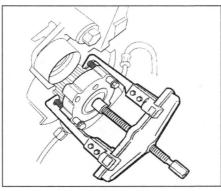

8.4 Dra loss drevet med en avdragare

Montering

14 Montera tillbaka pumpen på blocket med en ny packning. Använd pumpens fästbultar som guider och dra pumpen på plats med vevaxelremskivans mutter och mellanläggsbrickor. Med pumpen på plats, dra åt fästbultarna diagonalt till angivet moment.
15 Smörj kåpan, vevaxeln och den nya oljetätningen. Montera tätningen med läpparna inåt och använd en bit rör (eller den gamla tätningen, ut- och invänd) och knacka den på plats tills den är i nivå.
16 Montera tillbaka vevaxeldrevet och remskivan i omvänd ordningsföljd.
17 Montera kamremmen (se avsnitt 3).

---

4 Lossa svänghjulets bultar. Förhindra att vevaxeln vrids genom att sticka in en stor skruvmejsel i krondrevets kuggar och i kontakt med en intilliggande styrhylsa i motorns/växellådans fogyta.
5 Stöd svänghjulet, ta loss bultarna och sänk ner svänghjulet till golvet. Se till att inte tappa det. Det är tungt och inte lätt att få grepp om.

Drivplatta
(modeller med automatväxellåda)

6 Demontera automatväxellådan enligt beskrivningen i kapitel 7B.
7 Gör justeringsmarkeringar så att drivplattan kan monteras tillbaka på samma position i förhållande till vevaxeln.
8 Skruva loss drivplattan och ta bort den enligt beskrivningen i punkt 4 och 5.

Kontroll

9 På modeller med manuell växellåda gäller att om fogytorna på svänghjulets koppling är kraftigt repade, spruckna eller har andra skador måste svänghjulet bytas ut. Det kan dock vara möjligt att renovera ytan; kontakta en Volvoverkstad eller en specialist på motorrenoveringar. Om krondrevet är mycket slitet eller saknar kuggar måste även svänghjulet bytas.
10 På modeller med automatväxellåda, kontrollera momentomvandlarens drivplatta noggrant efter tecken på skevhet. Leta efter hårfina sprickor runt bulthålen eller utåt från mitten, och undersök om krondrevets kuggar är slitna eller skadade. Om tecken på slitage eller skada påträffas, måste drivplattan bytas.

Montering

Svänghjul
(modeller med manuell växellåda)

11 Rengör svänghjulets och vevaxelns fogytor. Ta bort alla rester av fästmassa från vevaxelhålens gängor, helst med en gängtapp av rätt dimension.

---

9 Oljepump –
demontering, kontroll
och montering

Demontering

1 Utför de åtgärder som beskrivs i avsnitt 8, punkt 1 till 4.
2 Skruva loss de fyra bultar som håller fast oljepumpen vid framsidan av motorblocket.
3 Lossa pumpen försiktigt genom att bända bakom de övre och nedre separationstapparna med en skruvmejsel **(se bild)**. Ta bort pumpen och ta loss packningen.
4 Rengör pumpens och motorblockets fogytor noggrant och ta bort alla spår av gammal packning.

Kontroll

5 Skruva loss de två skruvar som håller ihop pumpens två halvor.
6 Ta bort kugghjulskåpan från pumphuset. Var beredd att fånga upp övertrycksventilens fjäder.
7 Ta bort övertrycksventilens fjäder och tryckkolv, samt pumpkugghjulen.
8 Ta bort vevaxelns främre oljetätning genom att försiktigt bända ut den från kåpan. Använd en ny tätning vid återmonteringen.
9 Rengör alla komponenter noggrant, och undersök sedan kugghjulen, huset och kugghjulskåpan och leta efter tecken på slitage eller skador.
10 Mät längden på övertrycksventilens fjäder och jämför värdet med det som anges i Specifikationer. Byt fjädern om den är vek eller skev. Undersök även tryckkolven och leta efter repor eller andra skador.
11 Sätt tillbaka kugghjulen i pumphuset, med markeringarna på det stora kugghjulet uppåt. Mät mellanrummet mellan det stora kugghjulet och pumphuset med ett bladmått. Om mellanrummet är större än det angivna gränsvärdet måste pumpen bytas.
12 Om mellanrummet är godtagbart, smörj kugghjulen rikligt. Smörj och sätt tillbaka övertrycksventilens tryckkolv och fjäder.
13 Sätt på en ny O-ringstätning på pumphuset, och sätt sedan tillbaka kåpan och fäst den med de två skruvarna.

---

10 Svänghjul/drivplatta –
demontering, kontroll
och montering

Observera: Nya fästbultar för svänghjulet/drivplattan krävs vid återmonteringen.

Demontering

Svänghjul
(modeller med manuell växellåda)

1 Demontera växellådan enligt beskrivningen i kapitel 7A.
2 Demontera kopplingen enligt beskrivningen i kapitel 6.
3 Gör justeringsmarkeringar så att svänghjulet kan monteras tillbaka på samma position i förhållande till vevaxeln.

9.3 Separationstappar (vid pilarna) för demontering av oljepumpen

---

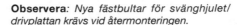

HAYNES
TiPS
Om en lämplig gängtapp inte finns tillgänglig, skär två skåror i gängorna på en av de gamla svänghjulsbultarna och använd bulten till att ta bort fästmassan från gängorna.

12 Fortsätt monteringen i omvänd ordning mot demonteringen. Applicera fästmassa på gängorna på de nya svänghjulsfästbultarna (om de inte redan förbehandlats) och dra åt dem till angivet moment.
13 Montera tillbaka kopplingen enligt beskrivningen i kapitel 6, och växellådan enligt beskrivningen i kapitel 7A.

Drivplatta
(modeller med automatväxellåda)

14 Fortsätt enligt beskrivningen ovan för modeller med manuell växellåda, men ignorera alla referenser till kopplingen. Montera tillbaka växellådan enligt beskrivningen i kapitel 7B.

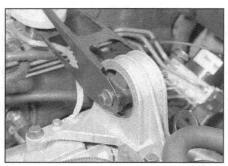

11.5a Fäste mellan motorns övre stödstag och motorn

11.5b Motorns nedre stödstag

11.5c Motorns högra fäste vid kryssrambalken

11 Motorfästen – demontering och montering

Demontering

1 Motorfästena kan bytas ett i taget med motorn/växellådan monterad, förutsatt att motorn/ växellådan kan stödjas ordentligt.
2 Koppla loss batteriets minusledare.

3 Avgör vilka delar som kommer att vara i vägen för demonteringen och ta bort dem, eller flytta dem åt sidan, enligt beskrivningarna i relevanta kapitel i den här handboken.
4 Fäst en passande lyftanordning vid motorn, eller ställ en domkraft med ett skyddande träblock under sumpen eller växellådan.
5 Med motorn stöttad, skruva loss muttrarna eller bultarna från det fäste som ska tas bort **(se bilder).**

6 Ta upp vikten från fästet, lyft motorn/ växellådan så mycket som behövs och ta bort fästet. Notera eventuella styrstift eller riktningspilar som kan vara till hjälp vid återmonteringen. Lyft inte motorn/växellådan mer än 30 mm, annars skadas den inre vänstra drivknuten.

Montering

7 Monteringen sker i omvänd ordning. Dra åt alla fästen till angivet moment **(se bild).**

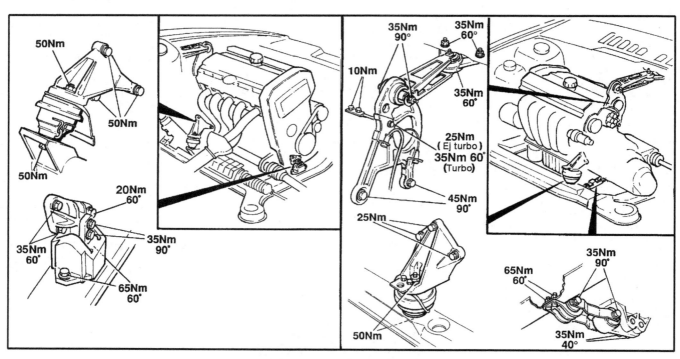

11.7 Motor-/växellådsfästen

Kapitel 2 Del B:
Motor – demontering och reparationer

Innehåll

Svårighetsgrader

Enkelt, passar novisen med lite erfarenhet	Ganska enkelt, passar nybörjaren med viss erfarenhet	Ganska svårt, passar kompetent hemmamekaniker	Svårt, passar hemmamekaniker med erfarenhet	Mycket svårt, för professionell mekaniker

Specifikationer

Topplock

Skevhetsgränser – maximalt godtagbara värden:
På längden	0,50 mm
På tvären	0,20 mm

Höjd:
10-ventilsmotorer	132,1 ± 0,05 mm
20-ventilsmotorer	129,0 ± 0,05 mm
Maximal höjdminskning efter maskinbearbetning	0,30 mm

Ventiler

Huvuddiameter:	Insug	Avgassystem
10-ventilsmotorer	40,0 ± 0,15 mm	35,0 ± 0,15 mm
20-ventilsmotorer	31,0 ± 0,15 mm	27,0 ± 0,15 mm
Skaftdiameter:		
Motorer utan turbo	6,955 till 6,970 mm	6,955 till 6,970 mm
Turbomotorer	6,955 till 6,970 mm	6,945 till 6,960 mm
Längd:		
10-ventilsmotorer	98,1 ± 0,3 mm	97,1 ± 0,3 mm
20-ventilsmotorer	104,05 ± 0,18 mm	103,30 ± 0,18 mm
Ventilsätets vinkel	44° 30'	44° 30'

Ventilsätesringar

Diameter (standard):	Insug	Avgassystem
10-ventilersmotorer	43,11 mm	38,11 mm
20-ventilersmotorer	32,61 mm	28,61 mm
Överstorlekar tillgängliga	+ 0,50 mm	
Monterat i topplocket	Störning	
Ventilsätets vinkel	45° 00'	

Ventilstyrningar

Mellanrum mellan ventilskaft och styrning:
Ny	0,03 till 0,06 mm
Slitagegräns	0,15 mm
Monterad höjd ovanför topplocket	13,0 ± 0,2 mm
Monterat i topplocket	Störning
Externa överstorlekar tillgängliga	2 (märkta med spår)

Ventilfjädrar

Diameter:
10-ventilsmotorer	30,8 ± 0,2 mm
20-ventilsmotorer	27,9 ± 0,2 mm

Fri längd
10-ventilsmotorer	43,2 mm
20-ventilsmotorer	42,4 mm

Cylinderlopp

Diameter:	2.0 och 2.3 liters motorer	2.5 liters motorer
Klassificering:		
C	81,00 till 81,01 mm	83,00 till 83,01 mm
D	81,01 till 81,02 mm	83,01 till 83,02 mm
E	81,02 till 81,03 mm	83,02 till 83,03 mm
G	81,04 till 81,05 mm	83,04 till 83,05 mm
OS1 (första överstorlek)	81,20 till 81,21 mm	83,20 till 83,21 mm
OS2 (andra överstorlek)	81,40 till 81,41 mm	83,40 till 83,41 mm
Slitagegräns	0,10 mm	0,10 mm

Kolvar

Höjd:
2.0 liters 10-ventilsmotorer	65,8 mm
2.0 liters 20-ventilsmotorer	66,4 mm
Alla övriga motorer	59,9 mm

Diameter:	2.0 och 2.3 liters motorer	2.5 liters motorer
Klassificering:		
C	80,98 till 80,99 mm	82,98 till 82,99 mm
D	80,99 till 81,00 mm	82,99 till 83,00 mm
E	81,00 till 81,01 mm	83,00 till 83,01 mm
G	81,017 till 81,032 mm	83,017 till 83,032 mm
OS1 (första överstorlek)	81,177 till 81,192 mm	83,177 till 83,192 mm
OS2 (andra överstorlek)	81,377 till 81,392 mm	83,377 till 83,392 mm

Mellanrum mellan kolv och lopp	0,01 till 0,03 mm
Viktvariation i samma motor	Max 10 g

Kolvringar

Spelrum i spår:
Övre kompression	0,050 till 0,085 mm
Andra kompression	0,030 till 0,065 mm
Oljekontroll	0,020 till 0,055 mm

Ändgap (mätt i cylindern):
Kompressionsringar	0,20 till 0,40 mm
Oljekontroll	0,25 till 0,50 mm

Kolvtappar

Diameter, standard	23,00 mm
Monterad i vevstake	Lätt tumtryck
Monterad i kolv	Hårt tumtryck

Vevaxel

Kast	Max. 0,040 mm
Axialspel	Max 0,19 mm

Ramlagertapparnas diameter:
Standard	64,84 till 65,003 mm
Understorlek	64,737 till 64,750 mm
Ramlagrets spel	E/T
Ramlagertappens ovalitet	Max 0,004 mm
Ramlagertappens avsmalning	Max 0,006 mm

Vevstakslagertapp, diameter:
Standard	49,984 till 50,000 mm
Understorlek	49,737 till 49,750 mm
Vevstakslagrets spel	E/T
Vevstakslagrets ovalitet	Max 0,004 mm
Vevstakslagrets avsmalning	Max 0,004 mm

Åtdragningsmoment

Se kapitel 2A, Specifikationer, för ytterligare åtdragningsmoment.

	Nm
Bultar mellan växellåda och motor	48
Mellandel till motorblock:*	
Steg 1 (endast M10-bultar)	20
Steg 2 (endast M10-bultar)	45
Steg 3 (endast M8-bultar)	24
Steg 4 (endast M7-bultar)	17
Steg 5 (endast M10-bultar)	Vinkeldra ytterligare 90°
Oljeupptagarrörets bult	17
Sumpens bultar	17
Vevstaksöverfallets bultar:**	
Steg 1	20
Steg 2	Vinkeldra ytterligare 90°

*M10-bultar måste bytas om de är längre än 118 mm.
***Nya muttrar/bultar måste **alltid** användas.*

---

1 Allmän information

I den här delen av kapitel 2 beskrivs hur motorn/växellådan demonteras från bilen och hur man renoverar topplocket, motorblocket och andra delar i motorn.

Informationen omfattar allt ifrån allmänna råd beträffande förberedelser för renovering och inköp av reservdelar, till detaljerade anvisningar steg-för-steg för demontering, kontroll, renovering och montering av motorns komponenter.

Från och med avsnitt 6 bygger alla instruktioner på antagandet att motorn har tagits ut ur bilen. För information om reparationer med motorn kvar i bilen, liksom om demontering och montering av de externa delar som krävs för en fullständig renovering, se del A i detta kapitel och avsnitt 4. Hoppa över de inledande demonteringsåtgärder som beskrivs i del A, som inte längre är aktuella när motorn väl tagits ut ur bilen.

2 Motor/växellåda, demontering – förberedelser och föreskrifter

Om du har beslutat att en motor måste demonteras för renovering eller större reparationer bör följande förberedande åtgärder vidtas.

Det är mycket viktigt att ha tillgång till en lämplig arbetsplats. Tillräckligt med arbetsutrymme behövs, samt plats för att förvara bilen. Om en verkstad eller ett garage inte finns tillgängligt krävs åtminstone en plan och ren arbetsyta.

Rensa om möjligt några hyllor nära arbetsytan där motordelarna och tillbehör kan läggas när de demonterats och tagits isär. Då är det lättare att hålla delarna rena och det är mindre risk att de skadas. Om delarna läggs i grupper tillsammans med tillhörande fäst-

bultar, skruvar etc., går det snabbare vid återmonteringen och risken för sammanblandning minskar.

Rengör motorrummet och motorn/växellådan innan motorn lyfts ur, det ger bättre sikt och hjälper till att hålla verktygen rena.

En medhjälpare bör finnas till hands, eftersom det finns tillfällen då en person ensam inte kan utföra allt det som krävs för att ta ut motorn ur bilen. Säkerheten är av största vikt, med tanke på att arbete av denna typ innehåller flera potentiellt farliga moment. En andra person bör alltid finnas till hands för att kunna vara till hjälp när det behövs. Om detta är första gången du demonterar en motor, är det dessutom bra att få goda råd från någon som gjort det tidigare.

Planera arbetet i förväg. Skaffa alla verktyg och all utrustning som behövs innan arbetet påbörjas. Tillgång till följande gör att demontering och montering av motorn/växellådan kan göras säkert och relativt enkelt: en motorlyft – anpassad till en högre vikt än den sammanlagda vikten av motorn och växellådan, en kraftig garagedomkraft, en komplett uppsättning nycklar och hylsor enligt beskrivningen i slutet av den här handboken, träblock och gott om trasor och rengöringsmedel för att torka upp spill av olja, kylvätska och bränsle. Ett antal plastlådor av olika storlekar kan vara bra för att förvara sammanhörande isärtagna delar i. Om någon utrustning ska hyras, se då till att den är inbokad i förväg och gör allt som går att göra utan den först. Det kan spara dig både tid och pengar.

Räkna med att bilen inte kommer att kunna användas på ett bra tag, särskilt om motorn ska renoveras. Läs igenom hela detta avsnitt och tänk ut en arbetsgång baserat på din egen erfarenhet och på vilka verktyg, hur lång tid och hur stort arbetsutrymme som finns tillgängligt. En del av renoveringen kanske måste utföras av en Volvoverkstad eller en specialist. Dessa har ofta fulltecknade kalendrar, så det är en god idé att fråga dem innan man börjar demontera eller ta isär

motorn, för att få en uppfattning om hur lång tid det kan ta att utföra arbetet.

Var metodisk när motorn tas ut ur bilen och de externa komponenterna kopplas loss. Om kablar och slangar märks när de tas bort kommer återmonteringen att gå mycket enklare.

Var alltid mycket försiktig när motorn/växellådan lyfts ur motorrummet. Vårdslöshet kan orsaka allvarliga olyckor. Om det behövs är det bättre att vänta på hjälp, istället för att riskera personskador och/eller skada på bildelarna genom att fortsätta ensam. Med god planering och gott om tid kan ett arbete av denna natur utföras framgångsrikt och olycksfritt, trots att det är fråga om ett omfattande arbete.

På alla modeller som tas upp i den här handboken tas motorn och växellådan bort som en enhet, uppåt och ut ur motorrummet. Motorn och växellådan separeras sedan på en arbetsbänk.

3 Motor och växellåda – demontering, isärtagning och montering

Demontering

Alla modeller

1 Öppna motorhuven helt (så att den står rakt upp). Gör detta genom att öppna motorhuven och stödja den för hand. Vrid sedan gångjärnshakarna på varje sida nedåt. Hakarna återgår till utgångspositionen när motorhuven stängs.

2 Koppla loss batteriets minusledare.

3 Demontera batteriet och batteriplattan enligt instruktionerna i kapitel 5A.

4 Utför följande enligt instruktionerna i kapitel 4A:

a) *Demontera luftrenaren och alla luftkanaler, inklusive turboaggregatets insug (där tillämpligt).*

b) *Koppla loss gasvajern från gasspjälltrumman och stödfästet.*

3.7 Motorns övre fäste mellan stödstaget och torpedväggen, samt jordflätan

3.9 Bromspedalens positionskontakt

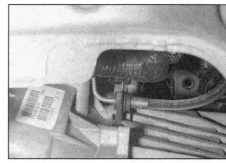

3.10 Lossa bromsröret från framsidan av växellådan

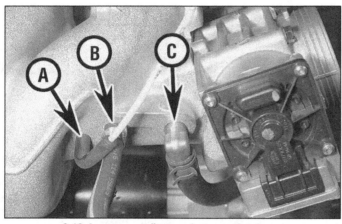

3.13 Insugsgrenrörets vakuumanslutningar

A *Insugsluftens temperatur-*   B *MAP-givare*
   styrningsventil   C *Bromsservo*

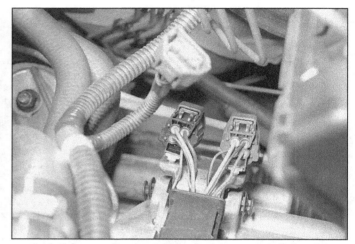

3.14 Två avgasgivarkontaktdon i motorrummets bakre del

5 Utför följande enligt instruktionerna som ges i kapitel 1:
a) *Töm kylsystemet.*
b) *Om motorn ska tas isär, tappa ur motoroljan.*
c) *Demontera drivremmen.*

6 Om bilen har farthållare, koppla loss kablaget och vakuumslangen till vakuummotorn.

7 Skruva loss muttrarna och ta bort bultarna som håller fast motorns övre stödstag vid fästbygeln på motorn och på torpedväggen

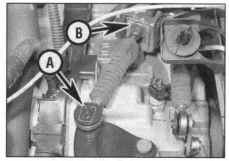

3.16 Växellådsarmens innervajerklämma (A) och yttervajerklämma (B)

(se bild). Observera att nya muttrar och bultar kommer att behövas vid återmonteringen.

8 Skruva loss jordflätans fästbult på torpedväggen, intill stödstagets torpedväggsfäste. Koppla även loss jordflätan vid kamremsänden av topplocket, om det är tillämpligt.

9 Demontera pedalens positionskontakt framtill på bromssystemets vakuumservoenhet **(se bild)**.

10 Lossa alla bromsrör som leder till huvudcylindern från fästklämmorna på torpedväggen. Följ bromsrören från torpedväggen och lossa röret från framsidan av växellådan **(se bild)**.

11 Demontera bromshuvudcylindern från servoenheten enligt beskrivningen i kapitel 9, men utan att koppla loss några hydraulrör eller slangar. Lägg cylindern på trasor med ventilpanelen nedåt. Var försiktig så att inget bromsrör böjs.

12 Pressa samman sidorna på snabbkopplingarna och koppla loss de två värmeslangarna vid torpedväggen.

13 Koppla loss bromsservons vakuumslang och övriga vakuumslangar vid insugsgrenröret **(se bild)**.

14 Koppla loss den uppvärmda lambdasondens kablage vid de två kontaktdonen bakom motorn **(se bild)**.

15 Skruva loss det bakre motorfästets övre fästmutter.

Modeller med manuell växellåda

16 Ta loss kabelklämman som håller fast innervajerändarna vid växellådans väljararmar **(se bild)**. Ta loss brickorna och dra loss vajerändarna från armarna.

17 Dra ut fästklämmorna och lossa yttervajrarna från växellådans fästbyglar.

18 Koppla loss kontaktdonet vid backljuskontakten **(se bild)**.

3.18 Backljuskontaktens kontaktdon (vid pilen)

19 Dra loss låsringen och dra ut slavcylindern (eller slavcylinderns matarrör) från växellådan. Skruva loss och lyft av luftrenarens fästbygel och flytta slavcylinderns rör åt sidan (se bilder).

20 Koppla loss jordledningen från växellådans framsida och kabelhärvans fästklämma (klämmor).

Modeller med automatväxellåda

21 Ta loss låsklämman och brickan som håller fast innervajern vid växellådans väljararm.

22 Skruva loss de två muttrarna och ta bort brickorna (om sådana finns) som håller fast yttervajerns fästbygel vid växellådan. Lyft av fästbygeln från pinnbultarna och lossa innervajeränden från växelspaken.

23 Koppla loss kabelhärvans huvudkontaktdon på växellådshusets ovansida.

24 Lossa kabelklämmorna som håller fast kabelhärvan och jordledningen.

25 Lossa vajerns skyddsrör från växellådan. Ta sedan loss lambdasondens kontaktdon från växellådans fästbygel.

26 Koppla loss insugsslangen till växellådans oljekylare från den övre snabbanslutningen på sidan av kylaren. Koppla loss oljekylarens returslang vid växellådeanslutningen. Täck över eller plugga igen de losskopplade slangarna och anslutningarna.

Alla modeller

27 Ta bort kylfläkten från kylaren enligt beskrivningen i kapitel 3.

28 På bilar med luftkonditionering, skruva loss de två långa bultarna under insugsgrenröret som håller fast luftkonditioneringens kompressor vid fästbygeln. Lämna kompressorn på plats tills motorn ska lyftas ut.

29 På turbomodeller, koppla loss oljekylarens slangar vid motoroljekylaren. På senare modeller utan turbo, som har en oljekylare monterad på baksidan av sumpen, koppla loss slangarna från oljekylaren.

30 Skruva loss det främre motorfästets övre fästmutter.

31 Skruva loss bultarna och ta bort insugsgrenrörets stödfäste. Skruva loss bultarna till startmotorns stödfäste och bultarna för till kabelskyddsrörets fästbygel. Ta bort oljemätstickan.

32 Koppla loss kylarens övre och nedre slangar vid kylaren, termostathuset och det bakre kylvätskeröret (se bild). Ta sedan bort slangarna. Koppla loss expansionskärlets slang vid termostathuset.

33 På modeller där servostyrningspumpen och vätskebehållaren är separerade, kläm igen vätskeslangen och koppla loss den från ovansidan av pumpen.

34 På modeller med kombinerad pump och behållare, skruva loss den övre fästbulten för styrningspumpens skyddsplåt och ta bort

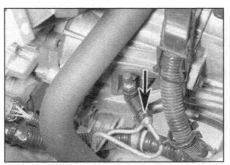

3.19a Ta loss låsringen (vid pilen) och koppla loss kopplingens slavcylinder

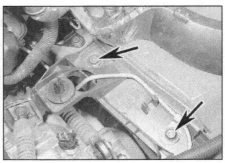

3.19b Bultar till luftrenarens fästbygel (vid pilarna)

distanshylsan. Lossa sedan skyddsplåtens nedre fästmutter.

35 Skruva loss styrningspumpens fästbultar. Det går att komma åt dessa antingen genom hålen i pumpens remskiva, eller på baksidan av pumpen, beroende på modell. Lämna pumpen på plats tills motorn ska lyftas ut.

36 Om det inte redan gjorts, lossa framhjulsbultarna, lyft upp framvagnen och ställ den på pallbockar (se *Lyftning och stödpunkter*). Demontera framhjulen.

37 Demontera ABS-givarna från styrspindlarna och lossa givarnas kablage från fjäderbenens fästbyglar. Skruva loss bulten som håller fast bromsslangen och ABS-kablagets fästbygel vid båda inre hjulhusen.

38 På en sida i taget, skruva loss muttern och ta loss klämbulten som håller fast länkarmens spindelled vid varje styrspindel. Tryck ner länkarmen med ett kraftigt stag om det behövs, för att kunna lossa spindelledens chuck från styrspindeln. Om spindelleden sitter hårt kan springan i styrspindeln vidgas med ett stämjärn eller en stor skruvmejsel. Var noga med att inte skada spindelledens dammkåpa under och efter urkopplingen.

39 På vänster sida, lossa drivaxelns inre drivknut från växellådan genom att bända mellan knutens kant och växellådshuset med en stor skruvmejsel eller liknande. Se till att inte skada växellådans oljetätning eller den inre drivknutens damask. Vrid fjäderbenet och styrspindeln utåt och dra ut drivaxelns drivknut från växellådan. Lägg drivaxeln på kryssrambalken.

3.32 Slanganslutning till bakre kylvätskerör

40 På höger sida, skruva loss de två bultarna och ta bort hatten från mellanaxelns bärlager bakom motorn. Vrid fjäderbenet och hjulspindeln utåt och dra ut mellanaxeln från växellådan. Lägg axeln på styrningens vätskerör under motorn.

41 Koppla loss vakuumslangarna som går från motorn till kolfiltret under det vänstra hjulhuset.

42 Koppla loss det främre avgasröret vid grenrörsflänsen eller turboaggregatet.

43 Skruva loss de två bultarna som fäster motorns nedre stödstag vid växellådan.

44 Skruva loss de två bultar som håller fast höger motorfäste vid motorfästbygeln.

45 Skruva loss bultarna som håller fast de två bränslerörklämmorna vid motorn och ta bort klämmorna.

46 Koppla loss anslutningskontakten från varje bränsleinsprutare. Märk pluggen eller kablaget så att de kan monteras tillbaka på rätt plats. Ta bort bränslefördelarskenans kåpa från bränsleinsprutarna om det är svårt att komma åt.

47 Om det är tillämpligt, lossa vakuumslangen från tryckregulatorn på undersidan av bränslefördelarskenan.

48 På senare modeller, koppla loss bränsleledningens snabbkoppling framför bränslefördelarskenan, använd en 17 mm skiftnyckel till att skjuta undan kopplingens hylsor. Var beredd på oljespill när kopplingen lossas. Plugga igen anslutningen efter losskopplingen för att förhindra ytterligare bränslespill.

49 Skruva loss de två bultarna som fäster bränslefördelarskenan vid insugsgrenröret. Dra bränslefördelarskenan uppåt för att lossa bränsleinsprutarna från grenröret. Lägg försiktigt bränslefördelarskenan, tillsammans med bränsleinsprutarna, åt sidan.

50 Koppla loss alla relevanta kontaktdon och klämmor som fortfarande är anslutna från motorn (se bild på nästa sida).

51 Anslut en passande lyftanordning till motorn genom att tillverka fästbyglar och skruva fast dem i vardera änden av motorn. Motorn måste vinklas upp något i kamremsänden för att gå fri ordentligt. Se till att lyftanordningen klarar vikten och att den är ordentligt ansluten till motorn.

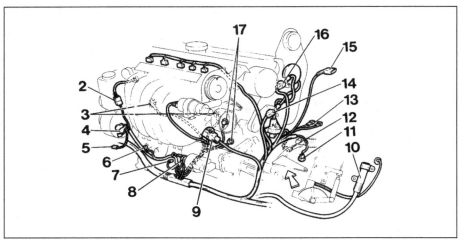

3.50 Kabelhärvans losskopplingspunkter (typexempel, tidiga modeller)

2 Temperaturgivare för
  kylarvätska
3 Knacksensorer
4 Generator
5 Luftkonditionerings-
  kompressor
6 Kylarfläkt

7 Startmotor
8 Oljetrycksgivare
9 Gasspjällets lägesgivare
10 Automatväxellådans
   huvudkontaktdon
11 Backljuskontakt

13 Lambdasond
14 Kamaxellägesgivare
15 Luftflödes-/insugsluft-
   temperaturgivare
16 Varvtalsgivare
17 Jordningspunkter

52 Lyft av luftkonditioneringens kompressor (i förekommande fall) och lägg den på kryssrambalken. Koppla inte loss kylvätskeslangarna.
53 Lyft av styrningspumpen och lägg den åt sidan.
54 Kontrollera att inga kablar, slangar etc. har förbisetts. Lyft motorn/växellådan långsamt och se till att den går fri från alla intilliggande delar. Var mycket noga med att inte skada kylaren (eller luftkonditioneringsrören, i förekommande fall) när motorn lyfts. Demontera motorfästbyglarna från växellådan om detta ger bättre utrymme. När motorn kommit tillräckligt högt, lyft den över frontpanelen, bort från motorrummet, och sänk ner den.

Separation
55 Stöd motorn/växellådan på träklossar på en arbetsbänk (eller, om inte det går, på en ren yta på verkstadsgolvet).
56 Demontera startmotorn.

Modeller med manuell växellåda
57 Ta bort bultarna som fäster växellådan vid motorn.
58 Dra bort växellådan från motorn med hjälp av en medhjälpare. Låt den inte hänga på den ingående axeln när den är fri från styrhylsorna.

Modeller med automatväxellåda
59 Vrid vevaxeln med hjälp av en hylsnyckel på remskivans mutter, tills det går att komma åt en av fästbultarna mellan momentomvandlaren och drivplattan genom öppningen på motorns baksida. Arbeta genom öppningen och skruva loss bulten. Vrid vevaxeln så mycket som behövs och ta bort

de återstående bultarna på samma sätt. Observera att nya bultar kommer att behövas vid monteringen.
60 Ta bort bultarna som fäster växellådan vid motorn.
61 Tillsammans med en medhjälpare, dra växellådan rakt av från motorns styrstift och se till att momentomvandlaren sitter kvar på växellådan. Använd åtkomsthålet i växellådshuset för att hålla omvandlaren på plats.

Montering
Modeller med manuell växellåda
62 Se till att kopplingen är korrekt centrerad och att urtrampningskomponenterna är monterade på balanshjulskåpan. Applicera inget fett på växellådans ingående axel, styrhylsan eller själva urtrampningslagret eftersom dessa komponenter har friktionsreducerande lager som inte behöver smörjas.
63 För växellådan rakt in på sin plats och haka i den med motorns styrstift. Sätt tillbaka bultarna som håller fast växellådan vid motorn och dra åt dem till angivet moment. Montera tillbaka startmotorn.

Modeller med automatväxellåda
64 Spola ur oljekylaren med ren växellådsolja innan växellådan monteras. Gör på följande sätt. Fäst en slang vid den övre anslutningen, häll automatväxellådsolja genom slangen och samla upp den i en behållare placerad under returslangen.
65 Rengör kontaktytorna på momentomvandlaren och drivplattan, samt växellådans och motorns fogytor. Smörj momentomvandlarens styrningar och motorns/växellådans styrstift med lite fett.

66 Kontrollera att momentomvandlaren sitter ordentligt på plats genom att mäta avståndet från kanten av växellådshusets yta till flikarna på omvandlarens fästbultar. Måttet bör vara ungefär 14 mm.
67 För växellådan rakt in på sin plats och haka i den med motorns styrhylsor. Sätt tillbaka de bultar som håller fast växellådan vid motorn och dra åt dem lätt först i diagonal ordningsföljd, och sedan till angivet moment.
68 Montera momentomvandlaren på drivplattan med nya bultar. Vrid vevaxeln för att komma åt bultarna på samma sätt som vid demonteringen. Vrid sedan momentomvandlaren med hjälp av åtkomsthålen i växelhuset. Sätt i och dra åt alla bultar först för hand och sedan till angivet moment.

Alla modeller
69 Resten av återmonteringen sker i stort sett i omvänd ordning mot demonteringen. Tänk på följande:
 a) Dra åt alla fästen till angivet moment och vinkel, efter tillämplighet. Se relevanta kapitel i denna handbok för åtdragningsmoment som inte direkt rör motorn.
 b) Vid återmonteringen av bränslefördelarskenan och insprutningsventilerna, undersök om insprutningsventilernas O-ringar och grenrörstätningar är i bra skick och byt dem om det behövs. Smörj in dem med vaselin eller silikonfett före hopsättningen.
 c) Vid återmontering av vänster drivaxel, se till att den inre drivknuten är helt inskjuten i växellådan så att låsringen låses fast i differentialens kugghjul.
 d) Se till att ABS-givaren, och givarens plats i varje hjulspindel, är helt rena före återmonteringen.
 e) När den manuella växellådans växelvajrar återansluts, notera att den yttersta vajern (märkt med gul färg) ska anslutas till den vertikala väljararmen på sidan av växellådan (också märkt med gul färg).
 f) På modeller med automatväxellåda, återanslut och justera växelväljarvajern enligt beskrivningen i kapitel 7B.
 g) Montera tillbaka bromshuvudcylindern och tillhörande delar på servoenheten enligt beskrivningen i kapitel 9.
 h) Montera tillbaka luftrenaren och återanslut gasvajern enligt beskrivningen i kapitel 4A.
 i) Montera tillbaka drivremmen. Fyll sedan motorn med kylvätska och olja enligt beskrivningen i kapitel 1.
 j) Fyll på växellådan med smörjmedel om det behövs, enligt beskrivningen i kapitel 1, 7A eller 7B, efter tillämplighet.
 k) Läs avsnitt 16 innan motorn startas.

4 Motorrenovering – preliminär information

Det är mycket enklare att ta isär och arbeta med motorn om den är fastsatt i ett motorställ. Sådana kan ofta hyras från en verktygsuthyrningsfirma. Innan motorn monteras i stället ska svänghjulet/drivplattan demonteras så att ställets bultar kan dras ända in i motorblocket/vevhuset.

Om inget ställ finns tillgängligt går det att ta isär motorn på en stabil arbetsbänk eller på golvet. Var försiktig så att motorn inte välter om arbetet utförs utan ställ.

Om en renoverad motor ska införskaffas måste alla hjälpaggregat först demonteras, så att de kan flyttas över till utbytesmotorn (precis som när den befintliga motorn renoveras). Detta inkluderar följande komponenter:

a) Motorfästen och fästbyglar (kapitel 2A).
b) Generator med tillbehör och fästbygel (kapitel 5A).
c) Startmotor (kapitel 5A).
d) Tändsystems- och högspännings- komponenter, inklusive alla givare, fördelarlock och rotorarm, tändkablar och tändstift, efter tillämplighet (kapitel 1 och 5B).
e) Avgasgrenrör, med turboaggregatet om ett sådant finns (kapitel 4B).
f) Insugsgrenrör med bränsleinsprutnings- komponenter (kapitel 4A).
g) Alla elektriska kontakter och brytare, aktiverare och givare, samt motorns kabelhärva (kapitel 4A, 4B och 5B).
h) Kylvätskepump, termostat, slangar och fördelningsrör (kapitel 3).
i) Kopplingens komponenter – modeller med manuell växellåda (kapitel 6).
j) Svänghjul/drivplatta (kapitel 2A).
k) Oljefilter (kapitel 1).
l) Oljemätsticka, rör och fästbygel.

Observera: Var noga med att notera detaljer som kan vara till hjälp eller av vikt vid åter-monteringen när de externa komponenterna demonteras från motorn. Notera t.ex. hur packningar, tätningar, brickor, bultar och andra små detaljer sitter.

Införskaffas en "kort" motor (med motor-block/vevhus, vevaxel, kolvar och vevstakar på plats), måste även topplocket, kamrem-men (med spännare, spännarens remskivor och överföringsremskivor samt kåpor) och drivremmens spännare demonteras.

Om en fullständig renovering planerats kan motorn tas isär i den ordning som anges nedan:

a) Insugs- och avgasgrenrör samt turboaggregat (i förekommande fall).
b) Kamrem, drev, spännare, remskivor och kåpor.
c) Topplock.
d) Oljepump.

5.5 Komprimera ventilfjädrarna med ett lämpligt verktyg

e) Svänghjul/drivplatta.
f) Oljesump.
g) Oljeupptagarrör.
h) Mellandel.
i) Kolvar/vevstakar.
j) Vevaxel.

5 Topplock – isärtagning, rengöring, kontroll och hopsättning

Observera: Nya och renoverade topplock finns att köpa hos tillverkaren och från specialister på motorrenoveringar. Special-verktyg krävs för isärtagning och kontroll och nya delar kan vara svåra att få tag på. Det kan därför vara mer praktiskt och ekonomiskt för en hemmamekaniker att köpa ett färdig-renoverat topplock än att ta isär och renovera det ursprungliga topplocket.

Isärtagning

1 Demontera topplocket enligt beskrivningen i del A i detta kapitel.
2 Om de fortfarande sitter på plats, ta bort kamaxlarna och ventillyftarna enligt beskriv-ningen i del A i detta kapitel.
3 Ta bort termostathuset (kapitel 3), tänd-stiften (kapitel 1) och alla övriga anslutningar, rör, givare eller fästbyglar, om de fortfarande sitter på plats.
4 Knacka till ordentligt på varje ventilskaft med en lätt hammare och en dorn, så att fjädern och tillhörande delar lösgörs.

5.9 Håll delar som hör ihop tillsammans i märkta påsar eller behållare

5 Montera en ventilfjäderkompressor på varje ventil i tur och ordning och tryck ihop varje fjäder tills dess knaster syns **(se bild)**. Lyft ut knastren med en liten skruvmejsel, eller med en magnet och en pincett. Lossa försiktigt fjäderkompressorn och ta bort den.
6 Ta loss det övre ventilfjädersätet och ventilfjädern. Dra ut ventilen från dess styrning.
7 Dra loss ventilskaftets oljetätning med en plattång. En kabelskalare som fästs under tätningen kan behöva användas om tätningen sitter hårt.
8 Ta loss det nedre ventilfjädersätet. Om det finns stora sotavlagringar runt utsidan av ventilstyrningen måste dessa skrapas bort innan sätet monteras tillbaka.
9 Det är viktigt att varje ventil förvaras tillsammans med sina knaster, sin fjäder och sitt fjädersäte. Ventilerna bör även förvaras i rätt ordning, om de inte är så slitna eller brända att de måste bytas ut. Om ventilerna ska återanvändas, förvara ventilkomponent-erna i märkta plastpåsar eller andra behållare **(se bild)**.
10 Ta loss resten av ventilerna på samma sätt.

Rengöring

11 Ta noggrant bort alla spår av gammal packning och tätningsmedel från topplockets övre och nedre fogytor. Använd en lämplig lösningsvätska för flytande packningar tillsammans med en mjuk spackelkniv. Använd inte en metallskrapa, då skadas ytorna.
12 Ta bort allt sot från förbränningskamrarna och portarna. Torka sedan bort alla spår av olja och andra avlagringar från topplocket. Var särskilt noga med lagertappar, ventillyftar-lopp, ventilstyrningar och smörjkanaler.
13 Tvätta topplocket noga med fotogen eller något lämpligt lösningsmedel. Var noggrann vid rengöringen. Se till att rengöra alla oljehål och kanaler mycket noga. Torka av topplocket helt och smörj alla maskinslipade ytor med tunn olja.
14 Skrapa bort eventuella koksavlagringar från ventilerna. Använd sedan en eldriven stålborste för att ta bort avlagringar från ventilhuvuden och skaft.

Kontroll

Observera: Var noga med att utföra hela den granskning som beskrivs nedan innan beslut fattas om ifall en verkstad behöver anlitas för någon åtgärd. Gör en lista med alla komponenter som behöver åtgärdas.

Topplock

15 Undersök topplocket noggrant och leta efter sprickor, tecken på kylvätskeläckage och andra skador. Förekommer sprickor måste topplocket bytas ut.
16 Kontrollera att topplockets packningsyta

5.16 Kontrollera om topplockets yta är skev

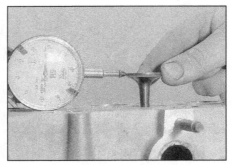

5.18 Mät maximalt glapp för ventilen i styrningen med en mätklocka

inte är skev med en stållinjal och ett bladmått **(se bild)**. Det kan dock vara möjligt att renovera en skev yta. Rådfråga en Volvo-verkstad eller annan specialist.

17 Undersök ventilsätena i förbränningskamrarna. Om de är mycket gropiga, spruckna eller brända måste de bytas ut eller fräsas om av en specialist på motor-renoveringar. Om de endast är lite anfrätta kan problemet åtgärdas genom att ventil-huvudena och sätena slipas in med fin ventilslipningsmassa enligt beskrivningen nedan.

18 Om ventilstyrningarna verkar slitna, vilket märks på att ventilen kan röras i sidled, måste nya styrningar monteras. Kontrollera detta genom att montera en mätklocka på topp-locket och mäta vickningen från sida till sida med ventilen lyft fri från sätet **(se bild)**. Jämför mätvärdena med värdena i *Specifikationer*. Om mätvärdena ligger utanför tillåtna gränser, mät diametern på de befintliga ventilskaften (se nedan) och styrningarnas lopp, och byt ventilerna eller styrningarna om det behövs. Arbetet med att byta ventilstyrningarna bör överlåtas åt en specialist på motor-renoveringar.

19 Om ventilsätena ska fräsas om ska detta göras *först efter* att styrningarna har bytts ut.

20 De gängade hålen i topplocket måste vara rena för att momentvärdena för åtdragningen ska bli korrekta vid återmonteringen. Använd försiktigt en gängtapp av rätt storlek (storleken kan bestämmas med hjälp av

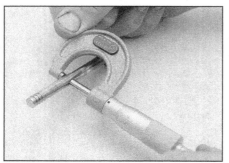

5.23 Mät ventilskaftens diameter med en mikrometer

storleken på den bult som ska sitta i hålet) i hålen för att ta bort rost, korrosion, tätnings-medel eller smuts, samt för att återställa skadade gängor. Använd om möjligt tryckluft för att rengöra hålen från det avfall som uppstår vid detta arbete. Glöm inte att också rengöra gängorna på alla bultar och muttrar.

21 De gängor som inte kan renoveras på detta sätt kan oftast återställas med hjälp av gänginsatser. Om några gängade hål är skadade, fråga en återförsäljare eller en motorrenoveringsspecialist och låt dem installera gänginsatser där de behövs.

Ventiler

22 Undersök huvudet på varje ventil och leta efter tecken på anfrätning, brännskador, sprickor och allmänt slitage, och undersök om ventilskaftet är repigt eller slitet. Vrid ventilen och kontrollera om den verkar böjd. Leta efter gropar och kraftigt slitage på ventilskaftets spetsar. Byt ut alla ventiler som visar tecken på slitage och skador.

23 Om ventilen verkar vara i gott skick så här långt, mät ventilskaftets diameter på flera ställen med hjälp av en mikrometer **(se bild)**. Om diameterns tjocklek varierar märkbart på de olika mätställena är det ett tecken på att ventilskaftet är slitet. Då måste ventilen bytas ut.

24 Om ventilernas skick är tillfredsställande ska de slipas in i respektive säte för att garantera en smidig, gastät tätning. Om sätet endast är lätt anfrätt, eller om det har frästs om, ska *endast* fin slipningsmassa användas för att få fram den nödvändiga ytan. Grov ventilslipningsmassa ska *inte* användas om inte ett säte är svårt bränt eller djupt anfrätt. Om så är fallet ska topplocket och ventilerna undersökas av en expert som avgör om sätena ska fräsas om eller om ventilen eller sätesinsatsen måste bytas ut.

25 Ventilslipning går till på följande sätt. Placera topplocket upp och ner på en bänk, med ett trästycke i var ände så att ventil-skaften inte tar i.

26 Smörj en aning ventilslipningsmassa (av lämplig grad) på sätesytan och tryck fast ett sugslipningsverktyg över ventilhuvudet. Slipa ventilhuvudet med en roterande rörelse ner till

sätet. Lyft ventilen ibland för att omfördela slipmassan. Om en lätt fjäder placeras under ventilen går det lättare.

27 Om grov slipmassa används, arbeta tills ventilhuvudet och sätet får en matt, jämn yta. Torka sedan bort den använda slipmassan och upprepa arbetet med fin slipmassa. När en mjuk, obruten ring med ljusgrå matt yta uppnås på både ventilen och sätet är inslipningen färdig. *Slipa inte* in ventilerna längre än vad som är absolut nödvändigt, då kan sätet sjunka in i topplocket i förtid.

28 När samtliga ventiler har blivit inslipade måste *alla* spår av slipmassa försiktigt tvättas bort med fotogen eller annat lämpligt lösningsmedel innan topplocket sätts ihop.

Ventilkomponenter

29 Undersök om ventilfjädrarna är skadade eller missfärgade. Mät även längden genom att jämföra de befintliga fjädrarna med en ny.

30 Ställ varje fjäder på en plan yta och kontrollera att den står rakt upp. Om någon av fjädrarna är skadad, skev eller har förlorat sin elasticitet, måste alla fjädrar bytas ut. Normalt byts alla fjädrar alltid ut vid en större renovering.

31 Byt ut ventilskaftens oljetätningar, oavsett deras synliga skick.

Hopsättning

32 Olja skaftet på en ventil och sätt i den i dess styrning. Montera sedan det nedre fjädersätet.

33 De nya ventilskaftsoljetätningarna ska ha en plasthylsa som skyddar tätningen när den monteras på ventilen. Om inte, vira ett stycke plastfilm runt ventilskaftet som går ungefär 10 mm utanför skaftets ände.

34 Med skyddshylsan eller plastfilmen på plats runt ventilen, sätt på ventilskaftets oljetätning och skjut på den på ventil-styrningen så långt det går med hjälp av en passande hylsa eller ett rörstycke. När tätningen väl sitter på plats, ta bort skydds-hylsan eller plastfilmen.

35 Montera ventilfjädern och det övre sätet. Tryck ihop fjädern och placera de två knastren i urholkningarna i ventilskaftet. Lossa kompressorn försiktigt.

 HAYNES TiPS *Håll knastren på plats på ventilskaften med lite fett medan fjäderkompressorn lossas.*

36 Täck ventilskaftet med en trasa och knacka till ordentligt på det med en lätt hammare för att kontrollera att knastren sitter ordentligt.

37 Upprepa dessa åtgärder på resten av ventilerna.

38 Montera tillbaka resten av kompon-enterna. Sätt sedan tillbaka topplocket enligt beskrivningen i del A i detta kapitel.

**6.4 Oljekylarens fästbultar (vid pilarna) -
senare modeller**

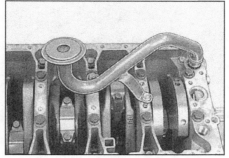

**6.7 Skruva loss fästbygelns bult och ta
bort oljeupptagarröret**

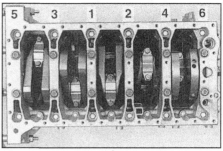

**6.8 Ordning för ÅTDRAGNING av
mellandelens bultar. Lossa bultarna i
omvänd ordning. Lossa/dra åt bultarna i
matchande par**

6 Oljesump och mellandel – demontering

1 Töm ur motoroljan och ta bort oljefiltret enligt beskrivningen i kapitel 1, om det inte redan gjorts.
2 Demontera oljepumpen enligt beskrivningen i del A i detta kapitel.
3 Om kolvarna och vevstakarna ska demonteras senare, placera alla kolvar ungefär halvvägs ner i loppen.
4 På modeller med en oljekylare monterad bakpå sumpen, skruva loss de fyra fästbultarna och ta loss kylaren, om möjligt utan att koppla loss kylvätskerören **(se bild)**.
5 Skruva loss bultarna som håller fast sumpen vid mellandelen. Notera bultarnas olika längd och var de sitter.
6 Knacka försiktigt loss sumpen med en gummi- eller läderklubba. Ta bort O-ringstätningarna.
7 Skruva loss fästbygelbulten och ta loss oljeupptagarröret **(se bild)**. Ta loss O-ringstätningen från änden av röret.
8 Skruva loss alla M7-bultar som håller fast mellandelen vid motorblocket i omvänd ordning mot vad som visas **(se bild)**. När alla M7-bultar skruvats loss, skruva loss M10-bultarna i samma ordning
9 Knacka försiktigt loss mellandelen med en gummi- eller läderklubba. Lyft av mellandelen tillsammans med vevaxelns nedre ramlageröverfall. Om några av överfallen sitter kvar på

vevaxeln, flytta dem till deras rätta platser på mellandelen.
10 Ta bort vevaxelns bakre oljetätning.

7 Kolvar och vevstakar – demontering och inspektion

Demontering

1 Demontera topplocket, oljepumpen och svänghjulet/drivplattan enligt beskrivningen i del A i detta kapitel. Demontera sumpen och mellandelen enligt beskrivningen i avsnitt 6.
2 Känn efter inuti loppens överdel om det finns någon kraftig slitagekant. Vissa experter rekommenderar att en sådan kant tas bort (med en kantbrotsch eller liknande) innan kolvarna tas bort. Men en kant som är tjock nog att skada kolvarna och/eller kolvringarna innebär ändå med stor säkerhet att en omborrning och nya kolvar/ringar kommer att behövas.
3 Kontrollera att det finns identifikationsnummer eller markeringar på varje vevstake och överfall (måla eller stansa egna märken om det behövs), så att varje vevstake kan monteras tillbaka på samma plats och vänd åt rätt håll **(se bild)**.
4 Skruva loss de två vevstaksbultarna. Lossa överfallet genom att knacka på det med en mjuk hammare. Ta loss överfallet och den nedre lagerskålen. Notera att nya bultar krävs vid hopsättningen.
5 Tryck ut vevstaken och kolven ur loppet. Ta

loss den andra halvan av lagerskålen om den är lös.
6 Montera tillbaka överfallet åt rätt håll på vevstaken, så att de inte blandas ihop.
7 Kontrollera om det finns en pil ovanpå kolven. Den ska peka mot motorns kamremsände. Finns det ingen pil kan en egen riktningsmarkering göras.
8 Utan att vrida vevaxeln, upprepa åtgärderna på resten av vevstakarna och kolvarna.

Kontroll

9 Innan kontrollen kan utföras måste kolvarna/vevstakarna rengöras, och originalkolvringarna demonteras från kolvarna.
10 Töj försiktigt ut de gamla ringarna och ta bort dem från kolvarna. Använd två eller tre gamla bladmått för att hindra att ringarna ramlar ner i tomma spår **(se bild)**. Var noga med att inte repa kolvarna med ringkanterna. Ringarna är sköra och går lätt sönder om de töjs för mycket. De är också mycket vassa – skydda händer och fingrar.
11 Skrapa bort alla spår av sot från kolvens överdel. En handhållen stålborste (eller finkornig smärgelduk) kan användas när de flesta avlagringar skrapats bort.
12 Ta bort sotet från ringspåren i kolven med hjälp av en gammal ring. Bryt ringen i två delar (var försiktig så du inte skär dig – kolvringar är vassa). Var noga med att bara ta bort sotavlagringarna – ta inte bort någon metall och gör inga hack eller repor i sidorna på ringspåren.
13 När avlagringarna är borta, rengör kolvarna/vevstakarna med fotogen eller lämpligt lösningsmedel och torka dem noga. Se till att oljereturhålen i ringspåren är helt rena.
14 Om kolvarna och cylinderloppen inte är skadade eller överdrivet slitna, och om motorblocket inte behöver borras om (efter tillämplighet), kan originalkolvarna monteras tillbaka. Normalt kolvslitage visar sig genom att det vertikala slitaget på kolvens stötytor är jämnt, och att den översta ringen sitter något löst i sitt spår. Nya kolvringar ska alltid användas när motorn sätts ihop igen.

**7.3 Märk vevlageröverfallen och
vevstakarna med deras cylindernummer**

**7.10 Kolvringarna tas bort med hjälp av
bladmått**

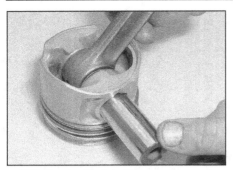

7.23 Tryck ut kolvbulten ur kolven och vevstaken

7.24a Mät kolvarnas diameter med en mikrometer

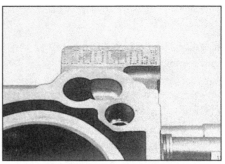

7.24b Kolvens/cylinderns gradbokstav instansad på motorblocket

15 Undersök varje kolv noga efter sprickor runt manteln, runt kolvbultshålen och på områdena mellan ringspåren.

16 Leta efter spår och repor på kolvmanteln, hål i kolvkronan och brända områden på kolvänden.

17 Om manteln är repad eller skavd kan motorn ha varit utsatt för överhettning och/eller onormal förbränning, vilket har orsakat höga arbetstemperaturer. Kyl- och smörjsystemen måste kontrolleras noga. Brännmärken på kolvsidorna visar att genomblåsning har ägt rum.

18 Ett hål i kolvkronan eller brända områden i kolvkronans kant är tecken på att onormal förbränning (förtändning, tändningsknack eller detonation) har förekommit.

19 Vid något av ovanstående problem med kolvarna måste orsakerna undersökas och åtgärdas, annars kommer skadan att uppstå igen. Orsakerna kan vara insugsluftsläckage, felaktig bränsle-/luftblandning eller fel i avgasreningssystemet.

20 Punktkorrosion på kolven är tecken på att kylvätska har läckt in i förbränningskammaren och/eller vevhuset. Även här måste den bakomliggande orsaken åtgärdas, annars kan problemet återkomma i den ombyggda motorn.

21 Undersök varje vevstake noga efter tecken på skador, som sprickor runt vevlagret och den övre vevstaksändens lager. Kontrollera att vevstaken inte är böjd eller vriden. Skador på vevstaken inträffar mycket

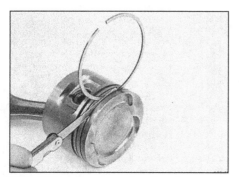

7.26 Mät mellanrummet mellan ringen och spåret med ett bladmått

sällan, om inte motorn har skurit ihop eller överhettats allvarligt. En noggrann undersökning av vevstaken kan endast utföras av en motorrenoveringsspecialist med tillgång till nödvändig utrustning.

22 Kolvbultarna är av flottörtyp och hålls på plats med två låsringar. Om det behövs, kan kolvarna och vevstakarna separeras på följande sätt.

23 Ta loss en av de låsringar som håller fast kolvbulten. Tryck ut kolvbulten ur kolven och vevstaken (se bild).

24 Mät diametern för alla fem kolvar med en mikrometer, vid en punkt 10 mm från mantelns underkant, i rät vinkel mot kolvbultens axel. Jämför värdena med listan i Specifikationer. Observera att det finns fyra standardstorlekar. Storlekens bokstavskod finns instansad på kolvkronan och på motorblocket (se bilder). Nya kolvar måste ha samma märkning som det cylinderlopp de ska monteras i.

25 Om diametern för någon kolv ligger utanför gränsvärdena för dess storlek måste alla fem kolvarna bytas. Observera att om motorblocket borrats om under en tidigare renovering kan större kolvar ha monterats. Skriv ner måtten och använd dem till att kontrollera mellanrummet mellan kolv och lopp när cylinderloppen mäts längre fram i detta kapitel.

26 Håll en ny kolvring i aktuellt spår och mät mellanrummet mellan ring och spår med ett bladmått (se bild). Observera att ringarna är olika stora, så se till att använda rätt ring till rätt spår. Jämför måtten med listan i Specifikationer. Om måtten ligger utanför tillåtna gränser måste kolvarna bytas.

27 Kontrollera kolvbultens passning i vevstakens bussning och i kolven. Om det föreligger märkbart spel måste en ny bussning eller en större kolvbult monteras. Kontakta en Volvoverkstad eller en motorrenoverings-specialist.

28 Undersök alla komponenter och skaffa de nya delar som behövs. Nya kolvar levereras komplett med kolvbultar och låsringar. Låsringar kan även köpas separat.

29 Smörj in kolvbulten med olja. Sätt ihop vevstaken och kolven, se till att vevstaken är

rättvänd, och fäst kolvbulten med låsringen. Sätt låsringen så att dess öppning är vänd nedåt.

30 Upprepa dessa åtgärder på resten av kolvarna.

8 Vevaxel – demontering och inspektion

Demontering

Observera: Om inget arbete ska göras på kolvarna och vevstakarna behöver inte topplocket och kolvarna demonteras. Istället behöver kolvarna bara tryckas in så långt i loppen att de inte är i vägen för vevtapparna.

1 Utför följande, enligt beskrivningen i del A i detta kapitel och tidigare avsnitt i denna del, efter tillämplighet:
a) Demontera oljepumpen.
b) Demontera oljesumpen och mellandelen.
c) Demontera kopplingens komponenter och svänghjulet/drivplattan.
d) Demontera kolvarna och vevstakarna (se anmärkningen ovan).

2 Innan vevaxeln demonteras är det bäst att kontrollera axialspelet. Det gör man genom att tillfälligt montera tillbaka mellandelen och sedan montera en mätklocka med skaftet i linje med vevaxeln och precis i kontakt med vevaxeln.

3 Skjut bort vevaxeln helt från mätaren och nollställ den. Skjut sedan vevaxeln mot mätaren så långt som möjligt och läs av mätaren. Den sträcka som vevaxeln rört sig kallas axialspel. Om det är större än angivet gränsvärde, kontrollera om vevaxelns stötytor är slitna. Om inget slitage föreligger bör nya tryckbrickor (som sitter ihop med ramlager-överfallen) kunna korrigera axialspelet.

4 Demontera mellandelen igen och lyft ut vevaxeln. Tappa den inte, den är tung.

5 Demontera de övre halvorna av ramlager-överfallen från deras säten i vevhuset genom att trycka på den ände av överfallet som ligger längst bort från styrfliken. Håll ordning på överfallen.

8.11 Mät vevaxeltapparnas diameter med en mikrometer

Kontroll

6 Rengör vevaxeln med fotogen eller annat lämpligt lösningsmedel och torka den. Använd helst tryckluft om det finns tillgängligt. Var noga med att rengöra oljehålen med piprensare eller något liknande för att se till att de inte är igentäppta.

 Varning: Bär skyddsglasögon vid arbete med tryckluft!

7 Undersök om ramlagertapparna och vevstakslagertapparna är ojämnt slitna, repiga, gropiga eller spruckna.
8 Slitage på vevstakslagret följs av tydliga metalliska knackningar när motorn körs (märks särskilt när motorn drar från låg fart) och viss minskning av oljetrycket.
9 Slitage i ramlagret åtföljs av starka motorvibrationer och ett dovt ljud – som ökar i takt med att motorns varvtal ökar – samt minskning av oljetrycket.
10 Kontrollera ojämnheter på lagertapparna genom att försiktigt dra ett finger över lagerytan. Förekommer ojämnheter (tillsammans med tydligt lagerslitage) är det ett tecken på att vevaxeln måste slipas om (om möjligt) eller bytas ut.
11 Mät diametern på ram- och vevstakslagertapparna med en mikrometer och jämför resultatet med värdena i *Specifikationer* **(se bild)**. Genom att mäta diametern på flera ställen runt varje lagertapp kan man avgöra om den är rund eller inte. Utför mätningen i båda ändarna av lagertappen, nära vevarmarna, för att avgöra om tappen är konisk. Jämför mätvärdena med värdena angivna i *Specifikationer*.
12 Om lagertapparna ligger utanför tillåtna gränser krävs en ny vevaxel, eftersom det bara går att skaffa lagerskålar av standardstorlek från tillverkaren. Rådfråga dock först en motorrenoveringsspecialist om omslipning är möjlig och om det går att få tag i lagerskålar som passar.
13 Kontrollera att oljetätningens fogytor i båda ändar av vevaxeln inte är slitna eller skadade. Om någon av tätningarna har slitit ett djupt spår i ytan på vevaxeln ska en specialist på motorrenoveringar kontaktas.

Skadan kan gå att åtgärda. Om inte måste vevaxeln bytas ut.
14 Se avsnitt 10 för information om hur man väljer ram- och vevstakslager.

9 Motorblock/vevhus – rengöring och inspektion

Rengöring

1 Före rengöringen, demontera alla externa komponenter och givare, samt alla eventuella galleripluggar eller kåpor.
2 Om någon av gjutdelarna är extremt nedsmutsad bör alla ångtvättas.
3 När gjutdelarna ångtvättats, rengör alla oljehål och oljegallerier en gång till. Spola alla interna passager med varmt vatten till dess att rent vatten rinner ut. Använd om möjligt tryckluft för att skynda på torkandet och blåsa rent i alla oljehål och kanaler.

 Varning: Bär skyddsglasögon vid arbete med tryckluft!

4 Om gjutdelarna inte är alltför smutsiga går det att göra ett godtagbart tvättjobb med hett tvålvatten (så hett du klarar av!) och en styv borste. Var noggrann vid rengöringen. Se till att rengöra alla oljehål och kanaler mycket noga, oavsett tvättmetod, och att torka alla delar ordentligt. Applicera ren motorolja på cylinderloppen för att förhindra rost.
5 De gängade hålen i motorblocket måste vara rena för att momentvärdena för åtdragningen ska bli korrekta vid monteringen. Använd försiktigt en gängtapp av rätt storlek (storleken kan bestämmas med hjälp av storleken på den bult som ska sitta i hålet) i hålen för att ta bort rost, korrosion, tätningsmedel eller smuts, samt för att återställa skadade gängor. Använd om möjligt tryckluft för att rengöra hålen från det avfall som uppstår vid detta arbete. Glöm inte att också rengöra gängorna på alla bultar och muttrar.
6 De gängor som inte kan renoveras på detta sätt kan oftast återställas med hjälp av gänginsatser. Om några gängade hål är skadade, fråga en återförsäljare eller en motorrenoveringsspecialist och låt dem installera gänginsatser där de behövs.
7 Om motorn inte ska sättas ihop genast, ska den täckas över med en stor plastsäck för att hållas ren. Skydda de maskinbehandlade ytorna enligt beskrivningen ovan för att förhindra rost.

Kontroll

8 Undersök gjutdelarna och leta efter sprickor och korrosion. Leta efter defekta gängor i hålen. Om det har förekommit internt kylvätskeläckage kan det vara värt besväret att låta en specialist kontrollera motorblocket/vevhuset och leta efter sprickor med special-

utrustning. Om defekter upptäcks ska de repareras, om möjligt. Annars måste enheten bytas ut.
9 Undersök topplockets fogyta och mellandelens fogytor. Kontrollera ytorna för att se om de är skeva med hjälp av en ställinjal och ett bladmått, enligt tidigare beskrivning för kontroll av topplocket. Om någon yta är skev, rådfråga en motorrenoveringsspecialist om vad som bör göras.
10 Kontrollera att cylinderloppen inte är slitna eller repiga. Kontrollera om det finns slitspår ovanpå cylindern. Det är i så fall ett tecken på att loppet är överdrivet slitet.
11 Om nödvändig mätutrustning finns tillgänglig, mät diametern i varje cylinder med hjälp en cylinderloppsmätare, längst upp (precis under kanten), i mitten och längst ner i loppet, parallellt med vevaxelns axel. Mät sedan loppdiametern på samma tre ställen tvärs över vevaxelns axel. Skriv ner måtten. Låt en motorrenoveringsspecialist utföra arbetet om du inte har tillgång till den mätutrustning som behövs.
12 För att ta reda på mellanrummet mellan kolven och loppet, mät kolvens diameter enligt beskrivningen tidigare i detta kapitel och subtrahera kolvdiametern från det största loppmåttet.
13 Upprepa dessa åtgärder för resten av kolvarna och cylinderloppen.
14 Jämför mätvärdena med värdena i *Specifikationer* i början av detta kapitel. Om något mått ligger utanför de värden som angetts för den graden, eller om något loppmått skiljer sig mycket från de övriga (vilket indikerar att loppet är konformat eller ovalt), är kolven eller loppet slitet. Observera att varje cylinder är klassificeringsmärkt (C, D, E eller G) på baksidan av motorblocket. Det finns fyra klassifikationer (eller grader) för cylinderlopp med standarddiameter och två med överstorlek (OS1 och OS2).
15 Om något cylinderlopp är svårt skavt eller repat, eller om det är kraftigt slitet, ovalt eller koniskt, är den normala åtgärden att borra om motorblocket/vevhuset och montera nya kolvar med överstorlek vid ihopsättningen. Rådfråga en verkstad eller motorrenoveringsspecialist.
16 Om loppen är i någorlunda gott skick och inte överdrivet slitna kan det räcka med att byta ut kolvringarna.
17 Om så är fallet ska loppen henas (finslipas) så att de nya ringarna kan passas in ordentligt och ge bästa möjliga tätning. Detta kan man utföra själv eller överlåta till en motorrenoveringsspecialist.
18 När all maskinslipning/borrning är klar måste hela blocket/vevhuset tvättas mycket noga med varmt tvålvatten, så att alla spår av slipdamm tas bort. När motorblocket/vevhuset är helt rent, skölj det noga och torka det. Smörj sedan in alla exponerade maskinbehandlade ytor lätt med olja för att förebygga rost.

19 Det sista steget är att mäta längden på de M10-bultar som håller fast mellandelen vid motorblocket. Om längden på någon bult överstiger 118 mm måste bultarna bytas. Det är en god idé att byta bultarna ändå, med tanke på hur viktiga de är. Precis som med alla bultar som momentdras/vinkeldras, har de en tendens att bli längre, ofta upp till gränsen för sin elasticitet. Det är så gott som omöjligt att uppskatta den belastning detta orsakar på en viss bult, och om det är något fel på en bult kan den gå av när den dras åt igen eller senare.

10 Ram- och vevstakslager – inspektion och urval

Inspektion

1 Även om ram- och vevstakslagerskålarna bör bytas vid en motorrenovering, bör de gamla skålarna behållas för noggrann undersökning, eftersom de kan ge värdefull information om motorns skick.
2 Lagerhaveri uppstår på grund av otillräcklig smörjning, förekomst av smuts eller andra främmande partiklar, överbelastning av motorn och korrosion **(se bild)**. Oavsett vilken orsaken är måste den åtgärdas (om det går) innan motorn sätts ihop, för att förhindra att lagerhaveriet inträffar igen.
3 När lagerskålarna ska undersökas, demontera dem från motorblocket/vevhuset och ramlageröverfallen, samt från vevstakarna och vevstaksöverfallen. Lägg dem sedan på en ren yta i ungefär samma position som deras plats i motorn. Därigenom kan lagerproblemen matchas med motsvarande

vevaxeltapp. *Vidrör inte* lagerskålarnas känsliga ytor med fingrarna under kontrollen, då kan de lätt kan repas.
4 Smuts och andra främmande partiklar kan komma in i motorn på många sätt. Det kan bli kvarlämnat i motorn vid hopsättning, eller komma in genom filter eller vevhusventilationen. Smuts kan komma in i oljan och på så sätt ledas till lagren. Metallspån från bearbetning och normalt slitage förekommer ofta. Slipmedel lämnas ibland kvar i motorn efter renovering, speciellt om delarna inte rengjorts noga på rätt sätt.
5 Oavsett var de kommer ifrån hamnar främmande föremål ofta som inbäddningar i lagermaterialet och är där lätta att upptäcka. Större partiklar bäddas inte in i materialet, utan repar lagerskålen och tappen. Bästa sättet att förebygga lagerhaverier av denna typ är att rengöra alla delar noga och hålla allt absolut rent under hopsättningen av motorn. Täta och regelbundna oljebyten är också att rekommendera.
6 Brist på smörjning (eller smörjmedleshaveri) har ett antal sammanhängande orsaker. Överhettning (som tunnar ut oljan), överbelastning (som tränger undan olja från lagerytan) och oljeläckage (p.g.a. för stora lagerspel, sliten oljepump eller höga motorvarv) bidrar alla till avbrott i smörjningen. Igensatta oljekanaler, som vanligen är ett resultat av att oljehålen i lagerskålen inte är korrekt uppriktade, svälter lagren på olja och förstör dem.
7 I de fall brist på smörjning orsakar lagerhaveri nöts eller pressas lagermaterialet ut från stålunderlaget. Temperaturen kan stiga så mycket att stålplattan blir blå av överhettning.
8 Körvanorna kan också påverka lagrens livslängd betydligt. Full gas från låga varv (segdragning) belastar lagren mycket hårt och pressar ut oljefilmen. Sådan belastning kan

även orsaka att käporna flexar, vilket ger fina sprickor på lagerytan (utmattning). Förr eller senare kommer stycken av lagermaterialet att lossna och slitas bort från skålens stålplatta.
9 Korta körsträckor leder till korrosion i lagren därför att det inte alstras nog med värme i motorn för att driva ut kondensvatten och frätande gaser. Dessa produkter samlas i motoroljan och bildar syra och slam. När oljan leds till motorlagren angriper syran lagermaterialet.
10 Felaktig återmontering av skålarna vid hopsättning leder också till haveri. Tätt åtsittande skålar ger för litet spel och resulterar i oljeförlust. Smuts eller främmande partiklar som fastnar bakom en lagerskål ger höga punkter i lagret vilket leder till haveri.
11 *Vidrör inte* den ömtåliga lagerytan på någon av skålarna med fingrarna under hopsättningen, eftersom den lätt kan repas eller förorenas.

Urval – ram- och vevstakslager

12 För att se till att ramlagrets spel är korrekt finns det tre olika grader av lagerskålar. Graderna anges med färgkoder (röd, gul eller blå) på varje lagerskål, vilket anger skålens tjocklek.
13 Nya ramlageröverfall för varje axeltapp kan väljas med hjälp av referensbokstäverna (A, B och C) som är instansade på motorblocket och vevaxeln, enligt tabellen **(se bild)**.
14 Från tabellen kan utläsas att om markeringen på motorblocket för en viss axeltapp är B, och motsvarande markering på vevaxeln är C, ska en röd lagerskål monteras på motorblocket, och en gul skål på mellandelen.
15 Kontrollera alla markeringar och välj de ramlagerskålar som krävs för alla axeltappar.
16 Vevstakslagerskålar är inte graderade och finns bara i en enda storlek för att passa

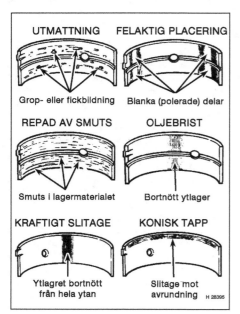

10.2 Typiska lagerskador

UTMATTNING	FELAKTIG PLACERING
Grop- eller fickbildning	Blanka (polerade) delar
REPAD AV SMUTS	OLJEBRIST
Smuts i lagermaterialet	Bortnött ytlager
KRAFTIGT SLITAGE	KONISK TAPP
Ytlagret bortnött från hela ytan	Slitage mot avrundning

Markeringar på motorblocket

Markeringar på vevaxeln		A liten diameter		B medium diameter		C stor diameter	
		block	mellandel	block	mellandel	block	mellandel
A liten		gul medium	gul medium	gul medium	blå tjock	blå tjock	blå tjock
B medium		röd tunn	gul medium	gul medium	gul medium	gul medium	blå tjock
C stor		röd tunn	röd tunn	röd tunn	gul medium	gul medium	gul medium

10.13 Urvalstabell för ramlageröverfall

mätten för respektive axeltapp. Eftersom tillverkaren inte angett några värden för spelet för vevlagren, är det enda säkra att montera nya skålar vid varje renovering. Om man antar att alla relevanta vevaxeltappar ligger inom tillåtna värden, kommer spelen att vara korrekta.

11 Motorrenovering – ordning vid hopsättning

1 Innan hopsättningen påbörjas, kontrollera att alla nya delar har anskaffats och att alla nödvändiga verktyg finns till hands. Läs igenom hela arbetsbeskrivningen och kontrollera att allt som behövs verkligen finns tillgängligt. Utöver alla vanliga verktyg och material, behövs gänglåsningsmedel på de flesta områden under hopsättningen av motorn. En tub med Volvos flytande packning och en korthårig roller krävs också vid hopsättningen av motordelarna.

2 För att spara tid och undvika problem rekommenderas att hopsättningen av motorn sker i följande ordningsföljd:

a) Vevaxel.
b) Kolvar/vevstakar.
c) Oljesump.
d) Oljepump.
e) Svänghjul/drivplatta.
f) Topplock.
g) Kamaxel och ventillyftare.
h) Kamrem, spännare, drev och överföringsremskivor.
i) Motorns yttre komponenter.

3 I detta skede ska alla motorkomponenter vara absolut rena och torra med alla fel åtgärdade. Komponenterna ska läggas ut (eller placeras i individuella behållare) på en fullständigt ren arbetsyta.

12 Vevaxel – montering

1 Återmonteringen av vevaxeln är det första steget vid hopsättningen av motorn efter renovering. Det förutsätts att motorblocket/vevhuset och vevaxeln i detta stadie har rengjorts, undersökts och reparerats eller renoverats efter behov. Placera motorblocket på en ren, plan arbetsyta, med vevhuset uppåt.

2 Om de fortfarande är på plats, ta bort de gamla lagerkåporna från motorblocket och mellandelen.

3 Torka rent ramlageröverfallens säten i vevhuset och rengör lagerkåpornas baksidor. Sätt i de tidigare utvalda övre kåporna på rätt plats i vevhuset. Tryck kåporna på plats så att flikarna hakar i motsvarande urtag.

4 Smörj lagerkåporna i vevhuset rikligt med ren motorolja.

5 Torka rent vevaxeltapparna och sänk

vevaxeln på plats. Se till att lagerskålarna inte rubbas.

6 Spruta in olja i vevaxelns smörjkanaler. Torka sedan bort alla spår av överflödig olja från vevaxeln och mellandelens fogytor.

7 Med en korthårig roller, applicera ett jämnt lager av Volvos flytande packning på motorblockets fogyta på mellandelen. Se till att hela ytan täcks, men observera att det räcker med ett tunt lager för att få en bra tätning.

8 Torka rent ramlagerskålarnas säten i mellandelen och rengör lagerskålarnas baksidor. Sätt i de tidigare utvalda nedre skålarna på rätt plats i mellandelen. Tryck skålarna på plats så att flikarna hakar i motsvarande urtag.

9 Smörj lagerskålarna i mellandelen lätt, men se till att det inte kommer olja på den flytande packningen.

10 Lägg mellandelen på vevaxeln och motorblocket och sätt i fästbultarna. Dra åt bultarna i de fem steg som anges i Specifikationer till angivet moment och vinkel, i den ordningsföljd som visas i bild 6.8.

11 Vrid runt vevaxeln. Ett visst motstånd är att vänta med nya delar, men det får inte finnas några uttalade tröga ställen eller stopp.

12 Det är en god idé att vid detta tillfälle återigen kontrollera vevaxelns axialspel enligt beskrivningen i avsnitt 8. Om stötytorna på vevaxeln har kontrollerats och nya lagerskålar monterats ska axialspelet ligga inom tillåtna gränser.

13 Smörj den bakre oljetätningens plats, vevaxeln och en ny oljetätning. Montera tätningen med läpparna inåt och använd en bit rör (eller den gamla tätningen, ut- och invänd) och knacka den på plats tills den är i nivå.

13 Kolvar och kolvringar – hopsättning

1 Här antas att kolvarna har satts ihop korrekt med sina respektive vevstakar och att mellanrummen mellan kolvringarna och spåren har kontrollerats. Om inte, se slutet av avsnitt 7.

2 Innan ringarna kan monteras på kolvarna måste ändgapen kontrolleras med ringarna insatta i cylinderloppen.

3 Lägg ut kolvarna och de nya ringarna så att delarna hålls ihop i grupper under och efter kontrollen av ändgapen. Lägg motorblocket på sidan på arbetsytan, så att det går att komma åt loppens över- och undersidor.

4 Ta den övre ringen för kolv nr 1 och sätt i den längst upp i den första cylindern. Skjut in den i loppet med hjälp av kolven. På så sätt hålls ringen hela tiden parallell med cylinderväggarna. Placera ringen nära cylinderloppets botten, vid den nedre gränsen för ringens rörelsebana. Observera att den övre ringen skiljer sig från den andra ringen. Den andra ringen känns enkelt igen på fasningen på dess undre yta.

5 Mät ringgapet med ett bladmått.

6 Upprepa proceduren med ringen längst upp i cylinderloppet, vid övre gränsen för dess rörelsebana, och jämför värdena med dem i Specifikationer.

7 Om nya ringar används är det inte troligt att ändgapen kommer att vara för små. Om något mått visar sig vara för litet måste detta rättas till, annars finns det risk för att ringändarna kommer i kontakt med varandra när motorn går, vilket kan skada motorn. Helst bör nya kolvringar med korrekt ändgap användas, men som en sista utväg kan ändgapen ökas genom att ringändarna filas mycket försiktigt med en fin fil. Fäst filen i ett skruvstäd med mjuka käftar, dra ringen över filen med ändarna i kontakt med filytan och rör ringen långsamt för att slipa ner materialet i ändarna. Var försiktig, eftersom kolvringarna är vassa och lätt går sönder.

8 Det är inte heller troligt att ändgapet är för stort. Om gapen av någon anledning ändå är för stora, kontrollera att det är rätt sorts ringar för motorn och den aktuella cylinderlopps-storleken.

9 Upprepa kontrollen av alla ringar i cylinder nr 1 och sedan av ringarna i de återstående cylindrarna. Kom ihåg att förvara ringar, kolvar och cylindrar som hör ihop med varandra tillsammans.

10 När ringgapen har kontrollerats, och eventuellt justerats, kan ringarna monteras på kolvarna.

11 Montera kolvringarna med samma teknik som användes vid demonteringen. Montera den nedersta ringen först, och fortsätt uppåt. Notera textmarkeringarna på sidan av den övre och nedre ringen. Dessa måste vara vända uppåt när ringarna monteras. Den mittersta ringen har en avfasning som måste vara vänd nedåt när den monteras (se bild).

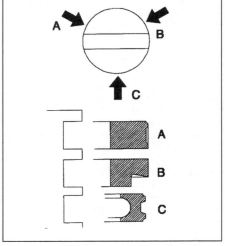

13.11 Kolvringarnas utseende och placering av ändgapen

Placera ringgapen (vid pilarna) så som visas för respektive ring

Tänj inte ut kompressionsringarna för långt, eftersom de lätt kan gå av. **Observera:** *Följ alltid instruktionerna som medföljer de nya uppsättningarna med kolvringar – olika tillverkare kan ange olika tillvägagångssätt. Blanda inte ihop den övre och den andra kompressionsringen, de har olika tvärsnittsprofiler.*

12 När alla ringar är på plats, placera ringgapen 120° isär.

14 Kolvar och vevstakar – montering

1 Innan kolvarna/vevstakarna monteras tillbaka måste cylinderloppen vara helt rena. Överkanten på varje cylinder måste vara avfasad, och vevaxeln och mellandelen måste vara på plats.

2 Demontera vevstaksöverfallet från vevstaken för cylinder nr 1 (gäller de markeringar som noterats eller gjorts vid demonteringen). Ta bort de ursprungliga lagerskålarna och torka av lagersätena i vevstaken och överfallet med en ren, luddfri trasa. De måste hållas absolut rena. Se till att det finns nya fästbultar för vevstaksöverfallen.

3 Rengör baksidan av den nya övre lagerskålen. Montera den på vevstaken för cylinder nr 1 och montera sedan lagrets andra skål på vevstaksöverfallet. Se till att fliken på varje kåpa passar in i inskärningen på vevstaken eller överfallets urtag.

4 Placera kolvringsgapen i rätt position runt kolven. Smörj kolven och ringarna med ren motorolja och sätt på en kolvringskompressor på kolven. Låt manteln sticka ut något för att styra in kolven i cylinderloppet. Ringarna måste tryckas ihop så att de ligger jäms med kolven.

5 Vrid runt vevaxeln tills vevlagertappen för cylinder nr 1 ligger vid nedre dödpunkten. Applicera lite motorolja på cylinderväggarna.

6 Håll kolven/vevstaken för cylinder nr 1 så att pilen på kolvkronan pekar mot motorns kamremsände. Sätt försiktigt in alltihop i cylinderlopp nr 1, och låt ringkompressorns nederkant vila mot motorblocket.

7 Knacka på ringkompressorns överkant för att vara säker på att den har kontakt med motorblocket hela vägen runt.

8 Knacka försiktigt ovanpå kolven med änden av ett trähammarskaft. Styr samtidigt på vevstakslagret på vevtappen. Kolvringarna kan hoppa ut ur ringkompressorn precis innan de ska in i cylinderloppet, så behåll trycket på kompressorn. Arbeta långsamt och stanna genast om något motstånd känns när kolven skjuts in i cylindern. Undersök vad det är som

tar emot och rätta till det innan arbetet återupptas. Tvinga *aldrig* in kolven i cylindern, eftersom en ring och/eller kolven kan skadas.

9 Se till att lagerytorna är helt rena. Applicera sedan ett jämnt lager ren motorolja på båda två. Det kan krävas att kolven trycks tillbaka upp i loppet något för att exponera kåpans lageryta i vevstaken.

10 Skjut tillbaka vevstaken på plats på vevlagertappen och montera tillbaka vevstaksöverfallet. Smörj bultgängorna, sätt i bultarna och dra åt dem i två steg till angivet moment.

11 Upprepa hela proceduren för resten av kolvarna/vevstakarna.

12 Det är viktigt att tänka på följande:

 a) *Håll baksidan av lagerskålarna och urholkningarna i vevstakarna och överfallen helt rena när de sätts ihop.*
 b) *Se till att rätt kolv/vevstake används till varje cylinder.*
 c) *Pilen på kolvkronan måste peka mot motorns kamremsände.*
 d) *Smörj cylinderloppen med ren motorolja.*
 e) *Smörj lagerytorna innan vevstaksöverfallen monteras.*

13 När alla kolvar/vevstakar har monterats, vrid runt vevaxeln några varv för hand och känn efter om det tar emot någonstans.

15 Oljesump – montering

1 Sätt på en ny O-ring på oljeupptagarröret och sätt röret på plats. Dra åt fästbygelns fästbult till angivet moment.

2 Torka bort all olja från oljesumpens och mellandelens fogytor och sätt på nya O-ringar i urholkningarna i mellandelen.

3 Applicera ett jämnt lager av Volvos flytande packning på oljesumpens fogyta med hjälp av den korthåriga rollern. Se till att hela ytan täcks, men observera att det räcker med ett tunt lager för att få en bra tätning.

4 Sätt oljesumpen på plats. Sätt sedan i fyra av fästbultarna och dra åt dem med fingrarna.

5 Kontrollera att oljesumpens och motorblockets bakkanter är raka med en stållinjal. Dra sedan åt de fyra bultarna precis så mycket som behövs för att hålla oljesumpen på plats.

6 Sätt i resten av bultarna och dra åt dem stegvis, inåt mot mitten, till angivet moment.

7 Avsluta med att montera tillbaka oljekylaren (om tillämpligt) till baksidan av oljesumpen och dra åt fästbultarna ordentligt. Kontrollera även att kylvätskeslangarna är oskadda och att slangklämmorna sitter ordentligt.

16 Motor – första start efter renovering och hopsättning

1 Montera tillbaka resten av motorns delar i den ordning som anges i avsnitt 11, enligt beskrivningen i relevanta avsnitt i denna del av kapitel 2 och i del 2A. Montera tillbaka motorn och växellådan enligt beskrivningen i avsnitt 3 i denna del. Kontrollera motoroljenivån och kylvätskenivån igen, samt att alla komponenter har återanslutits. Se till att inga verktyg eller trasor glömts kvar i motorrummet.

2 Demontera tändstiften och avaktivera tändsystemet genom att koppla loss kamaxelgivarens kablage vid kontaktdonet. Koppla loss bränsleinsprutarnas kontaktdon för att förhindra att bränsle sprutas in i cylindrarna.

3 Dra runt motorn med startmotorn tills oljetryckslampan slocknar. Om lampan inte slocknar efter flera sekunders runddragning, kontrollera motoroljenivån och att oljefiltret sitter ordentligt. Om dessa ser ut som de ska, kontrollera oljetrycksgivarens kablage och fortsätt inte förrän oljan garanterat pumpas runt motorn med tillräckligt tryck.

4 Montera tillbaka tändstiften och tändningskablaget (tändkablar, eller tändspolar och kablage). Återanslut sedan kamaxelgivarens och bränsleinsprutarnas kontaktdon.

5 Starta motorn. Tänk på att detta kan ta lite längre tid än normalt eftersom bränslesystemets komponenter är tomma.

6 Låt motorn gå på tomgång. Leta efter bränsle-, kylvätske- och oljeläckage. Bli inte orolig om det luktar konstigt eller ryker från delar som blir varma och bränner bort oljeavlagringar. Observera även att motorn kan låta lite mer än vanligt tills ventillyftarna fylls med olja.

7 Låt motorn gå på tomgång tills det känns att varmt vatten cirkulerar igenom den övre slangen. Kontrollera att motorn går jämnt och vid normal hastighet och stäng sedan av den.

8 Kontrollera olje- och kylvätskenivåerna igen efter några minuter, och fyll på om det behövs (se kapitel 1).

9 Om nya delar som kolvar, ringar eller vevaxellager har monterats, måste motorn köras in i 800 km. Ge inte full gas och låt inte motorn arbeta på lågt varvtal på någon växel under denna inkörningsperiod. Vi rekommenderar att oljan och oljefiltret byts efter denna period.

Kapitel 3
Kyl-, värme- och luftkonditioneringssystem

Innehåll

Svårighetsgrader

Enkelt, passar novisen med lite erfarenhet	Ganska enkelt, passar nybörjaren med viss erfarenhet	Ganska svårt, passar kompetent hemmamekaniker 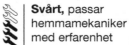	Svårt, passar hemmamekaniker med erfarenhet	Mycket svårt, för professionell mekaniker

Specifikationer

Allmänt

Systemtyp .... Termostatkontrollerat system med vattenbaserad kylvätska och pumpassisterad cirkulation

Termostat

Öppning påbörjas:
  Termostattyp 1 .... 87°C
  Termostattyp 2 .... 90°C
Helt öppen vid:
  Termostattyp 1 .... 102°C
  Termostattyp 2 .... 105°C

Åtdragningsmoment   Nm

Bultar mellan luftkonditioneringskompressor och fästbygel 40
Kylarens fästbultar 30
Kylvätskepumpens bultar 17

1 Allmän information och föreskrifter

Allmän information

Kylsystemet är ett trycksatt halvtätt system, med ett expansionskärl som tar emot kylvätska som kommer ut ur systemet när det är varmt och leder tillbaka den när systemet svalnar.

Vattenbaserad kylvätska cirkuleras runt motorblocket och topplocket av kylvätskepumpen, som drivs av motorns kamrem. När kylvätskan cirkulerar runt motorn absorberar den värme, och rinner sedan ut i kylaren. När kylvätskan rinner igenom kylaren, kyls den ner av luftflödet som skapas av bilens framåtfart,

och återvänder sedan till motorblocket. Luftflödet genom kylaren förstärks av en elfläkt med två hastigheter, som styrs av motorstyrningssystemets ECU.

Det finns en termostat som styr kylvätskeflödet genom kylaren. När motorn är kall är termostatventilen stängd, så att det normala kylvätskeflödet genom kylaren bryts.

När kylvätskan blir varmare börjar termostatventilen att öppnas så att kylvätskeflödet genom kylaren kommer igång.

Motortemperaturen kommer alltid att hållas konstant (enligt termostaten) oberoende av lufttemperaturen.

På turbomodeller finns sidoledningar som leder kall kylvätska till turboaggregatet. Senare modeller utan turbo har en oljekylare monterad på baksidan av sumpen. Denna är i stort sett en värmeväxlare med

kylvätsketillförsel, som leder bort värme från oljan i sumpen.

Bilens interna värmeenhet tar värme från motorkylsystemets kylvätska. Kylvätskeflödet genom värmepaketet är konstant. Temperaturen styrs genom att kalluft från utsidan blandas med varmluften från värmepaketet i önskade proportioner.

Luften som leds in i passagerarutrymmet filtreras genom ett pappersfilter som ibland kallas för pollenfilter och som sitter i friskluftsintaget under motorhuven. Rekommenderat intervall för filterbyte anges på en etikett på luftintaget i motorrummet. Om pollenfiltret blockeras (eller blir vått), minskas luftflödet genom passagerarutrymmet, vilket ger sämre imborttagning. Se avsnitt 12.

Klimatanläggningen (luftkonditioneringen) beskrivs i detalj i avsnitt 9.

Föreskrifter

 Varning: Försök inte ta bort expansionskärlets påfyllningslock eller på annat sätt göra ingrepp i kylsystemet medan motorn är varm. Risken för allvarliga brännskador är mycket stor. Om expansionskärlets påfyllningslock måste tas bort innan motorn och kylaren har svalnat helt (även om detta inte rekommenderas), måste övertrycket i kylsystemet först släppas ut. Täck locket med ett tjockt lager tyg för att undvika brännskador. Skruva sedan långsamt bort locket tills ett pysande ljud hörs. När väsandet upphör, vilket anger att trycket sjunkit, skruva sakta upp locket till dess att det kan avlägsnas. Om mer väsande hörs, vänta tills det upphör innan locket skruvas av helt. Stå alltid så långt ifrån öppningen som möjligt.

Varning: Låt inte frostskyddsmedel komma i kontakt med huden eller lackerade ytor på bilen. Spola omedelbart bort eventuellt spill med stora mängder vatten. Lämna aldrig frostskyddsmedel i ett öppet kärl eller i en pöl på uppfarten eller garagegolvet. Barn och husdjur kan attraheras av den söta doften och frostskyddsmedel kan vara livsfarligt att förtära.

Varning: Se även föreskrifterna för arbete på modeller med luftkonditionering i avsnitt 9.

2 Kylsystemets slangar – demontering och byte

Observera: Se föreskrifterna ovan innan arbetet fortsätter. Undvik brännskador genom att koppla loss slangarna först när motorn har svalnat.

1 Om de kontroller som beskrivs i kapitel 1 avslöjar en defekt slang, måste den bytas enligt följande.
2 Tappa först av kylsystemet (se kapitel 1). Om frostskyddsvätskan inte ska bytas kan den återanvändas om den samlas upp i ett rent kärl.
3 När en slang ska kopplas loss, lossa fjäderklämmorna med en tång (eller en skruvmejsel om det är skruvklämmor), och skjut bort dem från anslutningen längs slangen **(se bild)**. Lossa försiktigt slangen från anslutningen. Det är relativt enkelt att ta bort slangarna när de är nya, men på en äldre bil kan de ha fastnat.
4 Om en slang är svår att få bort kan det hjälpa att vrida den innan den tas bort. Bänd försiktigt bort slangänden med ett trubbigt verktyg (som en flatbladig skruvmejsel). Använd inte för mycket kraft och var försiktig så att inte rörändarna eller slangarna skadas. Kylaranslutningarna kan lätt gå sönder, så ta inte i för hårt när slangen tas bort.

2.3 Kylarens nedre slanganslutning och skruvklämma

 Om allt annat misslyckas, skär upp slangen med en vass kniv, så att den kan skalas av i två delar. Detta kan verka dyrbart om slangen i övrigt är felfri, men det är mycket billigare än att tvingas köpa en ny kylare.

5 När en slang ska monteras, trä först på klämmorna på slangen och sätt sedan slangen på plats på anslutningen. När slangen är på plats, kontrollera att den sitter korrekt och är rätt dragen. Skjut klämmorna längs slangen tills de sitter bakom anslutningens utsvällning och dra åt dem ordentligt.

 Om slangen är stel kan lite tvålvatten användas som smörjmedel, eller så kan slangen mjukas upp med ett bad i varmvatten. Använd inte olja eller smörjfett, det kan angripa gummit.

6 Fyll på systemet med kylvätska (kapitel 1).
7 Kontrollera alltid noggrant om kylsystemet läcker så snart som möjligt efter att någon del av systemet rubbats.

3 Frostskyddsvätska – allmän information

Observera: Se föreskrifterna i avsnitt 1 i detta kapitel innan arbetet påbörjas.

1 Kylsystemet ska fyllas med Volvos kylvätska typ C (frostskyddsvätska) i förhållandet 50/50 med rent vatten. Vid denna koncentration är kylvätskan frostskyddad ner till -35°C. Frostskyddsvätskan skyddar även mot korrosion och höjer kylvätskans kokpunkt. Eftersom motorn består av enbart aluminium, är frostskyddsvätskans korrosionsskyddande egenskaper avgörande. Endast Volvos frostskyddsvätska bör användas i systemet. Den bör aldrig blandas med andra typer av frostskyddsvätska.
2 Kylsystemet bör underhållas enligt schemat i kapitel 1. Om frostskyddsvätska används

4.2 Luftrenarens insugskanal demonteras från fläktkåpan

som inte följer Volvos specifikationer, eller om den är gammal eller förorenad, kan det orsaka skada och främja uppkomsten av korrosion och avlagringar i systemet.
3 Innan frostskyddsvätska fylls på, kontrollera alla slangar och slanganslutningar, eftersom frostskyddsvätska kan läcka ut genom mycket små hål. Kylvätska förbrukas normalt inte, så om nivån sjunker måste orsaken hittas och åtgärdas.
4 Angiven blandning är 50 % frostskyddsvätska och 50 % rent, mjukt vatten (efter volym). Blanda till den mängd som behövs i en ren behållare och fyll sedan på systemet enligt beskrivningen i kapitel 1 och Veckokontroller. Spara eventuellt överflöd till efterpåfyllning.

4 Kylarfläkt – demontering och montering

Demontering

1 Koppla loss batteriets minusledare.
2 Koppla loss luftrenarens insugskanal och ECU-boxens luftkanal från var sida av fläktkåpan **(se bild)**.
3 På bilar med avgasåterföring (EGR), koppla loss de två slangarna från avgasåterföringens styrenhet. Notera hur de sitter monterade.
4 Skruva loss de två bultarna på var sida som håller fast fläktkåpan och relähållaren vid karossen **(se bild)**.

4.4 Fläktkåpans och relähållarens vänstra fästbultar (vid pilarna)

4.5 Lyft upp relähållaren och koppla loss fläktens kontaktdon

4.7 Ta bort fläktkåpan genom att lyfta den uppåt och utåt

4.9 Se till att de nedre styrstiften passar in mot kylarens nederdel vid monteringen

5 Lyft upp relähållaren och koppla loss fläktens kontaktdon **(se bild)**. Lägg hållaren åt sidan ur vägen för fläktkåpan.
6 På modeller med turbo, lossa mellankylarens luftkanal ovanför fläktkåpan.
7 Lyft kåpan uppåt så att de två nedre styrstiften lossar och ta bort kåpan och fläkten **(se bild)**.
8 Skruva loss de fyra bultarna och ta bort motorn och fläktskyddet från kåpan. Ytterligare demontering är onödig, eftersom motorn, fläkten och skyddet ändå inte går att köpa separat.

Montering

9 Monteringen sker i omvänd ordningsföljd mot demonteringen. Se till att de nedre styrstiften passar in mot kylarens nederdel när kåpan sätts tillbaka **(se bild)**.

5 Kylare – demontering och montering

HAYNES TiPS *Om orsaken till att kylaren ska demonteras är läckage, tänk då på att mindre läckor ofta kan tätas med kylartätningsmedel medan kylaren sitter på plats.*

Demontering

1 Tappa av kylsystemet (se kapitel 1).

2 Demontera kylarfläkten enligt beskrivningen i kapitel 4.
3 Om det är tillämpligt, skruva loss fästbulten på var sida, lossa klämmorna och ta bort stänkskyddet under kylaren **(se bilder)**.
4 Koppla loss de övre och nedre slangarna från kylaren.
5 På bilar med luftkonditionering, skruva loss kondensatorns övre fästbult på var sida. Fäst kondensatorn vid den övre karosspanelen med snöre eller ståltråd. Skruva sedan loss de två nedre bultarna **(se bild)**.
6 På modeller med automatväxellåda, koppla loss oljekylledningarna från kylarens vänstra sidotank. Var beredd på oljespill. Plugga igen eller täck över ledningarna för att hindra smuts från att tränga in.
7 Om det är tillämpligt, koppla loss motoroljekylarens röranslutningar från kylarens högra sidotank. Plugga igen eller täck över ledningarna för att hindra att smuts kommer in i systemet.
8 På modeller med turbo, koppla loss de av mellankylarens luftkanaler som måste tas bort för att kylaren ska kunna demonteras.
9 Stöd kylaren, skruva loss den nedre fästbulten på var sida och lyft ut kylaren ur motorrummet.

Montering

10 Montera tillbaka i omvänd ordningsföljd mot demonteringen. Avsluta med att fylla på kylsystemet enligt beskrivningen i kapitel 1, och fylla på olja i automatväxellådan och motorn om det är tillämpligt.

6 Temperaturgivare för kylvätska – kontroll, demontering och montering

Kontroll

1 Temperaturgivaren för kylvätskan sitter i termostathuset. Den förser både motorstyrningssystemet och instrumentbrädans temperaturmätare med information om motorns temperatur.
2 Om det skulle bli något fel på givaren, eller om signalen försvinner p.g.a. dåliga elektriska anslutningar, lagras en felkod i motorstyrningssystemets styrenhet. Koden kan sedan läsas av via diagnostikkontakten i mittkonsolen (med en passande felkodsläsare).
3 Om en felkod lagras bör givarens kablage och kontaktdon undersökas noga. Ytterligare kontroll, utöver att testa med att byta mot en ny enhet, kräver speciell utrustning och bör överlåtas åt en Volvoverkstad.

Demontering

4 Tappa av kylsystemet (se kapitel 1) tills nivån är under givaren. Lossa klämman och koppla loss kylarens övre slang från termostathuset.
5 Skruva loss de två Torx-bultarna och lyft av termostathuset.
6 Koppla loss kablaget från den intilliggande anslutningskontakten. Skruva sedan loss givaren från dess plats i termostathuset **(se bilder på nästa sida)**.

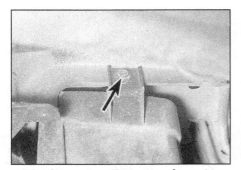

5.3a Skruva loss fästbulten på var sida (vid pilen) . . .

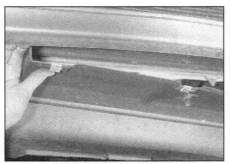

5.3b . . . lossa de främre klämmorna och ta loss stänkskyddet under kylaren

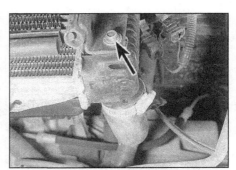

5.5 Luftkonditioneringkondensatorns nedre, vänstra fästbult (vid pilen)

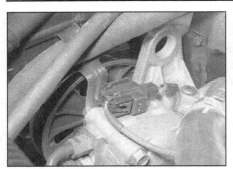

6.6a Koppla loss temperaturgivarens anslutningskontakt ovanför servostyrningspumpen

Montering

7 Skruva i den nya givaren med lite tätningsmedel på gängorna. Återanslut kontaktdonet. Montera tillbaka termostathuset, dra åt skruvarna ordentligt och återanslut kylarslangen.
8 Fyll på kylvätska enligt beskrivningen i *Veckokontroller*.

7 Kylvätskepump – demontering och montering

Observera: *Se föreskrifterna i avsnitt 1 i detta kapitel innan arbetet påbörjas.*

Demontering

1 Koppla loss batteriets minusledare.
2 Demontera kamremmen enligt instruktionerna i kapitel 2A. Om bättre arbetsutrymme behövs måste några av den bakre kamremskåpans hållare lossas.
3 Skruva loss de sju bultarna och ta loss kylvätskepumpen från dess styrstift **(se bild)**. Utrymmet är mycket begränsat och tålamod krävs. Ta loss packningen när pumpen tagits bort.
4 Torka noggrant bort alla rester av gammal packning från pumpens och motorblockets fogytor.

Montering

5 Sätt pumpen på plats med en ny packning.
6 Applicera hydraultätningsmedel (finns hos

6.6b Kylvätskans temperaturgivare (vid pilen)

närmaste Volvoverkstad) på fästbultarnas gängor och sätt tillbaka bultarna. Dra åt bultarna stegvis i diagonal ordningsföljd till angivet moment.
7 Montera tillbaka kamremmen enligt beskrivningen i kapitel 2A.

8 Termostat – demontering, kontroll och montering

1 Ju äldre termostaten blir, desto långsammare reagerar den på ändringar i vattentemperaturen. Till sist kan den fastna i öppet eller stängt läge, vilket orsakar problem. En termostat som fastnat i öppet läge resulterar i en mycket långsam uppvärmning, medan en stängd termostat snabbt leder till överhettning.
2 Kontrollera kylvätskenivån innan termostaten utpekas som orsaken till ett problem med kylsystemet. Om systemet läcker, eller om det inte fyllts på ordentligt, kan det finnas en luftficka i systemet (se kapitel 1, avsnitt 29).
3 Om det tar onormalt lång tid för motorn att bli varm (baserat på värmepaketets utblås eller temperaturmätarens värde), har termostaten antagligen fastnat i öppet läge.
4 På liknande sätt kan en lång uppvärmningsperiod orsakas av att termostaten saknas. Den kanske har demonterats eller av misstag glömts bort av en tidigare ägare eller mekaniker. Kör inte bilen utan termostat. Motorstyrningssystemets ECU kommer då att

stå i uppvärmningsläge längre än nödvändigt, vilket ger större utsläpp och sämre bränsleekonomi.
5 Om motorn överhettas, kontrollera temperaturen på kylarens övre slang med handen. Om slangen inte är varm, men motorn är det, har termostaten antagligen fastnat i stängt läge, vilket gör att kylvätskan inuti motorn inte kommer fram till kylaren. Byt termostaten. Detta problem kan dock även bero på en luftficka (se kapitel 1, avsnitt 29).
6 Om kylarens övre slang är varm betyder det att kylvätskan kommer fram och att termostaten är öppen. Se avsnittet *Felsökning* i slutet av den här handboken för att få hjälp med att hitta möjliga fel i kylsystemet.
7 Gör följande för att få en uppfattning om i fall termostaten fungerar som den ska när motorn värms upp, utan att demontera systemet.
8 Med motorn helt kall, starta motorn och låt den gå på tomgång. Kontrollera temperaturen på kylarens övre slang. Kontrollera temperaturen som anges av kylvätsketemperaturmätaren med jämna mellanrum och stäng av motorn omedelbart om överhettning indikeras.
9 Den översta slangen ska vara kall en stund medan motorn värms upp och den ska sedan snabbt bli varm när termostaten öppnas.
10 Ovanstående är inte ett exakt eller definitivt test av termostatens funktion, men om systemet inte fungerar enligt beskrivningen, demontera och testa termostaten enligt beskrivningen nedan.

Demontering

Observera: *Se föreskrifterna i avsnitt 1 i detta kapitel innan arbetet påbörjas.*
11 Motorn måste vara helt kall innan detta moment påbörjas. Den måste ha varit avstängd under flera timmar, och helst ha stått över natten.
12 Tappa av kylsystemet (se kapitel 1) tills nivån är under termostathuset.
13 Lossa kylarens övre slang och expansionskärlets slang från termostathuset och skruva sedan loss husets två fästbultar **(se bild)**.
14 Lyft av huset och ta bort termostaten och tätningsringen **(se bilder)**.

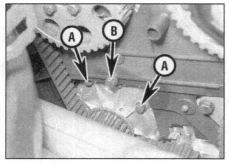

7.3 Två av pumpens fästbultar (A) och spillhålet (B)

8.13 Termostathusets fästbultar (vid pilarna)

8.14a Lyft av termostathuset . . .

8.14b . . . och ta bort termostaten

Kontroll

15 Kontrollera temperaturmarkeringen som är stansad på termostaten och som antagligen är 87°C eller 90°C.

16 Använd en termometer och en behållare med vatten. Värm vattnet tills temperaturen motsvarar den temperatur som anges på termostaten.

17 Häng (den stängda) termostaten på ett snöre i vattnet och kontrollera att den öppnats maximalt inom två minuter.

18 Ta upp termostaten ur vattnet, låt den svalna och kontrollera att den stängs helt.

19 Om termostaten inte öppnas och stängs enligt beskrivningen, eller om den fastnat i något läge, måste den bytas. Byt ut termostaten om det föreligger minsta tvivel om dess funktion. Termostater är inte dyra.

Montering

20 Sätt på en ny tätningsring på termostaten.

21 Montera tillbaka termostaten och huset, och fäst med de två bultarna.

22 Återanslut den övre slangen och expansionskärlets slang. Fyll på kylsystemet enligt beskrivningen i kapitel 1 och *Veckokontroller*.

---

9 Värme-, ventilations- och luftkonditioneringssystem – information och föreskrifter

Manuell klimatanläggning

1 På modeller med ett manuell klimatanläggning kan värmeenheten vara monterad separat, eller tillsammans med en manuellt styrd luftkonditioneringsenhet. Samma hus och värmeenhetskomponenter används i båda fallen.

2 Värmeenheten är av friskluftstyp. Luft leds in genom en grill framför vindrutan och filtreras genom ett pollenfilter av papper (se avsnitt 12). Även om pollenfiltret egentligen inte behöver bytas rutinmässigt, kommer luftflödet in i bilen att försämras om filtret blir blockerat.

3 På dess väg till olika munstycken passerar en varierbar del av luften genom värme-paketet, där den värms av motorns kylvätska som rinner genom paketet.

4 Fördelningen av luft till ventilerna, och genom eller runt värmepaketet, styrs av klaffar. Dessa drivs av en elektrisk motor (som även driver luftåtercirkuleringsklaffen). Separata, vajerstyrda temperaturreglage finns för föraren och framsätespassageraren.

5 Det finns även en elfläkt med fyra hastigheter som ökar luftflödet genom värmeenheten.

6 Om en manuell klimatanläggning med luftkonditionering är monterad, arbetar systemet tillsammans med värmeenheten för att ge en rimlig lufttemperatur inne i kupén. Den sänker även luftfuktigheten på den inkommande luften, vilket hjälper till med imborttagningen även om kylning inte krävs.

7 Luftkonditioneringssystemets kylningsdel fungerar på samma sätt som ett kylskåp. En kompressor som drivs av en rem från vevaxelns remskiva, drar kylmedium i gasform från en förångare. Kylmediet passerar en kondensator där det förlorar värme och övergår i vätskeform. Efter dehydrering återvänder kylmediet till förångaren, där det absorberar värme från luft som passerar över förångarens flänsar. Kylmediet återgår till gasform och cykeln upprepas.

8 Ett antal olika reglage och givare skyddar systemet mot extrema temperaturer och tryck. Dessutom ökas motorns tomgångs-varvtal när systemet används, för att kompensera för den ytterligare belastning som orsakas av kompressorn.

Elektronisk klimatanläggning

9 På modeller med elektronisk klimat-anläggning kan temperaturen inuti bilen automatiskt hållas vid en inställd nivå, oberoende av yttertemperaturen. Det dator-styrda systemet styr värmeenheten, luft-konditioneringen och fläkten för att uppnå detta. Kyldelen av systemet är densamma som för modeller med manuell klimat-anläggning. Den helautomatiska elektroniska kontrollen fungerar enligt följande.

10 En styrenhet (ECU) tar emot signaler från givare som känner av luftkanaltemperaturerna samt innertemperaturen på förar- och passagerarsidan. En solsensor känner av om solen lyser eller ej. Signaler om luftklaffarnas position tas även emot kontinuerligt. Information om motortemperatur, ytter-temperatur, om motorn är igång eller ej samt bilens hastighet, skickas också till ECU från motorstyrningssystemet.

11 När automatfunktionen startar kan ECU beräkna de bästa inställningarna för vald temperatur och luftfördelning, baserat på givarnas signaler. Dessa inställningar kan sedan bibehållas oberoende av kör-förhållanden och väder.

12 Fördelningen av luft till de olika mun-styckena, och blandningen av varm och kall luft för att uppnå vald temperatur, styrs av

klaffar. Dessa styrs av elmotorer, som i sin tur styrs av ECU. En fläkt med variabel hastighet som kan styras manuellt eller automatiskt används till att förstärka luftflödet genom systemet.

13 ECU, som sitter bakom reglagepanelen, har en inbyggd feldiagnosfunktion. Ett fel signaleras till föraren med två blinkande varningslampor på reglagepanelen under cirka 20 sekunder varje gång motorn startas.

14 Om ett fel skulle uppstå, lagrar ECU en serie signaler (eller felkoder) som sedan kan läsas av via diagnostikkontakten i mitt-konsolen.

Föreskrifter

15 Om bilen är utrustad med luftkond-itioneringssystem måste särskilda säkerhets-åtgärder vidtas vid arbete med systemet och dess komponenter. Om systemet av någon anledning måste tömmas bör detta överlåtas till en Volvoverkstad eller en kylsystems-specialist.

> ⚠ *Varning: Kylkretsen innehåller kylmediet R134a, och det är därför farligt att koppla loss någon del av systemet utan special-kunskap och specialutrustning.*

16 Kylmediet kan vara farligt och bör endast hanteras av utbildad personal. Om det stänker på huden kan det orsaka köldskador. Det är inte giftigt i sig, men utvecklar en giftig gas om den kommer i kontakt med en oskyddad låga (inklusive en tänd cigarrett). Okontrollerat utsläpp av kylmediet är farligt och skadligt för miljön.

17 Med tanke på ovanstående bör demontering och montering av delar i luftkonditioneringssystemet, utom givare och andra perifera enheter som tas upp i det här kapitlet, överlåtas till en specialist.

---

10 Manuell klimatanläggning – demontering och montering av komponenter

Observera: *På bilar med manuell klimat-anläggning och luftkonditionering, är inne-hållet i detta avsnitt begränsat till de åtgärder som kan utföras utan att man tömmer ut kylmediet. Byte av (kompressorns) drivrem beskrivs i kapitel 1, men alla övriga åtgärder utom de som beskrivs nedan måste överlåtas till en Volvoverkstad eller till en specialist på luftkonditioneringssystem. Om det behövs kan kompressorn skruvas loss och flyttas åt sidan när drivremmen tagits bort, utan att kyl-medelsanslutningarna kopplas loss.*

Reglagepanel

Demontering

1 Dra försiktigt loss temperaturreglage-knopparna (d.v.s. de två yttre reglagen) från framsidan av panelen **(se bild på nästa sida)**.

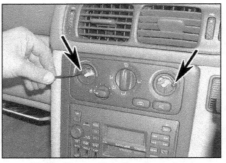

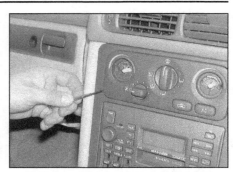

10.1 Dra loss temperaturreglageknopparna

10.2a Skruva loss frontpanelens fästskruvar (vid panelerna) . . .

10.2b . . . och bänd loss panelen från instrumentbrädan

2 Skruva loss de två skruvar som nu syns bakom reglageknopparna. Bänd sedan försiktigt ut panelens frontplatta **(se bilder)**.
3 Koppla loss anslutningskontakterna från baksidan av reglagepanelen, och ta bort panelen **(se bild)**.
4 Om det behövs kan panelens tre belysningslampor tas bort genom att lamphållarna skruvas loss från baksidan av frontpanelen och lamporna dras loss **(se bilder)**.
5 För att den bakre delen av reglagepanelen ska kunna tas bort så det går att komma åt reglagevajrarna, måste bilradion demonteras enligt beskrivningen i kapitel 12.

6 Med frontpanelen demonterad enligt beskrivningen ovan, lossa de fyra hakarna (en i varje hörn) med en skruvmejsel. Sänk sedan försiktigt ner och ta loss den bakre panelen genom bilradions öppning **(se bild)**.
7 Notera hur reglagevajrarna sitter så att de kan monteras tillbaka på rätt sätt. Lossa fästklämmorna som håller fast yttervajrarna och koppla loss innervajrarna från reglage-spakarnas stift **(se bild)**.
8 Ta bort reglagepanelen.

Montering

9 Monteringen sker i omvänd ordningsföljd mot demonteringen.

10 Avsluta med att justera vajrarna vid värmeenheten enligt beskrivningen i följande underavsnitt.

Reglagevajrar

Demontering

11 Skruva loss skruvarna och ta bort klädselpanelerna/de ljudisolerande panelerna från instrumentbrädans vänstra och högra sida. Ta även loss golvluftkanalerna längst fram på mittkonsolens båda sidor.
12 Skruva loss skruvarna och ta bort mattans stödplattor från värmeenhetens sidor. Vik undan mattan så att plattorna kan tas bort.

10.3 Koppla loss anslutningskontakterna från reglagepanelen

10.4a Skruva loss lamphållarna . . .

10.4b . . . och dra ut lamporna

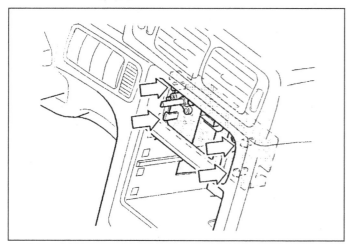

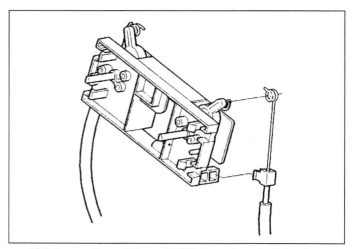

10.6 Lossa den bakre panelens fyra fästklämmor (vid pilarna)

10.7 Lossa yttervajrarnas fästklämmor, koppla sedan loss innervajrarna

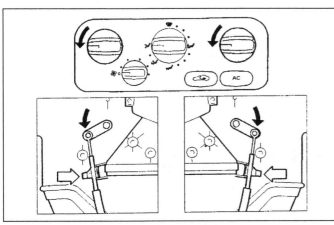
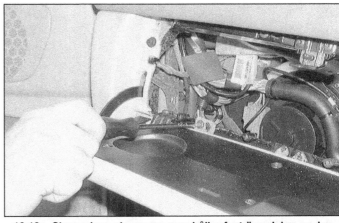

10.17 Vrid temperaturreglagen till O, återanslut sedan vajrarna

10.19a Skruva loss skruvarna som håller fast överdelen av den nedre klädselpanelen . . .

13 Demontera värme-/ventilationssystemets reglagepanel enligt tidigare beskrivning.
14 Notera hur reglagevajrarna sitter placerade vid värmeenheten så att de kan monteras tillbaka på rätt sätt. Lossa fästklämmorna som håller fast yttervajrarna. Koppla sedan loss innervajrarna från reglagespakarnas stift.
15 Ta bort vajrarna.

Montering och justering

16 Montera tillbaka vajrarna till värme-/ventilationsreglagepanelen. Montera sedan tillbaka panelen enligt beskrivningen i föregående underavsnitt.
17 Vrid knopparna på reglagepanelen till O.

Anslut det vänstra temperaturreglagets inre vajer till reglagespakens stift på värmeenheten. Skjut reglagespaken neråt så att klaffen stängs. Fäst sedan yttervajern med fästklämman **(se bild)**. Återanslut och justera höger vajer på samma sätt.
18 Testa reglagens och vajrarnas funktion. Montera sedan tillbaka klädselpanelerna och luftkanalerna som demonterades för att förbättra åtkomligheten.

Värmefläktens motor

Demontering

19 Skruva loss skruvarna och ta bort den nedre klädsel-/ljuddämpningspanelen under

instrumentbrädan på passagerarsidan. Koppla loss fotbrunnsbelysningens kontaktdon när det går att komma åt **(se bilder)**.
20 Öppna luckan till handskfacket och skruva loss de sex skruvarna från handskfackets framsida. Dra facket bakåt för att haka loss fästklämmorna. Ta sedan bort det från instrumentbrädan.
21 Koppla loss fläktmotorns kontaktdon i handskfackets öppning **(se bild)**.
22 Koppla loss kabelskyddsröret från fläktmotorns framsida och flytta kablaget åt sidan **(se bild)**.
23 Skruva loss de fyra skruvarna och ta sedan bort fläktmotorn från värmeenheten **(se bilder)**.

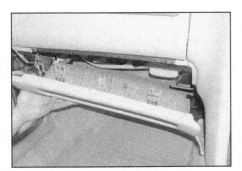

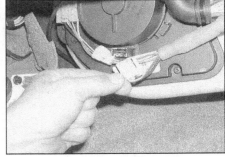

10.19b . . . sänk ner panelen i fotbrunnen . . .

10.19c . . . och koppla loss fotbrunnsbelysningens kontaktdon

10.21 Koppla loss fläktmotorns kontaktdon

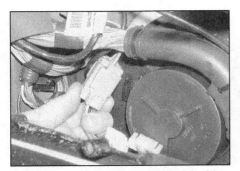
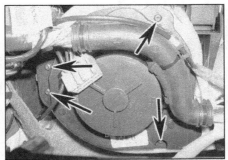

10.22 Lossa kontakten och kabelskyddsröret (ovan) från motorns framsida

10.23a Skruva loss fläktmotorns skruvar (vid pilarna) . . .

10.23b . . . vrid motorn och ta bort den från huset

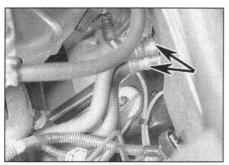

10.27 Värmepaketets anslutningar (vid pilarna) vid torpedväggen

Montering

24 Monteringen sker i omvänd ordningsföljd mot demonteringen.

Värmepaket

Demontering

Observera: *Se föreskrifterna i avsnitt 1 i detta kapitel innan arbetet fortsätts.*
25 Koppla loss batteriets minusledare.
26 Tryckutjämna kylsystemet genom att skruva av expansionskärlets lock. Vidta åtgärder för att undvika brännskador om kylvätskan är varm.
27 I motorrummet, kläm ihop de kylvätske-slangar som leder till värmepaketets anslut-ningar på torpedväggen **(se bild)**. Rören behöver inte kopplas loss. De kopplas loss vid en fläns på själva värmepaketet, inuti bilen.
28 Skruva loss skruvarna och ta bort klädsel-/ljuddämpningspanelerna från instrument-brädans vänstra och högra sida.
29 Skruva loss skruvarna och ta bort mattans stödplattor från värmeenhetens sidor. Vik undan mattan så att stödplattorna kan tas bort. Lossa och ta bort golvluftskanalen om det behövs.
30 Koppla loss dräneringsslangen från golvet framför enheten och vik den åt sidan.
31 Skruva loss de två skruvar på var sida

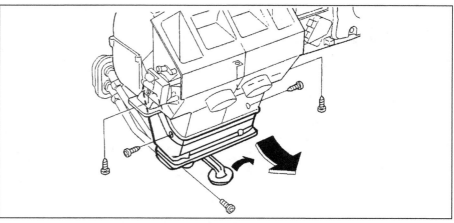

10.34 Demontering av värmepaketet och huset

som håller fast värmepaketets hus vid värmeenheten.
32 Lägg rikligt med trasor och/eller papper under värmeenhetens röranslutning på bak-sidan av värmepaketet.
33 Skruva loss skruven som håller värme-enhetsrörets fläns på baksidan av värme-paketet. Var beredd på att kylvätska läcker ut.
34 Koppla loss värmeenhetens rör från flänsen på värmepaketet. Dra huset bakåt och ut från undersidan av instrumentbrädan **(se bild)**.
35 Med huset demonterat, ta loss värme-paketet från huset.
36 Om det behövs kan värmeenhetens matarrör demonteras enligt följande. Koppla loss värmeslangarna vid torpedväggen genom att trycka slanganslutningen inåt medan låskragen kläms ihop. Dra sedan ut slangarna. Notera hur de är monterade. Ta loss skydds-plåten och gummitätningen från värme-paketets anslutningar. Dra sedan in rören i passagerarutrymmet.

Montering

37 Monteringen sker i omvänd ordningsföljd mot demonteringen. Använd nya O-ringar på

värmeenhetens rör och avsluta med att fylla på kylsystemet enligt beskrivningen i *Vecko-kontroller*.

Luftfördelarklaffarnas motor

Demontering

38 Luftfördelarklaffarnas motor sitter monterad till vänster om värmeenhetens hus (det vill säga till vänster om instrument-brädans mitt).
39 Skruva loss skruvarna och ta bort klädsel-/ljuddämpningspanelerna från instrument-brädans undre vänstra sida.
40 Skruva loss skruvarna och ta bort mattans stödplatta från värmeenhetens vänstra sida. Vik undan mattan så att stödplattan kan tas bort.
41 Koppla loss anslutningskontakten från sidan av klaffmotorn.
42 Skruva loss de tre fästskruvarna. Stick sedan in en skruvmejsel mellan motorn och klaffrullen och arbeta ut motoraxeln ur rullen (ta inte i för mycket) **(se bilder)**. Ta bort motorn.

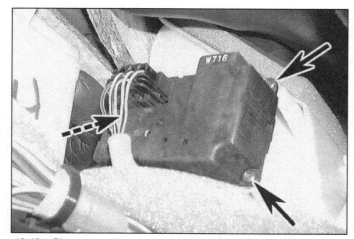

10.42a Skruva loss de tre fästskruvarna (vid pilarna). Koppla loss anslutningskontakten . . .

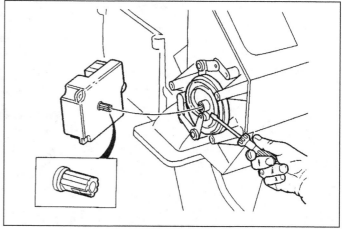

10.42b . . . och bänd ut motoraxeln

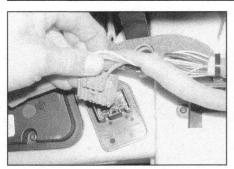

10.49a Koppla loss kontaktdonet . . .

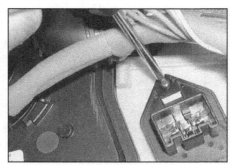

10.49b . . . skruva loss fästskruven . . .

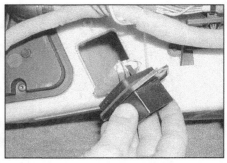

10.49c . . . och ta bort fläktmotorns resistor

Montering

43 När motorn monteras tillbaka på klaffrullen, var mycket noga med att passa in axelns platta och avfasade delar korrekt med rullen innan den trycks på plats. Fäst med de tre skruvarna och montera sedan tillbaka dekoren som togs bort för att öka åtkomligheten.

Återcirkuleringsklaffens motor

Demontering

44 Demontera handskfacket enligt beskrivningen i punkt 20 (luckan till handskfacket behöver inte tas bort).
45 I hålet för handskfacket, koppla loss klaffmotorns kontaktdon från sidan av värmefläktens hus.
46 Skruva loss de två skruvarna och ta bort klaffmotorn från sidan av värmefläktmotorns hus.

Montering

47 Montering sker i omvänd ordning.

Värmefläktmotorns resistor

Demontering

48 Demontera handskfacket enligt beskrivningen i punkt 20 (luckan till handskfacket behöver inte tas bort).
49 I handskfackets öppning, koppla loss kontaktdonet, skruva loss skruven och ta bort resistorn från sidan av värmefläktmotorns hus **(se bilder)**.

Montering

50 Monteringen sker i omvänd ordning.

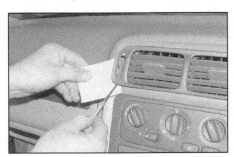

10.51 Bänd ut de mittersta luftmunstyckena. Notera att en bit kartong används för att skydda instrumentbrädan

Instrumentbrädans munstycken

Demontering

51 Bänd försiktigt ut munstyckena ur instrumentbrädan med en skruvmejsel. Lägg en kartongbit under så att inte panelen skadas **(se bild)**. När sidomunstyckena ska demonteras, öppna framdörrarna för att komma åt bättre (se kapitel 11, avsnitt 29).

Montering

52 Montera tillbaka munstycket genom att bestämt trycka det på plats.

---

11 Elektronisk klimat-anläggning – demontering och montering av komponenter

Observera: *Innehållet i detta avsnitt är begränsat till de åtgärder som kan utföras utan att man tömmer ut kylmediet. Byte av (kompressorns) drivrem beskrivs i kapitel 1, men alla övriga åtgärder utom de som beskrivs nedan måste överlåtas till en Volvoverkstad eller till en specialist på luftkonditioneringssystem. Om det behövs kan kompressorn skruvas loss och flyttas åt sidan när drivremmen tagits bort, utan att kylmedels-anslutningarna kopplas loss.*

Många av de komponenter som används på värme-/ventilationssidan av systemet används även i bilar som har manuell klimatanläggning. Se avsnitt 10 för procedurer som rör värme-fläktsmotor, värmepaket och instrument-brädans ventilationsmunstycken.

Reglagepanel och ECU

Observera: *Om en ny ECU ska monteras uppger Volvo att de värden som lagrats i den gamla ECU först måste avläsas, så att de sedan kan matas in i den den nya. Om dessa data går förlorade, kan den nya enheten fortfarande installeras, men det kommer att ta längre tid. I endera fallet måste speciell Volvo-utrustning användas, så denna del av jobbet måste överlåtas till en Volvoverkstad. Om en ny enhet monteras oprogrammerad kommer klimatanläggningen inte att fungera och de gröna lysdioderna på kontrollpanelen kommer att blinka oupphörligt.*

Demontering

1 Demontera bilradion enligt beskrivningen i kapitel 12.
2 Stick in handen bilradions öppning och tryck in låsknappen på undersidan av enheten.
3 Tryck ut ett av de bakre hörnen på enheten för att lossa den från dess plats. Ta sedan bort den från öppningen i instrumentbrädan.
4 Koppla loss kontaktdonen och ta bort enheten.
5 Om det behövs kan de tre panel-belysningslamporna tas bort enligt följande. Skruva loss de fyra skruvarna från baksidan av enheten och skilj frontpanelen från den bakre delen **(se bild)**. Skruva loss lamp-hållaren från baksidan av panelen och dra ut lampan.

Montering

6 Monteringen sker i omvänd ordning mot demonteringen. Montera tillbaka bilradion enligt beskrivningen i kapitel 12. Om en ny styrenhet har monterats, låt en Volvoverkstad programmera enheten (se anmärkning ovan).

Luftkanalernas temperaturgivare

Demontering

7 Skruva loss skruvarna och ta bort klädsel-/ljuddämpningspanelen från instrument-brädans undersida på passagerarsidan.
8 Öppna luckan till handskfacket och skruva

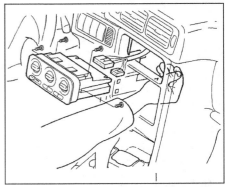

11.5 Demontera reglagepanelen och ECU. Skruva sedan loss de fyra skruvarna och ta loss frontpanelen

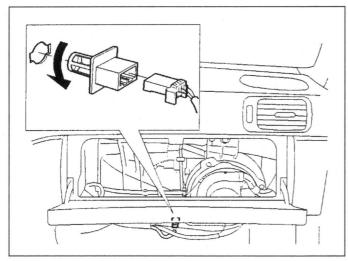

11.9 Demontera luftkanalens temperaturgivare

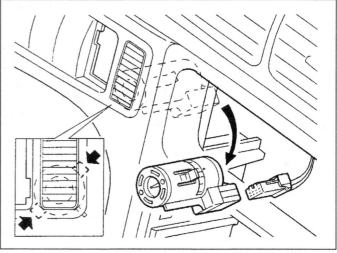

11.15 Demontera temperaturgivaren. Den infällda bilden visar givarens klämmor på plats

loss de sex skruvarna från handskfackets framsida. Dra facket bakåt för att haka loss fästklämmorna och ta bort det från instrumentbrädan.

9 Vrid temperaturgivaren moturs och lossa den från basen av fläktmotorhuset **(se bild)**.

10 Koppla loss kontaktdonet och ta bort givaren.

Montering

11 Monteringen sker i omvänd ordning mot demonteringen.

Innertemperaturgivare

Demontering

12 Temperaturgivaren för bilens insida sitter bakom en liten grill i änden av reglagepanelen, bredvid värmereglagepanelen.

13 Demontera reglagepanelen och ECU enligt beskrivningen tidigare i detta avsnitt.

14 Stick in handen genom reglagepanelens öppning och tryck ut brytaren bredvid givargrillen från baksidan. Koppla loss kontaktdonet från brytaren och ta bort den. Titta in genom brytarens öppning och notera hur givaren är monterad, så att den kan monteras tillbaka på samma sätt.

15 Arbeta genom reglagepanelens och brytarens öppningar. Tryck ihop de två klämmor som håller fast temperaturgivaren bakom grillen. Vrid givaren medurs (sett framifrån) så att den lossnar från grillen **(se bild)**. Notera hur givaren är monterad, så att den kan monteras tillbaka på samma sätt.

16 Koppla loss kontaktdonet och ta bort givaren.

Montering

17 Återanslut kontaktdonet och sätt sedan in givaren på sin plats. Se till att givaren passas in korrekt mot hållarens spår och att fästklämmorna klickar på plats när givaren vrids moturs. Kontrollera genom brytarens öppning att givaren sitter på samma sätt som före demonteringen.

18 Resten av monteringen sker i omvänd ordning mot demonteringen.

Luftfördelar- och återcirkuleringsklaffarnas motorer

19 Se relevanta punkter i avsnitt 10. Avsluta med att slå på tändningen under cirka en minut. Under denna period kommer ECU att självjustera motorpositionerna, vilket anges av att den gröna lysdioden på luftkonditioneringsbrytaren blinkar.

Temperaturreglageklaffarnas motorer

Demontering

20 Temperaturreglageklaffarnas motorer på förar- och passagerarsidan sitter på vänster och höger sida av värmeenhetens hus, baktill.

21 Skruva loss skruvarna och ta bort klädsel-/ljuddämpningspanelerna från relevant sida av instrumentbrädan.

22 Skruva loss skruvarna och ta bort mattans stödplatta från sidan av värmeenheten. Vik undan mattan så att stödplattan kan tas bort. Lossa även golv-luftkanalen och ta bort den om det är tillämpligt.

23 Om passagerarsidans motor ska demonteras går det att komma åt bättre om handskfacket demonteras enligt beskrivningen i punkt 8.

24 Om förarsidans motor ska demonteras på en modell med farthållare, skruva loss skruven och koppla loss vakuumkontrollkapseln från värmeenhetens hus. Vakuumslangarna behöver inte demonteras.

25 Skruva loss de tre fästskruvarna och dra ut motorn och axeln ur värmeenheten. Notera hur den är monterad. Koppla loss kontaktdonet från motorn och ta bort den från bilen.

Montering

26 Monteringen sker i omvänd ordning mot demonteringen. Se till att motoraxeln är

korrekt inpassad mot urtaget i värmeenhetens hus innan den trycks på plats och fästskruvarna dras åt.

27 Avsluta med att slå på tändningen under cirka en minut. Under denna period kommer ECU att självjustera motorpositionerna, vilket anges av att den gröna lysdioden på luftkonditioneringsbrytaren blinkar.

Luftkonditioneringens effektsteg

Demontering

28 Skruva loss skruvarna och ta bort klädsel-/ljuddämpningspanelerna från passagerarsidan av instrumentbrädan.

29 Öppna luckan till handskfacket och skruva loss de sex skruvarna från handskfackets framsida. Dra facket bakåt för att haka loss fästklämmorna. Ta sedan bort det från instrumentbrädan.

30 Nu kan reläet tas bort genom att det dras uppåt och ut ur hållaren.

31 Koppla loss kontaktdonen i handskfackets öppning. Skruva sedan loss skruven och ta loss effektsteget från sidan av värmefläktmotorns hus.

Montering

32 Monteringen sker i omvänd ordning mot demonteringen.

Solsensor

Demontering

33 Solsensorn är kombinerad med tjuvlarmets diod och sitter ovanpå instrumentbrädan.

34 Bänd försiktigt upp sensorn med en skruvmejsel under dess bas på sidan.

35 Koppla loss kontaktdonet och ta bort sensorn.

Montering

36 Monteringen sker i omvänd ordningsföljd mot demonteringen.

12.3 Lyft bort gummitätningen

12.5a Lossa fjäderklämmorna . . .

12.5b . . . och koppla loss dräneringsslangarna från torpedplåten

12 Pollenfilter – byte

1 Pollenfiltret sitter monterat under vindrutans torpedplåt, till höger på vänsterstyrda modeller och till vänster på högerstyrda modeller.
2 Demontera vindrutans torkararmar enligt beskrivningen i kapitel 12.

3 Öppna motorhuven och lyft upp gummi-tätningsremsan upptill på relevant sida av torpedväggens översida **(se bild)**.
4 Skruva loss de fem Torx-skruvarna från framkanten av torpedplåten.
5 Lossa fjäderklämmorna som håller fast dräneringsslangarna längst fram på torped-plåten med en passande tång. Koppla sedan loss slangarna från torpedplåten **(se bilder)**.
6 Skruva loss de fyra skruvar som håller fast säkringsdosans lock och ta av locket **(se bild)**.

7 Lyft ut torpedplåten och lossa den från gummitätningen i bakkanten **(se bild)**.
8 Lyft pollenfiltret och ramen uppåt och ut från dess plats. Notera hur det är monterat **(se bild)**.
9 Torka rent filterhuset, och sätt sedan i det nya filtret. Fäst filtret på plats och montera tillbaka torpedplåten i omvänd ordningsföljd mot demonteringen.
10 Avsluta med att montera tillbaka gummi-tätningen på torpedväggen.

12.6 Skruva loss de fyra skruvarna och ta bort säkringsdosans lock . . .

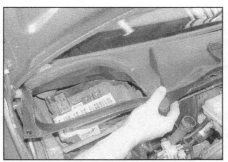

12.7 . . . ta sedan bort torpedplåten och lossa den i bakkanten

12.8 Lyft ut pollenfiltret

Kapitel 4 Del A:
Bränslesystem

Innehåll

Svårighetsgrader

Enkelt, passar novisen med lite erfarenhet	Ganska enkelt, passar nybörjaren med viss erfarenhet	Ganska svårt, passar kompetent hemmamekaniker 	Svårt, passar hemmamekaniker med erfarenhet 	Mycket svårt, för professionell mekaniker

Specifikationer

Systemtyp

B5202 S och B5252 S (10-ventilers) motorer	Fenix 5.2 motorstyrningssystem
B5254 S motorer	Bosch LH3.2-Jetronic bränsleinsprutningssystem, eller Motronic 4.4/Denso motorstyrningssystem (efter marknad/område)

Alla övriga motorer:
T.o.m. 1998 års modeller	Bosch Motronic 4.3 eller 4.4 motorstyrningssystem
Årsmodell 1999 och senare	Bosch ME7 motorstyrningssystem

Bränslesystemdata

Tomgångsvarvtal*	850 varv per minut
Tomgångsblandningens CO-halt*	0,6 ± 0,4 %
Bränslepumpsmatning	1,45 till 2,41 liter/minut (vid 12 volt)
Reglerat bränsletryck	303 bar

Ej justerbat – styrs av ECU

Rekommenderat bränsle

Oktantal:
Rekommenderat*:
B5204 T2/T3 och B5234 T3/T4/T6 motorer	98 oktan blyfri
Alla övriga motorer	95 oktan blyfri
Minimum	91 oktan blyfri (finns fortfarande i vissa länder)

Informationen är korrekt vid tiden för bokens utgivning. Rådfråga en Volvoverkstad om de senaste rekommendationerna, särskilt om du tänkt köra utomlands.

Åtdragningsmoment

	Nm
Bränslefördelarskena till insugsgrenrör:	
Steg 1	10
Steg 2	Vinkeldra ytterligare 75°
Bränslemätargivarens plastfästmutter	30
Bränslepumpens plastfästmutter	40
Insugsgrenrörets bultar	20

1 Allmän information och föreskrifter

Allmän information

Bränslesystemet består av en centralt monterad bränsletank, en elektrisk bränslepump, ett bränslefilter och ett helt elektroniskt bränsleinsprutningssystem. Ytterligare information om bränsleinsprutningssystemet finns i avsnitt 8.

20-ventilsmotorer utan turbo har ett variabelt insugssystem. Insugsgrenröret har två separata insugskanaler, med olika längd och diameter för varje cylinder. De kortare kanalerna kan öppnas eller stängas med vakuumstyrda klaffventiler, styrda från tändsystemets styrenhet. Vid låga varvtal är båda insugskanalerna öppna, så att luftflödet snabbt kan ökas när gasspjället öppnas. I mellanregistret är klaffventilerna stängda, och luftflödet går bara genom de längre kanalerna. Dessa kanaler är anpassade för dessa varvtal för att få insugsluften att vara resonans med kolvarnas och ventilernas rörelser. Dessa pulser sammanfaller med insugsventilernas öppning, vilket ger större insugsladdning än ett konventionellt system. Vid höga varvtal öppnas återigen både kanalerna, för att ge maximalt moment i detta intervall.

Beroende på motortyp är vissa modeller på vissa marknader även utrustade med ett avgasåterföringssystem (EGR) och ett sekundärt luftinsprutningssystem som en del av avgasreningsutrustningen. Ytterligare information om dessa system finns i del B av detta kapitel.

Tryckutjämning av bränslesystemet

Innan något arbete utförs på någon del av bränslesystemet, rekommenderas det att det kvarvarande bränsletrycket utjämnas. Även om motorn har varit avstängd ett tag, finns det en risk att det kvarvarande bränsletrycket får bränslet att spruta ut okontrollerat när bränsleledningarna kopplas loss. Detta är i bästa fall obehagligt (t.ex. om det sprutar i ansiktet), och i värsta fall en brandfara.

Så snart en bränsleledning ska kopplas loss, vira tjocka trasor runt anslutningen som ska öppnas, särskilt om systemtrycket inte har utjämnats. Lossa fästena eller klämmorna långsamt, och demontera alla rör försiktigt, så att trycket utjämnas på ett kontrollerat sätt och/eller så att eventuellt bränslespill kan begränsas.

Tryckutjämna systemet genom att identifiera och ta bort bränslepumpens säkring (med tändningen avstängd), se kapitel 12. Dra runt motorn med startmotorn. Det kan hända att motorn startar, men låt den då bara gå tills den stannar. Efter ett par sekunders runddragning/gång har bränsletrycket sjunkit, vilket avsevärt minskar riskerna när bränsleledningarna kopplas loss. Avsluta med att slå av tändningen och montera tillbaka bränslepumpens säkring.

Notera att ett det sitter en övertrycksventil på bränsletillförselledningen till bränslefiltret under bilen. Denna ventil liknar en vanlig däckventil, och kan användas enligt beskrivningen i kapitel 1, avsnitt 26, för att tryckutjämna systemet.

Tänk på att tryckutjämningen inte tar bort risken för bränslespill. Det finns fortfarande bränsle i ledningarna, och det är klokt att lägga trasor runt alla anslutningar som ska lossas.

Föreskrifter

⚠️ **Varning: Bensin är extremt brandfarligt – största försiktighet måste iakttagas vid allt arbete som rör bränslesystemets delar. Rök inte och se till att inga bara lågor eller oskyddade glödlampor förekommer i närheten av arbetsplatsen. Observera att även gasdrivna hushållsapparater med tändlågor, som varmvattenberedare, ångpannor och torktumlare, också utgör en brandrisk. Tänk på detta om arbetet utförs på en plats i närheten av sådana apparater. Ha alltid en passande eldsläckare i närheten av arbetsplatsen och kontrollera hur den fungerar innan arbetet påbörjas. Använd skyddsglasögon vid arbete med bränslesystemet och tvätta omedelbart bort allt bränsle som kommer i kontakt med huden med tvål och vatten. Observera att bränsleångor är precis lika farligt som flytande bränsle. Ett kärl som just har tömts på flytande bränsle kan fortfarande innehålla ånga och således vara explosivt. Bensin är en ytterst brandfarlig vätska och säkerhetsföreskrifterna för hantering kan inte nog betonas.**

Flera av momenten som beskrivs i detta kapitel innebär att bränsleledningar måste kopplas bort, något som kan leda till bränslespill. Innan arbetet påbörjas, läs ovanstående varning och informationen i Säkerheten främst i början av denna handbok. Se även informationen om tryckutjämning av bränslesystemet tidigare i detta avsnitt.

Det rekommenderas starkt att batteriets minusledare kopplas loss så snart det föreligger risk för bränsleläckage, om detta är möjligt. Detta minskar risken för att en gnista orsakar brand, och förhindrar även att bränslepumpen startar, vilket kan vara farligt om bränsleledningarna har kopplats loss.

Var extra noga med renligheten vid arbete med bränslesystemets komponenter. Smuts som tränger in i bränslesystemet kan orsaka blockeringar som leder till dålig drift.

2 Luftrenare och luftkanaler – demontering och montering

Demontering

Luftrenare

1 Lossa slangklämman och koppla loss luftintagskanalen från gasspjällhuset. Koppla loss vevhusventilationens slang vid luftrenarens kåpa eller luftkanalen. På senare modeller, koppla även loss den sekundära luftintagsslangen som leder till den nedre delen av bränslefördelarskenan **(se bilder)**.

2 Koppla loss kontaktdonen från luftflödesgivaren, insugsluftens temperaturgivare eller den sekundära luftinsprutningspumpen (efter tillämplighet) i kåpans utlopp **(se bilder)**.

3 Lossa tändspolens tändkabel från klämmorna vid kåpans bakre del, om det är tillämpligt.

2.1a Koppla loss luftintagskanalen från gasspjällhuset

2.1b Koppla loss vevhusventilationens slang vid basen . . .

2.1c . . . och i förekommande fall sekundärluftsslangen ovanpå kanalen

2.2a Koppla loss kontaktdonet från luftflödesgivaren . . .

2.2b . . . och i förekommande fall från sekundärluftspumpen

2.4 Koppla loss vakuumrören från temperaturstyrningsventilen

2.6 Lossa kalluftintagskanalen genom att dra den bakåt

2.7 Varmluftintagskanalen kopplas loss från avgasgrenröret

2.8 Luftrenarhuset tas bort

4 Om tillämpligt, koppla dessutom loss de två vakuumrören från insugsluftens temperatur-styrningsventil på baksidan av kåpan. Notera hur de sitter monterade (det vita röret längst ner) **(se bild)**.
5 Tryck tillbaka fästklämmorna, lyft av kåpan och ta bort luftfiltret.
6 Koppla loss kalluftintagskanalen från luft-intaget bredvid kylaren **(se bild)**.
7 Koppla loss varmluftintagskanalen eller turboaggregatets insugskanal, efter tillämplig-het, antingen från luftrenarhuset eller från avgasgrenröret baktill på motorn **(se bild)**. På modeller med turbo, koppla loss turbo-styrningsventilen från luftrenarhuset (i före-kommande fall).
8 Lyft huset uppåt på motorsidan för att lossa de nedre hållarna, dra det sedan åt sidan för att lossa styrstiftet. Ta bort huset **(se bild)**.

Luftkanaler
9 Alla kanaler hålls på plats antingen med enkla anslutningar som bara trycks på plats eller med slangklämmor. Kanalernas dragning varierar mellan modeller med turbo och modeller utan turbo, men för alla modeller gäller att demonteringen är enkel och självförklarande. För att det ska gå att komma åt de nedre kanalerna måste luftrenarenheten tas bort enligt beskrivningen ovan.

Montering
10 Montering sker i omvänd ordning mot demonteringen.

3 Insugsluftens förvärmningssystem – kontroll

1 På vissa marknader finns ett förvärmnings-system för insugsluft inbyggt i luftrenarhuset på modeller utan turbo.
2 Med hjälp av ett klaffventilssystem, som styrs av antingen en vaxtermostatkapsel eller en termovakuumventil, blandar systemet kall luft från insuget mitt emot kylaren med varm luft från avgasgrenrörets värmesköld.
3 Kapseln reagerar på den omgivande temperaturen och justerar klaffventilen därefter.
4 Termovakuumventilen stänger av vakuum-matningen till klaffventilmembranet när den är varm.

Demontering
Vaxkapsel
5 För att komma åt enheten, demontera luftrenaren enligt beskrivningen i avsnitt 2.
6 Demontera insugshuset från luftrenarhuset genom att trycka in de två flikarna och dra loss huset **(se bilder)**.
7 Undersök spindellagrens, kapselns och fjäderns skick. Kontrollera sedan att kapseln fungerar på följande sätt.
8 Kyl ner enheten genom att lägga den i ett kylskåp några minuter. När temperaturen är runt 5°C eller lägre ska klaffventilen ha flyttat sig för att stänga av kalluftintaget.
9 När enheten värms upp i rumstemperatur, kontrollera att klaffventilen är i mittenläge vid ungefär 10°C och att klaffventilen stänger av varmluftsintaget vid 15°C eller högre.

3.6a Ta bort insugshuset från luftrenarhuset . . .

3.6b . . . för att komma åt förvärmningens vaxkapsel

3.13 Luftintagets temperatur-styrningsventil i luftrenarhuset

10 Om enheten inte fungerar enligt beskrivningen ska den bytas ut.
11 Avsluta med att sätta ihop insugshuset. Montera sedan tillbaka luftrenaren enligt beskrivningen i avsnitt 2.

Termovakuumventil

12 Demontera luftrenarens övre kåpa enligt beskrivningen i avsnitt 2.
13 Ventilen sitter på baksidan av den övre kåpan. Innan den tas bort, notera hur den sitter **(se bild)**.
14 Med de två vakuumrören losskopplade (se bild 2.4), bänd loss spännbrickan under vakuumkontakten med en liten, flatbladig skruvmejsel. Brickan sitter antagligen ganska hårt, men arbeta försiktigt så att inte röranslutningarna skadas.
15 Ta bort vakuumkontakten från luftrenarhuset och ta loss tätningen.
16 Sätt tillbaka vakuumkontakten i omvänd

4.1 Demontera kåpan över gasvajerns trumma och länksystem

ordningsföljd mot demonteringen. Om tätningen är skadad eller gammal, använd en ny vid återmonteringen. Tryck spänn-brickan ordentligt på plats över röranslut-ningarna.

4 Gasvajer – demontering, montering och justering
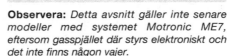

Observera: *Detta avsnitt gäller inte senare modeller med systemet Motronic ME7, eftersom gasspjället där styrs elektroniskt och det inte finns någon vajer.*

Demontering

1 Skruva loss skruven och ta bort kåpan över gasvajertrumman och länksystemet **(se bild)**.
2 Lossa yttervajerns fästklämma från vajer-justeraren och haka loss innervajern från trumman **(se bilder)**.
3 Skruva loss skruvarna och ta bort klädsel-/ljuddämpningspanelen från instrument-brädans undersida på förarsidan. Dra inner-vajern igenom änden av pedalen och dra loss den delade bussningen från vajeränden.
4 På modeller med manuell växellåda, lossa vajermuffen från torpedväggen och dra in vajern i motorrummet. Notera hur vajern är dragen. Lossa den från eventuella klämmor och ta bort den.
5 På modeller med automatväxellåda, koppla loss kontaktdonet från kickdownkontakten som sitter fäst vid vajern vid ingången på torpedväggen. Lossa kickdownkontakten från torpedväggen genom att trycka ner dess tappar med en skruvmejsel samtidigt som vajern trycks igenom. Notera hur vajern är dragen. Lossa den från eventuella klämmor och ta bort den.

Montering

6 Montera i omvänd ordningsföljd mot demonteringen. Se till att kickdown-kontaktens tappar sitter fast ordentligt i torpedväggen, samt att kontaktdonet sitter åt rätt håll. Justera vajern på följande sätt innan den återansluts till gasspjällhuset.

Justering

7 Kontrollera att vajertrumman ligger mot tomgångsstoppet på trummans fästbygel,

och att gasspjällarmen på gasspjällhuset är i kontakt med justeringsskruven. Om så inte är fallet, lossa länkstagskulledens låsmutter så att länkstaget glider lätt i kulleden. Placera trumman och gasspjällarmen så som just beskrivits, dra sedan åt låsmuttern.
8 Återanslut innervajern till trumman och fäst yttervajern med fästklämman. Justera vajern vid justeraren så att den sitter spänt, men inte förhindrar trumman från att nå tomgångs-stoppet. Tryck ner gaspedalen till golvet och kontrollera att trumman når stoppet för fullgas.

5 Bränslemätargivare – demontering och montering

Observera: *Observera föreskrifterna i avsnitt 1 innan något arbete utförs på bränslesystemets komponenter.*

Demontering

1 Koppla loss batteriets minusledare.
2 På S70-modeller, vik ner baksätets högra ryggstöd och lossa den främre kanten av bagageutrymmets matta. Ta bort panelen under mattan. Lossa ryggstödets hake, lossa hållarna och ta bort bagageutrymmets sido-klädselpanel.
3 På V70-modeller, vik ner baksätets högra ryggstöd och vik undan bagageutrymmets matta. Ta bort bagageskyddet och sidostöd-panelerna. Skruva loss fästskruvarna från bagageutrymmets främre golvpanel. Dra panelen bakåt för att lossa den från de främre fästena och ta bort den.
4 På C70-modeller, lossa bagageutrymmets matta och ta bort stödpanelen under.
5 Skruva loss muttrarna och ta bort åtkomst-kåporna över bränslepumpen och givaren **(se bild)**. Givaren sitter under kåpan närmast bilens front.
6 Följ givarens kablage, som går över bränsletanken till bränslepumpen och sedan ut till en grupp kontaktdon bredvid stöt-dämparens övre fäste. Koppla loss relevant kontaktdon, lossa alla kabelklämmor och dra kablaget tillbaka och igenom givarens öppning i golvet.

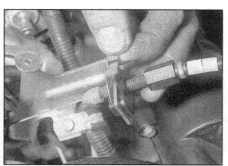

4.2a Lossa yttervajerns fästklämma . . .

4.2b . . . och haka loss innervajern från trumman

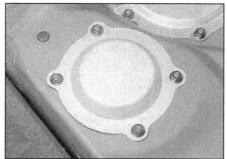

5.5 Ta bort kåpan över givaren

7 Skruva loss givarens plastfasthållningsmutter med en bredkäftad tång, t.ex. en vattenpumpstång **(se bild)**. Vissa typer av oljefiltervektyg är utmärkta alternativ.
8 Dra ut givaren ur bränsletanken och ta loss tätningen. Sätt tillbaka plastmuttern på tanken med givaren borttagen, för att förhindra att röranslutningen sväller.

Montering

9 Monteringen sker i omvänd ordningsföljd. Tänk på följande:
a) Använd en ny tätning insmord med vaselin.
b) Placera givaren så att kablaget sitter mot bilens mitt.
c) Dra kablaget över bränsletanken och ut genom bränslepumpens öppning. Återanslut och fäst med eventuella kabelklämmor.
d) När bagageutrymmets klädselpaneler monteras tillbaka, se till att inga kablar kommer i kläm.

6 Bränslepump – demontering och montering

Observera: Läs föreskrifterna i avsnitt 1 innan något arbete utförs på bränslesystemets komponenter. Det rekommenderas starkt att systemet tryckutjämnas innan arbetet påbörjas.

Demontering

1 Utför de åtgärder som beskrivs i avsnitt 5, punkt 1 till 3.
2 Skruva loss muttrarna och ta bort åtkomstluckan över bränslepumpen (den bakersta luckan av de två).
3 Följ pumpens kablage, som går till gruppen med kontaktdon bredvid stötdämparens övre fäste. Koppla loss relevant kontaktdon och lossa alla kabelklämmor.
4 Märk bränsleslangarnas anslutningar på pumpen, så att de kan monteras tillbaka på rätt plats. Matarslangen ska vara märkt med ett gult band med ett motsvarande gult märke ovanpå pumpflänsen **(se bild)**. Gör egna märken om de ursprungliga märkena inte syns.
5 Placera absorberande trasor runt bränsleslanganslutningarna, och lossa sedan snabbkopplingarna med ett gaffelformat verktyg. Stick in verktyget under kanten på den yttre hylsan av varje koppling och bänd uppåt utan att klämma hylsan. Var beredd på att bränsle kan läcka ut när kopplingarna lossas.
6 Skruva loss givarens plastfasthållningsmutter med en bredkäftad tång, t.ex. en vattenpumpstång. Vissa typer av oljefilterverktyg är utmärkta alternativ.
7 Dra ut pumpen ur tanken och ta loss tätningen. Montera tillbaka plastmuttern på tanken med pumpen borttagen, för att förhindra att röranslutningen sväller.

5.7 Skruva loss givarens plastmutter med en bredkäftad tång

Montering

8 Smörj en ny tätning sparsamt med vaselin och se till att den placeras korrekt.
9 Montera tillbaka pumpen med kabelanslutningen vänd mot bilens högra sida. Montera plastmuttern och dra åt ordentligt.
10 Smörj bränsleslanganslutningarnas O-ringar med vaselin och placera dem sedan rakt över pumpens utgångar. Tryck ner dem över de yttre hylsorna så att de låses. Se till att slangarna återansluts till korrekt utgångar på det sätt som noterades vid demonteringen.
11 Återstående montering sker i omvänd ordningsföljd mot demonteringen.

7 Bränsletank – demontering och montering

Observera: Läs föreskrifterna i avsnitt 1 innan något arbete utförs på bränslesystemets komponenter.

Demontering

1 Innan tanken kan demonteras måste den tömmas på så mycket bränsle som möjligt. För att undvika de faror och komplikationer som bränslehantering och -lagring kan innebära bör det här arbetet utföras med en i det närmaste tom tank. Kvarvarande bränsle kan tömmas ut på följande sätt.
2 Koppla loss batteriets minusledare.
3 Använd en handpump eller en sifon genom påfyllningsröret och ta bort allt kvarvarande bränsle från botten av tanken.

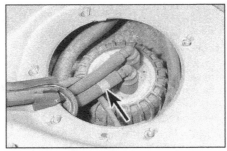
6.4 Bränslematarslangen vid pumpanslutningen ska vara märkt med ett gult band (vid pilen)

4 Alternativt, klossa framhjulen, lyft upp bakvagnen och ställ den på pallbockar (se Lyftning och stödpunkter). Placera en stor behållare av lämplig typ under bränslefiltret. Rengör bränsleinsugets snabbanslutning på filtret. Placera trasor runt kopplingen och lossa den sedan. Var beredd på att bränsle kan läcka ut när kopplingen lossas. Håll den lösa bränsleledningen över behållaren och låt bränslet rinna ut. Förvara bränslet i en lämplig försluten behållare.
5 Utför de åtgärder som beskrivs i avsnitt 5, punkt 1 till 5, och avsnitt 6, punkt 3 till 5.
6 Ta loss låsringen som håller fast påfyllningsröret vid karossen och lossa påfyllningsröret och tätningarna från deras platser.
7 Placera en garagedomkraft mitt under tanken. Lägg en skyddande träkloss mellan domkraftshuvudet och tankens undersida, och hissa sedan upp domkraften så att den tar upp tankens vikt.
8 Lossa tankens fästband och sänk försiktigt ner domkraften och tanken något. När mellanrummet är tillräckligt stort, koppla loss ventilslangarna som leder till bilens framdel. Slangarna mellan tanken och påfyllningsslangen kan lämnas anslutna.
9 Sänk ner domkraften och tanken och ta bort tanken.
10 Om tanken är förorenad med avlagringar eller vatten, ta bort givarenheten och bränslepumpen enligt beskrivningen ovan, samt koppla bort ventilationsslangarna och påfyllningsslangen. Skölj ur tanken med rent bränsle.
11 Tanken är gjuten i syntetmaterial, och om den skadas måste den bytas ut. I somliga fall kan det dock vara möjligt att reparera små läckor eller mindre skador. Kontakta en verkstad eller en lämplig specialist angående frågor om tankreparationer.
12 Om en ny tank ska monteras, flytta över alla komponenterna från den gamla tanken till den nya. Byt alltid ut påfyllningsslangens tätning och de tätningar och plastmuttrar som håller fast bränslepumpen och mätargivaren. Om de är använda är det inte säkert att de fäster och sluter tillräckligt tätt på den nya tanken.

Montering

13 Monteringen sker i omvänd ordningsföljd. Tänk på följande:
a) Sätt tanken på plats och dra åt de bakre fästena. Skjut tanken framåt och centrera bränslemätargivarens och bränslepumpens plastmuttrar i förhållande till åtkomsthålen i golvet. Dra nu åt fästbandens främre fästen.
b) Smörj påfyllningsrörets tätningar och se till att de är korrekt placerade. Se till att avtappningsröret sitter innanför den inre tätningen.
c) Avsluta med att fylla på tanken med bränsle och leta mycket noga efter tecken på bränsleläckage innan bilen körs i trafik.

8 Bränsleinsprutningssystem – allmän information

Bosch LH3.2-Jetronic system

Bosch LH3.2-Jetronic systemet kan finnas på 2.5 liters 20-ventilersmotorer (B5254 S) utan turbo på vissa marknader. Annars använder denna motor det Motronic 4.4 system som beskrivs längre fram i detta avsnitt.

LH3.2-Jetronic är ett mikroprocessorstyrt bränsleinsprutningssystem, utformat för att uppfylla stränga krav på utsläpp, men samtidigt ge utmärkta motorprestanda och god bränsleekonomi. Detta uppnås genom konstant övervakning av motorn via olika givare, vilkas data skickas till systemets ECU. Baserat på denna information avgör sedan programmet och minnet i ECU den exakta mängd bränsle som krävs, som sprutas in direkt i insugsgrenröret, för alla faktiska och förväntade körförhållanden.

LH3.2-Jetronics ECU samarbetar med EZ-129K tändsystemets ECU i ett heltäckande motorstyrningspaket. Dessutom styr den olika aspekter av avgasreningssystemen som beskrivs i del B av detta kapitel.

Huvudkomponenterna i systemets bränsle-del är följande.

Elektronisk styrenhet (ECU)

Styrenheten (ECU) är en mikroprocessor som styr hela bränslesystemets funktion. Enhetens minne innehåller ett program som styr bränsletillförseln till insprutningsventilerna och hur länge de ska vara öppna. Programmet använder subrutiner till att ändra dessa parametrar, enligt värden från andra komponenter i systemet. Dessutom styrs motorns tomgångsvarvtal av ECU som med hjälp av en luftreglerventil öppnar eller stänger en luftpassage efter behov. ECU innehåller även en enhet för självdiagnostik som ständigt kontrollerar att hela bränslesystemet fungerar som det ska. Alla upptäckta fel lagras som felkoder som kan läsas med en felkodsläsare. Om fel i systemet uppstår på grund av att en signal från en givare går förlorad återgår ECU till ett nödprogram ("linka-hem"). Detta gör att bilen kan köras, även om motorns funktion och prestanda begränsas.

Bränsleinsprutare

Varje bränsleinsprutare består av en solenoid-styrd nålventil som öppnas på kommando av ECU. Bränsle från bränslefördelarskenan transporteras då genom bränsleinsprutarens munstycke till insugsröret.

Temperaturgivare för kylvätska

Den här resistiva komponenten sitter i termostathuset, där dess mätelement kommer i direkt kontakt med motorkylvätskan. Förändringar i kylvätskans temperatur registreras av ECU som förändringar i givarens resistans. Signaler från temperatur-givaren för kylvätskan går även till tänd-systemets ECU och till temperaturmätaren på instrumentbrädan.

Luftflödesgivare (MAF)

Luftflödesgivaren mäter den luftmassa som sugs in i motorn. Givaren är av glödtrådstyp och innehåller fyra olika resistiva element samt tillhörande kretsar. Enheten sitter i luftrenarens insug, och använder insugsluften till att ändra elementens resistans. Genom att jämföra de varierande resistansvärdena med en referensresistans kan ECU beräkna insugs-luftens temperatur och, från dess kyleffekt, insugsluftens volym.

Gasspjällets lägesgivare

Gasspjällets lägesgivare är en potentiometer som är ansluten till gasspjällsaxeln i gasspjäll-huset, eller till gaspedalen på modeller med Motronic ME7 systemet. Enheten skickar en linjär signal till både bränsle- och tänd-systemets ECU och denna signal står i proportion till hur mycket gasspjället är öppet.

Tomgångsventil

Tomgångens luftreglerventil innehåller en liten elektrisk motor som öppnar och stänger en sidoledning för luft inuti ventilen. Ventilen arbetar endast när gasspjället är stängt. Med hjälp av signaler från ECU håller den tom-gångsvarvtalet konstant, oavsett belastningen från övriga komponenter.

Bränslepump

Den elektriska bränslepumpen sitter i bränsle-tanken och är helt nedsänkt i bränslet. Enheten är en tvåstegskomponent som består av en elektrisk motor som driver en skovel-hjulspump för att dra in bränsle, och en kugg-hjulspump för att pumpa ut det under tryck. Bränslet transporteras sedan till bränsle-fördelarskenan på insugsgrenröret via ett bränslefilter.

Bränsletrycksregulator

Regulatorn är en vakuumstyrd mekanisk enhet som ser till att tryckskillnaden mellan bränslet i bränslefördelarskenan och bränslet i insugsgrenröret hålls konstant. När grenrörets undertryck ökar, minskar bränsletrycket i direkt proportion till detta. När bränsletrycket i bränslefördelarskenan överskrider regulatorns inställning öppnas regulatorn så att bränslet kan återvända till tanken via returledningen.

Bränsletrycksdämpare

Tryckdämparen jämnar ut tryckpulser i bränsletillförseln till insprutningsventilerna, vilket ger en noggrannare bränslematning till motorn.

Systemrelä

Huvudsystemreläet får energi från bränsle-systemets ECU och försörjer bränslepumpen med ström. Reläet får bara ström så länge som ECU får en varvtalssignal från tänd-systemets ECU. Om en signal skulle försvinna (t.ex. vid en olycka) får reläet ingen ström, och bränslepumpen stannar.

Bosch Motronic och ME7 system

Motronic systemets komponenter och deras funktion liknar mycket LH3.2-Jetronic systemet, förutom det att en enda ECU används till att styra både bränsle- och tändningsdelarna av systemet. På modeller med turbo styrs även regleringen av turbo-aggregatets laddtryck via turboregulator-ventilen, av Motronics ECU.

De olika generationer och typer av Motronic system i S/V/C70 är så gott som identiska i praktiken – de enda komponenter som skiljer sig åt nämnvärt är systemens styrenheter, och de parametrar som är programmerade i dem. Bosch ME7 -systemet som sitter i senare modeller är dock en utveckling av Motronic systemet, med ett elektroniskt styrt gasspjäll (utan gasvajer). ME7 systemet har även en MAP-givare (se nedan) och ett fördelarlöst tändsystem (se kapitel 5B).

Fenix 5.2 system

Fenix 5.2 systemet används på de 10-ventils-motorer som tas upp i den här handboken. Komponenterna och deras funktion liknar LH3.2-Jetronic systemet mycket, förutom sättet att beräkna den luftvolym som kommer in i motorn och andra mindre skillnader som beskrivs nedan. Dessutom, som i Motronic system, kontrollerar en enda ECU både bränsle- och tändningsdelarna av systemet.

Givare för absolut tryck i insugsgrenröret (MAP)

I stället för den luftflödesgivare som används i de andra systemen, använder Fenix system en MAP-givare och en temperaturgivare för insugsluften till att beräkna den luftvolym som dras in i motorn. MAP-givaren är ansluten till insugsgrenröret via en slang och omvandlar med hjälp av en piezoelektrisk kristall gren-rörets tryck till en elektrisk signal som kan överföras till ECU.

Insugsluftens temperaturgivare

Den här resistiva komponenten sitter i luftintagets kanal där dess mätelement kommer i direkt kontakt med den luft som sugs in i motorn. Förändringar i luft-temperaturen registreras av ECU som förändringar i givarens resistans. Med hjälp av signalerna från insugsluftens temperaturgivare och tryckgivaren kan ECU beräkna volymen på den luft som sugs in i motorn.

Yttertemperaturgivare

Denna resistiva enhet sitter under den främre stötfångaren. Förändringar i lufttemperaturen registreras av ECU som förändringar i givarens resistans. Med hjälp av de signaler som tas emot kan ECU noggrannare beräkna motorns bränslebehov. Information från givaren visas också på instrumentbrädan, och används av den elektroniska klimat-anläggningens ECU (se kapitel 3).

9 Bränsleinsprutningssystem – kontroll och justering

1 Om ett fel uppstår i bränsleinsprutnings-systemet, se först till att alla systemets kontaktdon är ordentligt anslutna och fria från korrosion. Kontrollera sedan att felet inte beror på bristande underhåll, d.v.s. kontrollera att luftrenarfiltret är rent, att tändstiften är i gott skick och har rätt elektrodavstånd, att bränslefiltret är i gott skick, att cylindrarnas kompressionstryck är korrekta, att tänd-inställningen är korrekt samt att motorns ventilationsslangar inte är igentäppta eller skadade, enligt beskrivningarna i kapitel 1, 2A och 5B.
2 Om dessa kontroller inte lyckas påvisa orsaken till problemet finns det en diagnostik-kontakt under locket till mittkonsolens för-varingsfack, där en felkodsläsare kan kopplas in. Testutrustningen kan kontrollera motor-styrningssystemet elektroniskt och få tillgång till dess lagrade felkoder.
3 Felkoderna från ECU kan endast läsas med hjälp av en särskild felkodsläsare. En Volvo-återförsäljare har med säkerhet sådana mätare, men de finns också att köpa från andra återförsäljare, inklusive Haynes. Det är knappast lönsamt för en privatperson att köpa en felkodsläsare, men välutrustade verkstäder eller specialister på bilars elsystem brukar vara utrustade med en.
4 Med denna utrustning kan fel lokaliseras snabbt och enkelt, även om de bara förekommer ibland. Att kontrollera alla systemkomponenter för sig i ett försök att hitta ett fel genom uteslutningsmetoden är ett tidsödande företag med stora risker att misslyckas (särskilt om felet uppträder sporadiskt). De interna delarna i ECU riskerar även att skadas.
5 Erfarna hemmamekaniker som har en noggrann varvräknare och en noga kalibrerad avgasanalyserare kan kontrollera avgasernas CO-halt och motorns tomgångsvarvtal. Om dessa ligger utanför tillåtna gränser måste bilen tas till en Volvoverkstad för kontroll. Varken luft-/bränsleblandningen (avgasernas

10.6 Luftflödesgivarens fästskruvar

CO-halt) eller motorns tomgångsvarvtal kan justeras för hand. Felaktiga testresultat anger att underhåll krävs (möjligen rengöring av insprutningsventilerna) eller att ett fel före-ligger i bränsleinsprutningssystemet.

10 Bränsleinsprutningssystem – demontering och montering av komponenter

Observera: *Läs föreskrifterna i avsnitt 1 innan något arbete utförs på bränslesystemets komponenter. Följande beskrivningar gäller alla insprutningssystem, om inget annat anges.*

Luftflödesgivare (alla utom Fenix 5.2)

Demontering

1 Koppla loss batteriets minusledare.
2 Lossa slangklämman och koppla loss luft-insugskanalen och, om tillämpligt, vevhus-ventilationsslangen från luftrenarkåpan.
3 Koppla loss kontaktdonet från givaren.
4 Lossa tändspolens tändkabel från kläm-morna vid kåpans bakre del, om det är tillämpligt.
5 Böj bak fästklämmorna och lyft av luftrenar-kåpan.
6 Skruva loss de två skruvarna och ta bort givaren från luftrenarkåpan **(se bild)**.

Montering

7 Monteringen sker i omvänd ordning.

10.9 Bänd loss insugsluftens temperaturgivare ur dess gummimuff (vid pilen)

Insugsluftens temperaturgivare (Fenix 5.2)

Demontering

8 Utför de åtgärder som beskrivs i punkt 1 till 5.
9 Bänd försiktigt loss givaren från dess gummimuff i luftrenarkåpan **(se bild)**.

Montering

10 Monteringen sker i omvänd ordning.

Givare för absolut tryck i insugsgrenröret (MAP)

Fenix 5.2

11 Koppla loss batteriets minusledare.
12 Koppla loss luftrenarens insugkanal och kåpa från sidan av kylarfläktskyddet.
13 Skruva loss bultarna på var sida som håller fast relähållaren vid den främre kaross-panelen ovanför fläktskyddet.
14 Lyft upp relähållaren och koppla loss vakuumslangen och kontaktdonet från MAP-givaren **(se bild)**.
15 Koppla loss tryckgivaren och ta bort den från mitten av relähållaren.
16 Monteringen sker i omvänd ordningsföljd mot demonteringen.

Motronic ME7

17 Koppla loss batteriets minusledare.
18 Lossa givaren från undersidan av relä-hållaren ovanför fläktkåpan **(se bilder)**.

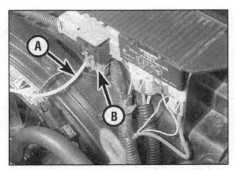

10.14 Koppla loss vakuumslangen (A) och kontaktdonet (B) från MAP-givaren

10.18a MAP-givarens plats ovanför kylarfläktskåpan

10.18b Lossa givaren . . .

10.19 . . . och koppla loss kontaktdonet och vakuumslangen från den

10.22 Bränslematnings- och returrör (vid pilarna) vid anslutningarna bakom motorn

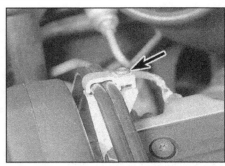

10.23 Ta loss bränslerörsklämmorna (vid pilen) från motorn

19 Koppla loss vakuumslangen och kontaktdonet från givaren och ta bort den (se bild).
20 Monteringen sker i omvänd ordning mot demonteringen.

Bränslefördelarskena och bränsleinsprutare

Observera: *Om något problem med en insprutare misstänks, kan det vara värt att pröva en rengöringstillsats för insprutare i bensinen innan de demonteras.*

Demontering – alla utom Motronic ME7

21 Koppla loss batteriets minusledare.
22 Koppla loss bränslematnings- och returrören vid slanganslutningarna bakom motorn (se bild). Åtkomligheten är dålig ovanifrån, men något bättre underifrån. Placera absorberande trasor runt anslutningarna och var beredd på att bränsle kan spruta ut när anslutningarna lossas.

23 Skruva loss bultarna som håller fast de två bränslerörklämmorna vid motorn och ta bort klämmorna (se bild).
24 Där tillämpligt, lossa turboaggregatets insugningskanal. Koppla sedan loss kontaktdonet från varje insprutningsventil (se bild). Ta bort bränslefördelarskenans kåpa från bränsleinsprutarna om mer utrymme behövs.
25 Koppla loss vakuumslangen från tryckregulatorn på undersidan av bränslefördelarskenan (se bild).
26 Skruva loss de två bultar som fäster bränslefördelarskenan vid insugsgrenröret. Dra bränslefördelarskenan uppåt för att lossa bränsleinsprutarna från grenröret och ta loss bränslefördelarskenan tillsammans med bränsleinsprutarna och bränsletrycksregulatorn (se bilder).
27 De enskilda insprutningsventilerna kan nu tas loss från skenan genom att de helt enkelt dras ut (se bild).

Demontering – Motronic ME7

28 Koppla loss batteriets minusledare.
29 Koppla loss bränsleledningens snabbkoppling framför bränslefördelarskenan med en 17 mm nyckel och skjut tillbaka kopplingshylsorna. Var beredd på oljespill när kopplingen lossas. Plugga igen anslutningen för att förhindra ytterligare bränslespill.
30 Skruva loss de två bultar som håller fast bränslefördelarskenan vid insugsgrenröret. Dra bränslefördelarskenan uppåt för att lossa bränsleinsprutarna från grenröret och ta loss bränslefördelarskenan tillsammans med insprutarna och bränsletrycksdämparen (se bilder). Om det behövs kan bränslefördelarskenans nedre del också dras loss och tas bort, efter det att sekundärluftsslangen kopplats loss.
31 Koppla loss kontaktdonen från insprutarna och ta loss de skruvar som håller

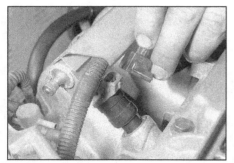

10.24 Koppla loss kontaktdonet från varje insprutningsventil

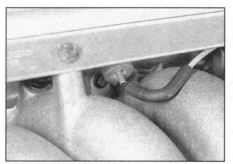

10.25 Koppla loss vakuumslangen från tryckregulatorn

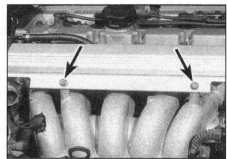

10.26a Skruva loss bränslefördelarskenans två fästbultar (vid pilarna) . . .

10.26b . . . och ta loss bränslefördelarskenan tillsammans med insprutarna

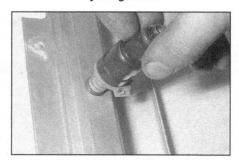

10.27 Ta bort insprutningsventilerna genom att dra ut dem ur bränslefördelarskenan

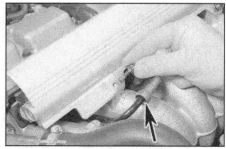

10.30a En av bränslefördelarskenans bultar tas bort - notera bränsleledningens koppling (vid pilen)

10.30b Ta loss bränslefördelarskenan

10.31a Bränsleinsprutarnas kabelhärva losskopplad från alla insprutningsventiler

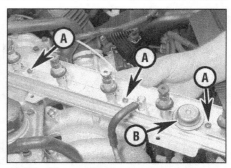

10.31b Skruvar till insprutningsventilernas fästplåt (A) och bränsletrycksdämparen (B)

fast insprutarnas fästplåt vid bränslefördelarskenan **(se bilder)**. Nu kan insprutarna lossas från fästplåten och tas bort.

Montering – alla system

32 Montering sker i omvänd ordning. Notera följande:

a) *Kontrollera att bränsleinsprutarnas O-ringar och grenrörstätningarna är i gott skick och byt ut dem om det behövs (se bild).*

b) *Smörj O-ringarna med vaselin eller silikonfett före hopsättningen.*

c) *Se till att alla kabel- och bränsleledningsanslutningar sitter korrekt och ordentligt fast.*

d) *Dra åt bränslefördelarskenans fästbultar till angivet moment, först med en momentnyckel och sedan till angiven vinkel med en vinkelmätare.*

Bränsletrycksregulator (inte Motronic ME7)

Demontering

33 Demontera bränslefördelarskenan och insprutarna enligt beskrivningen ovan, men lämna insprutarna på plats i skenan.

34 Skruva loss de två bultarna och ta loss bränsletrycksregulatorn från bränslefördelarskenan **(se bild)**.

Montering

35 Sätt tillbaka regulatorn på bränslefördelarskenan, montera sedan skenan och insprutarna enligt tidigare beskrivning.

Bränsletrycksdämpare (Motronic ME7)

Demontering

36 Demontera bränslefördelarskenan och

insprutarna enligt den tidigare beskrivningen. Bränsletrycksdämparen kan lossas från bränslefördelarskenans spännbricka på samma sätt som insprutarna.

Montering

37 Montering sker i omvänd ordning.

Tomgångsventil

Demontering

38 Koppla loss kontaktdonet från änden av ventilen **(se bild)**.

39 Lossa slangklämmorna och dra försiktigt av luftslangarna från ventilanslutningarna.

40 Skruva loss fästbygelns fästbult och dra ut ventilen från insugsgrenröret.

Montering

41 Montering sker i omvänd ordning. Använd nya slangar och klämmor om det behövs.

Gasspjällhus

Demontering

42 Koppla loss kontaktdonet till gasspjällets lägesgivare. På modeller med Motronic ME7, följ kablaget från husets bas och koppla loss det vid kontakten.

43 Koppla loss slangen från tomgångens luftreglerventil, vakuumslangarna och luftintagskanalen från huset **(se bild)**.

44 Efter tillämplighet, koppla loss gasspjälllänksystemets kulled från gasspjällets aktiveringsarm.

45 Skruva loss de bultar som håller fast huset och dra ut huset från grenröret **(se bild)**. Ta loss packningen.

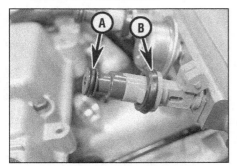

10.32 Kontrollera skicket på insprutningsventilernas O-ringar (A) och grenrörstätningarna (B)

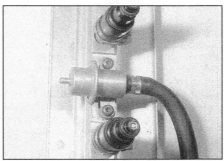

10.34 Skruva loss de två bultarna och ta loss bränsletrycksregulatorn

10.38 Koppla loss kontaktdonet för tomgångens luftreglerventil

10.43 Lossa slangklämman och koppla loss luftintagskanalen från gasspjällhuset

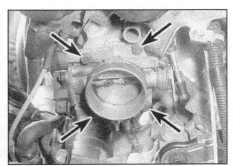

10.45 Gasspjällhusets fästbultar (vid pilarna)

10.55 Lyft av locket till ECU-boxen

10.56a Dra låsarmen framåt . . .

10.56b . . . och dra ut enheten

Montering

46 Monteringen sker i omvänd ordningsföljd. Använd en ny packning. Använd nya slangklämmor om det behövs.

Gasspjällets lägesgivare

Demontering – alla utom Motronic ME7

47 Koppla loss givarens kontaktdon.
48 Skruva loss de två bultar som håller fast givaren och ta ut den ur gasspjällhuset.

Demontering – Motronic ME7

49 Skruva loss skruven som håller fast klädselpanelen under instrumentbrädan på förarsidan, och dra panelen bakåt så att fästklämmorna lossar.
50 Koppla loss anslutningskontakten från givaren, som sitter bredvid gaspedalen.
51 Skruva loss fästskruvarna och ta loss givaren.

Montering – alla system

52 Monteringen sker i omvänd ordning mot demonteringen.

Temperaturgivare för kylvätska

53 Se kapitel 3, avsnitt 6.

Elektronisk styrenhet (ECU)

Observera: *Bränsle-/tändsystemets ECU och (där tillämpligt) automatväxellådans ECU och EZ-129K tändningens ECU, sitter alla i ECU-boxen, som sitter framtill till höger i motorrummet framför kylsystemets expansionskärl.*

Demontering

54 Se till att tändningen är avstängd.
55 Rengör ovansidan av locket till ECU-boxen så att inte smuts faller ner i lådan när locket tas bort. Lossa haken på sidan av locket till boxen, lyft av locket och lägg det åt sidan **(se bild)**.
56 Om det är tillämpligt, dra låsarmen ovanpå ECU framåt och ta loss enheten. Bränslesystemets ECU sitter på plats två, mitt i boxen **(se bilder)**.

Montering

57 Placera ECU i boxen och anslut den till kontaktdonet i nederdelen.
58 Tryck ner låsarmen för att fästa ECU, sätt sedan tillbaka locket.

Yttertemperaturgivare

59 Se kapitel 12, avsnitt 7.

11 Farthållare – allmän information

Farthållaren gör att bilen håller den hastighet som föraren valt, oberoende av backar eller vind.

Systemets huvudkomponenter består av en styrenhet (ECU), ett reglage, en vakuumservo och en vakuumpump. Broms- och (i förekommande fall) kopplingspedalens kontakter skyddar motorn mot för höga hastigheter eller belastningar om en pedal trycks ner medan systemet används.

Under körning accelererar föraren till önskad hastighet och aktiverar sedan systemet med hjälp av reglaget. ECU läser sedan av fordonets hastighet (från hastighetsmätarens signaler) och öppnar eller stänger gasspjället med hjälp av servon för att upprätthålla den angivna hastigheten. Om reglaget flyttas till OFF, eller om broms- eller kopplingspedalen trycks ner, stänger servon gasspjället omedelbart. Den inställda hastigheten lagras i ECU-minnet och systemet kan aktiveras igen genom att reglaget flyttas till RESUME, förutsatt att bilens hastighet inte sjunkit under 40 km/tim.

Föraren kan åsidosätta farthållaren genom

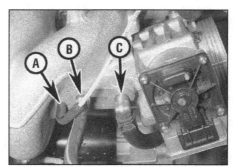

12.8 Typiska anslutningar för insugsgrenrörets vakuum

A Insugsluftens
  temperatur-
  styrningsventil

B MAP-givare
C Bromsservo

att helt enkelt trycka ner gaspedalen. När pedalen släpps återgår bilens hastighet till den angivna.

Farthållaren kan inte användas vid hastigheter lägre än 40 km/tim och bör inte användas vid halka eller trafikstockning.

Inga specifika procedurer för demontering, montering eller justering fanns tillgängliga vid tidpunkten för den här bokens utgivning. Eventuella problem bör därför överlåtas till en Volvoverkstad eller någon annan specialist.

12 Insugsgrenrör – demontering och montering

Observera: *Läs föreskrifterna i avsnitt 1 innan något arbete utförs på bränslesystemets komponenter.*

Demontering

1 Koppla loss batteriets minusledare.
2 Koppla loss luftintagskanalen från gasspjällhuset och, i förekommande fall, lossa turboaggregatets insugningskanal.
3 Om det är tillämpligt, skruva loss skruven och ta bort kåpan över gasvajerns trumma och länksystem. Lossa yttervajerns fästklämma från vajerjusteraren och haka loss innervajern från trumman.
4 På tidiga modeller, skruva loss bultarna som håller fast de två bränslerörsklämmorna vid motorn och ta bort klämmorna.
5 Demontera bränslefördelarskenan och insprutarna enligt beskrivningen i avsnitt 10.
6 Koppla loss kontaktdonet från gasspjällhuset.
7 Koppla loss slangarna från tomgångens luftreglerventil och reglerventilens kontaktdon.
8 Koppla loss bromsservons vakuumslang, EGR-slangarna och övriga vakuumslangar (efter tillämplighet) från den främre delen av grenröret **(se bild)**.
9 Koppla loss kvarvarande vakuumslangar som ansluter externa enheter till grenröret.
10 Lossa kabelhärvan från grenrörets kabelklämmor.
11 Skruva loss bulten som håller fast mätstickans rör vid grenröret, och bulten som håller fast undersidan av grenröret vid stödfästbygeln.

12 Lossa grenrörets nedre fästbultar två eller tre varv, och ta bort alla de övre bultarna.

13 Lyft grenröret uppåt och mata i förekommande fall vevhusventilationens slang genom kanalerna. Ta sedan bort grenröret från topplocket **(se bild)**. Observera att de nedre bulthålen är försedda med skåror för att grenröret ska kunna dras upp och bort utan att bultarna tas bort. Om det inte går att lyfta upp grenröret, se till att packningen inte har fastnat vid grenrörsytan. Packningens nedre hål är inte försedda med skåror och den måste sitta kvar på motorn för att grenröret ska kunna demonteras.

14 Med grenröret demonterat, ta ut de nedre bultarna och ta bort packningen.

15 Om så behövs kan kvarvarande komponenter på grenröret demonteras enligt beskrivningarna i avsnitten tidigare i detta kapitel.

16 På motorer med variabelt insugssystem, kontrollera klaffventilernas och axlarnas skick, så att ostörd funktion garanteras. Om något problem upptäcks på detta område, överlåt arbetet till en Volvoverkstad, eftersom det

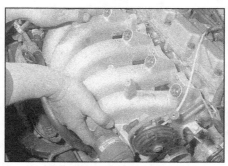

12.13 Demontera insugsgrenröret

krävs speciella mätverktyg för att installera och ställa in klaffventilspelen.

Montering

17 Monteringen sker i omvänd ordning. Använd en ny grenrörspackning, samt nya tätningar och O-ringar för insprutningsventilerna, om det behövs.

18 Sätt grenrörspackningen på topplocket

12.18 Använd de nedre bultarna till att hålla fast packningen när grenröret monteras tillbaka

och skruva på de nedre grenrörsbultarna ett par varv, innan grenröret sätts på plats **(se bild)**. Kom ihåg att leda upp vevhusventilationsslangen mellan den andra och tredje kanalen (om det är tillämpligt). Dra åt bultarna till angivet moment.

19 Montera tillbaka och justera gasvajern enligt beskrivningen i avsnitt 4 (om det är tillämpligt).

Anteckningar

Kapitel 4 Del B:
Avgassystem och avgasreningssystem

Innehåll

Svårighetsgrader

Enkelt, passar novisen med lite erfarenhet	Ganska enkelt, passar nybörjaren med viss erfarenhet	Ganska svårt, passar kompetent hemmamekaniker	Svårt, passar hemmamekaniker med erfarenhet	Mycket svårt, för professionell mekaniker

Specifikationer

Åtdragningsmoment

	Nm
Avgasgrenrör till topplock	25
Avgasgrenrörets värmesköld, bultar	15
Avgassystemets kulled	30
EGR-ventilens bultar	50
Främre avgasrör till grenrör:	
Flexibel gallerflänskoppling	25
Fjäderbelastad flänsanslutning	10
Främre avgasrör till turboaggregat	30
Lambdasond	45
Oljeavskiljarens bultar	20
Turboaggregat till grenrör	25

1 Allmän information

Avgassystem

Avgassystemet innehåller avgasgrenröret, en främre del som innehåller katalysator och främre avgasrör, samt en bakre del som innehåller mellanrör, ljuddämpare och bakre avgasrör. Systemet sitter fast med gummifästen under bilen.

På modeller med turbo sitter ett vattenkylt turboaggregat på avgasgrenröret. Ytterligare information om turboaggregatet finns i avsnitt 5

Avgasreningssystem

Alla modeller som behandlas i den här handboken är försedda med bränslesystem med flera olika egenskaper som ska minimera miljöfarliga utsläpp. Dessa system kan grovt delas in i tre kategorier – vevhusventilation, avdunstningsreglering och avgasrening. Huvudegenskaperna hos de olika systemen är följande.

Vevhusventilation

För att minska utsläppet av oförbrända kolväten från vevhuset används ett PCV-system (Positive Crankcase Ventilation). Motorn är förseglad och genomblåsningsgaser och oljeångor dras ut från vevhuset genom en oljeavskiljare och in i insugssystemet för att brännas vid den normala förbränningen.

När högt undertryck råder i grenröret (tomgångskörning, inbromsning) sugs gaserna ut ur vevhuset. Vid förhållanden med lågt undertryck i grenröret (acceleration, körning med fullt gaspådrag) tvingas gaserna ut ur vevhuset av det (relativt sett) högre vevhustrycket. Om motorn är sliten medför det höjda trycket i vevhuset att en viss del av gaserna leds tillbaka vid alla grenrörsförhållanden (beroende på ökad genomblåsning).

Avdunstningsreglering

Avdunstningsregleringssystemet används för att minimera utsläppen av oförbrända kolväten. Därför är bränsletankens påfyllningslock tätat och ett kolfilter används för att

samla upp och lagra bensinångorna från tanken. När motorn är igång dras ångorna från kolfiltret, antingen via en vakuumstyrd eller en ECU-styrd elektrisk avdunstningsregleringsventil, till insuget, och förbränns sedan i den normala förbränningen.

För att motorn ska gå korrekt under tomgång, öppnas ventilen bara om motorn är belastad. Då öppnas ventilen så att de lagrade ångorna kan komma in i insuget.

Som en säkerhetsåtgärd, och för att ytterligare minska kolväteutsläppen, finns en säkerhetsventil inbyggd i systemet som stängs om bilen lutar mer än 45° åt sidan. Detta hindrar bränsleläckage vid olyckor.

Avgasrening
Lambdasond

För att minimera mängden föroreningar som släpps ut i atmosfären är alla modeller försedda med en katalysator i avgassystemet. Systemet är slutet och har en lambdasond (två sonder i senare system) i avgassystemet som ständigt skickar information till bränsleinsprutningssystemets ECU om avgasernas syreinnehåll. Det gör det möjligt för ECU att justera bränsleblandningen genom att variera

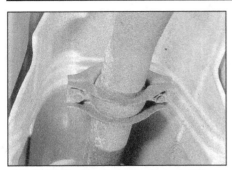

2.6 Kulled mellan avgassystemets främre och bakre delar

bränsleinsprutarnas öppningstid och på så sätt skapa bästa möjliga arbetsförhållanden för katalysatorn. Systemet fungerar på följande sätt.

Lambdasonden har ett inbyggt värmeelement som aktiveras av ECU för att snabbt värma upp sondens spets till effektiv arbetstemperatur. Sondens spets är syrekänslig och skickar en spänning till ECU som varierar beroende på syrehalten i avgaserna. Om insugsluften/bränsleblandningen är för fet har avgaserna låg syrehalt och lambdasonden skickar en lågspänninssignal som är proportionell till den uppmätta syrehalten. Spänningen stiger när blandningen blir tunnare och syrehalten i avgaserna stiger. Maximal omvandlingseffekt för alla större föroreningar uppstår när bränsleblandningen hålls vid den kemiskt korrekta kvoten för fullständig förbränning av bensin, som är 14,7 delar (vikt) luft till 1 del bensin (den "stoikiometriska" kvoten). Sondens signalspänning ändras kraftigt vid denna punkt och ECU använder signaländringen som referens för att justera bränsleblandningen genom att ändra bränsleinsprutarnas öppningstid.

Avgasåterföringssystem (EGR)

Utöver katalysator är vissa modeller utrustade med ett EGR-system. Systemets syfte är att återcirkulera små avgasmängder till insugskanalen och vidare in i förbränningsprocessen. Detta minskar halten av kväveoxider i avgaserna.

Hur stor volym avgaser som återcirkuleras styrs av vakuum (från insugsgrenröret) via en

2.11 Ljuddämparens sidofäste

EGR-ventil monterad på insugsgrenröret. Innan vakuumet från grenröret når EGR-ventilen passerar det ett EGR-reglage. Syftet med reglaget är att anpassa det vakuum som tillförs EGR-ventilen efter motorns arbetsvillkor.

EGR-systemet styrs av bränslesystemets/tändsystemets ECU, som får information om motorns arbetsvärden från de olika givarna.

Sekundärt luftinsprutningssystem

Vissa modeller har ett sekundärt luftinsprutningssystem som är anpassat för marknader med hårda miljökrav. Systemet är utformat för att spruta in ren luft i avgassystemets passager i topplocket medan motorn värms upp. Detta skapar en efterbränningseffekt, som minskar utsläppen av kolväte och koloxid före katalysatorn.

Systemet består av en eldriven luftpump, en solenoid, en backventil, en avstängningsventil, ett luftinsprutningsgrenrör samt anslutningsrör.

Under inflytande av bränslesystemets/tändsystemets ECU arbetar systemet under två minuter och startar ungefär tjugo sekunder efter att bilen har börjat rulla.

2 Avgassystem – allmän information och byte av komponenter

Allmän information

1 Avgassystemet består av en främre del med ett främre rör och en katalysator, och en bakre del med ett mellanrör, en ljuddämpare och ett bakre avgasrör. Systemet är upphängt i underredet med gummifästen, och fastskruvat vid avgasgrenröret längst fram. En självjusterande kulled kopplar samman den främre och bakre delen. Anslutningen mellan det främre avgasröret och grenröret består av antingen en fjäderbelastad flänsanslutning eller av en flänsanslutning med en flexibel gallerkoppling.

2 Avgassystemet ska regelbundet undersökas med avseende på läckage, skador och säkerhet (se kapitel 1). Kontrollera avgassystemet genom att dra åt handbromsen och låta motorn gå på tomgång i ett väl ventilerat utrymme. Ligg ner på sidan av bilen (gör detta på båda sidor i tur och ordning) och låt en medhjälpare tillfälligt täppa till det bakre avgasröret med en trasa. Kontrollera att systemet inte har några läckor. Om en läcka upptäcks, stäng av motorn och täta läckan med en lämplig renoveringssats. Om läckan är stor eller om tydliga skador syns ska den drabbade delen bytas ut. Kontrollera gummifästenas skick och byt ut dem om det behövs.

Demontering

Främre delen

3 Dra åt handbromsen, lyft upp framvagnen (och helst även bakvagnen) och ställ den på pallbockar (se *Lyftning och stödpunkter*).

4 Koppla loss lambdasondens två kontaktdon och lossa kablaget från alla kabelklämmor.

5 Skruva loss muttrarna som håller fast det främre rörets fläns vid grenröret. Ta loss spännfjädrarna i förekommande fall. På vissa modeller kan åtkomligheten ovanifrån förbättras om värmeskölden över grenröret demonteras.

6 Skruva loss muttrarna och bultarna vid kulleden mellan den främre och bakre delen och ta loss klämmorna **(se bild)**.

7 I förekommande fall, skruva loss de fyra bultarna och ta bort förstärkningsplattan från underredet.

8 Ta isär anslutningen mellan det främre röret och grenröret och ta bort den främre delen.

Bakre delen

9 Klossa framhjulen, lyft upp bakvagnen (och helst även framvagnen) och ställ den på pallbockar (se *Lyftning och stödpunkter*).

10 Skruva loss muttrarna och bultarna vid kulleden mellan den främre och bakre delen och ta loss klämmorna.

11 Lossa det bakre avgasröret och ljuddämparen från deras gummifästen **(se bild)** och dra den bakre delen framåt tills avgasröret går fritt från bakfjädringen. Ta bort systemet från bilens undersida.

Montering

12 Monteringen sker i omvänd ordning. Tänk på följande:

a) *Använd en ny tätningsring eller flänspackning, beroende på vad som är tillämpligt, till anslutningen mellan det främre röret och grenröret.*

b) *När den främre delen monteras, fäst det främre röret löst vid grenröret och katalysatorn löst vid mellanröret. Rikta in systemet. Dra sedan först åt muttrarna mellan det främre röret och grenröret, följt av mellanrörets klämmuttrar.*

c) *Se till att avståndet mellan avgassystemet och underredets/fjädringens komponenter är minst 20 mm.*

3 Katalysator – allmän information och föreskrifter

Katalysatorn är en tillförlitlig och enkel anordning som inte kräver något underhåll. Det finns dock några punkter som bör uppmärksammas för att katalysatorn ska fungera ordentligt under hela sin livslängd.

a) *ANVÄND INTE blyad bensin – blyet täcker över ädelmetallerna, reducerar katalysförmågan och förstör med tiden hela katalysatorn.*

b) *Underhåll alltid tänd- och bränslesystemen regelbundet enligt tillverkarens underhållsschema (se kapitel 1).*

c) *Om motorn börjar misstända ska bilen inte köras alls (eller åtminstone så lite som möjligt) tills felet är åtgärdat.*

d) Bilen får INTE knuffas igång eller bogseras eftersom katalysatorn då dränks i oförbränt bränsle och kommer att överhettas när motorn startas.

e) Stäng INTE av tändningen vid höga motorvarvtal, d.v.s. tryck inte ner gaspedalen alldeles innan tändningen vrids av.

f) ANVÄND INGA tillsatser i bränsle eller olja. De kan innehålla ämnen som skadar katalysatorn.

g) FORTSÄTT INTE att köra bilen om motorn bränner olja så att den lämnar blå rök efter sig.

h) Tänk på att katalysatorn arbetar vid mycket hög temperatur. Parkera därför INTE bilen i torr undervegetation, i långt gräs eller över lövhögar efter en längre körsträcka.

i) Kom ihåg att katalysatorn är ÖMTÅLIG. Undvik att slå till den med verktyg vid renoveringsarbete.

j) Ibland kan en svavelaktig lukt (som från ruttna ägg) kännas från avgasröret. Detta är vanligt hos katalysatorutrustade bilar. När bilen har körts några hundra mil brukar problemet försvinna. Försök med att använda bränsle av en annan sort under tiden.

k) Katalysatorn på en väl underhållen och korrekt körd bil bör hålla mellan 8 000 och 16 000 mil. Om katalysatorn inte längre är effektiv ska den bytas ut.

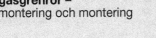

4 Avgasgrenrör – demontering och montering

Demontering

Vänsterstyrda modeller

1 Koppla loss batteriets minusledare.
2 På turbomodeller, demontera turbo-aggregatet enligt beskrivningen i avsnitt 6.
3 Dra åt handbromsen och lyft upp fram-vagnen på pallbockar (se *Lyftning och stödpunkter*).
4 Skruva loss muttrarna som fäster det främre avgasrörets fläns vid grenröret. Ta loss spännfjädrarna i förekommande fall. På vissa modeller kan åtkomligheten ovanifrån förbättras om värmeskölden över grenröret demonteras.
5 Demontera luftrenarens varmluftsintags-kanal från grenrörets värmesköld.
6 Skruva loss muttrarna som fäster grenröret vid topplocket.
7 Flytta grenröret bakåt från topplockets pinnbultar. Ta sedan isär det främre avgas-rörets flänsanslutning. Vrid grenröret 90° åt höger och ta ut det från motorns baksida. Om det är tillämpligt, se till att inte skada luft-konditioneringens högtryckskontakt när gren-röret tas bort.
8 Ta loss packningen eller tätningsringen från det främre avgasrörets flänsanslutning samt

4.15 Demontera fästbygeln för motorns stödstag

de fem packningarna mellan grenröret och topplocket.

Högerstyrda modeller

9 Koppla loss batteriets minusledare.
10 Tappa av kylsystemet enligt beskriv-ningen i kapitel 1.
11 På turbomodeller, demontera turbo-aggregatet enligt beskrivningen i avsnitt 6.
12 Demontera luftrenaren och insugs-kanalen för varmluft från grenrörets värme-sköld enligt beskrivningen i del A i detta kapitel.
13 Skruva loss muttern och ta bort bulten som håller fast motorns övre stödstag vid fästbygeln på motorn. Använd en ny mutter och bult vid monteringen.
14 Skruva loss muttern som fäster den andra änden av motorns stödstag vid torped-väggens fästbygel. Sväng stödstaget åt sidan. Observera att det behövs en ny mutter och bult vid monteringen.
15 Skruva loss den övre muttern och de två nedre bultarna som fäster stödstagets fästbygel vid sidan av motorn. Notera hur kontaktdonets stödplattor sitter och flytta dem åt sidan. Lossa alla kabelklämmor och kontaktdon som behövs för att ta bort fästbygeln, och ta sedan loss fästbygeln från dess styrstift på motorn **(se bild)**. Den kommer att sitta hårt på styrbultarna och man kan behöva bända en del.
16 Koppla loss de två värmeslangarna från röranslutningarna på sidan av motorn.
17 Skruva loss bultarna som håller fast värmeskölden vid avgasgrenröret, och ta bort värmeskölden från baksidan av motorn. Observera att utrymmet är **mycket** begränsat, och att skölden måste vridas och vändas tills det går att lirka ut den **(se bild)**.
18 Dra åt handbromsen, lyft upp framvagnen och ställ den på pallbockar (se *Lyftning och stödpunkter*).
19 Skruva loss muttrarna som fäster det främre avgasrörets fläns vid grenröret. Ta loss spännfjädrarna i förekommande fall.
20 Sänk ner bilen.
21 Skruva loss muttrarna som fäster gren-röret vid topplocket.
22 Flytta grenröret bakåt från topplockets pinnbultar. Ta sedan isär det främre avgas-rörets flänsanslutning. Vrid grenröret 90° åt höger och ta ut det från motorns baksida **(se**

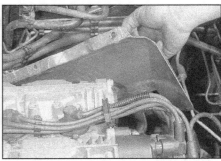

4.17 Ta bort avgassystemets värmesköld från baksidan av motorn

bild). Även här är utrymmet mycket begränsat, och en hel del lirkande kommer att behövas. Om det är tillämpligt, se till att inte skada luftkonditioneringens högtryckskontakt när grenröret tas bort.
23 Ta loss packningen eller tätningsringen från det främre avgasrörets flänsanslutning samt de fem packningarna mellan grenröret och topplocket.

Montering

Alla modeller

24 Monteringen sker i omvänd ordningsföljd. Tänk på följande:

a) Sätt tillbaka alla pinnbultar och muttrar som tagits bort på topplocket och täta gängorna med lämplig tätningsmassa. Det kan vara en god idé att byta pinnbultar och muttrar tillsammans, om de är svårt korroderade.

b) Rengör grenrörets och topplockets fogytor noga före montering.

c) Använd nya grenrörspackningar och en ny tätningsring eller flänspackning, beroende på vad som är tillämpligt, till anslutningen mellan det främre avgasröret och grenröret.

d) Dra åt alla muttrar och bultar till angivet moment, och sedan till angiven vinkel, om det är tillämpligt. Observera att vinkeldragna muttrar/bultar alltid måste bytas. Se kapitel 2A, Specifikationer, för information om motorfästenas åtdragningsmoment.

e) På högerstyrda modeller, avsluta med att fylla på kylsystemet enligt beskrivningen i kapitel 1.

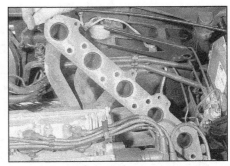

4.22 Avgasgrenröret demonteras

6.6 Anslutningar för turboaggregatets övre kylvätskereturrör och oljeinsugsrör (vid pilarna)

5 Turboaggregat – allmän information och föreskrifter

Allmän information

Ett vattenkylt turboaggregat används på alla turbomodeller som behandlas i denna handbok. Turboaggregatet ökar motorns verkningsgrad genom att höja trycket i insugningsgrenröret över atmosfäriskt tryck. Istället för att luft-/bränsleblandningen bara sugs in i cylindrarna, tvingas den in.

Turboaggregatet drivs av avgaserna. Gasen flödar genom ett specialutformat hus (turbinhuset) där den får turbinhjulet att snurra. Turbinhjulet sitter på en axel i vars andra ände ytterligare ett vingförsett hjul, kompressorhjulet, sitter monterat. Kompressorhjulet snurrar i sitt eget hus och komprimerar insugsluften på väg till insugsgrenröret.

När tryckluften har lämnat turboaggregatet passerar den genom en mellankylare som kyler med luft och som sitter monterad tillsammans med kylaren. Här avger luften den värme den fick under komprimeringen. Denna temperatursänkning ökar motorns verkningsgrad och minskar knackningsrisken.

Laddtrycket (trycket i insugsgrenröret) begränsas av en wastegate (typ av ventil), som leder bort avgasen från turbinhjulet som

reaktion på ett tryckkänsligt manövreringsorgan. Manövreringsorganet styrs av turboaggregatventilen, via signaler från bränslesystemets ECU.

Turboaxeln är trycksmord via ett matarrör från motorns oljeledningar. Axeln flyter på en "kudde" av olja. Ett avtappningsrör för tillbaka oljan till sumpen.

Vattenkylningen håller turbolagrens arbetstemperatur lägre än vad som skulle vara möjligt med en luftkyld enhet. Vatten fortsätter att cirkulera genom konvektion efter det att motorn stannat, och kyler på så sätt turboaggregatet om det är varmt efter en lång körning.

Föreskrifter

Turboaggregatet arbetar vid extremt höga hastigheter och temperaturer. Vissa säkerhetsåtgärder måste vidtas för att personskador och skador på turboaggregatet ska undvikas.

a) Kör inte turboaggregatet när dess komponenter är oskyddade. Om ett föremål skulle falla ner på de roterande vingarna kan det orsaka omfattande materiella skador och (om det skjuts ut) personskador.

b) Varva inte motorn direkt efter starten, särskilt inte om den är kall. Låt oljan cirkulera i några sekunder.

c) Låt alltid motorn gå ner på tomgång innan den stängs av – varva inte upp motorn och vrid av tändningen, eftersom aggregatet då inte får någon smörjning.

d) Låt motorn gå på tomgång i flera minuter innan den stängs av efter en snabb körtur.

e) Observera de rekommenderade intervallen för påfyllning av olja och byte av oljefilter och använd olja av rätt typ och kvalitet. Bristande oljebyten eller användning av begagnad olja eller olja av dålig kvalitet kan orsaka sotavlagringar på turboaxeln med driftstopp som följd.

6 Turboaggregat – demontering och montering

Demontering

1 Koppla loss batteriets minusledare.
2 Tappa av kylsystemet enligt beskrivningen i kapitel 1.
3 Skruva loss bultarna och ta bort värmeskölden över turboaggregatet.
4 Koppla loss det övre luftintagsröret och gummislangen från turboaggregatets insug.
5 Koppla loss friskluftsintagsslangen från sidan av turboaggregatet och ta bort den andra värmeskölden.
6 Skruva loss det övre kylvätskereturrörets och oljeinsugsrörets anslutningar och ta loss tätningarna (se bild).
7 Dra åt handbromsen och lyft upp framvagnen på pallbockar (se Lyftning och stödpunkter).

8 Skruva loss bulten och ta bort klämfästbygeln som håller fast oljematar- och returrören (se bild).
9 Skruva loss de två bultarna och skilj oljereturrörets flänsanslutning från turboaggregatets bas.
10 Skruva loss de två nedre muttrar som håller fast turboaggregatet vid avgasgrenröret, och den nedre muttern som håller fast enheten vid det främre avgasröret.
11 Skruva loss bulten som håller fast stödfästet vid turboaggregatet, sänk sedan ner bilen.
12 Skruva loss de två kvarvarande muttrarna som håller fast det främre röret vid turboaggregatet.
13 Skruva loss kylvätskeinsugsrörets anslutning och ta loss tätningarna.
14 Skruva loss de övre muttrarna mellan turboaggregatet och grenröret. Dra sedan loss enheten försiktigt från grenrörets pinnbultar.
15 Lyft enheten uppåt och koppla loss laddtrycksslangen (märkt med rött), förbikopplingsventilens slang (märkt med vitt) och tryckregulatorns slang (märkt med gult). Notera hur slangarna sitter på turboaggregatet, så att de kan monteras tillbaka korrekt (se bild).
16 Demontera turboaggregatet från bilen och ta loss packningarna.

Montering

17 Monteringen sker i omvänd ordning. Tänk på följande:

a) Sätt tillbaka alla pinnbultar och muttrar som tagits bort på sina ursprungliga platser och täta gängorna med lämplig tätningsmassa. Om några av pinnbultarna är svårt korroderade kan det vara en god idé att byta alla pinnbultar tillsamans med muttrarna.

b) Rengör grenrörets och turboaggregatets fogytor noga före återmontering.

c) Använd en ny grenrörspackning och nya tätningar till alla anslutningar som rubbats.

d) Dra åt alla muttrar och bultar till angivet moment.

e) Avsluta med att fylla på kylsystemet enligt beskrivningen i kapitel 1.

6.8 Bultar till turboaggregatrörets klämfästbygel, oljereturrörets fläns, stödfästet och grenrörets fläns (vid pilarna)

6.15 Koppla loss turboaggregatets laddtrycksslang (röd), förbikopplingsventilens slang (vit) och tryckregulatorns slang (gul)

7 Vevhusventilationssystem – kontroll och byte av komponenter

Kontroll

1 Komponenterna i det här systemet behöver ingen egentlig tillsyn, förutom slangarna som måste kontrolleras så att de inte är igentäppta eller skadade, och flamskyddet som måste bytas regelbundet.

Byte av komponenter

Flamskydd (endast modeller utan turbo)

2 Skruva loss fästskruven och ta bort kåpan över gasvajerns trumma och länksystem.
3 Lossa slangklämman och koppla loss luftutloppskanalen vid luftrenarens kåpa.
4 Böj slangen framåt för att komma åt flamskyddet, som sitter i kanalkröken framför gasspjällhuset.
5 Vrid flamskyddskåpan 15 mm åt vänster för att lossa bajonettkopplingen. Ta loss kåpan, men koppla inte loss slangarna **(se bild)**.
6 Ta bort flamskyddet från kåpan och rengör kåpan noga. Vi rekommenderar att alla slangar rengörs med tryckluft och att motoroljan byts varje gång flamskyddet byts ut.
7 Montera det nya flamskyddet i omvänd ordning mot demonteringen.

Oljeavskiljare

8 Oljeavskiljaren sitter på framsidan av motorblocket, under insugsgrenröret **(se bild)**.
9 Demontera insugsgrenröret enligt beskrivningen i del A i detta kapitel.
10 Ta loss klämmorna som håller fast anslutningsslangarna vid motorblockets anslutningar. Om klämmorna är det minsta skadade eller slitna ska nya klämmor användas vid hopsättningen.
11 Skruva loss de två bultarna och ta bort enheten från motorn.
12 Montera oljeavskiljaren i omvänd ordning mot demonteringen. Montera insugsgrenröret enligt beskrivningen i del A i detta kapitel.

8 Avdunstningsregleringssystem – kontroll och byte av komponenter

Kontroll

1 Dålig tomgång, motorstopp och dåliga köregenskaper kan orsakas av en trasig kolfiltervakuumventil, ett skadat kolfilter, trasiga eller spruckna slangar eller slangar som anslutits till fel ställen. Kontrollera bränslepåfyllningslocket för att se om packningen är skadad eller deformerad.
2 Bränslespill eller bränslelukt kan orsakas av att flytande bränsle läcker från bränsleledningarna, av en defekt kolfiltervakuumventil och av losskopplade, feldragna, veckade eller skadade ång- eller styrningsslangar.

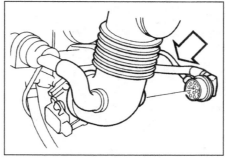

7.5 Demontering av flamskyddet. Koppla inte loss ventilationsslangarna (vid pilen)

3 Undersök alla slangar som är anslutna till kolfiltret. Leta efter veck, läckor och sprickor längs hela deras längd och laga eller byt ut dem om det behövs.
4 Undersök kolfiltret och byt ut det om det är sprucket eller skadat. Kontrollera om bränsle läcker från botten av kolfiltret. Vid bränsleläckage, byt ut kolfiltret och kontrollera slangarna och slangarnas dragning.

Byte av komponenter

Kolfilter

5 Kolfiltret sitter under det främre vänstra hjulhuset.
6 Notera hur vakuum- och bränsleventilationsslangarnas anslutningar sitter vid kolfiltret. Koppla loss dem försiktigt.
7 Lossa kolfiltrets fästband och ta loss enheten **(se bild)**.
8 Monteringen sker i omvänd ordning mot demonteringen.

Vakuumventil (avdunstningsregleringsventil)

9 Avdunstningsregleringsventilen sitter antingen ovanpå kolfiltret (vakuumstyrd ventil) eller i bränsleångledningen till kolfiltret (elektroniskt styrd ventil).
10 Den vakuumstyrda ventilen sitter ihop med kolfiltret, och byts tillsammans med detta.
11 Den elektroniska ventilen kan bytas ut på följande sätt: Följ ångledningen från kolfiltret tillbaka till ventilen. Koppla loss slangar och kontaktdon och ta loss ventilen.
12 Monteringen sker i omvänd ordning mot demonteringen.

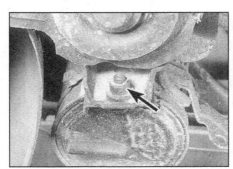

8.7 Fästbandets bult på avdunstningsregleringens kolfilter (vid pilen)

7.8 Oljeavskiljarens plats framför motorn

9 Avgasreningssystem – kontroll och byte av komponenter

Kontroll

1 En fullständig kontroll av systemet omfattar en noggrann undersökning av alla slangar, rör och anslutningar med avseende på skick och säkerhet. Utöver detta bör alla kända eller misstänkta fel överlåtas till en Volvoverkstad. Vid tiden för den här handbokens utgivning finns ingen specifik information tillgänglig om det sekundära luftinsprutningssystemet. Om något fel skulle uppstå i systemet, eller om någon komponent måste bytas, bör dettta också överlåtas till en Volvoverkstad.

Byte av komponenter

Lambdasond

Observera: *Lambdasonden är ömtålig och går sönder om den tappas i golvet eller stöts till, om dess strömförsörjning bryts eller om den kommer i kontakt med rengöringsmedel.*
2 Dra åt handbromsen, lyft upp framvagnen och ställ den på pallbockar (se *Lyftning och stödpunkter*).
3 Koppla loss lambdasondens två kontaktdon och lossa kablaget från alla kabelklämmor **(se bild)**.
4 Skruva loss sonden från det främre avgasröret eller katalysatorn och ta loss tätningsbrickan (om en sådan finns) **(se bilder på nästa sida)**.

9.3 Lambdasondens två kontaktdon i motorrummets bakre del

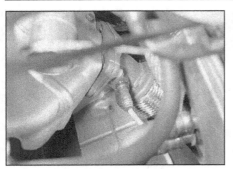

9.4a Avgassystemets lambdasond i det
främre röret, just under grenröret

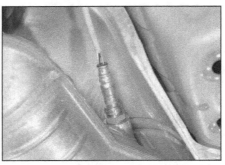

9.4b Lambdasondens plats i katalysatorn

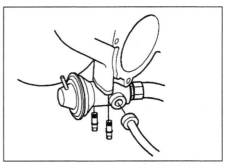

9.21 EGR-ventilens anslutningar och
fästen

5 Rengör tätningsbrickan (i förekommande
fall) vid återmonteringen och byt ut den om
den är skadad eller sliten. Applicera
antikärvningsfett på lambdasondens gängor.
Montera sedan lambdasonden och dra åt till
angivet moment. Återanslut kablaget och fäst
med kabelklämmor, om det är tillämpligt.

Katalysator

6 Katalysatorn utgör en del av avgas-
systemets främre del. Se avsnitt 2 och 3 för
ytterligare information om byte och annat.

EGR-systemets styrenhet

7 EGR-systemets styrenhet sitter på relä-
panelen ovanför kylaren.
8 Koppla loss de två slangarna från EGR-
systemets styrenhet. Notera hur de sitter
monterade.
9 Skruva loss den yttre bulten från styr-
enhetens fästbygel.
10 Demontera styrenheten och fästbygeln.
Koppla loss kontaktdonet och ta loss
styrenheten från fästbygeln.
11 Monteringen sker i omvänd ordningsföljd
mot demonteringen.

EGR-ventil

12 Koppla loss batteriets minusledare.
13 Skruva loss skruven och ta bort kåpan
över gasvajerns trumma.
14 Koppla loss luftrenarens insugskanal och
luftkanalen till ECU-boxen från var sida av
kylarfläktskåpan.
15 Skruva loss de två bultarna på var sida
som håller fast fläktskyddet och relähållaren
vid den främre karosspanelen.
16 Lyft upp relähållaren och koppla loss
fläktens kontaktdon, kontaktdonet till EGR-
systemets styrenhet och EGR-systemets
vakuumslangar. Lägg hållaren åt sidan, ur
vägen för fläktkåpan.
17 Lyft kåpan uppåt så att de två nedre
styrstiften släpper och ta bort kåpan och
fläkten från bilen.
18 Koppla loss luftintagskanalen från gas-
spjällhuset, samt vevhusventilationens och
kolfiltrets slangar.
19 Demontera startmotorn enligt beskriv-
ningen i kapitel 5A.
20 Koppla loss EGR-systemets temperatur-

givares kablage vid kontaktdonet. Lossa
sedan kontaktdonet från dess klämma.
21 Ta loss EGR-röret från ventilen (se bild).
22 Skruva loss de två bultarna, ta bort
ventilen och ta loss packningen.
23 Om det behövs, kan EGR-systemets
temperaturgivare skruvas loss från sidan av
ventilen.
24 Monteringen sker i omvänd ordning.
Använd en ny packning och dra åt alla muttrar
och bultar till angivet moment.

Sekundärt luftinsprutningssystem

25 För att demontera luftpumpen i luftintags-
kanalen, koppla loss kontaktdonet och luft-
slangen. Skruva sedan loss fästskruvarna och
ta bort pumpen (se bild).
26 För att demontera den sekundära
luftinsprutningens grenrör, demontera först
bränslefördelarskenan enligt beskrivningen i
kapitel 4A, avsnitt 10. Koppla sedan loss
lufttillförselslangen från grenröret och dra loss
grenröret (se bilder).
27 Monteringen av det sekundära luft-
insprutningssystemets komponenter sker i
omvänd ordning mot demonteringen.

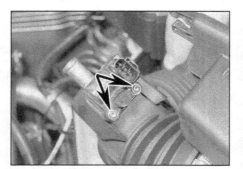

9.25 Sekundära luftinsprutningspumpens
fästskruvar (vid pilarna)

9.26a Koppla loss lufttillförselslangen . . .

9.26b . . . och dra sedan loss grenröret

Kapitel 5 Del A:
Start- och laddningssystem

Innehåll

Svårighetsgrader

Enkelt, passar novisen med lite erfarenhet		Ganska enkelt, passar nybörjaren med viss erfarenhet		Ganska svårt, passar kompetent hemmamekaniker		Svårt, passar hemmamekaniker med erfarenhet		Mycket svårt, för professionell mekaniker	

Specifikationer

Systemtyp . . . . 12 volt, negativ jord

Batteri
Typ . . . . Lågunderhållsbatteri eller underhållsfritt och livstidsförseglat batteri
Effekt . . . . 45 till 60 Ah (beroende på modell)
Laddning:
   Dålig . . . . 12,5 volt
   Normal . . . . 12,6 volt
   Bra . . . . 12,7 volt

Generator
Typ . . . . Bosch eller Nippon-Denso

Startmotor
Typ . . . . Bosch

Åtdragningsmoment
Startmotorns fästbultar . . . . **Nm**
                           40

---

1 Allmän information och föreskrifter

Allmän information

Motorns elsystem består i huvudsak av laddnings- och startsystemen. På grund av deras motorrelaterade funktioner behandlas dessa komponenter separat från karossens elektriska enheter, som instrument och belysning etc. (Dessa tas upp i kapitel 12). Information om tändsystemet finns i del B i detta kapitel.

Systemet är ett 12 volts elsystem med negativ jordning.

Batteriet är antingen av typen lågunderhåll eller underhållsfritt (livstidsförseglat) och laddas av generatorn, som drivs med en rem från vevaxelns remskiva.

Startmotorn är föringreppad med en inbyggd solenoid. Vid start trycker solenoiden kugghjulet mot kuggkransen på svänghjulet innan startmotorn ges ström. När motorn startat förhindrar en envägskoppling att motorankaret drivs av motorn tills kugghjulet släpper från kuggkransen.

Detaljinformation om de olika systemen ges i relevanta avsnitt i detta kapitel. Även om vissa reparationer beskrivs här, är det normala tillvägagångssättet att byta ut defekta komponenter. Ägare vars intresse sträcker sig längre än till att bara byta ut komponenter bör skaffa ett exemplar av *Bilens elektriska och elektroniska system* från samma förlag.

Föreskrifter

 Varning: Det är nödvändigt att iakttaga extra försiktighet vid arbete med elsystem för att undvika personskador och skador på halvledarenheter (dioder och transistorer). Läs föreskrifterna i Säkerheten främst! samt observera följande vid arbete på systemet:

Ta alltid av ringar, klockor och liknande innan arbetet med elsystemet sätter igång. En urladdning kan inträffa, även med batteriet urkopplat, om en komponents strömstift jordas genom ett metallföremål. Detta kan ge stötar och allvarliga brännskador.

Kasta inte om batteripolerna. Då kan komponenter som generatorn, elektroniska styrenheter eller andra komponenter med halvledarkretsar skadas så att de inte går att reparera.

Koppla aldrig loss batteripolerna, generatorn, elektriska kablar eller några testinstrument med motorn igång.

Låt aldrig motorn dra runt generatorn när generatorn inte är ansluten.

Testa aldrig om generatorn fungerar genom att "gnistra" med spänningskabeln mot jord.

Kontrollera alltid att batteriets negativa anslutning är bortkopplad vid arbete i det elektriska systemet.

Om motorn startas med hjälp av startkablar och ett laddningsbatteri ska batterierna anslutas **plus till plus** och **minus till minus** (se *Starthjälp*). Detta gäller även vid inkoppling av batteriladdare.

Testa **aldrig** kretsar eller anslutningar med en ohmmätare av den typ som har en handvevad generator.

Om elektrisk bågsvetsningsutrustning ska användas på bilen, **koppla först loss batteriet, generatorn och komponenter som de elektroniska styrenheterna** (om tillämpligt) för att skydda dem från skador.

Varning: Vissa av Volvos standardljudanläggningar är försedda med en inbyggd stöldsäkerhetskod. Om strömmen till anläggningen bryts aktiveras stöldskyddet. Även om strömmen omedelbart återställs kommer enheten inte att fungera förrän korrekt kod angetts. Stöldskyddskoden ska följa med när en ny bil levereras och brukar finnas tillsammans med handboken i handskfacket. Om du inte känner till ljudanläggningens stöldskyddskod bör du alltså inte lossa batteriets minuspol eller ta ut ljudanläggningen ur bilen. En Volvo-återförsäljare kan lämna ytterligare information om bilens eventuella säkerhetskod.

2 Batteri – kontroll och laddning

Standard- och lågunderhållsbatteri – kontroll

1 Om bilen körs korta sträckor under året är det mödan värt att kontrollera batterielektrolytens specifika vikt var tredje månad för att avgöra batteriets laddningsstatus. Använd en hydrometer till kontrollen och jämför resultatet med tabellen nedan: Notera att värdena för densiteten förutsätter en elektrolyttemperatur på 15°C. För varje 10°C under 15°C måste 0,007 dras bort. För varje 10°C över 15°C måste 0,007 läggas till.

	Över 25°C	Under 25°C
Helt laddat	1,210 till 1,230	1,270 till 1,290
70 % laddat	1,170 till 1,190	1,230 till 1,250
Urladdat	1,050 till 1,070	1,110 till 1,130

2 Om batteriet misstänks vara defekt, kontrollera först elektrolytens specifika vikt i varje cell. En variation överstigande 0,040 mellan några celler indikerar förlust av elektrolyt eller nedbrytning av plattor.

3 Om de specifika vikterna har avvikelser på 0,040 eller mer måste batteriet bytas ut. Om variationen mellan cellerna är tillfredsställande men batteriet är urladdat, ladda upp det enligt beskrivningen längre fram i detta avsnitt.

Underhållsfritt batteri – kontroll

4 Om ett förseglat underhållsfritt batteri är monterat går det oftast inte att fylla på batteriet eller att kontrollera elektrolytnivån i varje cell (se kapitel 1, avsnitt 10). Batteriets skick kan därför bara kontrolleras med en batteriindikator eller en voltmätare.

5 Vissa modeller är utrustade med underhållsfria batterier med inbyggda laddningsindikatorer. Indikatorn är placerad ovanpå batterihöljet och anger batteriets skick genom att ändra färg. På en etikett fäst på batteriet ska det stå vad indikatorns olika färger betyder. Om den är fallet bör en Volvoåterförsäljare eller en bilelektriker tillfrågas.

6 Om batteriet testas med hjälp av en voltmätare ska denna anslutas över batteriet och spänningen noteras. För att kontrollen ska ge korrekt utslag får batteriet inte ha laddats på något sätt under de senaste sex timmarna. Om så inte är fallet, tänd strålkastarna under 30 sekunder och vänta 5 minuter innan batteriet kontrolleras. Alla andra kretsar ska vara frånslagna, så kontrollera att dörrar och baklucka verkligen är stängda när kontrollen görs.

7 Om den uppmätta spänningen understiger 12,2 volt är batteriet urladdat, medan en spänning mellan 12,2 och 12,4 volt indikerar delvis urladdning.

8 Om batteriet ska laddas, ta ut det ur bilen och ladda det enligt beskrivningen längre fram i detta avsnitt.

Standard- och lågunderhållsbatteri – laddning

Observera: *Följande är endast avsett som hjälp. Följ alltid tillverkarens rekommendationer (finns ofta på en tryckt etikett på batteriet) vid laddning av ett batteri.*

9 Ladda batteriet vid 10 % av batteriets effekt (t.ex. en laddning på 4,5 A för ett 45 Ah batteri) och fortsätt ladda batteriet i den här takten tills ingen ökning av batteriets vikt noteras över en fyratimmarsperiod.

10 Alternativt kan en droppladdare som laddar med 1,5 ampere användas över natten.

11 Speciella snabbladdare som påstås kunna ladda batteriet på 1-2 timmar är inte att rekommendera, eftersom de kan orsaka allvarliga skador på batteriplattorna genom överhettning. Om batteriet är helt urladdat bör det ta åtminstone 24 timmar att ladda upp det igen.

12 Elektrolytens temperatur får aldrig överskrida 37,8°C när batteriet laddas.

Underhållsfritt batteri – laddning

Observera: *Följande är endast avsett som hjälp. Följ alltid tillverkarens rekommendationer (finns ofta på en tryckt etikett på batteriet) vid laddning av ett batteri.*

13 Denna batterityp tar avsevärt längre tid att ladda fullt än standardtypen. Tidsåtgången beror på hur urladdat batteriet är, men det kan ta ända upp till tre dygn.

14 En laddare av konstantspänningstyp krävs, och den ska ställas till mellan 13,9 och 14,9 volt med en laddström understigande 25 A. Med denna metod bör batteriet vara användbart inom 3 timmar med en spänning på 12,5 V, men detta gäller ett delvis urladdat batteri. Full laddning kan, som nämndes ovan, ta avsevärt längre tid.

15 Om batteriet ska laddas från fullständig urladdning (under 12,2 volt), låt en Volvoverkstad eller bilelektriker ladda batteriet eftersom laddströmmen är högre och laddningen kräver konstant övervakning.

3 Batteri – demontering och montering

Observera: *Se till att ha en kopia av radions/bandspelarens säkerhetskod innan batteriet kopplas ur. Se även till att enheten är avstängd innan batteriet kopplas ur, för att undvika skador på radions kretsar.*

Demontering

1 Batteriet är placerat i motorrummets främre vänstra hörn. Lossa och ta bort kåpan från batteriets ovansida om det är tillämpligt.

2 Lossa klämbulten och koppla loss klämman från batteriets minuspol (jord).

3 Ta bort isoleringskåpan (om en sådan finns) och koppla loss den positiva anslutningen på samma sätt **(se bild)**.

3.3 Lyft upp kåpan för att komma åt klämman till batteriets pluspol

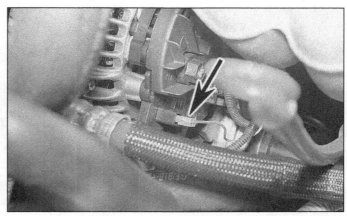

4.1 Varningslampans kabelanslutning (vid pilen) på generatorns baksida

4 Skruva loss bulten och ta bort bulten till fästklämman. Lyft ut batteriet ur motorrummet.

Montering

5 Montering sker i omvänd ordningsföljd. Smörj polerna med vaselin när ledningarna återansluts. Återanslut alltid den positiva ledningen först, och den negativa ledningen sist. Montera batterikåpan om det är möjligt.

4 Laddningssystem – kontroll

Observera: *Se varningarna i Säkerheten främst! och i avsnitt 1 i detta kapitel innan arbetet påbörjas.*

1 Om laddningslampan inte tänds när tändningen slås på, måste generatorns kabelanslutningar kontrolleras i första hand **(se bild)**. Om de är felfria, kontrollera att inte glödlampan har gått sönder och att glödlampssockeln sitter fast ordentligt i instrumentbrädan. Om lampan fortfarande inte tänds, kontrollera att ström går genom ledningen från generatorn till lampan. Om allt är som det ska är det fel på generatorn, som måste bytas eller tas till en bilelektriker för kontroll och reparation.

2 Om tändningens varningslampa tänds när motorn är igång, stanna bilen och kontrollera att drivremmen är korrekt spänd (se kapitel 1) och att generatorns anslutningar sitter ordentligt. Om allt är som det ska så långt, måste generatorn tas till en bilelektriker för kontroll och reparation.

3 Om generatorns arbetseffekt misstänks vara felaktig även om varningslampan fungerar som den ska, kan regulatorspänningen kontrolleras på följande sätt.

4 Anslut en voltmätare över batteripolerna och starta motorn.

5 Öka varvtalet tills voltmätaren ger ett stadigt värde. Det ska vara ungefär mellan 13,5 och 14,8 volt.

6 Slå på så många elektriska funktioner som möjligt (t.ex. strålkastarna, bakrutans uppvärmning och värmefläkten) och kontrollera att generatorn behåller spänningen mellan 13,5 och 14,8 volt.

7 Om spänningen inte ligger inom dessa värden kan felet vara slitna borstar, svaga borstfjädrar, defekt spänningsregulator, defekt diod, kapad fasledning eller slitna/skadade släpringar. Generatorn måste bytas eller lämnas till en bilelektriker för kontroll och reparation.

5 Generator – demontering och montering

Demontering

1 Koppla loss batteriets minusledare.

2 Demontera drivremmen enligt beskrivningen i kapitel 1.

3 Koppla loss kablagets multikontakter och ledningarna från anslutningarna på baksidan av generatorn **(se bild)**.

4 Skruva loss och ta bort fästmuttrarna och bultarna på fram- och baksidan. Lyft sedan bort generatorn från fästbygeln.

Montering

5 Monteringen sker i omvänd ordningsföljd mot demonteringen. Montera tillbaka drivremmen enligt beskrivningen i kapitel 1.

6 Generator – kontroll och renovering

Om generatorn misstänks vara defekt måste den demonteras och tas till en bilelektriker för kontroll. De flesta bilverkstäder kan erbjuda och montera borstar till överkomliga priser. Kontrollera dock reparationskostnaderna först, det kan vara billigare med en ny eller begagnad generator.

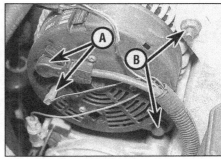
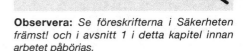

5.3 Generatorkabelanslutningar (A) och bakre fästbultar (B)

7 Startsystem – kontroll

Observera: *Se föreskrifterna i Säkerheten främst! och i avsnitt 1 i detta kapitel innan arbetet påbörjas.*

1 Om startmotorn inte arbetar när startnyckeln vrids till startläget kan något av följande vara orsaken:
 a) *Batteriet är defekt.*
 b) *De elektriska anslutningarna mellan strömbrytare, solenoid, batteri och startmotor har ett fel någonstans som gör att ström inte kan passera från batteriet till jorden genom startmotorn.*
 c) *Solenoiden är defekt.*
 d) *Startmotorn har ett mekaniskt eller elektriskt fel.*

2 Kontrollera batteriet genom att tända strålkastarna. Om de försvagas efter ett par sekunder är batteriet urladdat. Ladda (se avsnitt 2) eller byt batteri. Om strålkastarna lyser klart, vrid om startnyckeln. Om strålkastarna då försvagas betyder det att strömmen når startmotorn, vilket anger att felet finns i startmotorn. Om strålkastarna lyser klart (och inget klick hörs från solenoiden) indikerar detta ett fel i kretsen eller solenoiden – se följande punkter. Om startmotorn snurrar långsamt, trots att

8.2 Kabelanslutningar på startmotorsolenoidens baksida

8.3 Fästbult till startmotorns bakre fästbygel (vid pilen)

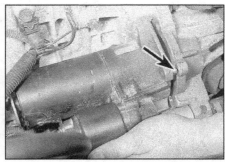

8.4 Startmotorn tas bort från balanshjulskåpan. Observera var styrstiftet är placerat (vid pilen)

batteriet är i bra skick, indikerar detta antingen ett fel i startmotorn eller ett kraftigt motstånd någonstans i kretsen.

3 Vid ett misstänkt fel på kretsen, koppla loss batterikablarna (inklusive jordningen till karossen), startmotorns/solenoidens kablar och motorns/växellådans jordledning. Rengör alla anslutningar noga och anslut dem igen. Använd sedan en voltmätare eller testlampa och kontrollera att full batterispänning finns vid strömkabelns anslutning till solenoiden och att jordförbindelsen är god. Smörj in batteripolerna med vaselin så att korrosion undviks – korroderade anslutningar är en av de vanligaste orsakerna till elektriska system-fel.

4 Om batteriet och alla anslutningar är i bra skick, kontrollera kretsen genom att lossa ledningen från solenoidens bladstift. Anslut en voltmätare eller testlampa mellan ledningen och en bra jord (t.ex. batteriets minuspol) och kontrollera att ledningen är strömförande när startnyckeln vrids till startläget. Är den det, fungerar kretsen. Om inte, kan kretsen kontrolleras enligt beskrivningen i kapitel 12.

5 Solenoidens kontakter kan kontrolleras med en voltmätare eller testlampa mellan

strömkabeln på solenoidens startmotorsida och jord. När startnyckeln vrids till start ska mätaren ge utslag eller lampan tändas. Om inget sker är solenoiden defekt och måste bytas.

6 Om kretsen och solenoiden fungerar måste felet finnas i startmotorn. I det fallet kan det vara möjligt att låta en specialist renovera motorn, men kontrollera först pris och tillgång på reservdelar, eftersom det mycket väl kan vara billigare att köpa en ny eller begagnad startmotor.

8 Startmotor – demontering och montering

Demontering

1 Koppla loss batteriets minusledare.
2 Koppla loss kablaget från startmotorns solenoid **(se bild)**.
3 Skruva loss startmotorns bakre fästbygel från motorn **(se bild)**.
4 Skruva loss bultarna som fäster startmotorn vid balanshjulskåpan, och lirka ut enheten från sin plats. Notera styrstiftets placering och se

till att det sitter på plats vid återmonteringen **(se bild)**.

Montering

5 Monteringen sker i omvänd ordningsföljd mot demonteringen. Dra åt alla fästen ordentligt.

9 Startmotor – kontroll och renovering

Om startmotorn misstänks vara defekt måste den demonteras och tas till en bilelektriker för kontroll. De flesta bilverkstäder kan erbjuda och montera borstar till överkomliga priser. Kontrollera dock reparationskostnaderna först, eftersom det kan vara billigare att köpa en ny eller begagnad motor.

10 Tändningslås – demontering och montering

Se kapitel 12, avsnitt 4.

Kapitel 5 Del B:
Tändsystem

Innehåll

Svårighetsgrader

Enkelt, passar novisen med lite erfarenhet	Ganska enkelt, passar nybörjaren med viss erfarenhet	Ganska svårt, passar kompetent hemmamekaniker	Svårt, passar hemmamekaniker med erfarenhet	Mycket svårt, för professionell mekaniker

Specifikationer

Allmänt

Systemtyp:
B5202 S och B5252 S motorer (10 ventiler) .... Fenix 5.2 motorstyrningssystem
B5254 S motorer .... EZ-129K tändsystem med Bosch LH3.2-Jetronic bränsleinsprutningssystem, eller Motronic 4.4/Denso motorstyrningssystem (efter marknad/område)

Alla övriga motorer:
T.o.m. 1998 års modeller .... Bosch Motronic 4.3 eller 4.4 motorstyrningssystem
Fr.o.m. 1999 års modeller .... Bosch ME7 motorstyrningssystem utan fördelare
Tändningsföljd .... 1-2-4-5-3 (cylinder nr 1 vid motorns kamremsände)

Tändstift

Typ .... Se kapitel 1, Specifikationer

Tändningsinställning*

B5202 S och B5252 S motorer (10 ventiler) .... 10° ± 2° före övre dödpunkt @ 850 varv per minut
B5234 S motorer .... 5° ± 2° före övre dödpunkt @ 850 varv per minut
B5254 S motorer:
Med tändsystem EZ-129K .... 10° ± 2° före övre dödpunkt @ 850 varv per minut
Med Motronic motorstyrningssystem .... 5° ± 2° före övre dödpunkt @ 850 varv per minut
Övriga motorer .... 6° ± 2° före övre dödpunkt @ 850 varv per minut
*Värdena ges endast för kontroll – inställningarna går inte att justera

Tändspole

Primär resistans .... 0,5 till 1,5 ohm
Sekundär resistans .... 8000 till 9000 ohm

Åtdragningsmoment   Nm
Knacksensor 20

1.9a Bänd upp panelen i förvaringsutrymmet för att komma åt diagnostikkontakten

1 Allmän information

Tändsystemet ser till att den komprimerade bränsle-/luftblandningen tänds i varje cylinder i exakt rätt ögonblick i förhållande till motorns varvtal och belastning. Detta sköts med hjälp av ett sofistikerat motorstyrningssystem som använder datorteknologi och elektromagnetiska kretsar för att uppnå de nödvändiga tändningsegenskaperna.

Flera olika system används på de modeller som behandlas i den här handboken, beroende på motorstorlek och -typ. På systemen Fenix 5.2 och Bosch Motronic/ME7 används en enkel elektronisk styrenhet (ECU) för att styra hela motorstyrningssystemet, både bränsle- och tändningsfunktionerna. Den enda skillnaden på systemet LH3.2-Jetronic är att två elektroniska styrenheter används, en för bränslesystemet och en för EZ-129 K tändsystemet. De båda styrenheterna samarbetar dock för att forma ett komplett fungerande motorstyrningspaket. Tändningsregleringen fungerar i stort sett identiskt i de olika systemen, med endast mindre skillnader i komponentsammansättningen.

Huvudkomponenterna på tändningssidan av systemet är ECU och tändningseffektsteg, tändspole, fördelare, tändstift och tändkablar, samt de olika givare som ger information till

1.9b En felkodsläsare ansluts till diagnostikkontakten

ECU om motorns arbetsförhållanden. Systemet fungerar enligt följande.

ECU registrerar motorvarvtal och vevaxelposition via en rad hål borrade i ytterkanten av motorns svänghjul, med en varvräknare vars induktiva huvud är placerat precis ovanför den borrade svänghjulskanten. När vevaxeln roterar passerar "tänderna" mellan de borrade hålen i svänghjulet varvräknaren, som överför en impuls till ECU varje gång en tand passerar. Ett hål saknas i svänghjulets kant vilket gör att "tanden" på det stället blir dubbelt så bred som de andra tänderna. ECU känner av avsaknaden av en puls från varvtalsgivaren vid denna punkt, och använder detta till att avgöra ÖD-läget för kolv nr 1. Med hjälp av tiden mellan pulserna, och platsen för den saknade pulsen, kan ECU noga beräkna vevaxelns position och hastighet. Kamaxelgivaren förstärker den här informationen genom att avgöra om en särskild kolv är i sin insugs- eller avgascykel.

Information om motorbelastningen skickas till ECU via luftflödesgivaren (eller via givaren för absolut tryck i grenröret, MAP-givaren, och insugsluftens temperaturgivare på systemet Fenix 5.2). Motorbelastningen räknas ut med hjälp av uppgifterna om hur stor mängd luft som dras in i motorn. Ytterligare information skickas till ECU från två knacksensorer. Dessa sensorer är känsliga för vibrationer och känner av de knackningar som uppstår då motorn börjar "spika" eller "knacka" (förtända). Givare som känner av kylvätsketemperaturen, gaspjällets position, hastigheten, automatväxellådans position (i förekommande fall) och luftkonditioneringssystemets drift ger ytterligare signaler till ECU.

Utifrån dessa hela tiden föränderliga data väljer ECU, och om det behövs ändrar, en viss tändförinställning från ett urval av tändningsegenskaper som finns lagrade i dess minne.

När tändningspunkten beräknats skickar ECU en signal till tändningseffektsteget, som är en elektronisk brytare som styr strömmen till tändspolens primärlindningar. När signalen tas emot från ECU, bryter effektsteget primärströmmen till tändspolen, vilket inducerar en högspänning i spolens sekundärlindningar. Denna högspänning leds till fördelarlocket och sedan vidare till tändstiften, via fördelarens rotorarm och tändkablar. Sedan upprepas cykeln många gånger per sekund för varje cylinder i tur och ordning.

Systemet Motronic ME7 har inget fördelarlock, ingen rotorarm och inte heller några tändkablar. I stället är varje cylinder försedd med varsin egen lite tändspole. Tändspolarna sitter direkt fästa på tändstiften och är sedan kopplade tillbaka till ECU. När tändningspunkten har uppnåtts inducerar ECU högspänning i nästa spole i tändningsföljden. I det här systemet finns inga rörliga delar som kan gå sönder eller slitas ut. Systemet bör teoretiskt sett inte heller krångla

vid fuktigt väder på det sätt som ett konventionellt system kan göra.

Om fel i systemet uppstår på grund av att en signal från en givare går förlorad återgår ECU till ett nödprogram ("linka-hem"). Detta gör att bilen kan köras, även om motorns funktion och prestanda begränsas. En varningslampa på instrumentbrädan tänds om felet kan orsaka farliga avgasutsläpp.

För att underlätta feldiagnoser är tändsystemet försett med en diagnostikenhet som kan avläsas med hjälp av särskild diagnosutrustning (felkodsläsare). Man kommer åt feldiagnosenhetens kontakt genom att öppna locket till mittkonsolens förvaringsutrymme och bända upp den lilla panelen **(se bilder)**.

Utöver de ovanstående funktionerna har flera av tändsystemens komponenter ytterligare en funktion för bränsleinsprutningssystemets funktion och styrning. Ytterligare information om detta finns i kapitel 4, del A.

2 Tändsystem – kontroll

⚠️ *Varning: Spänningen från ett elektroniskt tändsystem är mycket högre än den från konventionella tändsystem. Var mycket försiktig vid arbete med systemet om tändningen är påslagen. Personer med pacemaker bör inte vistas i närheten av tändningskretsar, komponenter och testutrustning.*

Allmänt

1 Elsystemets komponenter är vanligtvis mycket pålitliga. De flesta fel beror snarare på lösa eller smutsiga anslutningar eller på "spårning" av högspänning beroende på smuts, fukt eller skadad isolering än på defekta systemkomponenter. Kontrollera **alltid** alla kablar ordentligt och arbeta metodiskt för att utesluta alla andra möjligheter innan en elektrisk komponent döms ut som defekt.

2 Den gamla ovanan att kontrollera gnistor genom att hålla den strömförande delen av tändkabeln på kort avstånd från motorn rekommenderas **absolut inte**. Dels är risken stor att man får en kraftig stöt, dels kan ECU, tändspolen eller effektsteget skadas. Försök heller **aldrig** att fastställa feltändning genom att dra loss en tändkabel i taget.

3 Följande kontroller bör utföras om något uppenbart fel föreligger, t.ex. om motorn inte startar eller uppenbarligen feltänder. Vissa fel, däremot, är svårare att upptäcka och döljs ofta av att ECU går in i nödläge för att behålla så mycket körbarhet som möjligt. Fel av denna typ avslöjar sig ofta genom hög bränsleförbrukning, dålig tomgång, sämre prestanda, knackning eller spikning från motorn under vissa förhållanden, eller en kombination av dessa. Om sådana problem skulle uppstå bör bilen lämnas in till en välutrustad verkstad för kontroll med hjälp av lämplig testutrustning.

Motorn startar inte

Observera: *Kom ihåg att ett fel på stöldskyddssystemet eller motorns immobiliser ger problem med att starta bilen. Se till att larmet eller immobilisern har avaktiverats. Information om detta finns i bilens handbok.*

4 Om motorn inte dras runt alls, eller dras runt mycket långsamt, måste batteriet och startmotorn kontrolleras. Anslut en voltmätare över batteripolerna (mätarens plussond till batteriets pluspol) och läs sedan av spänningen medan motorn dras runt på startmotorn i högst tio sekunder (inte mer). Om det avlästa värdet understiger 9,5 volt, börja med att kontrollera batteriet, startmotorn och laddningssystemet enligt beskrivningen i del A i det här kapitlet.

5 Det går inte att utföra ytterligare kontroller av Motronic ME7-systemet utan därför avsedd utrustning.

Alla system utom Motronic ME7

6 Om motorn vrids runt i normal hastighet men inte vill starta, bör högspänningskretsen kontrolleras.

7 Anslut en tändinställningslampa (följ lamptillverkarens instruktioner) och dra runt motorn med startmotorn. Om lampan blinkar når spänningen tändstiften och då är det dessa som bör undersökas i första hand. Om lampan inte blinkar ska själva tändkablarna kontrolleras. Kontrollera sedan fördelarlocket, kolborsten och rotorarmen enligt beskrivningen i kapitel 1. Om där finns en gnista ska kontrollerna som beskrivs i avsnitt 3 i detta kapitel utföras.

8 Om det fortfarande inte finns någon gnista, kontrollera spolens skick, om möjligt genom att byta ut den mot en spole du vet är bra, eller genom att kontrollera både den primära och sekundära resistansen. Om felet kvarstår ligger problemet någon annanstans. Om felet nu har försvunnit, är det uppenbarligen en ny spole som behövs. Kontrollera dock noggrant själva lågspänningsanslutningarnas skick innan spolen byts, för att se till att felet inte beror på smutsiga eller glappande kontaktdon.

9 Om tändspolen är i gott skick ligger felet troligen hos effektsteget, en av systemets givare eller tillhörande komponenter. I detta fall ska en felkod ha loggats i diagnostikenheten, som kan läsas av med hjälp av en felkodsläsare.

10 Felkoderna från ECU kan endast läsas med hjälp av en särskild felkodsläsare. En återförsäljare av Volvo har med säkerhet sådana mätare, men de finns också att köpa från andra återförsäljare, inklusive Haynes. Det är knappast lönsamt för en privatperson att köpa en felkodsläsare, men välutrustade verkstäder eller specialister på bilars elsystem brukar vara utrustade med en.

Motorn feltänder

Alla system utom Motronic ME7

11 Oregelbunden misständning är antingen tecken på en lös anslutning, ett intermittent fel i primärkretsen eller ett högspänningsfel på rotorarmens spolsida.

12 Stäng av motorn och gör en noggrann kontroll av systemet. Se till att alla anslutningar är rena och ordentligt fästa. Om utrustning finns till hands, kontrollera lågspänningskretsen enligt beskrivningen ovan.

13 Kontrollera att tändspolen, fördelarlocket och tändkablarna är rena och torra. Kontrollera själva ledningarna och tändstiften (genom att byta ut dem om det behövs). Kontrollera sedan fördelarlocket, kolborsten och rotorarmen enligt beskrivning i kapitel 1.

14 Regelbunden misständning beror nästan alltid på ett fel i fördelarlocket, tändkablarna eller tändstiften. Använd en tändinställningslampa (punkt 5 ovan) för att kontrollera om det finns högspänning i alla ledningar.

15 Om någon ledning saknar högspänning beror felet på ledningen eller på fördelarlocket. Om alla ledningar innehåller högspänning ligger felet hos tändstiften. Kontrollera och byt ut dem om det råder minsta tvivel om deras skick.

16 Om högspänning saknas, kontrollera tändspolen. Dess sekundärlindningar är eventuellt för högt belastade.

17 Ytterligare kontroll av systemets komponenter bör utföras först efter att eventuella felkoder i ECU har kontrollerats – se punkt 9.

Motronic ME7 system

18 En oregelbunden misständning beror troligen på en lös anslutning till en av tändspolarna eller systemgivarna.

19 Stäng av motorn och gör en noggrann kontroll av systemet. Se till att samtliga anslutningar är rena och ordentligt fastgjorda **(se bild)**.

20 Regelbunden misständning är ett tecken på att något är fel med en av tändspolarna eller tändstiften. Det är bäst att överlämna kontrollen av tändspolarna till en Volvo-verkstad.

21 Ytterligare kontroll av systemets komponenter bör utföras först efter att ECU har kontrollerats beträffande felkoder – se punkt 9.

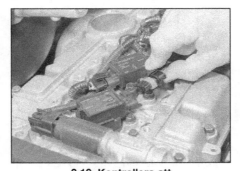

2.19 Kontrollera att tändspoleanslutningarna sitter ordentligt

---

3 Felsökning – allmän information och förberedande kontroller

Observera: *Både tänd- och bränslesystemet bör behandlas som ett sammansatt motorstyrningssystem. Även om innehållet i det här avsnittet främst behandlar systemets tändningssida har flera av komponenterna dubbla funktioner, och vissa av de följande procedurerna har betydelse för bränslesystemet.*

Allmän information

1 Bränsle- och tändsystemen på alla motorer som tas upp i denna handbok har ett inbyggt diagnossystem som underlättar felsökning och systemkontroll. Om ett fel uppstår lagrar ECU en serie signaler (eller felkoder) som senare kan läsas av via diagnosenhetens kontakt som sitter placerad under locket i mittkonsolens förvaringsfack.

2 Om det är problem med körbarheten och motorns prestanda verkar ha försämrats kan diagnossystemet användas för att hitta problemområdena. Men detta kräver tillgång till specialutrustning. När detta väl har gjorts kan det ofta krävas fler kontroller för att exakt ta reda på felets natur, det vill säga om det är fel på själva komponenten, kablarna eller något annat.

3 För alla kontroller utöver visuella kontroller av kablage och anslutningar behövs åtminstone en felkodsläsare. En Volvo-återförsäljare har med säkerhet sådana mätare, men de finns också att köpa från andra återförsäljare, inklusive Haynes. Det är knappast lönsamt för en privatperson att köpa en felkodsläsare, men välutrustade verkstäder eller specialister på bilars elsystem brukar vara utrustade med en.

Förberedande kontroller

Observera: *När de här kontrollerna utförs för att spåra ett fel, tänk på att om felet uppstått bara en kort tid efter att någon del av bilen har fått service eller renovering, är det här man måste börja söka. Hur ovidkommande det än kan verka bör man se till att det inte är någon del som monterats tillbaka slarvigt som orsakar problemet.*

Om orsaken till ett partiellt motorfel, t.ex. försämrade prestanda, håller på att spåras, bör också kompressionstrycken kontrolleras, utöver de kontroller som anges nedan. Kontrollera även att bränslefiltret och luftfiltret har bytts med rekommenderade intervall. Se kapitel 1 och 2A för information om dessa åtgärder.

Kom ihåg att de felkoder som har lagrats i den elektroniska styrenhetens minnen måste läsas med hjälp av en särskild felkodsläsare (se punkt 3) för att man ska vara säker på att orsaken till felet har åtgärdats.

4 Öppna motorhuven och kontrollera batterianslutningarnas skick. Gör om anslutningarna eller byt ut kablarna om ett fel upptäcks. Använd samma teknik för att se till att alla jordningspunkter i motorrummet ger god elektrisk kontakt genom rena, metall-till-metallanslutningar, och att alla sitter fast ordentligt.

5 Arbeta sedan metodiskt runt hela motorrummet och kontrollera alla synliga kablar, samt anslutningarna mellan de olika kablagedelarna. Det du letar efter i det här läget är kablage som är uppenbart skadat genom att det skavt mot vassa kanter eller rörliga delar i fjädringen/växellådan och/eller drivremmen, genom att de klämts mellan slarvigt återmonterade delar eller smält genom att de kommit i kontakt med heta motordelar, kylrör etc. I nästan alla fall orsakas skador av denna typ i första hand av felaktig dragning vid hopsättning efter att tidigare arbete har utförts (se anmärkningen i början av detta underavsnitt).

6 Naturligtvis kan kablar gå av eller kortslutas inuti isoleringen så att det inte syns utanpå, men detta sker normalt bara om kablaget har dragits fel så att det sträckts eller böjts skarpt. Endera av dessa förhållanden bör vara uppenbara även vid en översiktlig kontroll. Om detta misstänks ha hänt, men felet ändå inte kan hittas, bör det misstänkta kabelavsnittet kontrolleras mycket noggrant under de mer detaljerade kontroller som beskrivs nedan.

7 Beroende på problemets storlek kan skadade kablar repareras genom sammanfogning eller splitsning med en bit ny kabel, med lödning för att försäkra en god anslutning, och sedan nyisolering med isoleringstejp eller krympslang. Om skadan är stor kan det vara bäst att byta hela kabelavsnittet, med tanke på bilens körsäkerhet, oavsett om det kan verka dyrt.

8 När skadan har reparerats, se till att kablaget dras korrekt vid återmonteringen så att det inte vidrör andra delar, inte är sträckt eller veckat, samt att det hålls undan med hjälp av de plastklämmor, styrningar och kabelband som finns till hands.

9 Kontrollera alla elektriska kontaktdon och se till att de är rena och ordentligt fastsatta, samt att vart och ett hålls på plats med motsvarande plastflik eller kabelklämma. Om något kontaktdon uppvisar yttre tecken på korrosion (vita eller gröna avlagringar eller rost), eller misstänks vara smutsigt, måste det kopplas loss och rengöras med rengöringsmedel för elektriska kontakter. Om kontaktdonets stift är svårt korroderade måste kontaktdonet bytas. Observera att detta kan innebära att hela kabelavsnittet måste bytas.

10 Om rengöringsmedlet tar bort korrosionen helt så att kontaktdonet återställs till godtagbart skick, är det en god idé att täcka kontaktdonet med något lämpligt medel som håller smuts och fukt borta och förhindrar ny

korrosion. En Volvoverkstad kan rekommendera en passande produkt.

11 Arbeta metodiskt runt hela motorrummet och kontrollera noga att alla vakuumslangar och rör sitter fast ordentligt och att de dragits korrekt, utan tecken på sprickor, åldrande eller andra skador som kan orsaka läckor, och se till att inga slangar klämts, vridits eller böjts så skarpt att de förhindrar luftflödet. Var extra noga vid alla anslutningar och skarpa böjar och byt ut alla slangar som är skadade eller deformerade.

12 Arbeta från bränsletanken via filtret till bränslefördelarskenan (inklusive matnings- och returrör) och kontrollera bränsleledningarna. Byt alla som läcker, är klämda eller böjda. Kontrollera slangändarna extra noga. De kan annars spricka och orsaka läckor.

13 Kontrollera att gasvajern är ordentligt fäst och justerad och att den är dragen med så få tvära svängar som möjligt. Byt ut vajern om det råder minsta tvekan om dess skick, eller om den fungerar stelt eller ryckigt. Se kapitel 4A för mer information om så behövs.

14 Lossa luftrenarens kåpa och kontrollera att luftfiltret inte är igensatt eller fuktigt. Ett igensatt luftfilter hindrar insugsluften, vilket försämrar motorns effektivitet märkbart. Byt filtret om det behövs. Se även relevanta avsnitt i kapitel 1 för mer information.

15 Starta motorn och låt den gå på tomgång.

Varning: Att arbeta i motorrummet med motorn igång kräver stor försiktighet för att personskador ska undvikas. Det finns bland annat risk för brännskador vid kontakt med heta delar eller skador vid kontakt med rörliga delar som kylfläkten eller drivremmen. Läs Säkerheten främst! i början av den här handboken innan arbetet påbörjas, och se till att alltid hålla undan händer, långt hår och lösa klädespersedlar från heta eller rörliga delar.

16 Arbeta från luftintaget via luftrenaren och luftflödesgivaren (eller insugsluftens temperaturgivare) till gasspjällhuset och insugsgrenröret (inklusive de olika vakuumslangar och rör som är anslutna till dessa) och leta efter luftläckor. Normalt ger sig sådana tillkänna genom ett sugande eller väsande ljud, men mindre läckor kan spåras genom att tvållösning sprutas på en misstänkt fog. Om en läcka finns märks detta på att motorljudet förändras, samt att luftbubblor bildas (eller att vätskan sugs in, beroende på trycket vid den punkten). Om en läcka upptäcks på något ställe, dra åt fästklämman och/eller byt de defekta delarna.

17 På liknande sätt, arbeta från topplocket via grenröret till det bakre avgasröret och kontrollera att avgassystemet inte har några läckor. Om bilen kan lyftas upp och stödjas säkert och med fullständig säkerhet medan kontrollen utförs, är den enklaste metoden att

tillfälligt blockera avgasröret och lyssna efter avgaser som pyser ut. En läcka borde då vara uppenbar. Om en läcka påträffas någonstans, dra åt klämbultarna och/eller muttrarna, byt packning och/eller byt den defekta delen i systemet för att täta läckan.

18 Det är möjligt att göra ytterligare en kontroll av de elektriska anslutningarna genom att vicka på varje elektriskt kontaktdon i systemet i tur och ordning med motorn på tomgång. Ett dåligt kontaktdon ger sig genast till känna genom motorns reaktion allt eftersom kontakten bryts och upprättas igen. Ett defekt kontaktdon bör bytas med tanke på systemets tillförlitlighet. Observera att detta kan innebära att hela kabelavsnittet måste bytas.

19 Om felet inte kunde lokaliseras vid de preliminära kontrollerna måste bilen lämnas in till en Volvoverkstad eller till en annan välutrustad verkstad för kontroll med hjälp av elektronisk testutrustning.

4 Tändspole – demontering och montering

Alla system utom Motronic ME7

1 Koppla loss batteriets minusledare.

2 Koppla loss huvudtändkabeln från mitten av spolen och lossa kontaktdonet från tändningens effektsteg precis under spolen.

3 Skruva loss bultarna som fäster spolens och effektstegets fästbygel vid sidan av fjäderbenets torn. Ta sedan bort enheten från motorrummet **(se bild)**. Observera att tändspolen och effektsteget är ihopbyggda och inte kan separeras från varandra.

4 Undersök spolen efter sprickor, läckande isoleringsolja eller andra synliga skador. Byt ut den om det behövs.

5 Monteringen sker i omvänd ordningsföljd mot demonteringen.

Motronic ME7 system

6 Se kapitel 1, avsnitt 24.

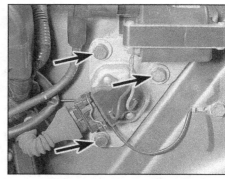

4.3 Tändspolens och effektstegets fästbygelbultar (vid pilarna)

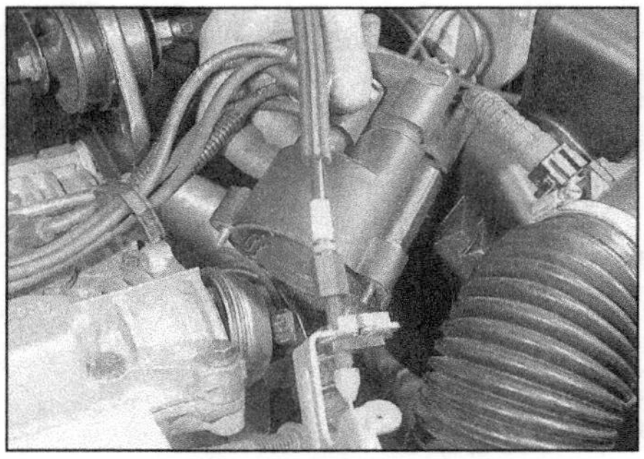

6.4 Fördelarlocket tas bort från topplockets baksida

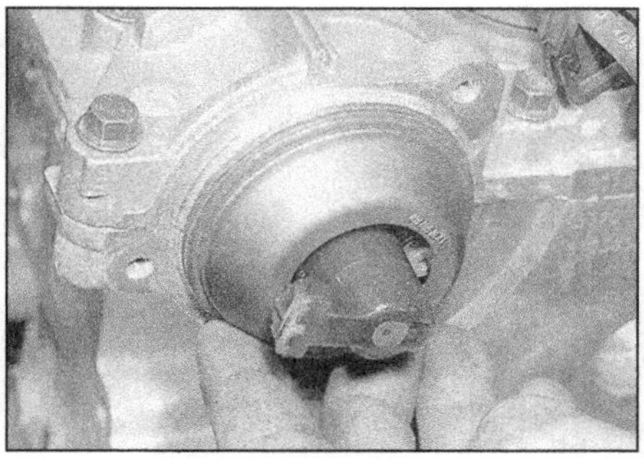

6.5a Ta bort gnistskyddet. . .

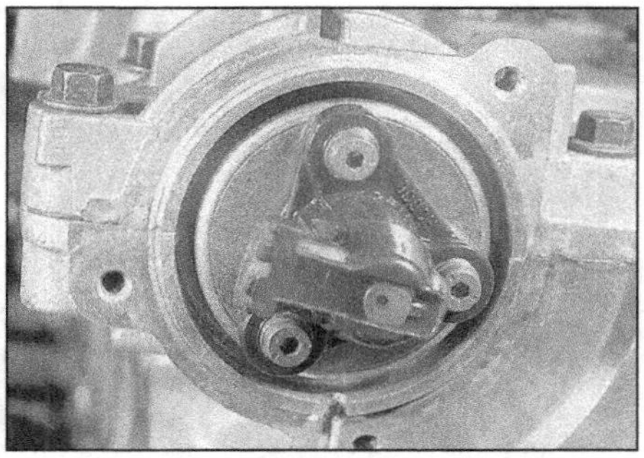

6.5b . . . skruva sedan loss de tre skruvarna och ta bort rotorarmen

5 Tändsystemets effektsteg - demontering och montering

Tändspolen och effektsteget är ihopbyggda och kan inte separeras från varandra. Demontering och montering sker på samma sätt som för tändspolen och beskrivs i avsnitt 4.

6 Fördelarlock och rotorarm - demontering och montering

Observera: *Det här avsnittet gäller inte modeller med systemet Motronic ME7.*

Demontering

1 Skruva loss skruvarna och lyft bort tändstiftskåpan från mitten av topplocket.

2 Dra bort tändkablarna från tändstiften och ta loss dem från fästklämmorna. Märk ledningarna om det behövs för att undvika förväxling vid återmonteringen.

3 Skruva loss de tre skruvarna som fäster fördelarlocket. Skruvarna sitter fast, så försök inte ta bort dem från locket. Om det behövs kan åtkomligheten förbättras genom att luftrenarlockets klämmor lossas och locket flyttas åt sidan.

4 Lyft bort fördelarlocket och tändkablarna helt och hållet **(se bild)**. Tändkablarna bör inte tas bort från fördelarlocket om det inte är absolut nödvändigt. Se till att märka locket och kablarna mycket noga om tändkablarna tas bort , så att tändningsföljden inte blir fel.

5 Ta bort gnistskyddet. Märk sedan ut rotorarmens position i förhållande till fördelaren för att underlätta återmonteringen. Alternativt (eller om en rotorarm ska monteras), ställ in motorn till ÖD på cylinder nr 1, så att rotorarmen pekar mot inskärningen på fördelardosan. Skruva loss de tre skruvarna och ta bort rotorarmen **(se bilder)**.

Montering

6 Monteringen sker i omvänd ordningsföljd mot demonteringen. Se till att tändkablarna sitter fästa med klämmorna och att de inte kommer i kläm när locket monteras.

7 Tändsystemets givare/ sensorer - demontering och montering

Varvtalsgivare

Demontering

1 Varvtalsgivaren är placerad ovanpå balanshjulskåpan.

2 Följ givarens kablage från givaren och koppla loss det vid anslutningskontakten.

3 Ta bort givarens fästbult och dra bort givaren från fästbygeln på balanshjulskåpan **(se bild)**.

Montering

4 Montera tillbaka i omvänd ordning mot demonteringen.

Knacksensorer

Demontering

5 De två knacksensorerna är placerade på motorblockets främre sida, under insugsgrenröret.

6 Se kapitel 4A och ta bort insugsgrenröret.

7 Koppla loss kontaktdonet från den främre eller bakre knacksensorn, vad som är tillämpligt.

8 Skruva loss fästbulten och ta bort sensorn **(se bild)**.

Montering

9 Placera sensorn på motorblocket och sätt i och dra åt fästbulten till angivet moment. Håll den främre sensorn (närmast kamremmen) och dess kontaktdon rakt åt höger, och den bakre sensorn med kontaktdon snett ner åt höger när bulten dras åt.

10 Montera insugsgrenröret enligt beskrivningen i kapitel 4A.

Kamaxelgivare

Demontering

11 På tidigare modeller är kamaxelgivaren placerad på topplockets bakre, vänstra sida och den verkar från avgaskamaxeln. På senare modeller sitter givaren monterad vid insugskamaxeln.

12 Följ givarens kablage från givaren och koppla loss det vid anslutningskontakten **(se bild)**.

13 På tidigare modeller, skruva loss de två skruvarna och lirka ut givaren från sin plats på

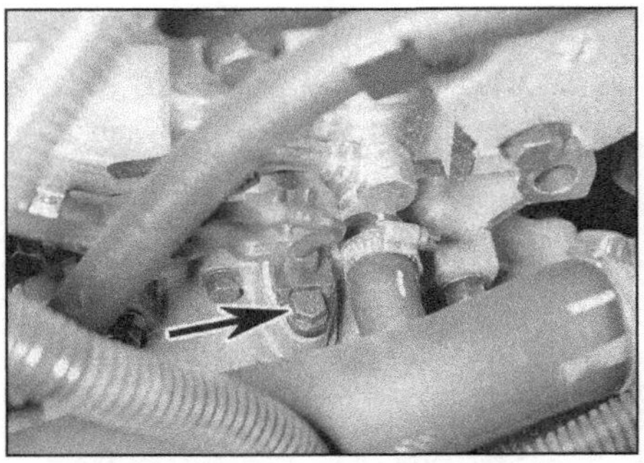

7.3 Varvtalsgivarens placering och dess fästbult (vid pilen)

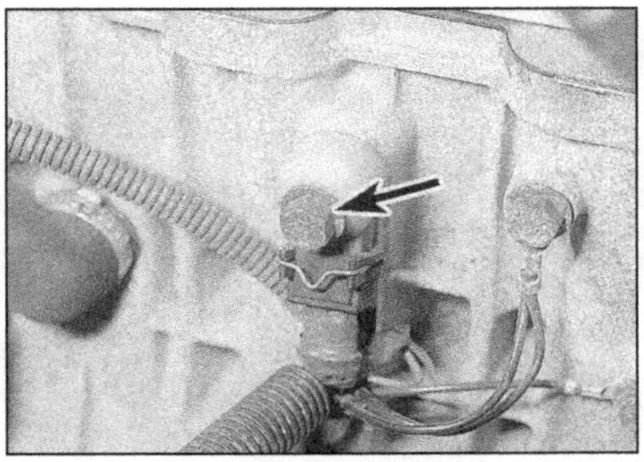

7.8 Den bakre knacksensorns placering och fästbult (vid pilen)

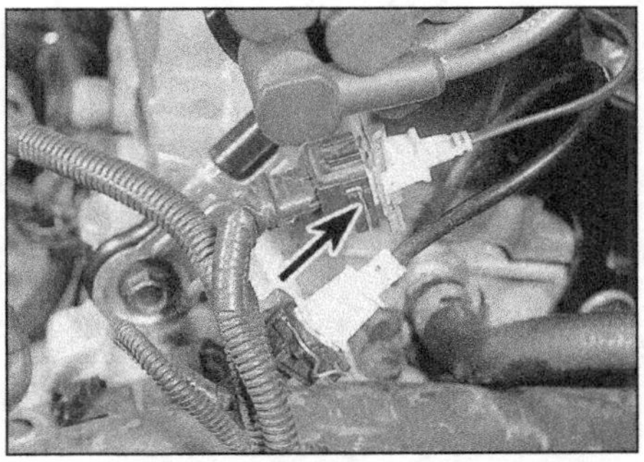

7.12 Kamaxelgivarens anslutningskontakt (vid pilen) - tidigare modeller

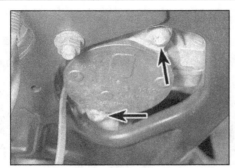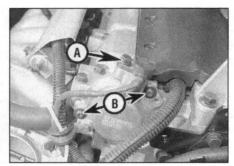

7.13 Kamaxelgivarens fästskruvar (vid pilarna) - tidigare modeller

7.14 Kamaxelgivarens fästbult (A) och ändkåpans skruvar (B) - senare modeller

topplocket, bakom fästbygeln till motorns tvärstag **(se bild)**.

14 På senare modeller, skruva loss fästbulten och lyft ut kamaxelgivaren från insugs-kamaxeln. Skruva loss de två skruvarna och ta loss kamaxelns ändkåpa om det behövs **(se bild)**.

Montering

15 Montera tillbaka i omvänd ordningsföljd mot demonteringen.

Temperaturgivare för kylvätska

16 Se kapitel 3, avsnitt 6.

Bilens hastighetsgivare

17 Se kapitel 12, avsnitt 7.

Gasspjällets lägesgivare

18 Se kapitel 4A, avsnitt 10.

---

8 Elektronisk styrenhet (ECU) – demontering och montering

Observera: *Bränsle- och tändsystemets elektroniska styrenheter tillsammans med automatväxellådans elektroniska styrenhet (i förekommande fall), sitter alla i ECU-boxen framme till höger i motorrummet, framför* kylsystemets expansionskärl. Observera att det endast är systemet LH3.2-Jetronic/EZ-129 K som har en separat styrenhet för tändningen.

Demontering

1 Se till att tändningen är avstängd.

2 Rengör ovansidan av locket till ECU-boxen så att inte smuts faller ner i boxen när locket tas bort. Lossa haken på sidan av locket, lyft bort locket och lägg det åt sidan.

3 Dra låsarmen ovanpå ECU framåt och ta loss ECU. Tändsystemets ECU är placerad i boxens första urtag, närmast motorn.

Montering

4 Placera den ECU i boxen och anslut den till kontaktdonetdonet i nederdelen.

5 Tryck ner låsarmen för att fästa ECU och sätt tillbaka locket.

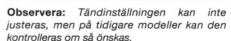

9 Tändinställning – kontroll

Observera: *Tändinställningen kan inte justeras, men på tidigare modeller kan den kontrolleras om så önskas.*

1 Värm upp motorn till arbetstemperatur med luftkonditioneringen avstängd. Stäng av motorn och anslut en tändinställningslampa (stroboskop) enligt tillverkarens instruktioner.

2 Skruva loss fästbulten och ta bort den yttre kamremskåpan. Tändinställningmärkena (i förekommande fall) består av en skala på den inre kamremskåpan, ovanför insugskamaxel-drevet, samt av en svag linje på insugs-kamaxeldrevets kugg. Observera att flera senare modeller inte har någon tänd-inställningsmärkning över huvud taget.

3 Markera inskärningen på drevet och det önskade märket på tändinställningsskalan med vit färg eller liknande (se *Specifikationer* för lämpliga värden).

4 Kör motorn i tomgångshastighet och lys med tändinställningslampan på tänd-inställningsskalan. Det kommer att se ut som om inskärningen i drevet står still och (om inställningen är korrekt) att det är i linje med det aktuella märket på tändinställningsskalan. *Varning: Se till att inte elkablar, lösa kläder eller långt hår fastnar i kamremmen eller drivremmen.*

5 Stäng av motorn, koppla loss tänd-inställningslampan och montera kamrems-kåpan.

6 Om tändinställningen är felaktig är troligen varvräknaren, bränsle-/tändsystemets ECU eller tillhörande kablage defekt (se avsnitt 3).

Kapitel 6
Koppling

Innehåll

Svårighetsgrader

Enkelt, passar novisen med lite erfarenhet	Ganska enkelt, passar nybörjaren med viss erfarenhet	Ganska svårt, passar kompetent hemmamekaniker	Svårt, passar hemmamekaniker med erfarenhet	Mycket svårt, för professionell mekaniker

Specifikationer

Allmänt
Kopplingstyp . . . . Enkel torrlamell, tallriksfjäder, hydraulisk verkan

Lamell
Diameter:
  B5204 T3, B5234 T och B5254 T motorer . . . . 241 mm
  Alla övriga motorer . . . . 230 mm

Tryckplatta
Högsta tillåtna skevhet . . . . 0,2 mm

Åtdragningsmoment
	Nm
Huvudcylinderns fästmuttrar	25
Tryckplattans fästbultar	25
Urtrampningslagrets och slavcylinderns fästbultar (senare modeller)	10

1 Allmän information

På alla modeller med manuell växellåda finns en koppling med enkel torrlamell och tallriksfjäder monterad. Kopplingen styrs hydrauliskt via en huvud- och en slavcylinder. På tidiga modeller satt slavcylindern monterad externt på växellådshuset, med ett separat urtrampningslager anslutet till urtrampningsgaffeln. Senare modeller har en internt monterad slavcylinder kombinderad med ett urtrampningslager i en enda enhet.

Kopplingens huvudkomponenter består av tryckplattan, lamellen och urtrampningslagret. Tryckplattan sitter fastbultad vid svänghjulet med lamellen fastklämd emellan. Lamellens centrum har spår som hakar i spårningen på växellådans ingående axel. Urkopplingslagret aktiverar fingrarna på tryckplattans tallriksfjäder.

När motorn går och kopplingspedalen

släpps upp, klämmer tallriksfjädern samman tryckplattan, lamellen och svänghjulet. Drivkraft överförs via friktionsytorna på svänghjulet och tryckplattan till lamellens belägg, och på så sätt till växellådans ingående axel.

På tidiga modeller gäller att när kopplings-pedalen trycks ner överförs pedalrörelserna hydrauliskt till urtrampningsgaffeln. Gaffeln flyttar i sin tur lagret så att det trycker mot tallriksfjäderns fingrar. På senare modeller sitter slavcylindern i urtrampningslagret, och när slavcylindern aktiveras flyttas lagret mot tallriksfjäderns fingrar. När fjädertrycket på tryckplattan släpps roterar svänghjulet och tryckplattan utan att röra lamellen. När pedalen släpps upp återtas fjädertrycket och drivkraften ökar gradvis.

Kopplingens hydraulsystem består av en huvudcylinder och en slavcylinder samt tillhörande rör och slangar. Oljebehållaren delas med bromshuvudcylindern.

Slitage lamellens belägg kompenseras automatiskt av hydraulsystemets kompon-enter, och inga justeringar är nödvändiga.

2 Kopplingspedal – demontering och montering

Demontering

1 Koppla loss batteriets minusledare.
2 Ta bort klädselpanelen under instrument-brädan på förarsidan genom att skruva ut skruven och dra ut panelen från urtagen vid överdelen. Koppla loss anslutningskontakten från fotbrunnsbelysningen (se bilder).
3 Vik undan mattan och lossa klämman som håller fast huvudcylinderns tryckstång vid kopplingspedalen (se bild).
4 Håll fast pedalen för att hindra den att röra sig uppåt av fjädertrycket. Ta sedan loss

tryckstången från pedalen. Tryck ner pedalen och koppla loss hjälpfjädern från pedalen.
5 Dra ut pedalens låsring och dra loss pedalen från pivåaxeln (se bild).
6 Kontrollera pivåbussningarnas skick och byt ut dem om det behövs.

Montering

7 Monteringen sker i omvänd ordning mot demonteringen. Applicera fett på pedal-bussningarna och fäst pedalen med en ny låsring om den gamla är skadad eller sliten.

3 Kopplingens huvudcylinder – demontering och montering

⚠ **Varning: Hydraulolja är giftigt!** Tvätta noggrant bort oljan omedelbart vid hudkontakt och sök omedelbar läkarhjälp om olja sväljs eller hamnar i ögonen. Vissa typer av hydraulolja är eldfarliga och kan antändas när de kommer i kontakt med heta komponenter. När service utförs på ett hydraulsystem är det alltid säkrast att utgå från att oljan ÄR eldfarlig och att vidta

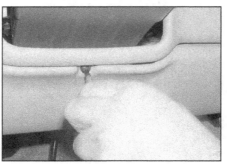
2.2a Skruva loss skruven . . .

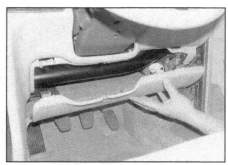
2.2b . . . dra ut den nedre panelen på förarsidan . . .

2.2c . . . och koppla loss kontakten från fotbrunnsbelysningen

brandsäkerhetsåtgärder på samma sätt som vid hantering av bensin. Hydraulolja är dessutom ett effektivt färgborttagnings-medel som angriper många plaster. Om den spills måste den spolas bort med stora mängder rent vatten. Hydraulolja är också hygroskopisk (den absorberar luftens fuktighet) och gammal olja kan vara förorenad och oduglig för användning. Vid påfyllning eller byte ska alltid rekom-menderad typ användas och den måste komma från en nyligen öppnad förseglad förpackning.

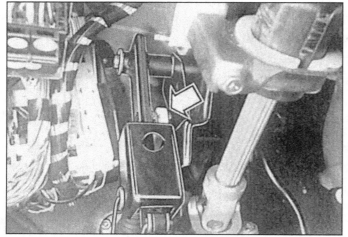
2.3 Huvudcylinderns fästklämma mellan tryckstången och kopplingspedalen (vid pilen)

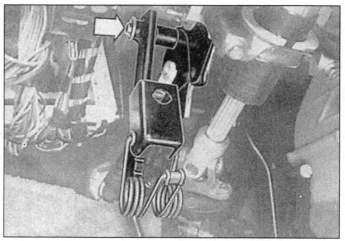
2.5 Dra ut pedalens låsring (vid pilen) och dra loss pedalen från axeln

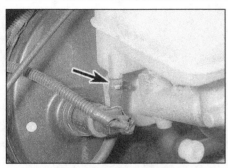

3.3 Koppla loss vätskematarslangen (vid pilen) från behållaren

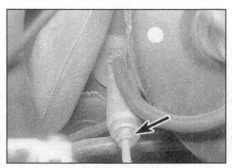

3.4 Skruva loss röranslutningen (vid pilen) från änden av huvudcylindern

4.2 Dra loss slavcylinderns låsring (vid pilen)

Observera: *Huvudcylinderns inre komponenter går inte att köpa separat och huvudcylindern kan inte repareras eller renoveras. Om hydraulsystemet är defekt eller om det finns tecken på oljeläckage på eller runt huvudcylindern eller kopplingspedalen ska enheten bytas ut.*

Demontering

1 Koppla loss batteriets minusledare.
2 Demontera luftrenaren enligt beskrivningen kapitel 4A.
3 Koppla loss vätskematarslangen från bromshuvudcylinderns behållare **(se bild)**. Var beredd med en behållare och trasor för att fånga upp oljespillet.
4 Skruva loss hydraulrörets anslutning från änden av kopplingens huvudcylinder, eller lyft upp fjäderklämman och koppla loss snabb-kopplingen **(se bild)**. Var beredd på ytterligare oljespill. Täck den öppna röranslutningen med en bit plastfolie och ett gummiband för att hindra smuts från att tränga in.
5 Ta bort klädselpanelen under instrument-brädan på förarsidan genom att skruva ut skruven och dra ut panelen från urtagen vid överdelen. Koppla loss anslutningskontakten från fotbrunnsbelysningen.
6 Vik undan mattan och lossa klämman som håller fast huvudcylinderns tryckstång vid kopplingspedalen.
7 Håll fast pedalen för att hindra den att röra sig uppåt av fjädertrycket. Ta sedan loss tryckstången från pedalen. Tryck ner pedalen och koppla loss hjälpfjädern från pedalen.
8 Skruva loss de två muttrar och bultar som håller fast huvudcylindern vid torpedväggen.
9 Ta bort huvudcylindern från motorrummet. Var noga med att inte droppa olja på lacken.

Montering

10 Monteringen sker i omvänd ordningsföljd. Tänk på följande:
   a) *Om en ny huvudcylinder ska monteras, flytta över oljematarslangen från den gamla cylindern till den nya före monteringen.*
   b) *Om hydraulrörsanslutningen är av snabbkopplingstyp ska en ny O-ring monteras på skarvdonet. Om inte, dra åt anslutningsmuttern ordentligt.*

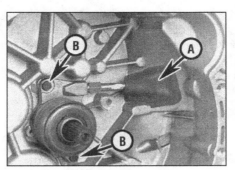

4.4 Slavcylinderns gummidamask (A) och fästbultar (B)

   c) *Dra åt huvudcylinderns fästmuttrar till angivet moment.*
   d) *Avsluta med att lufta kopplingens hydraulsystem (avsnitt 5).*

4 Kopplingens slavcylinder – demontering och montering

Observera 1: *Slavcylinderns inre komponenter går inte att köpa separat och det går inte att reparera eller renovera slavcylindern. Om det blir fel på hydraulsystemet eller om vätskeläckage uppstår, måste enheten bytas.*
Observera 2: *Läs varningen i början av avsnitt 3 innan arbetet påbörjas.*

Demontering

Extern slavcylinder (tidiga modeller)

1 Skruva loss hydraulrörsanslutningen på änden av slavcylindern och dra ut röret försiktigt. Var beredd med en behållare och trasor för att fånga upp oljespillet. Täck den öppna röranslutningen med en bit plastfolie och ett gummiband för att hindra smuts från att tränga in.
2 Dra loss slavcylinderns låsring och dra ut enheten från växellådan **(se bild)**.

Intern slavcylinder (senare modeller)

3 Demontera växellådan enligt beskrivningen i kapitel 7A. Den interna slavcylindern kan inte demonteras med växellådan på plats.

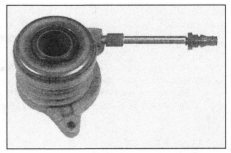

4.6 Slavcylindern och urtrampningslagret demonterade

4 Lossa gummitätningen från växellådan och dra den inåt längs röret **(se bild)**.
5 På framsidan av växellådan, dra ut låsklämman som håller fast slavcylinderns yttre delar (bl.a. luftningsskruven) och skilj enheten från det inre röret.
6 Skruva loss de två fästbultar som håller fast cylinder och urtrampningslagret vid växellådan och ta bort dem. Mata in vätskeröret genom öppningen i växellådan **(se bild)**.

Montering

7 Monteringen sker i omvänd ordningsföljd. Tänk på följande:
   a) *Dra åt urtrampningslagrets fästbultar till angivet moment.*
   b) *Om röranslutningar av snabbkopplingstyp används rekommenderar Volvo att nya tätningar används vid återmonteringen.*
   c) *Om växellådan demonterats, montera tillbaka den enligt beskrivningen i kapitel 7A.*
   d) *Avsluta med att lufta kopplingens hydraulsystem (avsnitt 5).*

5 Kopplingens hydraulsystem – luftning

Observera: *Se varningen i början av avsnitt 3 innan arbetet påbörjas.*
1 Fyll på oljebehållaren på bromshuvud-cylindern med ren olja av angiven typ (se *Veckokontroller*).

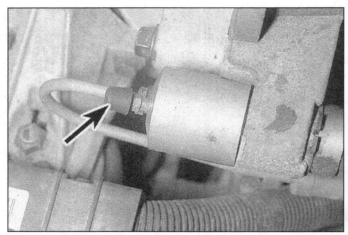

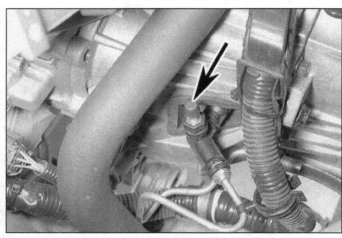

5.2a Extern slavcylinders luftningsskruv och dammskydd (vid pilen)

5.2b Luftningsskruv (vid pilen) på intern slavcylinder

2 Ta bort dammskyddet och montera en genomskinlig slang över luftningsskruven på slavcylindern **(se bilder)**. Placera den andra änden av slangen i en burk med lite hydraulolja i.

3 Lossa luftningsskruven och låt sedan en medhjälpare trycka ner kopplingspedalen. Dra åt luftningsskruven när pedalen tryckts ner. Låt medhjälparen släppa pedalen och lossa sedan luftningsskruven igen.

4 Upprepa proceduren tills ren olja utan luftbubblor kommer ut från luftningsskruven. Dra åt skruven när pedalen befinner sig längst ner och ta bort slangen och burken. Sätt tillbaka dammskyddet.

5 Fyll på hydrauloljebehållaren.

6 Speciell luftningsutrustning kan också användas. Se informationen i kapitel 9, avsnitt 2.

6 Koppling – demontering, kontroll och montering

⚠️ **Varning: Dammet från kopplingsslitage som lagrats på komponenterna kan innehålla hälsovådlig asbest. BLÅS INTE bort dammet med tryckluft och ANDAS INTE in det. ANVÄND INTE bensin eller bensinbaserade lösningsmedel för att tvätta bort dammet. Rengöringsmedel för bromssystem eller T-sprit bör användas för att spola ner dammet i en lämplig behållare. När kopplingens komponenter har torkats rena med trasor måste trasorna och det använda rengöringsmedlet kastas i en tät, märkt behållare.**

Demontering

1 Det går att komma åt kopplingen på två sätt. Antingen kan motorn/växellådan demonteras som en enhet enligt beskrivningen i kapitel 2B, och växellådan sedan tas bort från motorn, eller så kan motorn lämnas kvar i bilen och växellådan demonteras separat enligt beskrivningen i kapitel 7A.

2 När växellådan skilts från motorn, skruva loss kopplingstryckplattans bultar i diagonal ordningsföljd. Lossa bultarna bara ett par varv i taget. Svänghjulet kan spärras på följande sätt för att det inte ska kunna rotera medan bultarna skruvas loss. Haka fast en skruvmejsel i startkransens kuggar och fäst den mot ett av motorns/växellådans styrstift. Alternativt kan ett låsverktyg tillverkas av metallskrot.

3 Lossa kopplingstryckplattan från dess styrstift. Var beredd på att fånga upp lamellen som kommer att falla ut så snart tryckplattan tas bort. Notera åt vilket håll lamellen är monterad.

4 Det är viktigt att inte olja eller fett kommer i kontakt med friktionsmaterialet eller tryckplattans och svänghjulets ytor vid kontrollen och återmonteringen.

Kontroll

5 Med kopplingen demonterad, torka bort allt asbestdamm med en torr trasa. Detta bör göras utomhus eller i ett välventilerat utrymme, eftersom asbestdamm är farligt och inte får andas in.

6 Undersök lamellens belägg och leta efter tecken på slitage och lösa nitar. Undersök fälgen efter skevhet, sprickor, trasiga fjädrar och slitna räfflor. Lamellytorna kan vara blankslitna, men så länge friktionsbeläggets mönster syns tydligt är allt som det ska.

7 Om en sammanhängande eller fläckvis svart, blank missfärgning förekommer är lamellen nedsmutsad med olja och måste bytas ut. Orsaken till nedsmutsningen måste spåras och åtgärdas. Orsaken kan vara en läckande oljetätning, på vevaxeln eller på växellådans ingående axel – eller både och.

8 Lamellen måste även bytas ut om beläggen slitits ner till nithuvudena eller strax över. Med tanke på hur många komponenter som måste demonteras för att det ska gå att komma åt lamellen, kan det vara en god idé att montera en ny lamell oberoende av den gamlas skick.

9 Undersök svänghjulets och tryckplattans slipade sidor. Om de är spåriga eller djupt repade måste de bytas. Under förutsättning att skadan inte är så allvarlig, kan svänghjulet demonteras enligt beskrivningen i kapitel 2A och tas till en verkstad som kan rengöra ytan maskinellt.

10 Tryckplattan måste bytas ut om den har synliga sprickor, om tallriksfjädern är skadad eller ger dåligt tryck, eller om tryckplattans yta har slagit sig för mycket **(se bild)**.

11 Med växellådan demonterad, kontrollera skicket på urtrampningslagret enligt beskrivningen i avsnitt 7.

Montering

12 Det rekommenderas att kopplingen monteras ihop med rena händer, och att tryckplattans och svänghjulets ytor torkas av med en ren trasa innan monteringen påbörjas.

13 Sätt lamellen på plats med den platta sidan mot svänghjulet, eller på det sätt som noterades vid demonteringen.

14 Sätt kopplingstryckplattan över styrstiften. Sätt tillbaka bultarna och dra åt dem med fingrarna så att lamellen hålls fast, men fortfarande kan röras.

15 Lamellen måste nu centreras så att spåren på växellådans ingående axel fäster i spåren i mitten av den lamellens nav när motorn och växellådan kopplas ihop.

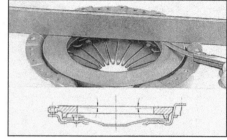

6.10 Kontrollera att tryckplattan är plan med en stållinjal och ett bladmått

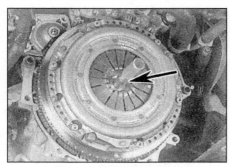

6.19 Lamellen centreras med ett kopplingscentreringsverktyg (vid pilen)

16 Centreringen kan göras ganska enkelt genom att en rundstång eller en lång skruvmejsel sticks in genom hålet i mitten av lamellen så att änden av verktyget vilar i hålet i änden av vevaxeln.

17 Använd detta som stödpunkt och rör verktyget i sidled eller upp och ner för att flytta kopplingslamellen i den riktning som krävs för centrering.

18 Det är enkelt att kontrollera centreringen genom att ta bort verktyget och bedöma placeringen av lamellens nav i förhållande till hålet i mitten av vevaxeln. När hålet är synligt precis i mitten av navet är centreringen korrekt.

19 En alternativ och mer korrekt centreringsmetod är att använda ett speciellt kopplingscentreringsverktyg som går att köpa i de flesta biltillbehörsaffärer **(se bild)**.

20 När kopplingen är centrerad, dra stegvis åt tryckplattans bultar i diagonal ordningsföljd till det åtdragningsmoment som anges i *Specifikationer*.

21 Motorn och/eller växellådan kan nu monteras tillbaka enligt beskrivningarna i relevanta kapitel i denna handbok.

7 Urtrampningslager – demontering, kontroll och montering

Demontering

1 Det går att komma åt urtrampningslagret på två sätt. Antingen kan motorn/växellådan demonteras som en enhet enligt beskrivningen i kapitel 2B och växellådan sedan tas bort från motorn, eller så kan motorn lämnas kvar i bilen och växellådan demonteras separat enligt beskrivningen i kapitel 7A.

Modeller med yttre slavcylinder

2 När växellådan är borttagen från motorn, demontera lagret från urtrampningsgaffeln. Dra sedan bort den från den ingående axelns styrhylsa.

3 Ta loss urtrampningsgaffelns dammdamask från balanshjulskåpan. Dra sedan bort gaffeln från pinnbulten.

Modeller med inre slavcylinder

4 Urtrampningslagret och slavcylindern är kombinerade i en enhet och kan inte separeras. Se instruktionerna för demontering av slavcylinder i avsnitt 4.

Kontroll

5 Kontrollera att lagret fungerar smidigt och byt ut det om det kärvar när det vrids. Det är en god idé att alltid byta lagret, oberoende av dess skick, när kopplingen genomgår översyn, med tanke på den mängd komponenter som måste demonteras för att det ska gå att komma åt lagret. På modeller med kombinerat urtrampningslager och slavcylinder finns det en möjlighet att fel uppstår på slavcylindern om ett nytt urtrampningslager inte monteras.

6 På modeller med extern slavcylinder, kontrollera även skicket på urtrampningsgaffelns dammdamask. Byt den om några tecken på slitage upptäcks.

Montering

Modeller med yttre slavcylinder

7 Monteringen av urtrampningslagret sker i omvänd ordning. Smörj urtrampningsgaffelns kulbult lätt med molybdendisulfidfett. Applicera inget fett på växellådans ingående axel, styrhylsan eller själva urtrampningslagret eftersom dessa komponenter har friktionsreducerande lager som inte behöver smörjas.

8 När lagret och urtrampningsgaffeln sitter på plats, fäst urtrampningsgaffeln till slavcylinderns tapp på balanshjulskåpan med en kabelklämma eller liknande, så att den hålls på plats när växellådan återmonteras.

Modeller med inre slavcylinder

9 Se avsnitt 4.

Anteckningar

Kapitel 7 Del A:
Manuell växellåda

Innehåll

Svårighetsgrader

Enkelt, passar novisen med lite erfarenhet	Ganska enkelt, passar nybörjaren med viss erfarenhet	Ganska svårt, passar kompetent hemmamekaniker	Svårt, passar hemmamekaniker med erfarenhet	Mycket svårt, för professionell mekaniker

Specifikationer

Allmänt

Växellådstyp .... Fem växlar framåt och en bakåt. Synkroinkoppling på alla växlar
Beteckning .... M56L, M56H, M58, M58L eller M59

Utväxling

	M56L och M58L	M56H, M58 och M59
1:a	3,38:1	3,07:1
2:a	1,90:1	1,77:1
3:e	1,19:1	1,19:1
4:e	0,87:1	0,87:1
5:e	0,70:1	0,70:1
Back	3,30:1	2,99:1
Slutväxelns utväxling	3,57:1, 3,77:1, 4,00:1, 4,25:1 eller 4,45:1, beroende på motortyp och modellår	

Smörjning

Smörjmedel .... Se slutet av *Veckokontroller* på sidan 0•16
Volym .... 2,1 liter

Åtdragningsmoment

	Nm
Backljuskontakt	25
Bultar mellan kryssrambalkens bakre fästbyglar och karossen	50
Bultar mellan motorns bakre fästbygel och växellådan	50
Bultar mellan växellåda och balanshjulskåpa	25
Bultar mellan växellåda och motor	48
Bultar till urtrampningslagrets styrhylsa	10
Hjulbultar	110
Kryssrambalkens främre och bakre fästbultar:*	
Steg 1	105
Steg 2	Vinkeldra ytterligare 120°
Krängningshämmarens klämbultar	50
Motorfästets muttrar/bultar	se kapitel 2A, Specifikationer
Motorns nedre stödfäste till växellåda:*	
Steg 1	35
Steg 2	Vinkeldra ytterligare 40°
Muttrar mellan styrväxel och kryssrambalk*	50
Oljepåfyllnings-/nivåplugg	35
Startmotorns fästbultar	40
Styrväxelns kollisionsskydd, bultar	80
Växelspakshusets bultar	25
Växelspakshusets tvärplåt, bultar	25

*Nya muttrar/bultar måste **alltid** användas*

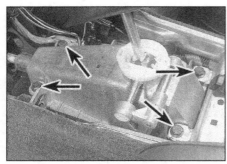

2.2 Växelspakshusets fästbultar (vid pilarna)

1 Allmän information

Den manuella växellådan och slutväxeln sitter i ett aluminiumhölje som är fastbultat direkt på vänster sida av motorn. Val av växel sker via en spak som styr växellådans väljarmekanism via vajrar.

Växellådans inre delar består av den ingående axeln, de övre och nedre överföringsaxlarna, samt slutväxeldifferentialen och väljarmekanismen. Den ingående axeln har de fasta 1:a, 2:a och 5:e växeldreven, de frikopplade 3:e och 4:e växeldreven och 3:e/4:e synkroenheten. Den övre överföringsaxeln har de frikopplade 5:e och backväxeldreven, 5:e/backsynkroenheten och ett slutväxeldrev. Den nedre överföringsaxeln har de fasta 3:e och 4:e växeldreven, de frikopplade 1:a, 2:a och backmellandreven, 1:a/2:a synkroenheten och ett slutväxeldrev.

Kraften från motorn överförs till den ingående axeln via kopplingen. Kugghjulen på den ingående axeln griper permanent in i dreven på de två överföringsaxlarna. När kraften överförs är det dock bara ett kugghjul i taget som verkligen är låst till sin axel, medan de andra är frikopplade. Valet av växel styrs av glidande synkroenheter. Växelspakens rörelser överförs till väljargafflar, som skjuter relevant synkroenhet mot den växel som ska läggas i och låser den till relevant axel. I friläge är ingen växel låst, utan alla är frikopplade.

Backväxeln läggs i genom att backdrevet

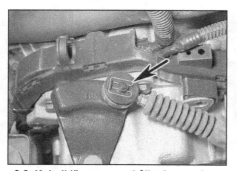

3.3 Kabelklämma som håller innervajern till väljararmen (vid pilen)

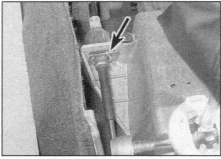

2.5 Fästklämma som håller yttervajern till huset (vid pilen)

låses till den övre överföringsaxeln. Kraften överförs genom den ingående axeln till backmellandrevet på den nedre överföringsaxeln, och sedan till backdrevet och slutväxeldrevet på den övre överföringsaxeln. Backen läggs alltså i genom att kraften överförs genom alla tre axlarna, istället för bara två som i framåtväxlarna. Genom att behovet av ett separat backöverföringsdrev eliminerats, kan synkroinkoppling även erbjudas till backväxeln.

2 Växelspakshus – demontering och montering

Demontering

1 Demontera mittkonsolen enligt beskrivningen i kapitel 11.
2 Skruva loss de fyra bultar som håller fast huset vid golvet **(se bild)**.
3 På senare modeller, skruva loss de två bultarna och lossa tvärplåten vid husets baksida från sidoförstärkningsbalkarna.
4 Lyft upp huset och bänd loss innervajrarnas kulleder från växelspakens bas och från länkplattan på sidan av huset.
5 Dra loss fästklämmorna som håller fast yttervajrarna vid huset **(se bild)** och ta bort hela enheten.

Montering

6 Monteringen sker i omvänd ordning mot demonteringen. Dra åt de fyra fästbultarna

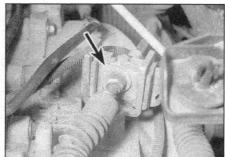

3.4 Fästklämma som håller yttervajern till växellådans fästbygel (vid pilen)

och, i förekommande fall, tvärplätens bultar till angivet moment. Montera mittkonsolen enligt beskrivningen i kapitel 11.

3 Växelväljarvajrar – demontering och montering

Demontering

1 Koppla loss batteriets minusledare.
2 Demontera luftrenaren enligt instruktionerna i kapitel 4A.
3 Ta loss kabelklämman som håller fast innervajrarnas ändar vid växellådans väljararmar **(se bild)**. Ta loss brickorna och dra loss vajerändarna från spakarna.
4 Dra ut fästklämmorna **(se bild)** och lossa yttervajrarna från växellådans fästbyglar.
5 Demontera mittkonsolen enligt beskrivningen i kapitel 11.
6 Öppna handskfacket och skruva loss skruvarna som håller fast den övre kanten av instrumentbrädans nedre klädselpanel på passagerarsidan. Sänk ner panelen och koppla loss anslutningskontakten från fotbrunnsbelysningen.
7 Skruva loss skruvarna som håller fast mattans stödplatta mitt under instrumentbrädan på vänster sida. Vik tillbaka mattan så att stödplattan kan tas bort.
8 Skruva loss bultarna som fäster vajeringångens skyddsplåt vid torpedväggen.
9 Dra isär vänster luftkanal under instrumentbrädan.
10 Demontera växelspakshuset enligt beskrivningen i avsnitt 2.
11 Notera hur vajrarna dragits under instrumentbrädan, och i motorrummet, så att de kan monteras tillbaka korrekt. Lossa intilliggande delar om det behövs, dra sedan in vajrarna en i taget i passagerarutrymmet och ta bort dem.

Montering

12 Från insidan av bilen, mata försiktigt in vajrarna i motorrummet och se till att de dras rätt. Notera att vajern som sitter på växelspakshusets vänstra länkplatta, och själva länkplattan, är märkta med gul färg.
13 Återanslut vajrarna till växelspakshuset, och montera tillbaka huset enligt beskrivningen i avsnitt 2.
14 Återanslut luftkanalen, och montera sedan tillbaka vajeringångens skyddsplåt, mattans stödplatta och klädsel-/ljudisoleringspanelen.
15 Montera tillbaka mittkonsolen (se kapitel 11).
16 Anslut yttervajrarna till växellådans fästbyglar och innervajrarna till väljararmarna. Notera att den ytterste vajern (märkt med gul färg) ska anslutas till den vertikala väljararmen på sidan av växellådan (också märkt med gul färg).
17 Fäst yttervajrarna med fästklämmorna,

och innervajrarna med brickorna och låsringarna.
18 Montera tillbaka luftrenaren (kapitel 4A) och återanslut batteriet.

4 Oljetätningar – byte

Oljetätning till höger differentialdrev

1 Lossa det högra framhjulets bultar, lyft sedan upp framvagnen och ställ den på pallbockar (se *Lyftning och stödpunkter*). Demontera höger framhjul.
2 Demontera ABS-givaren från hjulspindeln och lossa givarnas kablage från fjäderbenets fästbygel.
3 Skruva loss bulten som fäster fästbygeln till bromsslangen och ABS-systemets kablage vid innerskärmen.
4 Ta bort stänkskyddet under motorn om det är tillämpligt.
5 Skruva loss muttern och ta bort klämbulten som fäster länkarmens spindelled vid hjulspindeln. Tryck ner länkarmen med ett kraftigt stag om det behövs, för att kunna lossa spindelledens chuck från hjulspindeln. Om spindelleden sitter hårt kan springan i hjulspindeln vidgas med ett stämjärn eller en stor skruvmejsel. Var noga med att inte skada spindelledens dammkåpa under och efter losskopplingen.
6 Skruva loss de två bultarna och ta loss kåpan från mellanaxelns bärlager.
7 Vrid fjäderbenet och styrspindeln utåt och dra ut mellanaxeln från växellådan. Flytta axeln åt sidan och lägg den på ett av styrväxelns vätskerör.
8 Med en stor skruvmejsel eller annat lämpligt bändverktyg, bänd försiktigt loss oljetätningen från växellådshuset, och se till att inte skada huset **(se bild)**.
9 Torka rent oljetätningens säte i växellådshuset.
10 Doppa den nya oljetätningen i ren olja, tryck sedan in den en liten bit i huset för hand och se till att den hamnar rakt.
11 Med ett passande rörstycke eller en stor hylsnyckel, driv försiktigt oljetätningen helt på plats tills den ligger jäms med husets kant.
12 Montera tillbaka drivaxeln i omvänd ordningsföljd mot demonteringen. Dra åt alla muttrar och bultar till angivet moment enligt beskrivningen i kapitel 8, 9 eller 10 (efter tillämplighet). Se till att ABS-givaren och givarens plats i hjulspindeln är helt rena före återmonteringen.

Oljetätning till vänster differentialdrev

13 Utför de åtgärder som beskrivs ovan i punkt 1 till 5.
14 Sväng fjäderbenet och hjulspindeln utåt, och lossa den inre drivknuten från växellådan

4.8 Bänd loss oljetätningen

genom att bända mellan knutens kant och växellådshuset med en stor skruvmejsel eller liknande. Dra ut knuten ur växellådan, och lägg drivaxeln på kryssrambalken.
15 Utför de åtgärder som beskrivs ovan i punkt 8 till 11.
16 Montera tillbaka drivaxeln i omvänd ordningsföljd mot demonteringen. Se till att den inre drivknuten är helt inskjuten i växellådan så att låsringen låses fast i differentialdrevet. Dra åt alla muttrar och bultar till angivet moment enligt beskrivningen i kapitel 8, 9 eller 10 efter tillämplighet. Se till att ABS-givaren och givarens plats i hjulspindeln är helt rena före återmonteringen.

Ingående axelns oljetätning

17 Demontera växellådan enligt beskrivningen i avsnitt 7.
18 Demontera urtrampningslagret från urtrampningsgaffeln, och dra loss det från den ingående axelns styrhylsa.
19 Ta loss urtrampningsgaffelns dammdamask från balanshjulskåpan och dra bort urtrampningsgaffeln från pinnbulten.
20 Skruva loss de tre bultarna och ta bort styrhylsan från balanshjulskåpan.
21 Bänd loss den gamla oljetätningen från balanshjulskåpan och rengör dess säte.
22 Smörj den nya tätningen och sätt på den på balanshjulskåpan, med läpparna vända mot växellådssidan. Tryck den på plats med en hylsnyckel eller ett passande rörstycke.
23 Montera tillbaka urtrampningslagrets komponenter i omvänd ordning mot demonteringen, och smörj urtrampningsgaffelns

5.2 Backljuskontakt och kontaktdon (vid pilen)

pinnbult lätt med molybdendisulfidfett. Applicera inget fett på växellådans ingående axel, styrhylsan eller själva urtrampningslagret eftersom dessa komponenter har friktionsreducerande lager som inte behöver smörjas.
24 När lagret och urtrampningsgaffeln sitter på plats, fäst urtrampningsgaffeln till slavcylinderns tapp på balanshjulskåpan med en kabelklämma eller liknande, så att den hålls på plats när växellådan återmonteras.
25 Montera tillbaka växellådan enligt beskrivningen i avsnitt 7.

5 Backljuskontakt – demontering och montering

Demontering

1 Backljuskontakten sitter ovanpå växellådan, mellan de två växelväljararmarna.
2 Rengör runt kontakten, koppla loss kontaktdonet **(se bild)** och skruva loss kontakten.

Montering

3 Monteringen sker i omvänd ordning mot demonteringen.

6 Manuell växellåda – avtappning och påfyllning av olja

Observera: *Byte av växellådsoljan behöver inte utföras vid normal service, och är bara nödvändigt om växellådan ska demonteras för renovering eller byte. Om bilen dock har gått långt, eller arbetat under tung belastning under lång tid (t.ex. för bogsering eller som taxi), kan det vara en god idé att byta olja för säkerhets skull, särskilt om växlarna har börjat kärva.*

Avtappning

1 Lyft upp framvagnen och ställ den på pallbockar (se *Lyftning och stödpunkter*). Ställ en lämplig behållare under växellådan.
2 Påfyllnings/nivåpluggen och dräneringspluggen sitter på vänster sida av växellådshuset. Skruva loss avtappningspluggen (den nedre pluggen) och låt oljan rinna ut i behållaren **(se bilder på nästa sida)**.
3 När all olja har runnit ut, sätt tillbaka avtappningspluggen och dra åt den ordentligt.

Påfyllning

Observera: *För att nivåkontrollen ska vara noggrann måste bilen stå helt plant. Om framvagnen har lyfts upp, bör även bakvagnen lyftas.*
4 Torka rent runt påfyllnings-/nivåpluggen och skruva loss pluggen från huset.
5 Fyll växellådan genom påfyllningspluggens hål med rätt typ av olja tills den börjar rinna ut ur hålet.

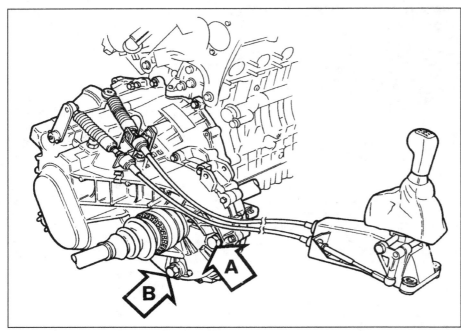

6.2a Växellådans påfyllnings-/nivåplugg (A) och avtappningsplugg (B)

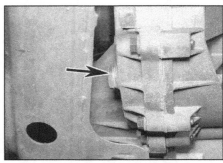

6.2b Växellådans oljeavtappningsplugg (vid pilen) - sett underifrån

6 Kontrollera oljenivån enligt beskrivningen i kapitel 1, avsnitt 9, och ge oljenivån ordentligt med tid att stabiliseras.

7 Lämna den gamla oljan till en miljöstation.

7 Manuell växellåda – demontering och montering

Observera: *Motorn måste på något sätt lyftas ovanifrån så att kryssrambalken kan kopplas loss på vänster sida. Det bästa sättet att stödja motorn är med ett stag fäst i motorhuvskanalerna, försett med en lämpligt placerad justerbar krok. Garagedomkrafter behövs också under hela momentet, samt assistans från en medhjälpare.*

Demontering

1 Vrid ratten och hjulen så att de pekar rakt framåt. Lossa rattstångens justerare och tryck ratten inåt och uppåt så långt det går. Lås den i detta läge.

2 Ställ växelspaken i friläge.

3 Tappa av växellådsoljan enligt beskrivningen i avsnitt 6. Detta är inte absolut nödvändigt, men det eliminerar en eventuell risk för oljeläckage när drivaxlarna demonteras, eller när växellådan tas bort från bilen.

4 Demontera batteriet enligt instruktionerna i kapitel 5A. Skruva sedan loss bultarna och ta bort batteriplattan.

5 Demontera luftrenaren enligt instruktionerna i kapitel 4A, samt alla relevanta insugskanaler runt vänster sida av motorn.

6 Dra loss kabelklämman som håller innervajrarnas ändar vid växellådans

växelväljararmar Ta loss brickorna och dra loss vajerändarna från armarna.

7 Dra ut fästklämmorna och lossa yttervajrarna från växellådans fästbyglar.

8 Knacka ut fäststiftet och demontera den vertikala växelväljararmen på änden av växellådan.

9 Koppla loss kontaktdonet från backljuskontakten.

10 På modeller med turbo, demontera kåpan över gasspjällhuset och koppla loss luftintagsröret från gasspjällhuset. Flytta röret åt sidan och fäst det med en kabelklämma. Koppla även loss oljekylarens övre slang från motoroljekylaren.

11 Dra loss låsringen och dra ut kopplingens slavcylinder (eller slavcylinderns matningsrör) från växellådan. Var beredd med en behållare och trasor för att fånga upp oljespillet. Täck den öppna röranslutningen med en bit plastfolie och ett gummiband för att hindra smuts från att tränga in.

12 Koppla loss jordledningen från växellådans framsida och kabelhärvans fästklämma (klämmor).

13 Demontera startmotorn enligt instruktionerna i kapitel 5A.

14 Lyft bort kylvätskans expansionskärl från fästet och flytta det åt sidan.

15 Om bilen är utrustad med avgasåterföring (EGR), koppla loss slangarna vid EGR-systemets styrenhet ovanför kylaren.

16 Skruva loss muttern och ta loss bulten som håller fast motorns övre stödstag vid fästbygeln på motorn **(se bild)**. Observera att det behövs en ny mutter och bult vid monteringen.

17 Skruva loss jordledningens fästbult på torpedväggen, intill stödstagets karossfäste.

18 Skruva loss alla fästbultar mellan växellådan och motorn som går att komma åt ovanifrån.

19 Se kapitel 8. Ta bort vänster drivaxel helt och ta bort höger drivaxel från växellådan men lämna den fäst vid hjulspindeländen.

20 I förekommande fall, demontera stänkskyddet under kylaren och det stora stänkskyddet under motorn.

21 Ta bort klämmorna och ta loss röret (rören) under kryssrambalkens främre del.

22 Klipp försiktigt av kabelklämmorna och lyft bort kolfiltret från vänster sida av kryssrambalken. Håll kolfiltret ur vägen för kryssrambalken med hjälp av ett kabelfäste.

23 Lossa avgassystemet från fästet på katalysatorns baksida.

24 Skruva loss styrväxelrörets fästklämbultar framtill och baktill på kryssrambalken.

25 Skruva loss de två bultarna som fäster motorns nedre stödstag vid växellådan **(se bild)**.

26 Se anmärkningen i början av detta avsnitt. Stöd motorn ovanifrån och justera stödet så att motorfästena precis avlastas.

27 Skruva loss bulten som fäster motorns främre fäste vid kryssrambalken.

28 Lossa bulten som fäster motorns bakre fäste vid styrväxeln. Skruva sedan loss de fem muttrarna som fäster styrväxeln vid kryssrambalken. Observera att nya muttrar kommer att behövas vid monteringen.

29 Placera en stadig garagedomkraft under

7.16 Demontera motorns övre stödstag från dess fästbygel

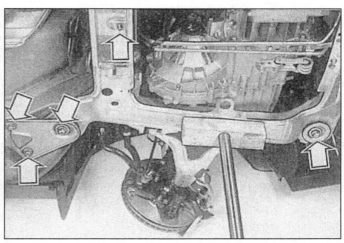

7.25 Bultar som håller motorns nedre stödstagsfästbygel till växellådan (vid pilarna)

7.30 Kryssrambalkens vänstra fästen och styrväxelns fäste (vid pilarna)

kryssrambalkens vänstra sida så att den har kontakt med kryssrambalken. Se till att motorn stöds ordentligt ovanifrån.

30 Skruva loss de två bultar på var sida som håller fast kryssrambalkens bakre fästbyglar vid karossen (se bild).

31 Lossa kryssrambalkens två fästbultar på högersidan ungefär 15 mm. Observera att nya bultar kommer att behövas vid monteringen.

32 Skruva loss kryssrambalkens två fästbultar på vänster sida. Ta vara på fästbygeln när den bakre bulten tas bort. Observera att nya bultar kommer att behövas vid monteringen.

33 Sänk ner domkraften försiktigt och låt kryssrambalken sänkas ungefär 100 mm på vänster sida. Se till att styrväxelns fästbultar inte är i vägen för kryssrambalken när den sänks.

34 Sänk ner domkraften helt och låt kryssrambalken hänga fritt från fästena på höger sida.

35 Fäst vänster sida av styrväxeln på ett lämpligt ställe på underredet med kraftig ståltråd.

36 Skruva loss muttern och bulten och ta bort motorns bakre fäste från styrväxeln och växellådans fästbygel.

37 Lossa lambdasondens kablage från den bakre motorfästbygelns kåpa. Ta bort kåpan. Ta sedan bort fästbygeln från växellådan.

38 Sänk ner motorn/växellådan med hjälp av motorlyften tills det finns tillräckligt med plats för att ta bort växellådan. Var noga med att inte sänka ner enheten för långt. Då kommer det främre avgasröret i vägen för styrväxeln. Se även till att röret till motoroljans mätsticka inte är i vägen för kylarfläkten och att inga slangar eller ledningar sitter i kläm.

39 Stöd växellådan ordentligt underifrån med hjälp av en garagedomkraft.

40 Skruva loss de återstående bultarna som fäster växellådan vid bilen. Dra växellådan rakt av från motorns styrstift, och se till så att inte vikten av växellådan vilar på den ingående axeln.

41 Sänk ner domkraften och ta bort växellådan från bilens undersida.

Montering

42 Fäst urtrampningsgaffeln vid slavcylinderns tapp på balanshjulskåpan med en slangklämma eller liknande, så att den hålls på plats när växellådan monteras tillbaka. Applicera inget fett på växellådans ingående axel, styrhylsan eller själva urtrampningslagret eftersom dessa komponenter har friktionsreducerande lager som inte behöver smörjas.

43 För växellådan rakt in på sin plats och fäst den med motorns styrhylsor. Montera tillbaka de nedre bultar som håller fast växellådan vid motorn och dra åt dem till angivet moment.

44 Hissa upp motorn i höjd med där den ska sitta. Montera den bakre motorfästbygeln och kåpan och fäst med de tre bultarna. Dra åt dem till angivet moment.

45 Montera motorns bakre fäste vid växellådans fästbygel och styrväxeln. Dra inte åt muttern och bulten helt i det här stadiet.

46 Fäst lambdasondens kablage vid fästbygelkåpan.

47 Lyft upp kryssrambalken till dess monterade position, och se till att styrväxelns bultar passar in på sina platser.

48 Montera kryssrambalkens nya fästbultar och bakre fästbygel och bultar på vänster sida. Dra åt kryssrambalkens bultar till angivet moment med en momentnyckel, och sedan till angiven vinkel med en vinkelmätare. Dra åt fästbygelbultarna till angivet moment.

49 Stöd kryssrambalkens högra sida med domkraften och ta bort de två bultarna som lossades tidigare från kryssrambalken. Sätt i de nya bultarna och de två fästbygelbultarna. Dra åt dem enligt beskrivningen i föregående punkt.

50 Fäst styrväxeln vid kryssrambalken med fem nya muttrar och dra åt dem till angivet moment.

51 Montera motorns främre fästbult. Dra sedan åt motorns främre och bakre fäste till angivet moment.

52 Montera tillbaka motorns nedre stödstagsfästbygel till växellåda. Dra åt bultarna till angivet moment, och sedan till angiven vinkel med en vinkelmätare.

53 Montera tillbaka styrväxelrörets fästklämbultar framtill och baktill på kryssrambalken och återanslut avgassystemets fäste.

54 Återanslut kolfiltret och rörklämmorna på kryssrambalkens framsida.

55 Montera tillbaka drivaxlarna enligt beskrivningen i kapitel 8.

56 Montera tillbaka stänkskyddet under kylaren och, om det är tillämpligt, under motorn.

57 Montera tillbaka startmotorn och alla de övre bultarna mellan växellådan och motorn. Dra åt bultarna till angivet moment.

58 Återanslut jordledningen till torpedväggen.

59 Fäst motorns övre stödstag i fästbygeln. Använd en ny mutter och bult. Dra åt till angivet moment. Vinkeldra sedan till angiven vinkel med hjälp av en vinkeldragningsmätare.

60 Återanslut slangarna till EGR-systemets styrenhet (om tillämpligt).

61 Återanslut jordledningen framtill på växellådan och kabelhärvans klämmor.

62 Montera tillbaka kopplingens slavcylinder (eller vätskematningsrör), och fäst med låsringen. Om en snabbkoppling används, sätt på en ny O-ring.

63 Montera tillbaka kylvätskans expansionskärl, oljekylarens slang och luftintagsröret (i förekommande fall). Återanslut backljuskontaktens kontaktdon.

64 Montera tillbaka växellådans växelväljararm och fäst den med fäststiftet.

65 Återanslut vajrarna. Notera att vajern med den gula markeringen ska anslutas till den yttre armen.

66 Montera tillbaka batteriplattan, batteriet, luftrenaren och insugskanalerna enligt beskrivningen i kapitel 4A och 5A.

67 Kontrollera växellådsoljans nivå och fyll på om det behövs (se avsnitt 6).

8 Manuell växellåda – renovering, allmän information

Att utföra en renovering av en manuell växellåda är ett svårt jobb för en hemmamekaniker. Det innebär isärtagning och hopsättning av många små delar och ett stort antal avstånd måste ställas in mycket exakt och eventuellt ändras med speciella mellanläggsbrickor och låsringar. Om problem med växellådan skulle uppstå kan alltså hela enheten demonteras och återmonteras av en kompetent hemmamekaniker, men en renovering bör överlåtas

till en växellådsspecialist. Det kan hända att det går att få tag i en renoverad växellåda – hör efter med reservdelsförsäljare, grossister eller växellådsspecialister. Hur som helst är den tid och de pengar som går åt till en översyn man utför själv säkerligen högre än kostnaden för en renoverad enhet.

Det är dock inte omöjligt för en mycket erfaren hemmamekaniker att renovera en växellåda, förutsatt att specialverktyg finns att tillgå och att arbetet utförs på ett metodiskt sätt så att ingenting glöms bort.

De verktyg som krävs för en renovering är inre och yttre låsringstänger, en lageravdragare, en hammare, en uppsättning pinndorn, en mätklocka och eventuellt en

hydraulpress. Dessutom krävs en stor, stadig arbetsbänk och ett skruvstäd eller växellådsställ.

Var noga med att notera var varje del sitter när växellådan demonteras, hur den sitter i förhållande till de andra delarna och hur den hålls fast.

Innan växellådan tas isär för reparation är det bra att känna till vilken del av växellådan det är fel på. Vissa problem kan höra nära samman med vissa delar av växellådan, vilket kan underlätta undersökningen och bytet av komponenter. Se avsnittet *Felsökning* i slutet av den här handboken för information om möjliga felkällor.

Kapitel 7 Del B:
Automatväxellåda

Innehåll

Svårighetsgrader

Enkelt, passar novisen med lite erfarenhet		Ganska enkelt, passar nybörjaren med viss erfarenhet		Ganska svårt, passar kompetent hemmamekaniker		Svårt, passar hemmamekaniker med erfarenhet		Mycket svårt, för professionell mekaniker	

Specifikationer

Allmänt

Typ	Datorstyrd med fyra växlar framåt och en backväxel, med momentomvandlarlås på de tre högsta växlarna
Beteckning	AW 50-42

Utväxlingar

1:a	3,61:1
2:a	2,06:1
3:e	1,37:1
4:e	0,98:1
Back	3,95:1
Slutväxel	2,54:1, 2,74:1, 3,10:1 eller 3,16:1 (beroende på motortyp och årsmodell)

Smörjning

Smörjmedelstyp	Se slutet av *Veckokontroller* på sidan 0•16
Volym:	
Avtappning och påfyllning	7,6 liter
Torr (inklusive momentomvandlare)	10,1 liter (ungefär)

Atdragningsmoment

	Nm
Bultar mellan momentomvandlare och drivplatta	35
Bultar mellan växellåda och balanshjulskåpa	25
Bultar mellan växellåda och motor	48
Hjulbultar	110
Kryssrambalkens bakre fästbyglar till karossen	50
Kryssrambalkens främre och bakre fästbultar:*	
Steg 1	105
Steg 2	Vinkeldra ytterligare 120°
Krängningshämmarens klämbultar	50
Motorfästets muttrar/bultar	se kapitel 2A, Specifikationer
Motorns bakre fästbygel till växellådan	50
Motorns nedre stödstagsfäste till växellåda:	
Steg 1	35
Steg 2	Vinkeldra ytterligare 40°
Muttrar mellan styrväxel och kryssrambalk*	50
Startmotorns fästbultar	40
Styrväxelns kollisionsskydd, bultar	80
Varvtalsgivarens bult	6
Vätsketemperaturgivare	25
Växellådans avtappningsplugg	40
Växelspakshusets bultar	25
Växelspakshusets tvärplåtsbultar	25
Växelväljarvajerns fästbygel till växellådan	25
Växelväljarvajerns ingångsskyddsplåt	6

*Nya muttrar/bultar måste **alltid** användas*

---

1 Allmän information

AW 50-42 är en datorstyrd helautomatisk fyrstegs växellåda med momentomvandlarlås på de tre högsta växlarna.

Enheten styrs av en elektronisk styrenhet (ECU) som tar emot signaler om växellådans arbetsförhållanden från olika givare. Information om motorparametrar skickas också till ECU från motorstyrningssystemet. Från dessa data kan ECU räkna ut optimala växlingshastigheter och låspunkter, beroende på vilken körstilsinställning som valts.

Kraften leds från motorn till växellådan via en momentomvandlare. Detta är en typ av hydraulisk koppling som under vissa förhållanden har en momentförstärkande effekt. Momentomvandlaren är mekaniskt låst till motorn, kontrollerat av ECU, när växellådan arbetar på de tre högsta växlarna. Detta eliminerar förluster till följd av slirning och förbättrar bränsleekonomin.

Växelspaken har sex lägen: P, R, N, D, 3 och L. I läge P är växellådan mekaniskt låst: Detta läge får bara läggas i när bilen står stilla. I läge R ligger backen i, i läge N ligger friläget i. I läge D sköts växlingen automatiskt. I läge 3 är fyrans växel blockerad, men resten av växlarna läggs i automatiskt. I läge L är bara ettans och tvåans växel tillgängliga.

Motorn kan bara startas i läge P, tack vare en säkerhetsfunktion som kallas Shiftlock (skiftlås). Med detta system kan startnyckeln bara tas ur tändningslåset om växelspaken står i läge P. När bilen startas igen kan växelspaken bara flyttas från läge P när tändningsnyckeln vridits till läge II. Om det behövs, kan skiftlåssystemet åsidosättas genom att tändningsnyckeln vrids till läge I och knappen till höger om och framför växelspaken trycks ner **(se bild)**.

De flesta modeller med automatväxellåda har en körstilsväljare, med reglaget/reglagen bakom växelspaken. Denna erbjuder antingen bara ett vinterläge (W), eller sport- (S), ekonomi- (E) och vinterläge (W) **(se bild)**. I sportläget väljs växel för maximala prestanda, medan ekonomiläget väljer en högre växel och aktiverar låsfunktionen så tidigt som möjligt för maximal bränsleekonomi. I vinterläget startar växellådan från stillastående på en högre växel än normalt, för att minska risken för att hjulen spinner loss vid halt väglag. Detta läge kan även användas till att begränsa växlingen i lägena D, 3 och L om vägförhållandena kräver mer direkt kontroll över växlingen.

En kickdownfunktion gör att växellådan växlar ner ett steg (beroende på motorvarvtal) när gaspedalen är helt nedtryckt. Detta är praktiskt om extra acceleration krävs. Kickdownfunktionen, som alla övriga funktioner i växellådan, styrs av ECU.

Det finns även en skiftlåsfunktion i växelspaksmekanismen på vissa modeller. Denna säkerhetsfunktion förhindrar att växelspaken flyttas när motorn står stilla, eller om tändningen slagits av med växelspaken i läge P.

Utöver styrningen av växellådan, innehåller ECU en inbyggd feldiagnosfunktion. Om ett fel uppstår på växellådan, blinkar en varningslampa på instrumentbrädan. ECU går till ett nödprogram som gör att två växlar framåt och

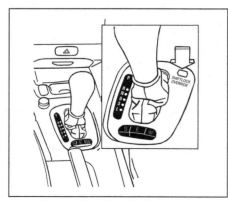

1.5 Knapp för åsidosättning av skiftlås (vid pilen)

1.6 Körstilsväljare

en bakåt alltid är tillgängliga, men växlarna måste bytas för hand. Om ett fel av denna typ uppstår, lagrar ECU en serie signaler (eller felkoder), som kan läsas och tolkas med speciell diagnosutrustning för snabb och noggrann feldiagnos (se avsnitt 11).

Automatväxellådan är en komplicerad enhet, men om den inte missköts är den tillförlitlig och långlivad. Reparationer och renoveringar är komplicerat för många verkstäder, för att inte tala om hemmamekaniker. Därför bör en specialist rådfrågas om problem uppstår som inte kan lösas med rutinerna som anges i detta kapitel.

2 Automatväxellåda – avtappning och påfyllning av olja

1 Byte av automatväxeloljan behöver inte utföras vid normal service, och är bara nödvändigt under följande förhållanden:
   a) *Om det inbyggda diagnossystemet har lagrat en felkod (se avsnitt 1 och 11).*
   b) *Om oljan är missfärgad eller luktar bränt på grund av att växellådan fått arbeta hårt under lång tid.*
   b) *Om bilen används till taxikörning eller släpvagnsbogsering under längre tid bör oljan bytas var 64 000:e km.*
2 Lyft upp framvagnen och ställ den på pallbockar (se *Lyftning och stödpunkter*).
3 Demontera stänkskyddet under kylaren och, i förekommande fall, det stora stänkskyddet under motorn.
4 Skruva loss avtappningspluggen på höger sida av huset, under och alldeles framför drivaxeln. Låt oljan rinna ut i en lämplig behållare. Sätt tillbaka och dra åt avtappningspluggen, med en ny tätning om det behövs.
Varning: Om bilen just har körts kan växellådsoljan vara mycket het
5 Montera tillbaka stänkskydden och sänk ner bilen.
6 Demontera batteriet och batteriplattan enligt instruktionerna i kapitel 5A.
7 Rengör oljekylarens returslangsanslutning på växellådan, koppla sedan loss slangen vid växellådsanslutningen. Plugga igen den öppna anslutningen på växellådan.
8 Anslut en genomskinlig plastslang till änden på oljekylarens returslang. Stick in slangen i avtappningsbehållaren.
9 Sätt tillfälligt tillbaka batteriplattan och batteriet.
10 Dra åt handbromsen och ställ växelspaken i läge P.
11 Häll 2,0 liter ny automatväxellådsolja av angiven typ i mätstickans rör.
12 Starta motorn och låt den gå på tomgång. Olja kommer att rinna ut i behållaren. Stanna motorn när bubblor syns i oljan.
13 Häll ytterligare 2,0 liter ny automatväxellådsolja av angiven typ i mätstickans rör.
14 Upprepa punkt 12, och ta bort batteriet

och batteriplattan. Ta bort plastslangen och återanslut oljekylarens returslang till växellådan.
15 Montera tillbaka batteriplattan och batteriet ordentligt.
16 Häll i ytterligare 2,0 liter ny automatväxellådsolja.
17 Starta motorn och låt den gå på tomgång. Flytta växelspaken till alla olika lägen, och vänta 4-5 sekunder i varje läge. Flytta tillbaka växelspaken till läge P. Vänta i två minuter och kontrollera sedan oljenivån enligt beskrivningen i kapitel 1, med COLD-markeringarna på mätstickan. Fyll på mer olja om det behövs.
18 Lämna den gamla oljan på en miljöstation (se *Allmänna reparationer*).
19 För en noggrannare kontroll av oljenivån måste växellådan och oljan vara vid arbetstemperatur. Nästa gång bilen har körts i mer än 30 minuter, kontrollera oljenivån igen med HOT-markeringarna på mätstickan, enligt beskrivningen i kapitel 1.

3 Växelväljarvajer – demontering, montering och justering

Demontering

1 Parkera bilen på plant underlag och demontera luftrenaren enligt instruktionerna i kapitel 4A.
2 Demontera batteriet och batteriplattan enligt instruktionerna i kapitel 5A.
3 I motorrummet, ta loss låsklämman och brickan som håller fast innervajern vid växellådans växelväljararm **(se bild)**.
4 Skruva loss de två muttrarna och ta bort brickorna (om sådana finns) som håller fast yttervajerns fästbygel vid växellådan. Lyft av fästbygeln från pinnbultarna och lossa innervajerns ände från väljararmen.
5 Demontera mittkonsolen enligt beskrivningen i kapitel 11.
6 Dra loss fästklämman som håller fast innervajern vid växelspaken, och klämman som håller fast yttervajern vid växelspakshuset.
7 Skruva loss skruvarna och ta bort klädsel-/ljudisoleringspanelen från instrumentbrädans undre vänstra sida.
8 Skruva loss skruvarna och ta loss mattans stödplatta mitt under instrumentbrädan på vänster sida. Vik undan mattan så att stödplattan kan tas bort.
9 Skruva loss bultarna som fäster vajeringångens skyddsplåt vid torpedväggen. Om det är tillämpligt, lossa skiftlåsvajern från växelväljarvajern.
10 Notera hur vajern dragits under instrumentbrädan och i motorrummet, så att den kan monteras tillbaka korrekt. Lossa eventuellt intilliggande delar om det behövs, och dra sedan in vajern i passagerarutrymmet och ta bort den.

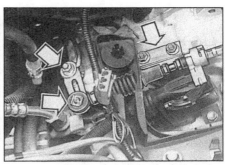

3.3 Inre växelvajerns låsklämma (nedre pilen) och den yttre vajerns fästbygelmuttrar (högra pilen)

Montering och justering

11 Från insidan av bilen, mata försiktigt in vajern i motorrummet och se till att den dras rätt.
12 Återanslut vajern till växelspaken och huset och fäst den med fästklämmorna.
13 Montera tillbaka vajeringångens skyddsplåt, mattans stödplatta och klädsel-/ljudisoleringspanelen.
14 Montera tillbaka mittkonsolen enligt beskrivningen i kapitel 11.
15 Ställ växelspaken i läge R. Se till att växelspakens och vajerns positioner inte rubbas under efterföljande operationer.
16 Flytta växelväljararmen på växellådan så långt fram det går till läget P. Kontrollera att P valts genom att släppa handbromsen och försöka rulla bilen. Växellådan ska vara låst. Dra åt handbromsen igen.
17 Flytta väljararmen på växellådan ett steg bakåt till R **(se bild)**.
18 Utan att rubba vajern eller väljararmen på växellådan, montera innervajern på väljararmen och montera yttervajerns fästbygel på växellådans pinnbultar. Fäst fästbygeln med muttrarna och brickorna (om det är tillämpligt), och dra åt muttrarna till angivet moment.
19 Sätt tillbaka låsklämman och brickan som

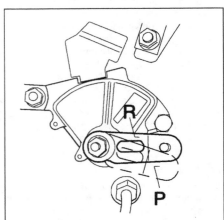

3.17 Flytta växelväljararmen framåt till (P) och sedan bakåt ett steg till (R)

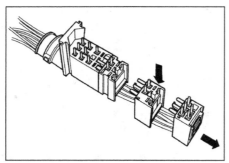

5.7 Dra isär huvudkontaktdonet för att komma åt varvtalsgivarens uttag och stift

håller fast vajern vid växellådans växelväljararm.

20 Kontrollera justeringen genom att flytta växelspaken till läget N. Utan att vidröra låsknappen, flytta spaken något framåt och sedan något bakåt. Det ska vara lite spel i båda riktningarna.

21 Avsluta med att montera tillbaka luftrenaren (kapitel 4A), batteriplattan och batteriet.

4 Växelspakshus – demontering och montering

Demontering

1 Koppla loss batteriets minusledare.
2 Fatta tag i växelspaksdamasken runt den inre fästklämman. Vrid damasken och klämman medurs 90° och dra damasken nedåt. Se till att fästklämman återgår till sin ursprungliga position efter att damasken släppts.
3 Lossa växelspaksknoppen från växelspaken genom att dra den kraftigt uppåt. Observera att det krävs avsevärd kraft för att få loss den.
4 Demontera mittkonsolen enligt instruktionerna i kapitel 11.
5 Ta loss fästklämman som håller fast innervajern vid växelspaken.
6 Ta loss fästklämman som håller fast yttervajern vid växelspakshuset.
7 Ta loss växelspakbelysningens lamphållare från nederdelen av indikatorpanelen.
8 Om det är tillämpligt, koppla loss skiftlåssolenoidens kontaktdon.
9 På senare modeller, skruva loss de två bultarna och lossa tvärplåten vid husets baksida från sidoförstärkningsbalkarna.
10 Skruva loss bultarna som håller fast huset vid golvet och ta bort det.

Montering

11 Monteringen sker i omvänd ordning mot demonteringen. När växelspaksknoppen sätts tillbaka, tryck in fästklämman något i damasken, och skjut sedan damasken över hakarna mot knoppens kant. Tryck upp fästklämman och se till att den hakar i knoppens hakar.

5 Varvtalsgivare – demontering och montering

Demontering

1 Demontera batteriet enligt instruktionerna i kapitel 5A.
2 Demontera luftrenaren och insugskanalerna enligt beskrivningen i kapitel 4A.
3 Demontera batteriplattan och lossa luftrenarens fästbygel.
4 Koppla loss växellådans huvudkontaktdon ovanpå växellådshuset. Notera gummipackningen.
5 Ta bort kabelklämmorna runt kabelhärvan och gummigenomföringen.
6 Stick in en tunn skruvmejsel i änden av kontaktdonshuset och tryck ner fästhaken. Lyft ut kablarna och uttagen ur kontaktdonshuset.
7 Dra isär kontaktdonets uttag och ta bort tvåstiftsuttaget som innehåller stift 16 och 17 **(se bild)**.
8 Torka rent runt givaren och skruva sedan loss fästbulten och ta bort varvtalsgivaren från växellådshuset.

Montering

9 Smörj lite vaselin på givarens O-ringstätning. Sätt givaren på plats och fäst med fästbulten.
10 Återanslut kablageuttagen och montera tillbaka kablarna och uttagen i kontaktdonshuset.
11 Montera gummigenomföringen och kabelklämmorna vid kabelhärvan. Återanslut sedan kontaktdonet.
12 Montera batterilådan, batteriet och luftrenaren enligt beskrivningen i kapitel 4A och 5A.

6 Oljetemperaturgivare – demontering och montering

Demontering

1 Utför de åtgärder som beskrivs i avsnitt 5, punkt 1 till 6.
2 Dra isär kontaktdonets uttag och ta bort

6.5 Växellådsoljans temperaturgivare

tvåstiftsuttaget som innehåller stift 12 och 13.
3 Tryck in låsmekanismen längst ner på uttaget och tryck ut den röda låstappen något. Ta loss de två stiften från uttaget.
4 Tappa ur växellådsoljan enligt beskrivningen i avsnitt 2.
5 Torka rent runt givaren och skruva sedan loss den från framsidan av växellådshuset **(se bild)**. Ställ en behållare under givaren när den skruvas loss, eftersom olja kommer att läcka ut.
6 Notera hur givarens kablar dragits, och dra försiktigt loss dem. Ta bort givaren.

Montering

7 Smörj lite vaselin på givarens O-ringstätning, sätt givaren på plats och dra åt till angivet moment.
8 Dra givarens kablage på plats, och tryck sedan in kontaktdonets stift på plats i uttaget. Observera att stift 12 är den blå/röda kabeln, och stift 13 den blå/svarta kabeln. Återanslut kontaktdonets uttag.
9 Montera tillbaka kablarna och uttagen i kontaktdonshuset.
10 Montera tillbaka gummigenomföringen och kabelklämmorna vid kabelhärvan, återanslut sedan kontaktdonet.
11 Montera tillbaka batteriplattan, batteriet och luftrenaren enligt beskrivningen i kapitel 4A och 5A.
12 Fyll på växellådan med ny olja enligt beskrivningen i avsnitt 2.

7 Kickdownkontakt – demontering och montering

Kickdownkontakten sitter ihop med gasvajern. I kapitel 4A beskrivs procedurerna för demontering och montering.

8 Elektronisk styrenhet (ECU) – demontering och montering

Observera: *Automatväxellådans styrenhet, tillsammans med bränsle- och tändsystemets styrenheter, sitter alla i ECU-boxen framme till höger i motorrummet, framför kylsystemets expansionskärl.*

Demontering

1 Se till att tändningen är avstängd.
2 Rengör ovansidan av locket till ECU-boxen så att inte smuts faller ner i boxen när locket tas bort. Lossa haken på sidan av locket till ECU-boxen och lyft bort locket och lägg det åt sidan.
3 Dra låsarmen ovanpå ECU framåt och ta bort ECU från dess plats i fack tre i lådan, närmast höger hjulhus.

Montering

4 Placera ECU i lådan och anslut den till kontaktdonet i nederdelen.

5 Fäst ECU genom att trycka ner låsarmen, och sätt tillbaka ECU-boxens lock.
6 Om en ny ECU har monterats måste den anpassas till signalen från gasspjällets lägesgivare, enligt följande.

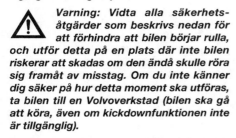

⚠️ *Varning: Vidta alla säkerhets-åtgärder som beskrivs nedan för att förhindra att bilen börjar rulla, och utför detta på en plats där inte bilen riskerar att skadas om den ändå skulle röra sig framåt av misstag. Om du inte känner dig säker på hur detta moment ska utföras, ta bilen till en Volvoverkstad (bilen ska gå att köra, även om kickdownfunktionen inte är tillgänglig).*

7 Klossa alla fyra hjulen och dra åt handbromsen ordentligt.
8 Starta motorn och flytta växelspaken till läge D.
9 Tryck ner bromspedalen, och håll den hårt nedtryckt under följande moment.
10 Trampa ner gaspedalen helt så att kickdownkontakten sluts, och håll den nedtryckt i fem sekunder.
11 Släpp gaspedalen och flytta växelspaken till läge P. Den nya signalen från gasspjällets lägesgivare är nu lagrad i ECU-minnet.
12 Stäng av motorn och ta bort klossarna från hjulen.

9 Oljetätningar – byte

Differentialens tätningar

1 Proceduren är densamma som enligt beskrivningen för manuella växellådor i kapitel 7A, avsnitt 4.

Ingående axelns/momentomvandlarens tätning

2 Demontera växellådan (se avsnitt 10).
3 Dra momentomvandlaren rakt ut ur växellådan. Var försiktig, den är full med olja.
4 Dra eller bänd ut den gamla tätningen. Rengör tätningshuset och undersök dess gnidyta på momentomvandlaren.
5 Smörj den nya tätningen med växellådsolja och sätt på den med läpparna inåt. Skjut den på plats med ett rörstycke.
6 Smörj momentomvandlarens hylsa med växellådsolja och skjut omvandlaren på plats, så långt det går.
7 Kontrollera att momentomvandlaren sitter ordentligt på plats genom att mäta avståndet från kanten av växellådshusets yta till flikarna på omvandlarens fästbultar. Måttet bör vara ungefär 14 mm.
8 Montera tillbaka växellådan enligt beskrivningen i avsnitt 10.

Alla tätningar

9 Avsluta med att kontrollera växellådans oljenivå enligt beskrivningen i kapitel 1.

10 Automatväxellåda – demontering och montering

Observera: *Motorn måste på något sätt lyftas ovanifrån så att kryssrambalken kan kopplas loss på vänster sida. Det bästa sättet att stödja motorn är med ett stag fäst i motorhuvs-kanalerna, försett med en lämpligt placerad justerbar krok. Garagedomkrafter behövs också under hela momentet, samt assistans från en medhjälpare.*

Demontering

1 Vrid ratten och hjulen så att de pekar rakt framåt. Lossa rattstångens justerare och tryck ratten inåt och uppåt så långt det går. Lås den i detta läge.
2 Ställ växelspaken i läge N.
3 Tappa ur växellådsoljan enligt beskrivningen i avsnitt 2. Detta är inte absolut nödvändigt, men eliminerar eventuell risk för oljeläckage när drivaxlarna demonteras, eller när växellådan tas bort från bilen.
4 Demontera batteriet enligt instruktionerna i kapitel 5A. Skruva sedan loss bultarna och ta bort batteriplattan.
5 Demontera luftrenaren enligt instruktionerna i kapitel 4A, samt alla relevanta insugskanaler runt vänster sida av motorn.
6 På turbomodeller, ta bort kåpan över gasspjällhuset och koppla loss luftintagsröret från gasspjällhuset. Flytta röret åt sidan och fäst det med en kabelklämma. Koppla även loss oljekylarens övre slang från motoroljekylaren.
7 På turbomodeller måste även gasvajern kopplas loss från styrningsremskivan och fästbygeln. Demontera insugskanalerna mellan turboaggregatet och kylaren/mellan-kylaren, och mellan luftrenaren och turbo-aggregatet.
8 Koppla loss växelväljarvajern i växellåds-änden enligt beskrivningen i avsnitt 3.
9 Koppla loss kabelhärvans huvudkontaktdon på växellådshusets ovansida.
10 Lossa kabelklämmorna som håller fast kabelhärvan och jordledningen.
11 Lossa vajerns skyddsrör från växellådan, och lossa sedan lambdasondens kontaktdon från växellådans fästbygel.
12 Koppla loss växellådsoljekylarens insugs-slang från den övre snabbkopplingen på sidan av kylaren. Koppla loss oljekylarens returslang vid växellådeanslutningen. Täck över eller plugga igen de losskopplade slangarna och anslutningarna.
13 Demontera mätstickans rör och plugga igen hålet.
14 Demontera startmotorn enligt instruktionerna i kapitel 5A.
15 Lyft bort kylvätskans expansionskärl från fästet och flytta det åt sidan.
16 Om bilen är utrustad med avgasåterföring (EGR), koppla loss slangarna vid EGR-systemets styrenhet ovanför kylaren.
17 Skruva loss muttern och ta bort bulten

som fäster motorns övre stödstag vid fäst-bygeln på motorn. Observera att det behövs en ny mutter och bult vid monteringen.
18 Skruva loss jordledningens fästbult på torpedväggen, intill stödstagets karossfäste.
19 Skruva loss bultar mellan växellådan och motorn som går att komma åt ovanifrån.
20 Se kapitel 8. Ta bort vänster drivaxel helt och ta bort höger drivaxel från växellådan men lämna den fäst vid hjulspindeländen.
21 Demontera stänkskyddet under kylaren och, på tidiga modeller, det stora stänk-skyddet under motorn.
22 Ta bort klämmorna och ta loss röret (rören) under kryssrambalkens främre del.
23 Lossa kabelklämmorna och ta bort kolfiltret från dess plats på vänster sida av kryssrambalken. Håll kolfiltret ur vägen för kryssrambalken med hjälp av ett kabelfäste.
24 Lossa avgassystemet från fästet på katalysatorns baksida.
25 Skruva loss klämbultarna till styrväxelns oljerör från kryssrambalkens främre och bakre del.
26 Skruva loss de två bultarna som fäster motorns nedre stödstag vid växellådan.
27 Se anmärkningen i början av detta avsnitt. Stöd motorn ovanifrån och justera stödet så att motorfästena precis avlastas.
28 Skruva loss bulten som fäster motorns främre fäste vid kryssrambalken.
29 Lossa bulten som fäster motorns bakre fäste vid styrväxeln. Skruva sedan loss de fem muttrarna som fäster styrväxeln vid kryss-rambalken. Observera att nya muttrar kommer att behövas vid monteringen.
30 Placera en stadig garagedomkraft under kryssrambalkens vänstra sida så att den har kontakt med kryssrambalken. Se till att motorn stöds ordentligt ovanifrån.
31 Ta loss de två bultar på var sida som fäster kryssrambalkens bakre fästbyglar vid karossen.
32 Lossa kryssrambalkens två fästbultar på högersidan ungefär 15 mm. Observera att nya bultar kommer att behövas vid monteringen.
33 Skruva loss kryssrambalkens två fäst-bultar på vänster sida. Ta vara på fästbygeln när den bakre bulten tas bort. Observera att nya bultar kommer att behövas vid mont-eringen.
34 Sänk ner domkraften försiktigt och låt kryssrambalken sänkas ungefär 100 mm på vänster sida. Se till att styrväxelns fästbultar inte är i vägen för kryssrambalken när den sänks.
35 Sänk ner domkraften helt och låt kryss-rambalken hänga fritt från fästena på höger sida.
36 Ta loss jordflätan från växellådan.
37 Fäst vänster sida av styrväxeln på ett lämpligt ställe på underredet med kraftig ståltråd.
38 Skruva loss muttern och bulten och ta bort motorns bakre fäste från styrväxeln och växellådans fästbygel.

39 Lossa lambdasondens kablage från den bakre motorfästbygelns kåpa. Ta bort kåpan. Ta sedan bort fästbygeln från växellådan.

40 Vrid vevaxeln med hjälp av en hylsnyckel på remskivans mutter, tills det går att komma åt en av fästbultarna mellan momentomvandlaren och drivplattan genom öppningen på motorns baksida (se bild). Arbeta genom öppningen och skruva loss bulten. Vrid vevaxeln så mycket som behövs och ta bort de återstående bultarna på samma sätt. Observera att nya bultar kommer att behövas vid monteringen.

41 Sänk ner motorn/växellådan med hjälp av motorlyften tills det finns tillräckligt med plats för att ta bort växellådan. Var noga med att inte sänka ner enheten för långt, då kommer det främre avgasröret i vägen för styrväxeln. Se även till att röret till motoroljans mätsticka inte är i vägen för kylarfläkten och att inga slangar eller ledningar sitter i kläm.

42 Stöd växellådan ordentligt underifrån med hjälp av en garagedomkraft.

43 Skruva loss de återstående bultarna som fäster växellådan vid bilen. Dra växellådan rakt ut från motorns styrstift, och se till att momentomvandlaren sitter kvar på växellådan. Använd åtkomsthålet i växellådshuset för att hålla omvandlaren på plats.

44 Sänk ner domkraften och ta bort växellådan från bilens undersida.

Montering

45 Spola ur oljekylaren med ren växellådsolja innan växellådan monteras. Gör detta genom att ansluta en slang till den övre anslutningen, hälla växellådsolja genom slangen och samla upp den i en behållare placerad under returslangen.

46 Rengör nu kontaktytorna på momentomvandlaren och drivplattan, samt växellådans och motorns fogytor. Smörj momentomvandlarens styrningar och motorns/växellådans styrstift lätt med fett.

47 Kontrollera att momentomvandlaren sitter ordentligt på plats genom att mäta avståndet från kanten av växellådshusets yta till flikarna på omvandlarens fästbultar. Måttet bör vara ungefär 14 mm.

48 För växellådan rakt in på sin plats och

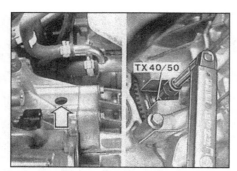

10.40 Skruva loss momentomvandlarens fästbultar. Åtkomsthål i växellådshuset vid pilen

haka i den med motorns styrstift. Sätt tillbaka de nedre bultar som håller fast växellådan vid motorn och dra åt dem i diagonal ordningsföljd, först lätt med fingrarna och sedan till angivet moment.

49 Montera momentomvandlaren på drivplattan med nya bultar. Vrid vevaxeln för att komma åt bultarna på samma sätt som vid demonteringen. Vrid sedan momentomvandlaren med hjälp av åtkomsthålen i växelhuset. Sätt i och dra åt alla bultar, först för hand och sedan till angivet moment.

50 Hissa upp motorn i höjd med där den ska sitta. Montera den bakre motorfästbygeln och kåpan och fäst med de tre bultarna. Dra åt dem till angivet moment.

51 Montera motorns bakre fäste vid växellådans fästbygel och styrväxeln. Dra inte åt muttern och bulten helt i det här stadiet.

52 Fäst lambdasondens kablage vid fästbygelkåpan.

53 Lyft upp kryssrambalken till dess monterade position och se till att styrväxelns bultar passar in på sina platser.

54 Montera kryssrambalkens nya fästbultar och bakre fästbygel samt bultarna på vänster sida. Dra åt kryssrambalkens bultar till angivet moment, och sedan till angiven vinkel med en vinkelmätare. Dra åt fästbygelbultarna till angivet moment.

55 Stöd kryssrambalkens högra sida med domkraften och ta bort de två bultarna som lossades tidigare från kryssrambalken. Montera de nya bultarna och de två fästbygelbultarna. Dra åt dem enligt beskrivningen i föregående punkt.

56 Fäst styrväxeln vid kryssrambalken med fem nya muttrar och dra åt dem till angivet moment.

57 Montera motorns främre fästbult. Dra sedan åt motorns främre och bakre fäste till angivet moment.

58 Montera fästbygeln till motorns nedre stödstag på växellådan och dra åt bultarna till angivet moment, och sedan till angiven vinkel med en vinkelmätare.

59 Sätt tillbaka klämbultarna till styrväxelns oljerör, framtill och baktill på kryssrambalken. Återanslut avgassystemets fäste.

60 Återanslut kolfiltret och rörklämmorna på kryssrambalkens framsida.

61 Montera drivaxlarna enligt beskrivningen i kapitel 8.

62 Montera stänkskyddet under kylaren och, om det är tillämpligt, under motorn.

63 Montera startmotorn och alla de övre bultarna mellan växellådan och motorn. Dra åt bultarna till angivet moment.

64 Anslut kabelskyddsröret till växellådan, och fäst lambdasondens kontaktdon till växelådans fästbygel.

65 Återanslut växellådsoljekylarens insugsoch returslangar.

66 Montera tillbaka mätstickans rör med en ny O-ringstätning.

67 Sätt tillbaka kabelklämmorna som håller fast kabelhärvan och jordledningen.

68 Återanslut kabelhärvans huvudkontaktdon ovanpå växellådshuset.

69 Återanslut jordledningen till torpedväggen.

70 Fäst motorns övre stödstag i fästbygeln. Använd en ny mutter och bult. Dra först åt till angivet moment, sedan till angiven vinkel med hjälp av en vinkelmätare.

71 Återanslut slangarna till EGR-systemets styrenhet om det är tillämpligt.

72 Montera tillbaka kylvätskans expansionskärl, samt motoroljekylarens slang och luftintagsrör (i förekommande fall).

73 Återanslut och justera växelvajern enligt beskrivningen i avsnitt 3.

74 Montera tillbaka batteriplattan, batteriet, luftrenaren och alla relevanta insugskanaler enligt beskrivningen i kapitel 4A och 5A.

75 Efter tillämplighet, återanslut gasvajern till styrningsremskivan och fästbygeln.

76 Kontrollera växellådsoljans nivå och fyll på mer om det behövs.

11 Automatväxellåda – feldiagnos

Automatväxellådans elektroniska styrsystem innehåller ett inbyggt diagnossystem som hjälp vid felsökning och systemkontroll. Diagnossystemet är en funktion i styrenheten (ECU) som kontinuerligt övervakar systemkomponenterna och deras funktion. Om ett fel skulle uppstå lagrar ECu en serie signaler (eller felkoder) som sedan kan läsas av.

Om ett fel uppstår, vilket indikeras av att en varningslampa blinkar på instrumentbrädan, kan diagnosen avläsas med en felkodsläsare för snabb och noggrann feldiagnos. En Volvoåterförsäljare har med säkerhet sådana mätare, men de finns också att köpa från andra återförsäljare, inklusive Haynes. Det är knappast lönsamt för en privatperson att köpa en felkodsläsare, men välutrustade verkstäder eller specialister på bilars elsystem brukar vara utrustade med en.

Ofta består felet inte i något allvarligare än en korroderad, klämd eller lös kabelanslutning, eller en lös, smutsig eller felaktigt monterad komponent. Tänk på att om felet uppstått bara en kort tid efter att någon del av bilen har fått service eller renovering, är det här man måste börja söka. Hur ovidkommande det än kan verka bör man se till att det inte är någon del som monterats tillbaka slarvigt som orsakar problemet.

Även om källan till felet hittas och rättas till, kan det hända att diagnosutrustning krävs för att radera felkoden från ECU-minnet och få varningslampan att sluta blinka.

Om felet inte kan rättas till på ett enkelt sätt, är de enda alternativen att byta ut den misstänkta komponenten mot en ny (om möjligt), eller att lämna över arbetet till en Volvoverkstad.

Kapitel 8
Drivaxlar

Innehåll

Svårighetsgrader

Enkelt, passar novisen med lite erfarenhet	Ganska enkelt, passar nybörjaren med viss erfarenhet	Ganska svårt, passar kompetent hemmamekaniker	Svårt, passar hemmamekaniker med erfarenhet	Mycket svårt, för professionell mekaniker

Specifikationer

Allmänt

Drivaxeltyp	Lika långa axlar av solitt stål, spårade vid de inre och yttre drivknutarna. Mellanaxel inbyggd i den högra drivaxelenheten.
Yttre drivknutstyp	Kullager
Inre drivknutstyp:	
Modeller med manuell växellåda	Kullager
Modeller med automatväxellåda	Trebensknut

Smörjning

Smörjmedelstyp	Specialfettet som medföljer renoveringssatser, eller lämpligt molybdendisulfidfett – rådfråga en Volvoverkstad
Kvantitet:	
Yttre drivknut:	
Modeller utan turbo	80 g
Modeller med turbo	120 g
Inre drivknut:	
Modeller med manuell växellåda	120 g
Modeller med automatväxellåda	190 g

Åtdragningsmoment

	Nm
Bultar till höger drivaxels bärlageröverfall	25
Drivaxelmutter:	
Steg 1	120
Steg 2	Vinkeldra ytterligare 60°
Hjulbultar	110

2.3 Drivaxelns fästmutter (vid pilen) - visas med hjulet borttaget

2.6 ABS-systemets hjulgivare tas bort från hjulspindeln

2.10 Länkarmens spindelled lossas från hjulspindeln (vid pilen)

1 Allmän information

Kraft överförs från differentialen till framhjulen med hjälp av två lika långa drivaxlar av massivt stål som är utrustade med drivknutar i sina inre och yttre ändar. På grund av växellådans placering finns en mellanaxel och ett bärlager inbyggda i den högra drivaxelenheten.

Drivknutar av kullagertyp sitter monterade i drivaxlarnas ytterändar. Drivknuten har en yttre del som är spårad i den yttre änden för att fästa i hjulnavet, och gängad så att den kan fästas vid navet med en stor mutter. Drivknuten består av sex kulor inuti en kulhållare, som hakar i den inre delen. Hela enheten skyddas av en damask som sitter fäst vid drivaxeln och drivknutens yttre del.

Den inre änden av drivaxeln är spårad för att kunna haka i drivknuten. Denna är av kullagertyp på modeller med manuell växellåda och av typen trebensknut med nålrullager och ytterband på modeller med automatväxellåda. På den vänstra sidan hakar drivaxelns inre drivknut direkt i differentialens solhjul. På den högra sidan är den inre drivknuten inbyggd i mellanaxeln, vars inre ände hakar i differentialens solhjul. Precis som i de yttre drivknutarna, skyddas hela enheten av en flexibel damask som sitter på drivaxeln och drivknutens yttre del.

2 Drivaxlar – demontering och montering

Demontering

1 Dra åt handbromsen ordentligt och klossa bakhjulen. När drivaxelmuttern ska lossas (eller dras åt) bör bilen stå på alla fyra hjulen. Om bilen lyfts upp belastas domkraften kraftigt och bilen kan glida av.
2 Om bilen har stålfälgar, demontera hjulsidan på relevant sida. Drivaxelmuttern kan sedan lossas medan bilen står på marken. På

modeller med lättmetallfälgar är den säkraste metoden att ta bort hjulet på den aktuella sidan och tillfälligt montera reservhjulet (se *Hjulbyte* i början av denna handbok). När reservhjulet är monterat går det att komma åt drivaxelmuttern (se bild 2.14b).
3 Låt en medhjälpare trycka ner bromspedalen hårt, lossa sedan drivaxelns fästmutter med en hylsnyckel **(se bild)**. Observera att den här muttern sitter mycket hårt. Se till att verktygen som används för att lossa den håller hög kvalitet och har bra passform.
4 Lossa framhjulets bultar. Lyft sedan upp framvagnen och ställ den på pallbockar (se *Lyftning och stödpunkter*). Demontera det relevanta framhjulet.
5 Ta bort drivaxelns fästmutter som lossades tidigare. Kontrollera skicket på mutterns gängor. Om muttern har demonterats och monterats ett flertal gånger kan den behöva bytas ut, även om Volvo anger att den kan återanvändas.
6 Ta bort ABS-systemets hjulgivare från hjulspindeln och lossa givarkablaget från fjäderbenets fästbygel **(se bild)**.
7 Skruva loss bulten som fäster fästbygeln till bromsslangen och ABS-systemets kablage vid det inre hjulhuset.
8 Ta loss drivaxelns drivknut från navflänsen genom att knacka den inåt ungefär 10 till 15 mm med en plast- eller kopparklubba.
9 Ta bort stänkskyddet under motorn (i förekommande fall) om höger drivaxel ska tas bort.
10 Skruva loss muttern och ta sedan bort

klämbulten som fäster länkarmens spindelled vid hjulspindeln. Tryck ner länkarmen med ett kraftigt stag om det behövs, för att kunna lossa spindelledens chuck från hjulspindeln **(se bild)**. Om spindelleden sitter hårt kan springan i hjulspindeln vidgas med ett stämjärn eller en stor skruvmejsel. Var noga med att inte skada spindelledens dammkåpa under och efter losskopplingen.
11 Sväng fjäderbenet och hjulspindeln utåt och dra bort drivaxelns drivknut från navflänsen **(se bild)**.
12 Om vänster drivaxel ska tas bort, lossa den inre drivknuten från växellådan genom att bända mellan drivknutens kant och växellådshuset med en stor skruvmejsel eller liknande. Se till att inte skada växellådans oljetätning eller den inre drivknutens damask. Dra bort drivaxeln under hjulhuset.
13 Om höger drivaxel ska tas bort, skruva loss de två bultarna och ta bort överfallet från mellanaxelns bärlager **(se bild)**. Dra ut mellanaxeln från växellådan och ta bort drivaxelenheten under hjulhuset.

Montering

14 Montering sker i omvänd ordningsföljd. Tänk på följande.
  a) Ta bort alla spår av metallfästmassa, rost, olja och smuts från den yttre drivknutens spårning och gängor innan monteringen.
  c) Vid återmontering av vänster drivaxel, se till att den inre drivknuten är helt inskjuten i växellådan så att låsringen låses fast i differentialens kugghjul.

2.11 Sväng fjäderbenet och hjulspindeln utåt och dra bort drivknuten

2.13 Mellanaxelns bärlageröverfall tas bort från den högra drivaxeln

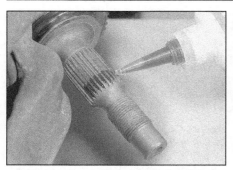

2.14a Applicera lite metallfästmedel på drivknutens spår innan drivknuten fästs på navflänsen

c) Applicera en 3 till 4 mm bred sträng metallfästmassa (finns att köpa hos Volvo-återförsäljare) på den yttre drivknutens spår innan drivknuten fästs ihop med navflänsen **(se bild)**.

d) Smörj gängorna till drivknuten och drivaxelns fästmutter med motorolja innan muttern monteras. En ny mutter ska användas om det råder minsta tvivel om den befintliga mutterns skick, eller om den tidigare har demonterats och monterats ett flertal gånger.

e) Montera det hjul som användes för att lossa drivaxelmuttern och sänk ner bilen.

f) Dra åt alla muttrar och bultar till angivet moment (se kapitel 9 och 10 för broms- och fjädringskomponenternas åtdragningsmoment). När drivaxelmuttern

3.3a Töj ut drivknutens inre låsring med hjälp av en skruvmejsel . . .

3.3b . . . knacka sedan bort drivknuten med en hammare och en dorn

2.14b Dra åt drivaxelmuttern med en momentnyckel . . .

dras åt ska den först dras åt med en momentnyckel och sedan till den angivna vinkeln med hjälp av en vinkelmätare **(se bilder)**.

g Se till att ABS-givaren och givarens plats i hjulspindeln är helt rena före återmonteringen.

h) Avsluta med att montera lättmetallhjulet om det är tillämpligt. Dra åt hjulbultarna till angivet moment.

3 Yttre drivknutsdamask– byte

1 Demontera drivaxeln (avsnitt 2).
2 Klipp av damaskens fästklämmor, dra sedan ner damasken längs axeln för att komma åt den yttre drivknuten.
3 Ös ut så mycket fett som möjligt ur drivknuten. Töj sedan ut drivknutens inre låsring med en skruvmejsel som sticks in mellan låsringsbenen. Knacka samtidigt på kulnavets synliga yta med en hammare och dorn för att sära drivknuten från drivaxeln **(se bilder)**. Dra av damasken från drivaxeln.
4 Med drivknuten demonterad från drivaxeln, rengör knuten noga med fotogen eller lämpligt lösningsmedel och torka av den noga. Detta är särskilt viktigt om den gamla damasken var mycket sprucken. Då kan damm och smuts ha bäddats in i smörjfettet och kan leda till ett snabbt slitage av drivknuten om det inte

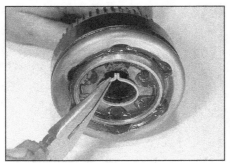

3.8a Montera en ny inre låsring på drivknuten innan monteringen

2.14c . . . och sedan med hjälp av en vinkelmätare

tvättas bort. Ta bort den inre låsringen och skaffa en ny till återmonteringen.
5 Rör den inre räfflade axeln från sida till sida, så att varje kula syns i tur och ordning längst upp i spåret. Undersök kulorna och leta efter sprickor, flata delar eller gropar.
6 Undersök kulspåren på de inre och yttre delarna. Om spåren är slitna sitter kulorna inte längre riktigt tätt. Undersök samtidigt kulburens fönster och leta efter tecken på slitage eller sprickbildning mellan fönstren. Skaffa en ny yttre drivknut om den befintliga visar tecken på slitage.
7 Om drivknuten är i tillfredsställande skick, skaffa en renoveringssats med en ny damask och fästklämmor från en Volvo-återförsäljare. Rätt typ och mängd specialsmörjfett följer normalt med satsen. Om så inte är fallet kan fettet köpas separat av återförsäljaren.
8 Montera en ny inre låsring. Fyll sedan drivknuten med det medföljande fettet och arbeta in det i kulspåren och i drivaxel-öppningen i den inre delen **(se bilder)**.
9 Dra gummidamasken över axeln och placera damaskens inre ände i drivaxelfogen.
10 Haka fast drivknuten i drivaxelns spår och knacka på den på axeln tills den inre låsringen hamnar i skåran i axeln.
11 Kontrollera att låsringen håller fast drivknuten ordentligt på drivaxeln. Applicera sedan resten av fettet på drivknuten och inuti damasken.
12 Placera damaskens yttre läpp i fogen på drivknutens yttre del och montera sedan de

3.8b Fyll drivknuten och damasken med specialfett

3.12a Montera damaskens fästklämma . . .

3.12b . . . och tryck ihop den upphöjda delen med en avbitartång

två fästklämmorna. Spänn klämmorna genom att försiktigt trycka ihop den upphöjda delen med en avbitartång **(se bilder)**.
13 Kontrollera att drivknuten kan röra sig fritt i alla riktningar och montera sedan tillbaka drivaxeln enligt beskrivningen i avsnitt 2.

4 Inre drivknutsdamask – byte

Modeller med manuell växellåda

1 Metoden är densamma som för den yttre drivknutsdamasken. Se beskrivningen i avsnitt 3. Om den yttre drivknuten redan har tagits bort är det inte nödvändigt att ta bort den inre drivknuten för att byta damasken. Damasken kan dras av från drivaxelns yttre ände.

Modeller med automaväxellåda

Modeller utan turbo

2 Demontera drivaxeln enligt beskrivningen i avsnitt 2.
3 Lossa damaskens fästklämmor. Dra sedan ner damasken längs skaftet så att det går att komma åt drivknuten.
4 Markera drivknutens placering i förhållande till drivaxeln för att underlätta hopsättning.
5 Använd en skruvmejsel. Böj försiktigt upp hophållningsplattans flikar i hörnen **(se bild)**. Dra bort den yttre delen från trebensknuten.

6 Lossa låsringen som håller fast trebensknuten vid drivaxeln med en låsringstång. Markera knutens placering i förhållande till drivaxeln med färg eller med en körnare.
7 Trebensknuten kan nu tas bort. Använd en avdragare för att dra loss knuten från drivaxeländen om den sitter hårt. Se till att avdragarens ben är placerade bakom drivknutens inre del, och inte kommer i kontakt med drivknutens rullar. Alternativt, stöd trebensknutens inre del och tryck ut axeln med en hydraulisk press – se återigen till att inte belasta knutens rullar.
8 Med trebensknuten borttagen, dra loss damasken från drivaxeln.
9 Torka rent knutens delar, utan att ta bort justeringsmärkena som gjorts vid demonteringen. Använd **inte** fotogen eller något annat lösningsmedel vid rengöring av denna typ av knut.
10 Undersök trebensknuten, rullarna och den yttre delen efter tecken på repor eller slitage. Kontrollera att rullarna kan röra sig fritt på trebensskaften. Vid uppenbart slitage måste drivknuten bytas ut.
11 Om den inre drivknuten är i tillfredsställande skick, skaffa en renoveringssats med en ny damask och fästklämmor från en Volvo-återförsäljare. Rätt typ och mängd specialsmörjfett följer normalt med satsen. Om så inte är fallet kan fettet köpas separat från återförsäljaren.
12 Dra försiktigt på den nya damasken över drivaxeln.
13 Passa in märkena som gjordes vid

demonteringen och passa in trebensknuten med spårningen på drivaxeln. Knacka knuten på plats på axeln med en hammare och en dorn i mjukmetall. Var noga med att inte skada drivaxelns räfflor eller knutens rullar. Alternativt, stöd drivaxeln och tryck knuten på plats med en hydraulisk press och ett lämpligt rörformat verktyg som bara ligger an mot knutens inre del.
14 Fäst trebensknuten på plats med låsringen. Se till att den sitter korrekt i drivaxelns spår.
15 Fördela specialfettet jämnt runt trebensknuten och inuti den yttre delen. Fyll damasken med det resterande fettet.
16 Skjut den yttre delen på plats över knuten. Passa in märkena som gjordes vid demonteringen.
17 Knacka försiktigt tillbaka hophållningsplattans flikar till sin ursprungliga form med en liten hammare.
18 Dra damasken uppför drivaxeln och placera den i spåren på drivaxeln och drivknutens yttre del.
19 Montera fästklämmorna på damasken. Ta bort allt spel i klämmorna genom att försiktigt trycka ihop den upphöjda delen med en avbitartång.
20 Kontrollera att drivknuten kan röra sig fritt i alla riktningar och montera sedan tillbaka drivaxeln enligt beskrivningen i avsnitt 2.

Turbomodeller

21 Demontera drivaxeln enligt beskrivningen i avsnitt 2.
22 Lossa damaskens fästklämmor. Dra sedan ner damasken längs skaftet så att det går att komma åt drivknuten.
23 Markera drivknutens placering i förhållande till drivaxeln för att underlätta hopsättningen.
24 Med hjälp av en tång, böj försiktigt upp den veckade kragen på drivknutens yttre del tillräckligt för att det ska gå att dra ut trebensknutens rullar **(se bild)**. Dra bort den yttre delen från trebensknuten. Var beredd att hålla rullarna på plats, annars kan de trilla loss från skaften när den yttre delen tas bort. Om det behövs, håll rullarna på plats med tejp efter demonteringen av den yttre delen. Varje rulle passar ihop med ett visst skaft och det är viktigt att de inte blandas ihop.
25 Lossa låsringen som håller fast trebensknuten vid drivaxeln med en låsringstång.
26 Trebensknuten kan nu tas bort. Använd en avdragare för att dra loss knuten från drivaxeländen om den sitter hårt. Se till att avdragarens ben placeras bakom drivknutens inre del, och inte kommer i kontakt med drivknutens valsar. Alternativt, stöd trebensknutens inre del och tryck ut axeln med en hydraulisk press – se återigen till att inte belasta knutens rullar.
27 Med trebensknuten borttagen, dra loss damasken från drivaxeln.
28 Torka rent knutens delar, utan att ta bort

4.5 På modeller utan turbo, böj upp flikarna till den inre drivknutens hophållningsplatta med en skruvmejsel

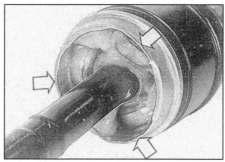

4.24 På turbomodeller, böj upp den inre drivknutens veckade krage (vid pilarna) med en tång

justeringsmärkena som gjorts vid demont-eringen. Använd **inte** fotogen eller något annat lösningsmedel vid rengöring av denna typ av knut.

29 Undersök trebensknuten, rullarna och den yttre delen efter tecken på repor eller slitage. Kontrollera att rullarna kan röra sig fritt på trebensskaften. Vid uppenbart slitage måste drivknuten bytas ut.

30 Om den inre drivknuten är i tillfreds-ställande skick, skaffa en renoveringssats med en ny damask och fästklämmor från en Volvo-återförsäljare. Rätt typ och mängd specialsmörjfett följer normalt med satsen. Om så inte är fallet kan fettet köpas separat av återförsäljaren.

31 Dra försiktigt på den nya damasken över drivaxeln.

32 Haka fast trebensknuten i drivaxelspåren. Knacka knuten på plats på axeln med en hammare och en dorn i mjukmetall. Var noga med att inte skada drivaxelns räfflor eller knutens rullar. Alternativt, stöd drivaxeln och tryck knuten på plats med en hydraulisk press och ett lämpligt rörformat verktyg som bara ligger an mot knutens inre del.

33 Fäst knuten på plats med lås-ringen. Se till att den sitter korrekt i drivaxelns spår.

34 Fördela specialfettet jämnt runt trebens-knuten och inuti den yttre delen. Fyll damasken med det resterande fettet.

35 Skjut den yttre delen på plats över trebensknuten. Passa in märkena som gjordes vid demonteringen.

36 Återställ försiktigt den yttre delens veckade krage till sin ursprungliga form.

37 Dra damasken uppför drivaxeln och placera den i spåren på drivaxeln och driv-knutens yttre del.

38 Montera fästklämmorna på damasken. Ta bort allt spel i klämmorna genom att försiktigt trycka ihop den upphöjda delen med en avbitartång.

39 Kontrollera att drivknuten kan röra sig fritt i alla riktningar och montera sedan tillbaka drivaxeln enligt beskrivningen i avsnitt 2.

5 Höger drivaxels bärlager – demontering och montering

Observera: *En hydraulisk press och lämpliga dorn kommer att behövas för det här momentet. Om sådana verktyg inte finns tillgängliga, ta bort den högra drivaxeln och mellanaxeln enligt beskrivningen. Lämna sedan in mellanaxeln till en Volvo-återförsäljare eller till en verkstad för att få bärlagret utbytt.*

Demontering

1 Demontera drivaxeln (se avsnitt 2).

2 Ta bort den inre drivknuten och damasken från drivaxeln enligt beskrivningen i avsnitt 4.

3 Använd en låsringstång och ta loss bär-lagrets låsring från mellanaxeln.

4 Placera bärlagret i en press med mellan-axeln överst. Tryck ut mellanaxeln ur bär-lagret.

Montering

5 Placera det nya bärlagret på pressbordet och stick in mellanaxeln genom dess mitt. Tryck in axeln och drivknuten i lagret tills lagret ligger mot axelns stopp.

6 Montera låsringen. Se till att den hamnar rätt i fogen.

7 Montera den inre drivknuten och damasken på drivaxeln. Montera sedan drivaxeln i bilen enligt beskrivningen i avsnitt 4 respektive 2.

6 Drivaxel – renovering, allmän information

Provkör bilen och lyssna efter metalliska klick från framvagnen när bilen körs långsamt i en cirkel med fullt rattutslag. Upprepa kontrollen med fullt rattutslag åt andra hållet. Ljudet kan även höras vid start från stillastående med fullt rattutslag. Om ett klickande hörs indikerar detta slitage i de yttre drivknutarna.

Om vibrationer som följer hastigheten känns i bilen vid acceleration, kan det vara de inre drivknutarna som är slitna.

Drivknutarna kan tas isär och kontrolleras med avseende på slitage enligt beskrivningen i avsnitt 3 och 4. Om slitage förekommer ska drivknutarna bytas ut. I skrivande stund är det oklart om drivknutar kan köpas separat eller om hela drivaxeln måste bytas ut. Fråga en Volvo-återförsäljare eller en reservdels-distributör för ytterligare information.

Anteckningar

Kapitel 9
Bromssystem

Innehåll

Svårighetsgrader

Enkelt, passar novisen med lite erfarenhet	**Ganska enkelt,** passar nybörjaren med viss erfarenhet	**Ganska svårt,** passar kompetent hemmamekaniker	**Svårt,** passar hemmamekaniker med erfarenhet 	**Mycket svårt,** för professionell mekaniker

Specifikationer

Allmänt

Systemtyp:
Fotbroms ... Dubbla bromskretsar med servo. Skivbromsar fram och bak. Låsningsfria bromsar (ABS) på alla modeller
Handbroms ... Mekanisk handbroms som verkar på trummor inbyggda i de bakre bromsskivorna

Främre bromsar

Typ	Ventilerad skivbroms med glidande bromsok och enkel kolv
Bromsklossbeläggens minimitjocklek	3,0 mm
Skivans diameter	280 mm
Skivans tjocklek:	
Ny	26,0 mm
Slitagegräns	23,0 mm
Maximalt kast	0,04 mm
Maximal variation i skivtjocklek	0,008 mm

Bakre bromsar

Typ	Solid skivbroms med fast bromsok och dubbla kolvar
Bromsklossbeläggens minimitjocklek	2,0 mm
Skivans diameter	295 mm
Skivans tjocklek:	
Ny	9,6 mm
Slitagegräns	8,4 mm
Maximalt kast	0,08 mm
Maximal variation i skivtjocklek	0,008 mm

Handbroms

Trummans diameter	178 mm
Trummans maximala kast	0,15 mm
Trummans maximala skevhet	0,15 mm

Atdragningsmoment

	Nm
Bakre bromsokets fästbultar*	50
Främre bromsokets fästbygelbultar*	100
Främre bromsokets styrsprintsbultar	30
Fästbultar till ABS-systemets elektroniska styrenhet	5
Fästbultar till ABS-systemets hjulgivare	10
Hjulbultar	110
Huvudcylinderns fästmuttrar	25
Röranslutningar	14
Slanganslutningar	18
Vakuumservons fästmuttrar	25

*Använd alltid nya bultar

1 Allmän information

Bromspedalen verkar på skivbromsar på alla fyra hjulen via ett dubbelt bromssystem med servofunktion. Handbromsen manövrerar separata trumbromsar på bakhjulen via vajrar. Alla modeller är utrustade med låsningsfria bromsar (ABS) vilket beskrivs närmare i avsnitt 18.

Bromssystemet är uppdelat i två kretsar, så att en krets alltid ska kunna ge bromsverkan även om den andra kretsen av någon anledning slutar fungera (det kan dock krävas större kraft för att trampa ner pedalen). Systemet är indelat så att en krets verkar på frambromsarna och den andra kretsen på bakbromsarna.

Bromsservon är av direktverkande typ och sitter mellan bromspedalen och huvudcylindern. Servon förstärker kraften från föraren. Den är vakuumstyrd med vakuum från insugsgrenröret.

Instrumentbrädans varningslampor varnar föraren vid för låg oljenivå. Oljenivån anges av en nivågivare i huvudcylinderbehållaren. Andra varningslampor påminner om att handbromsen är åtdragen och anger om ett fel uppstår i ABS-systemet.

Observera: *Vid arbete med någon del av systemet ska arbetet utföras varsamt och metodiskt och klinisk renhet måste iakttagas. Byt alltid ut komponenter som är i tvivelaktigt skick (axelvis om det är tillämpligt), och använd endast Volvos reservdelar, eller åtminstone delar av erkänt god kvalitet. Observera varningarna rörande faror med asbestdamm och bromsolja i "Säkerheten främst!" och på relevanta platser i detta kapitel.*

2 Bromssystem – luftning

⚠️ **Varning: Bromsolja är giftigt! Tvätta noggrant bort oljan omedelbart vid hudkontakt och sök omedelbar läkarhjälp om olja sväljs eller hamnar i ögonen. Vissa typer av bromsolja är eldfarliga och kan antändas** *när de kommer i kontakt med heta komponenter. När service utförs på ett bromssystem är det alltid säkrast att utgå från att oljan ÄR eldfarlig och att vidta brandsäkerhetsåtgärder på samma sätt som vid hantering av bensin. Bromsolja är dessutom ett effektivt färgborttagningsmedel som angriper många plaster. Om den spills måste den spolas bort med stora mängder rent vatten. Dessutom är den hygroskopisk (den absorberar vätska från luften). Ju mer fukt oljan tar upp, desto lägre kokpunkt får den vilket leder till kraftigt försämrad bromseffekt vid hård användning. Gammal olja kan vara förorenad och olämplig för ytterligare användning. Vid påfyllning eller byte ska alltid rekommenderad typ användas och den måste komma från en nyligen öppnad förseglad förpackning.*

Allmänt

1 Bromssystem kan endast fungera korrekt om komponenterna och kretsarna är helt fria från luft. Det uppnås genom att systemet luftas.

2 Vid luftning får endast ren, färsk bromsolja av angiven typ användas. Återanvänd inte olja som tappats ur systemet. Se till att ha tillräckligt med olja till hands innan arbetet påbörjas.

3 Om det finns någon möjlighet att fel typ av olja finns i systemet måste bromsledningarna och komponenterna spolas ur helt med ren olja av rätt typ, och alla tätningar måste bytas.

4 Om bromsoljan har minskat i huvudcylindern på grund av en läcka i systemet måste orsaken spåras och åtgärdas innan ytterligare åtgärder vidtas.

5 Parkera bilen på plant underlag. Lägg i handbromsen och slå av tändningen.

6 Kontrollera att alla rör och slangar sitter säkert, att anslutningarna är ordentligt åtdragna och att luftningsskruvarna är stängda. Ta bort dammkåporna och tvätta bort all smuts runt luftningsskruvarna.

7 Skruva loss huvudcylinderbehållarens lock och fyll på behållaren till MAX-markeringen. Montera locket löst. Kom ihåg att oljenivån aldrig får sjunka under MIN-nivån under arbetet, annars är det risk för att ytterligare luft tränger in i systemet.

8 Det finns ett antal luftningssatser att köpa i motortillbehörsbutiker, som gör det möjligt för en person att lufta bromssystemet utan hjälp. Vi rekommenderar att en sådan sats används närhelst möjligt eftersom de i hög grad förenklar arbetet och dessutom minskar risken för att avtappad olja och luft sugs tillbaka in i systemet. Om en sådan sats inte finns tillgänglig måste grundmetoden (för två personer) användas, den beskrivs i detalj nedan.

9 Om en luftningssats ska användas, förbered bilen enligt beskrivningen ovan och följ tillverkarens anvisningar – tillvägagångssätten kan variera. I stora drag används metoden som beskrivs nedan.

10 Oavsett vilken metod som används måste ordningen för luftning (se punkt 11 och 12) följas för att systemet garanterat ska tömmas på all luft.

Ordningsföljd vid luftning av bromsar

11 Om hydraulsystemet endast har kopplats ur delvis och lämpliga åtgärder vidtagits för att minimera oljespill, bör endast den aktuella delen av systemet behöva luftas (det vill säga antingen primär- eller sekundärkretsen).

12 Om hela systemet ska luftas ska det göras i följande ordningsföljd:

a) *Bakre bromsar (i valfri ordning).*
b) *Höger frambroms.*
c) *Vänster frambroms.*

Luftning – grundmetod (för två personer)

13 Skaffa en ren, stor glasburk, en lagom lång plast- eller gummislang som sluter tätt över luftningsskruven och en ringnyckel som passar skruvarna. Dessutom behövs en medhjälpare.

14 Om det inte redan är gjort, ta bort dammkåpan från luftningsskruven till det första hjulet som ska luftas **(se bild)** och montera skiftnyckeln och luftningsslangen över skruven. För ner den andra änden av slangen i glasburken. Häll i bromsolja i burken så att slangänden täcks väl.

15 Se till att oljenivån i huvudcylinderbehållaren överstiger linjen för miniminivå under hela arbetets gång.

16 Låt en medhjälpare trampa bromsen i botten ett flertal gånger, så att trycket byggs upp, och sedan hålla kvar bromsen i botten.

17 Medan pedaltrycket upprätthålls, lossa luftningsskruven (cirka ett varv) och låt olja/luft

strömma ut i burken. Medhjälparen måste hålla trycket på pedalen, ända ner till golvet om så behövs, och inte släppa förrän du säger till. När flödet stannat upp, dra åt luftningsskruven, låt medhjälparen sakta släppa upp pedalen och kontrollera sedan nivån i oljebehållaren.

18 Upprepa stegen i punkt 16 och 17 till dess att oljan som kommer ut från luftningsskruven är fri från luftbubblor. Om huvudcylindern har tömts och fyllts och det kommer ut luft från den första skruven i ordningsföljden, vänta ungefär fem sekunder mellan cyklerna så att huvudcylinderns passager hinner fyllas.

19 Dra åt luftningsskruven ordentligt när inga fler bubblor förekommer. Ta sedan bort slangen och nyckeln, och montera dammkåpan. Dra inte åt luftningsskruven för hårt.

20 Upprepa momenten med de återstående bromsoken i rätt ordningsföljd tills all luft är borta från systemet och bromspedalen känns fast igen.

Luftning med en luftningssats med envägsventil

21 Som namnet antyder består luftningssatsen av ett slangstycke med monterad backventil som hindrar att avtappad luft och olja dras tillbaka in i systemet igen. Vissa luftningssatser har även en genomskinlig behållare som kan placeras så att man lättare ser luftbubblorna flyta från slangöppningen.

22 Koppla luftningssatsen till luftningsskruven och öppna den **(se bild)**. Gå till förarsätet, trampa ner bromspedalen med en mjuk, stadig rörelse och släpp långsamt upp den. Upprepa tills hydrauloljan som kommer ut i behållaren är fri från luftbubblor.

23 Observera att dessa luftningssatser är så lätta att använda att man lätt glömmer bort att kontrollera oljenivån i huvudcylinderbehållaren. Se till att oljenivån alltid överstiger MIN-markeringen.

Luftning med en tryckluftssats

24 Dessa luftningssatser drivs vanligen av lufttrycket i reservdäcket. Observera att trycket i reservdäcket är för högt för att passa luftningssatsen och måste minskas, se tillverkarens instruktioner.

25 Genom att koppla en trycksatt, oljefylld behållare till huvudcylinderbehållaren kan luftningen utföras genom att luftningsskruvarna helt enkelt öppnas en i taget (i angiven ordningsföljd), och oljan får flöda tills den inte innehåller några luftbubblor.

26 En fördel med den här metoden är att den stora vätskebehållaren ytterligare förhindrar att luft dras tillbaka in i systemet under luftningen.

27 Trycksatt luftning är speciellt effektiv för luftning av "svåra" system och vid rutinbyte av all olja. Det är också den här metoden som rekommenderas av Volvo om bromssystemet har tömts helt eller delvis.

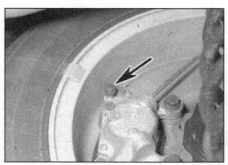

2.14 Luftningsskruv (vid pilen) på det bakre bromsoket

Alla metoder

28 Efter avslutad luftning och när pedalen känns fast, spola bort eventuellt spill och dra åt luftningsskruvarna ordentligt, sätt sedan tillbaka dammkåporna.

29 Kontrollera bromsoljenivån i huvudcylinderbehållaren och fyll på om det behövs.

30 Kassera all olja som har tappats ur systemet, den kan inte återanvändas.

31 Kontrollera känslan i bromspedalen. Om den känns det minsta svampig finns det fortfarande luft i systemet som då måste luftas ytterligare. Om fullständig luftning inte uppnåtts efter ett rimligt antal försök kan detta bero på slitna tätningar i huvudcylindern.

32 Kontrollera att kopplingen fungerar som den ska. Eventuella problem betyder att även kopplingssystemet måste luftas – se kapitel 6, avsnitt 5.

3 Bromsrör och slangar- byte

Observera: *Se varningen i början av avsnitt 2 angående farorna med bromsolja innan arbetet påbörjas.*

1 Om ett rör eller en slang måste bytas ut, minimera oljespillet genom att ta bort huvudcylinderbehållarens lock och sedan fästa en bit plastfolie med en gummisnodd över öppningen. Annars kan slangar vid behov tätas med bromsslangsklämmor och bromsrörsanslutningar av metall kan pluggas igen

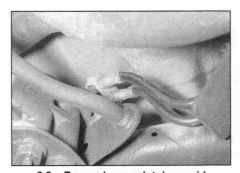

3.2a Bromsslanganslutningar vid bakaxeln . . .

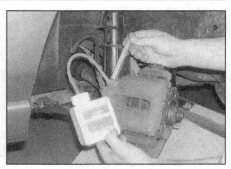

2.22 Bromsarna luftas med en luftningssats för en person

eller förses med lock så snart de kopplas loss (var mycket försiktig så att inte smuts tränger in i systemet). Placera trasor under de anslutningar som ska lossas för att fånga upp eventuellt oljespill.

2 Om en slang ska kopplas loss, skruva loss muttern till bromsslanganslutningen innan fjäderklammern som fäster slangen i fästet tas bort, om det är tillämpligt. Vissa av slanganslutningarna skyddas av gummikåpor. Om så är fallet måste slangen först tas bort från fästbygeln och kåpan dras ner längs ledningen innan muttern kan skruvas loss **(se bilder)**.

3 När anslutningsmuttrarna ska skruvas ur är det bäst att använda en bromsrörsnyckel av korrekt storlek, de finns att köpa i välsorterade motortillbehörsbutiker. Om en bromsrörsnyckel inte finns tillgänglig går det att använda en öppen nyckel av rätt storlek, men om muttrarna sitter hårt eller är korroderade kan de runddras. Om det skulle hända kan de envisa anslutningarna skruvas loss med en självlåsande tång, men då måste röret och de skadade muttrarna bytas ut vid monteringen.

4 Rengör alltid anslutningen och området kring den innan den kopplas loss. Om en komponent med mer än en anslutning demonteras, anteckna noga hur anslutningarna är monterade innan de lossas.

5 Om ett bromsrör måste bytas ut kan ett nytt köpas färdigkapat, med muttrar och flänsar monterade, hos en Volvoverkstad. Allt som då behöver göras är att kröka röret innan det monteras, med det gamla röret som mall.

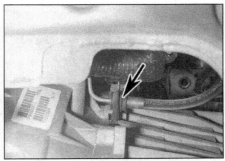

3.2b . . . och på växellådshuset - observera gummikåpan (vid pilen)

4.2 Ta loss bromsklossens fästfjäderklämma

4.3a Ta bort styrsprintarnas skyddslock . . .

4.3b . . . skruva sedan bort de båda styrsprintarna

Alternativt kan de flesta tillbehörsbutiker bygga upp bromsrör av satser men det kräver noggrann uppmätning av originalet för att utbytesdelen ska hålla rätt längd. Det säkraste alternativet är att ta med det gamla bromsröret till verkstaden som mall.

6 Blås igenom det nya röret eller den nya slangen med torr tryckluft före monteringen. Dra inte åt anslutningsmuttrarna för hårt. Det är inte nödvändigt att bruka våld för att få en säker anslutning.

7 Om gummislangarna har bytts ut, se till att rören och slangarna dras korrekt utan att veckas eller vridas och att de fästs i sina klämmor eller fästbyglar. Originalslangarna har vita längsgående linjer som tydligt visar om slangen vridits.

8 Lufta bromssystemet enligt beskrivningen i avsnitt 2. Tvätta bort allt oljespill och undersök systemet noga efter oljeläckor.

4 Främre bromsklossar – byte

Varning: Bromsklossarna måste bytas ut på båda framhjulen samtidigt. Byt ALDRIG ut bromsklossarna bara på ena hjulet eftersom det kan ge ojämn bromsverkan. Dammet från bromsklossarnas slitage kan innehålla asbest vilket är en hälsorisk. Blås aldrig bort det med tryckluft, och andas inte in något av det. ANVÄND INTE petroleumbaserade lösningsmedel för att rengöra

bromskomponenter. Använd endast bromsrengöringsmedel eller T-sprit. LÅT INTE bromsolja, olja eller fett komma i kontakt med bromsklossarna eller skivan. Se även varningen i början av avsnitt 2 angående farorna med bromsolja.

1 Lossa framhjulsbultarna och klossa bakhjulen. Lyft upp framvagnen och ställ den på pallbockar (se *Lyftning och stödpunkter*). Ta bort framhjulen. Observera hur styrsprinten sitter i hjulets baksida.

2 Använd en skruvmejsel. Lirka försiktigt ut bromsklossens fästfjäderklämma. Observera hur den sitter placerad och var noga med att inte deformera den **(se bild)**.

3 Ta bort skyddslocken över de två bromsoksstyrsprintarna. Skruva sedan loss båda styrsprintarna med en 7 mm hexagonhylsnyckel **(se bilder)**.

4 Dra bort bromsoket från bromsklossarna och bromsoksfästbygeln. Var noga med att inte sträcka bromsslangen **(se bild)**.

5 Ta bort den inre bromsklossen med fjäderklämma från bromsokskolven, och ta bort den yttre bromsklossen från bromsokets fästbygel **(se bilder)**. Bind upp bromsoket mot en lämplig fjädringskomponent med hjälp av snöre eller ståltråd. Tryck inte ner bromspedalen medan bromsoket är demonterat.

6 Mät tjockleken på bromsklossarnas friktionsbelägg. Om något bromsklossbelägg har slitits ner till den angivna minimitjockleken måste alla fyra främre bromsklossarna bytas ut. Byt inte plats på bromsklossarna för att försöka jämna ut slitaget. (Ojämnt slitage kan bero på att bromsoket fastnar på styrstiften).

7 Rengör bromsoket och fästbygeln med en fuktig trasa eller en gammal målarpensel. Undersök bromsokskolven och dammdamasken efter tecken på oljeläckage. Undersök även styrsprintarnas gummibussningar. Reparera eller byt ut efter behov (se avsnitt 8).

8 Ta bort alla flisor och all rost från bromsskivans ytterkant med en borste eller fil. Undersök bromsskivans synliga delar. Vid djupa repor, sprickor eller spår, eller om störningar i bromsmekanismen har förekommit ska en noggrannare kontroll utföras (se avsnitt 6).

9 Om nya bromsklossar ska monteras, tryck tillbaka bromsokskolven ner i loppet med en tång. Var noga med att inte skada dammdamasken. Töm ur lite olja ur huvudcylinderbehållaren för att undvika översvämning när kolven trycks tillbaka.

> **HAYNES TiPS** *En ren pipett eller bollspruta är idealisk för att få bort olja från huvudcylinderbehållaren.*

10 Placera den yttre bromsklossen i bromsoksfästbygeln med friktionsytan mot skivan. Haka fast den inre bromsklossens fjäderklämma med bromsokskolven och tryck bromsklossen helt emot kolven. Placera bromsoket över skivan och på bromsoksfästbygeln.

11 Smörj styrsprintarna med vaselin. Stick in dem i bromsoket och dra åt dem till angivet

4.4 Dra bort bromsoket från bromsklossarna

4.5a Ta bort den inre bromsklossen från bromsokskolven . . .

4.5b . . . och den yttre bromsklossen från bromsokets fästbygel

5.2a Knacka ut de två bakre bromsklossfästsprintarna . . .

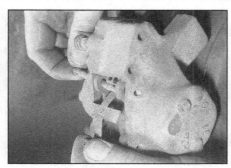

5.2b . . . och ta bort dämpningsfjädern

5.4 Dra bort bromsklossarna och de ljuddämpande mellanläggen

moment. Montera skyddslocken på styrsprintarna.

12 Montera bromsklossens fästfjäderklämma.

13 Tryck ner bromspedalen flera gånger för att föra upp bromsklossarna till skivan.

14 Upprepa momenten på den andra frambromsen.

15 Montera hjulen och sänk ner bilen. Dra åt hjulbultarna i diagonal ordningsföljd till angivet moment.

16 Kontrollera bromsoljenivån och fyll på om det behövs.

17 Undvik i möjligaste mån hårda inbromsningar de första femton milen efter bromsklossbytet så att friktionsbeläggen hinner bäddas in.

5 Bakre bromsklossar – byte

Varning: Bromsklossarna måste bytas ut på båda bakhjulen samtidigt. Byt ALDRIG ut bromsklossarna bara på ena hjulet eftersom det kan ge ojämn bromsverkan. Dammet från bromsklossarnas slitage kan innehålla asbest vilket är en hälsorisk. Blås aldrig bort det med tryckluft, och andas inte in något av det. ANVÄND INTE petroleumbaserade lösningsmedel för att rengöra bromskomponenter. Använd endast bromsrengöringsmedel eller T-sprit. LÅT INTE bromsolja, olja eller fett komma i kontakt med bromsklossarna eller skivan. Se även varningen i början av avsnitt 2 angående farorna med bromsolja.

1 Lossa bakhjulsbultarna och klossa framhjulen. Lyft upp bakvagnen och ställ den på pallbockar (se *Lyftning och stödpunkter*). Ta bort bakhjulen. Observera hur styrstiftet sitter i hjulets baksida.

2 Driv ut de två sprintarna ur bromsoket med hjälp av en hammare och körnare. Ta loss dämpningsfjädern. Observera hur den sitter monterad **(se bilder)**. Använd en ny fjäder vid hopsättningen.

3 Tryck bort bromsklossarna från skivan med en tång. Bänd inte mellan bromsklossarna och skivan.

4 Dra bort bromsklossarna ur bromsoket tillsammans med de ljuddämpande mellanläggen (i förekommande fall) **(se bild)**. Markera komponenternas placering om de ska återanvändas. Tryck inte ner bromspedalen medan bromsklossarna är demonterade.

5 Mät tjockleken på bromsklossarnas friktionsbelägg. Om något bromsklossbelägg har slitits ner till den angivna minimitjockleken måste alla fyra bakre bromsklossarna bytas ut. Byt inte plats på bromsklossarna för att försöka jämna ut slitaget.

6 Rengör bromsoket med en fuktig trasa eller en gammal målarpensel. Undersök bromsokskolvarna och dammdamaskerna efter tecken på oljeläckage. Reparera eller byt ut efter behov (se avsnitt 9).

7 Undersök bromsskivans synliga yta. Om det finns djupa repor, sprickor eller spår, eller om störningar i bromsmekanismen har förekommit, måste en noggrannare kontroll utföras (se avsnitt 7). Ta bort bromsoket om det behövs för att komma åt skivans inre yta.

8 Tryck tillbaka bromsokskolvarna i sina lopp med hjälp av en tång om nya bromsklossar ska monteras. Töm ur lite olja ur huvudcylinderbehållaren för att undvika översvämning när kolvarna trycks tillbaka.

HAYNES TiPS En ren pipett eller bollspruta är idealisk för att få bort olja från huvudcylinderbehållaren.

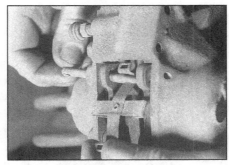

5.10a Montera den övre bromsklossfästsprinten och dämpningsfjädern . . .

9 Montera bromsklossarna och mellanläggen i bromsokets krampor, med friktionsytorna mot skivan.

10 Stick in den övre fästsprinten tillsammans med dämpningsfjädern, och knacka in sprinten helt på sin plats. Montera den nedre fästsprinten på samma sätt. Se till att sprinten passerar över fjädertungan **(se bilder)**.

11 Pumpa upp och ner med bromspedalen flera gånger för att föra upp de nya bromsklossarna till skivorna.

12 Upprepa momenten på den andra bakbromsen.

13 Montera hjulen och sänk ner bilen. Dra åt hjulbultarna i diagonal ordning till angivet moment.

14 Kontrollera bromsoljenivån och fyll på om det behövs.

15 Undvik hårda inbromsningar de första femton milen efter bromsklossbytet så att friktionsbeläggen hinner bäddas in.

6 Främre bromsskiva – kontroll, demontering och montering

Observera: *Se varningen i början av avsnitt 4 beträffande riskerna med asbestdamm innan arbetet påbörjas.*

Kontroll

Observera: *Om någon av skivorna behöver bytas ut ska BÅDA skivorna bytas ut samtidigt, så att bromsarna verkar jämnt på båda sidor. Nya bromsklossar ska också monteras.*

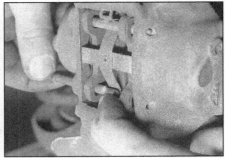

5.10b . . . montera sedan den nedre sprinten så att den ligger över fjädertungan

6.5 Det främre bromsokets fästbygel tas bort

6.6a Skruva loss den främre skivans fästsprint . . .

6.6b . . . ta sedan bort skivan

1 Ta bort de främre bromsklossarna enligt beskrivningen i avsnitt 4.

2 Undersök skivans friktionsytor efter sprickor eller djupa spår (lätt spårning är normalt och behöver inte åtgärdas). En sprucken skiva måste bytas ut. En spårig skiva kan renoveras genom maskinslipning förutsatt att tjockleken inte minskar till under den angivna miniminivån.

3 Kontrollera skivans kast med hjälp av en mätklocka vars sond placeras nära skivans ytterkant. Om kastet överskrider siffrorna i *Specifikationer* kan skivan om möjligt maskinslipas. Annars måste skivan bytas ut.

 HAYNES TiPS *Om en mätklocka inte finns tillgänglig, kontrollera kastet genom att placera en fast visare nära den yttre kanten, i kontakt med skivans yta. Vrid skivan och mät visarens maximala förskjutning med hjälp av bladmått.*

4 Stora variationer i skivtjocklek kan även orsaka störningar i mekanismen. Kontrollera variationer i tjockleken med en mikrometer.

Demontering

5 När bromsklossarna och bromsoket är borttagna (avsnitt 4), skruva loss de två fästbultarna och ta bort bromsokets fästbygel **(se bild)**. Observera att nya bultar kommer att behövas vid monteringen.

6 Kontrollera om bromsskivans position i förhållande till navet är markerad. Om inte, gör en egen markering som hjälp vid monteringen.

Ta bort sprinten som håller fast skivan vid navet. Lyft sedan bort skivan **(se bilder)**.

Montering

7 Se till att navets och skivans fogytor är fullständigt rena. Använd T-sprit och en trasa för att tvätta bort allt eventuellt rostskyddsmedel från en ny skiva.

8 Placera skivan på navet med inställningsmärkena i linje med varandra. Montera sedan fäststiftet.

9 Montera bromsokfästbygeln och dra åt de nya bultarna till angivet moment.

10 Montera bromsklossarna enligt beskrivningen i avsnitt 4.

7 Bakre bromsskiva – kontroll, demontering och montering

Observera: *Se varningen i början av avsnitt 5 beträffande riskerna med asbestdamm innan arbetet påbörjas.*

Kontroll

Observera: *Om någon av skivorna behöver bytas ut ska BÅDA skivorna bytas ut samtidigt, så att bromsarna verkar jämnt på båda sidor. Nya bromsklossar ska också monteras.*

1 När de bakre bromsskivorna är borttagna (avsnitt 5) är kontrollmomenten samma som för de främre bromsskivorna. Se avsnitt 6, punkt 2 till 4. Kontrollera även handbromstrummornas skick efter demonteringen.

Gränsvärden för omslipning, skevhet och kast anges i *Specifikationer*. Trummorna slits mycket sällan om inte handbromsen regelbundet används för att stanna bilen.

Demontering

2 Ta bort de bakre bromsklossarna enligt beskrivningen i avsnitt 5, om det inte redan är gjort.

3 Lossa bromsokets bromsrör från fästklämman på fjädringens hjälparm. Skruva sedan loss fästbulten till bromsrörets trevägsanslutning, om arbetet utförs på det vänstra bromsoket.

4 Skruva loss de två bromsoksfästbultarna och dra bort bromsoket utan att belasta bromsröret **(se bild)**. Observera att nya bultar kommer att behövas vid monteringen. Stöd bromsoket på ett lämpligt sätt eller fäst upp det vid en lämplig fjädringskomponent med hjälp av snöre eller ståltråd.

5 Skruva loss hjulets styrsprint från skivan **(se bild)**.

6 Markera skivans läge i förhållande till navet. Dra sedan bort skivan **(se bild)**. Knacka på skivan med en mjuk klubba om det behövs för att få loss den. Gör enligt följande om det inte går att få loss skivan för att den fastnar i handbromsbackarna.

7 Arbeta inuti bilen. Lyft upp mittkonsolens armstöd och bänd försiktigt ut den rektangulära luckan från konsolens nederdel.

8 Arbeta genom luckans öppning. Använd en böjd hexagonnyckel och vrid justerbulten på handbromsspakens baksida tills handbromsvajrarna slaknar.

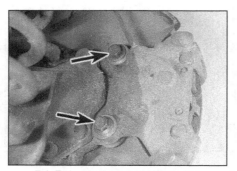

7.4 Bakre bromsokets fästbultar (vid pilarna)

7.5 Skruva loss den bakre skivans sprint . . .

7.6 . . . och dra bort skivan

7.9 Handbromsbackens inre justerarhjul lossas

9 Vrid den bakre bromsskivan tills handbromsinställningshålet är placerat över handbromsbackens inre justerarhjul. Stick in en skruvmejsel genom hålet och vrid justerarhjulet så mycket som behövs för att handbromsbackarna ska flyttas undan **(se bild)**.

Montering

10 Se till att navets och skivans fogytor är fullständigt rena. Använd T-sprit och en trasa för att tvätta bort allt eventuellt rostskyddsmedel från en ny skiva.
11 Placera skivan på navet med inställningsmärkena i linje med varandra. Montera sedan fäststiftet.
12 Montera bromsoket och dra åt de nya bultarna till angivet moment. Fäst bromsröret i fästklämmorna eller montera bulten till trevägsanslutningen, vad som är tillämpligt.
13 Montera bromsklossarna enligt beskrivningen i avsnitt 5.
14 Justera handbromsen enligt beskrivningen i avsnitt 13.

8 Främre bromsok – demontering, renovering och montering

Observera: Läs varningen i början av avsnitt 2 angående farorna med bromsolja, samt varningen i början av avsnitt 4 angående farorna med asbestdamm innan arbetet påbörjas.

Demontering

1 Dra åt handbromsen och klossa bakhjulen. Lossa framhjulets bultar. Lyft sedan upp framvagnen och ställ den på pallbockar (se *Lyftning och stödpunkter*). Ta bort hjulet.
2 Minimera oljespill genom att skruva loss huvudcylinderbehållarens påfyllningslock och fästa en bit plastfolie över påfyllningsröret. Fäst plastfolien med ett gummiband så att en lufttät tätning bildas. Använd alternativt en bromsslangklämma, en G-klämma eller liknande med skyddade käftar, och kläm ihop den främre hydraulslangen.
3 Rengör området runt anslutningen mellan hydraulslangen och bromsoket. Lossa sedan slanganslutningen med ett halvt varv. Var beredd på oljespill.
4 Ta bort bromsklossarna enligt beskrivningen i avsnitt 4.

5 Skruva loss bromsoket från hydraulslangen. Torka upp eventuellt bromsoljespill omedelbart. Plugga igen eller täck över de öppna anslutningarna.
6 Om bromsoket ska tas bort, skruva loss de två bultarna som fäster bromsoket vid hjulspindeln. Observera att nya bultar kommer att behövas vid monteringen.

Renovering

7 Rengör bromsoket utvändigt med T-sprit och en mjuk borste när det är borttaget.
8 Ta bort luftningsskruven och töm ut all kvarvarande bromsolja ur bromsoket.
9 Ta bort kolvens dammdamask och dra ut kolven ur bromsoksloppet. Om bromsokskolven sitter fast, montera tillbaka luftningsskruven och låt ett lågt lufttryck (t.ex. från en fotpump) verka på oljeinsuget. Observera att kolven kan skjutas ut med ganska stor kraft.
10 Lirka ut kolvtätningen från loppet med ett trubbigt verktyg.
11 Dra bort de två styrsprintarnas gummibussningar från sina platser.
12 Rengör kolven och bromsoksloppet med en luddfri trasa och lite ren bromsolja eller T-sprit. Små oregelbundenheter kan putsas bort med stålull. Om bromsoket visar tecken på punktkorrosion, repor eller slitagespår måste det bytas ut.
13 Byt alltid ut alla gummikomponenter (tätning, dammdamask och styrsprintsbussningar) regelbundet. Blås igenom oljeinsuget och luftningsskruvens hål med tryckluft.
14 Smörj den nya kolvtätningen med ren bromsolja. Placera tätningen i fogen i loppet med hjälp av fingrarna.
15 Montera en ny dammdamask på kolven. Se till att damasken placeras korrekt i kolvfogen. Dra ut dammdamasken för montering.
16 Smörj kolven och loppet med ren bromsolja.
17 Passa in kolven och dammdamasken på bromsoket. Fäst dammdamasken i bromsokets fog, tryck sedan ner kolven genom dammdamasken och in i bromsoksloppet.
18 Montera de nya styrsprintsbussningarna och sedan bromsokets luftningsskruv.

Montering

19 Montera bromsokets fästbygel om den har demonterats. Använd nya bultar och dra åt dem till angivet moment.
20 Montera bromsklossarna enligt beskrivningen i avsnitt 4, men anslut bromsoket till slangen innan det monteras i fästbygeln.
21 Dra åt slanganslutningen. Se till att slangen inte är veckad.
22 Ta bort bromsslangklämman eller plastfolien, efter tillämplighet, och lufta bromssystemet enligt beskrivningen i avsnitt 2.
23 Tryck ner fotbromsen två eller tre gånger så att bromsklossarna hamnar rätt. Montera sedan hjulet och sänk ner bilen. Dra åt hjulbultarna i diagonal ordningsföljd till angivet moment.

9 Bakre bromsok – demontering, renovering och montering

Observera: Läs varningen i början av avsnitt 2 angående farorna med hydraulolja, samt varningen i början av avsnitt 5 angående farorna med asbestdamm innan arbetet påbörjas.

Demontering

1 Minimera oljespill genom att skruva loss huvudcylinderbehållarens påfyllningslock och fästa en bit plastfolie över påfyllningsröret. Fäst plastfolien med ett gummiband så att en lufttät tätning bildas. Använd alternativt en bromsslangklämma, en G-klämma eller liknande med skyddade käftar, och kläm ihop den bakre hydraulslangen.
2 Ta bort de bakre bromsklossarna enligt beskrivningen i avsnitt 5.
3 Rengör området runt hydraulanslutningen på bromsoket och lossa sedan röranslutningen. Var beredd på oljespill. Plugga igen eller täck över de öppna anslutningarna.
4 Skruva loss de två fästbultarna och ta bort bromsoket. Observera att nya bultar kommer att behövas vid monteringen.

Renovering

5 Metoden är i stort sett densamma som för det främre bromsoket (se avsnitt 8), förutom att det här finns två kolvar i varje bromsok. Försök inte ta isär bromsokshalvorna för det ska gå lättare att ta bort kolvarna.

Montering

6 Montera bromsoket över skivan och fäst den vid axeltappens fästbygel med två nya bultar. Dra åt bultarna till angivet moment.
7 Montera bromsröret vid bromsoket och dra åt anslutningen ordentligt.
8 Montera bromsklossarna enligt beskrivningen i avsnitt 5.
9 Ta bort bromsslangklämman eller plastfolien, efter tillämplighet, och lufta bromssystemet enligt beskrivningen i avsnitt 2.
10 Tryck ner fotbromsen två eller tre gånger så att bromsklossarna hamnar rätt. Montera hjulet och sänk ner bilen, dra åt hjulbultarna i diagonal ordning till angivet moment.

10 Bromshuvudcylinder – demontering och montering

Observera: Se varningen i början av avsnitt 2 angående farorna med bromsolja, innan arbetet påbörjas.
Observera: Huvudcylindern kan inte renoveras och dess inre komponenter går inte att köpa separat. Om ett fel uppstår i huvudcylindern måste hela enheten bytas ut.

Demontering

1 Koppla loss batteriets minusledare.

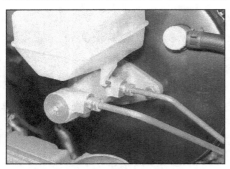

10.5 Bromsrörens anslutningar vid huvudcylindern

2 Sifonera ut så mycket olja som möjligt från huvudcylinderbehållaren med hjälp av en hydrometer eller en gammal bollspruta.
Varning: Oljan är giftig. Sug INTE ut den med munnen.
3 Koppla loss varningslampans kontaktdon från behållarens lock.
4 Lossa fjäderklämman och koppla loss oljeslangen till kopplingens huvudcylinder från sidan av behållaren. Var beredd på oljespill. Plugga igen slangens öppna ände och behållarens öppning.
5 Koppla loss bromsrörsanslutningarna från huvudcylindern **(se bild)**. Var beredd på ytterligare oljespill. Täck över de öppna anslutningarna för att hindra smuts från att tränga in.
6 Ta bort muttrarna som fäster huvudcylindern vid servon. Dra bort huvudcylindern från servons pinnbultar och ta bort den. Var noga med att inte spilla bromsolja på lacken.

Montering

7 Placera huvudcylindern i läge på servoenheten och fäst den med muttrarna. Dra åt muttrarna till angivet moment.
8 Montera bromsrören. Dra inte åt anslutningsmuttrarna helt i det här stadiet.
9 Montera oljeslangen på behållaren. Smörj slangänden med bromsolja för att underlätta monteringen.
10 Återanslut varningslampans kontaktdon till behållarens lock. Anslut sedan batteriet.
11 Placera absorberande trasor under bromsrörsanslutningarna på huvudcylindern.

Fyll sedan behållaren med ren bromsolja av angiven typ.
12 Dra åt bromsrörsanslutningarna ordentligt när oljan börjar sippra ut.
13 Avsluta med att lufta bromssystemet enligt beskrivningen i avsnitt 2. På modeller med manuell växellåda, lufta kopplingens hydraulsystem enligt beskrivningen i kapitel 6.
14 Trycktesta huvudcylindern när systemet har luftats, genom att trycka ner bromspedalen hårt och hålla den nere i 30 sekunder. Släpp pedalen och leta efter läckor runt huvudcylinderns röranslutningar.

11 Bromspedal – demontering och montering

Metoden för demontering och montering av bromspedalen är densamma som för kopplingspedalen. Se kapitel 6, avsnitt 2.

12 Vakuumservo – demontering och montering

Demontering

1 Koppla loss batteriets minusledare. Tryck sedan ner bromspedalen flera gånger för att skingra eventuellt vakuum i servoenheten.
2 Demontera ABS-systemets hydrauliska modulator enligt beskrivningen i avsnitt 19.
3 Ta bort bromshuvudcylindern enligt beskrivningen i avsnitt 10.
4 Koppla loss servons vakuummatning genom att bända ut backventilen på servoenhetens framsida.
5 Koppla loss kontaktdonet från bromspedalens lägesgivare.
6 Lossa kabelhärvan och kanalerna runt servon så mycket som behövs för att komma åt.
7 Ta bort klädselpanelen under instrumentbrädan på förarsidan genom att skruva ut skruven och dra ut panelen från urtagen vid överdelen. Koppla loss anslutningskontakten från fotbrunnsbelysningen.
8 Koppla loss vakuumservons tryckstång och

länksystem från bromspedalen genom att ta bort fästklämman.
9 Skruva loss de fyra muttrarna. Ta sedan bort servon från motorrummet. Ta loss O-ringstätningen mellan servon och torpedväggen.

Montering

10 Återmontering sker i omvänd ordningsföljd. Tänk på följande:
   a) *Se till att O-ringen sitter på plats innan servon monteras.*
   b) *Dra åt alla muttrar och bultar till angivet moment.*
   c) *Montera huvudcylindern enligt beskrivningen i avsnitt 10.*
   d) *Montera ABS-systemets hydrauliska modulator enligt beskrivningen i avsnitt 19.*
   e) *Avsluta med att lufta hydraulsystemet enligt beskrivningen i avsnitt 2.*

13 Handbroms – justering

1 Kör bilen långsamt på en lugn väg i ungefär 400 meter med handbromsen åtdragen några hack innan justeringen. Då rengörs handbromsbackarna och trumman från rost och avlagringar.
2 Lossa bakhjulsbultarna och klossa framhjulen. Lyft upp bakvagnen och ställ den på pallbockar (se *Lyftning och stödpunkter*). Demontera bakhjulen.
3 Lägg ur handbromsen helt. Vrid en av de bakre bromsskivorna tills handbromsens justeringshål är placerat över handbromsbackens inre justerarhjul. Stick in en skruvmejsel genom hålet och vrid justerarhjulet så mycket som behövs tills skivan är låst (se bild 7.9) Skruva nu upp justerarhjulet ungefär 4 till 5 hack, tills skivan återigen kan vridas fritt utan att kärva. Upprepa det här momentet på den andra bakbromsen.
4 Arbeta inuti bilen. Dra upp handbromsspaken och kontrollera att full bromseffekt uppnås på bakhjulen när handbromsspaken är åtdragen mellan 3 och 5 klick av sin tandning. Om så inte är fallet, fortsätt enligt följande.
5 Lyft upp mittkonsolens armstöd och bänd försiktigt ut den rektangulära luckan från konsolens nederdel **(se bild)**.
6 Arbeta genom luckans öppning. Använd en böjd hexagonnyckel och vrid justeringsbulten på handbromsspakens baksida tills villkoren i punkt 4 uppfylls **(se bild)**. Lossa handbromsspaken och kontrollera att bakhjulen kan vridas fritt utan att kärva. Montera mittkonsolen lucka.
7 Montera hjulen och sänk ner bilen när justeringen är korrekt. Dra åt hjulbultarna i diagonal ordningsföljd till angivet moment.

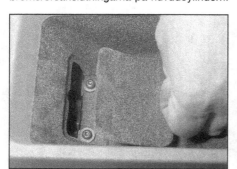

13.5 Bänd upp luckan i mittkonsolen för att komma åt handbromsspakens justeringsbult

13.6 Handbromsspakens justeringsbult (vid pilen) sedd med mittkonsolen demonterad

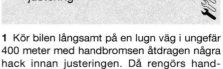

14.4a Haka loss handbromsbackarnas nedre returfjäder . . .

14.4b . . . och övre returfjäder . . .

14.4c . . . och sära sedan på bromsbackarna. Notera hur justeraren sitter placerad

14 Handbromsbackar – kontroll och byte

Kontroll

1 Ta bort den bakre bromsskivan (avsnitt 7).
2 Undersök om bromsbackarna är slitna, skadade eller nedsmutsade med olja. Byt ut dem om det behövs, enligt beskrivningen nedan. Precis som bromsklossarna måste bromsbackarna bytas ut axelvis.
3 Om bromsbackarna är förorenade måste källan till nedsmutsningen lokaliseras och åtgärdas innan de nya bromsbackarna monteras. Ett möjlig problemområde kan vara navlagrets fättätning. Om den har gått sönder måste olyckligtvis hela navenheten bytas ut (se kapitel 10).

15.4a Ta loss låsringen från vajerns manövreringssegment (vid pilen)

Byte

4 Haka loss handbromsbackarnas nedre returfjäder. Bänd isär bromsbackarna och ta bort dem från bromsskölden. Haka loss den övre returfjädern och sära på bromsbackarna. Observera justeringsmekanismens korrekta placering när den demonteras **(se bilder)**.
5 Rengör bromsskölden, insidan av bromsskivan och justeringsmekanismen. Se till att justerarhjulet kan vridas fritt på sina gängor.
6 Applicera fett med hög smältpunkt på bromsbackarnas kontaktytor på bromsskölden och på justeringsmekanismens gängor.
7 Monteringen sker i omvänd ordningsföljd mot demonteringen. Se till att det inte kommer fett eller olja på bromsbeläggen eller bromsskivans friktionsyta.
8 Montera bromsskivan enligt beskrivningen i avsnitt 7. Justera sedan handbromsen enligt beskrivningen i avsnitt 13.

15 Handbromsvajer – demontering och montering

Demontering

1 Lossa bakhjulsbultarna och klossa framhjulen. Lyft upp bakvagnen och ställ den på pallbockar (se *Lyftning och stödpunkter*). Demontera bakhjulen.
2 Demontera mittkonsolen enligt instruktionerna i kapitel 11. Ta även bort baksätet och

mattorna så mycket som behövs för att komma åt den punkt där vajern går igenom golvet.
3 Se till att handbromsen är urlagd. Lossa sedan handbromsens justeringsbult på baksidan av spaken tills vajrarna slaknar (se bild 13.6).
4 Ta loss låsringen och dra bort handbromsvajerns manövreringssegment från handbromsspakens skaft. Koppla sedan loss änddelen av handbromsens inre vajer från segmentet **(se bilder)**.
5 Borra ut nitarna som fäster handbromsvajern vid fjädringens hjälparm. Skruva loss skruven och lossa vajerns fästbygel från hjälparmens fäste, precis framför det bakre hjulhuset **(se bilder)**.
6 Arbeta med den yttre handbromsvajerns ändar. Vrid vajerns plaststyrhylsa fram och tillbaka för att lossa den från axeltappen. Koppla loss den inre vajern från handbromsbackens expander genom att skjuta ut vajerns ändstycke ur expanderhylsan **(se bilder på nästa sida)**.
7 Lossa alla återstående vajerklämmor och dra ut vajern från insidan av bilen.

Montering

8 Fäst den inre vajerns ände vid handbromsbackens expander. Dra den sedan helt på plats så att den låser i expanderhylsan.
9 Tryck tillbaka styrhylsan på sin plats över axeltappen.

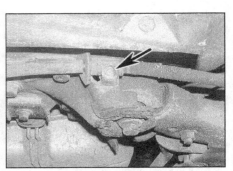

15.4b . . . dra sedan bort segmentet och koppla loss vajern

15.5a Borra ut nitarna som fäster handbromsvajern vid fjädringens hjälparm . . .

15.5b . . . och skruva loss fästbygelns skruv (vid pilen)

15.6a Vrid styrhylsan (vid pilen) fram och tillbaka . . .

15.6b . . . för att lossa den från axeltappen

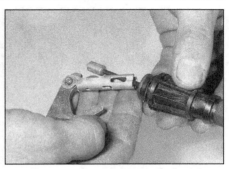

15.6c Dra ut den inre vajerns ändstycke ur expanderhylsan

10 Mata in vajern i bilen och återanslut den inre vajerns ände vid handbromsspakens segment. Fäst segmentet vid handbromsspakens mekanism och säkra med låsringen. Se till att låsringen hamnar rätt i fogen.
11 Montera vajerns fästbygel på hjälparmens fäste.
12 Fäst vajern vid fjädringens hängarm med en ny popnit. Alternativt kan vajern fästas vid hjälparmen med en lämplig vajerklämma, eller med en självgängande skruv för att fästa klämman.
13 Montera alla återstående vajerklämmor. Montera sedan mittkonsolen enligt beskrivningen i kapitel 11. Montera baksätet och lägg tillbaka mattorna.
14 Lägg i handbromsen ett par tre gånger så att vajern hamnar rätt. Justera sedan handbromsen enligt beskrivningen i avsnitt 13.

16 Handbromsspak – demontering och montering

Demontering

1 Demontera mittkonsolen enligt beskrivningen i kapitel 11.
2 Koppla loss kontaktdonet från kontakten till handbromsens varningslampa.
3 Skruva loss fästbulten till varningslampans kontakt och ta bort kontakten.
4 Skruva loss de tre bultarna som håller fast spakenheten vid golvet.
5 Koppla loss handbromsvajrarna och ta bort spakeheten från bilen.

Montering

6 Montering sker i omvänd ordning mot demonteringen. Avsluta med att justera handbromsen enligt beskrivningen i avsnitt 13.

17 Bromsljuskontakt – demontering och montering

Demontering

1 Koppla loss batteriets minusledare.
2 Ta bort klädselpanelen under instrumentbrädan på förarsidan genom att skruva ut

skruven och dra ut panelen från urtagen vid överdelen. Koppla loss anslutningskontakten från fotbrunnsbelysningen.
3 Tryck ner bromspedalen något. Tryck sedan bromsljuskontakten mot pedalen för att lossa spärrhylsan.
4 Dra spärrhylsan mot kontaktens tryckkolv så långt det går.
5 Tryck ihop kontaktens sidohakar. Dra bort kontakten från pedalens fästbygel. Koppla loss kontaktdonet/kontaktdonen och ta bort kontakten **(se bild)**.

Montering

6 Se till att kontaktens spärrhylsa är helt utskjuten mot kontaktens tryckkolv.
7 Återanslut kablaget. Håll sedan bromspedalen nedtryckt och placera kontakten i pedalens fästbygel. Tryck in kontakten i fästbygeln tills ett klick hörs när hakarna fäster i fästbygeln.
8 Dra bromspedalen så lång uppåt som möjligt. Då justeras kontakten automatiskt.
9 Vicka försiktigt på kontakten för att kontrollera att den sitter ordentligt. Återanslut sedan batteriet och kontrollera bromsljusens funktion.
10 Montera de paneler som togs bort för att förbättra åtkomligheten.

18 Låsningsfria bromsar (ABS) – allmän information

Systemet för låsningsfria bromsar som finns som standardutrustning på alla modeller

17.5 Bromsljuskontaktens kontaktdon (vid pilen)

registrerar hjulens rotationshastighet vid inbromsning. Om ett hjul plötsligt minskar i hastighet som tecken på att hjulet håller på att låsa sig, minskas eller avbryts det hydrauliska trycket på det hjulets bromsar ögonblickligen.
Systemet består huvudsakligen av hjulgivarna, den elektroniska styrenheten (ECU) och den hydrauliska modulatorenheten.
En givare sitter monterad vid varje hjul tillsammans med ett pulshjul på hjulnavet. Givarna registrerar hjulens rotationshastigheter och kan avgöra när det är risk för att ett hjul låser sig (låg rotationshastighet). Hjulgivarna förser även bilens hastighetsmätare med information.
Informationen från givarna skickas till ECU, som kontrollerar solenoidventilerna i den hydrauliska modulatorn. Solenoidventilerna begränsar oljetillförseln till det bromsok som håller på att låsa sig.
Skulle ett fel uppstå i systemet tänder ECU en varningslampa på instrumentbrädan och sätter systemet ur funktion. Den normala bromsningen fungerar fortfarande, men utan den låsningsfria funktionen. Om ett fel skulle uppstå lagrar ECU en serie signaler (eller felkoder) som sedan kan avläsas med speciell diagnosutrustning (se avsnitt 20).
På bilar utrustade med antispinnsystem har ABS-systemet dubbla funktioner. Förutom att övervaka att hjulen inte låser sig vid inbromsning kontrollerar systemet även att hjulen inte börjar spinna vid acceleration. När detta tillstånd uppstår läggs bromsarna på det aktuella hjulet omedelbart an för att minska eller avbryta hjulspinningen. När det spinnande hjulets rotationshastighet är i nivå med de andra hjulen släpper bromsarna.

19 Låsningsfria bromsar (ABS) – demontering och montering av komponenter

Demontering

Främre hjulgivare

1 Lossa framhjulsbultarna på det aktuella hjulet och klossa bakhjulen. Lyft upp framvagnen och ställ den på pallbockar (se *Lyftning och stödpunkter*). Ta bort hjulet.

19.2a Kontaktdon till ABS-systemets hjulgivare (vid pilen) - vänster . . .

2 Koppla loss anslutningskontakten till hjulgivaren. Kontakterna är placerade i motorrummets bakre hörn **(se bilder)**. Mata kablaget in i hjulhuset när kontakten är urkopplad.
3 Skruva loss bulten som fäster givaren vid hjulspindeln. Dra bort givaren och lossa kablaget från fästbyglarna på fjäderbenet och innerskärmen **(se bilder)**.

Främre pulshjul

4 Det främre pulshjulet sitter fasttryckt på drivaxelns drivknut och det behövs specialverktyg för att ta loss det. Detta arbete bör överlåtas till en Volvoverkstad.

Bakre hjulgivare

5 Lossa bakhjulsbultarna på det aktuella hjulet och klossa framhjulen. Lyft upp bakvagnen och ställ den på pallbockar (se *Lyftning och stödpunkter*). Ta bort hjulet.
6 Skruva loss bulten som fäster givaren vid axeltappen. Ta bort givaren och koppla loss kontaktdonet. På vissa modeller måste kablaget följas bakåt till kontaktdonet så att detta kan kopplas loss. Det kan innebära att baksätet eller bagageutrymmets klädselpaneler måste tas bort (se kapitel 11).

Elektronisk styrenhet (ECU)

7 Den elektroniska styrenheten sitter fäst vid huvudmodulatorn och kan endast tas isär när modulatorn har demonterats, enligt beskrivningen senare i detta avsnitt.

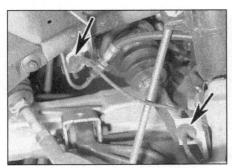

19.3b . . . och lossa kablagets genomföringar (vid pilarna) från klämmorna under innerskärmen

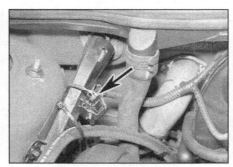

19.2b . . . och höger sida

Hydraulisk modulator

Observera: *Se varningen i början av avsnitt 2 angående farorna med bromsolja, innan arbetet påbörjas.*
8 Koppla loss batteriets minusledare.
9 Töm ur oljan ur bromssystemet. Detta är i huvudsak samma moment som när systemet luftas (se avsnitt 2), men ingen olja tillförs huvudcylinderbehållaren under momentet. Observera dock att när systemet luftas avslutningsvis måste tryckluftningsutrustning användas.
10 Ta bort hela luftrenarenheten enligt beskrivningen i kapitel 4A. På turbomodeller ska dessutom insugskanalen mellan luftrenarenheten och turboaggregatet tas bort.
11 Rengör alla bromsrörsanslutningar vid den hydrauliska modulatorn. Placera absorberande trasor under röranslutningarna för att fånga upp oljespill.
12 Markera oljerörens placering innan de kopplas loss från den hydrauliska modulatorn (t.ex. genom att fästa etiketter runt rören). Skruva loss anslutningsmuttrarna på bromsrören på sidan av den hydrauliska modulatorn. Dra försiktigt bort rören och täck över de öppna anslutningarna och rörändarna **(se bild)**.
13 Lossa kåpan från det stora kontaktdonet på sidan av modulatorn. Lossa kontaktdonets låsklämma och koppla loss anslutningskontakten.
14 Koppla loss kontaktdonet till ABS-pumpens motor.
15 Skruva loss bultarna som fäster den

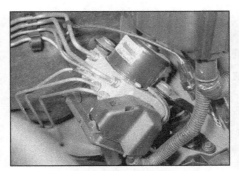

19.12 ABS-systemets hydrauliska modulator

19.3a Ta bort hjulgivaren från hjulspindeln . . .

hydrauliska modulatorns fästbygel vid innerskärmen. Flytta kablaget åt sidan och lyft ut modulatorenheten och fästbygeln.
16 Om det behövs (t.ex. om ECU ska bytas) kan modulatorn separeras från fästbygeln genom att de fyra fästbultarna tas bort.
17 Observera att modulatorn är en förseglad precisionsenhet och inte får tas isär under några som helst förhållanden.

Bromspedalens lägesgivare

18 Tryck ner bromspedalen ett par tre gånger för att häva vakuumet i servoenheten.
19 Koppla loss kontaktdonet från pedalens lägesgivare som sitter placerad på vakuumservoenhetens framsida **(se bild)**.
20 Öppna låsringen och dra bort givaren från servon. Ta loss O-ringen och distanshylsan från givaren.

Montering

21 Monteringen sker alltid i omvänd ordning. Observera dock följande punkter:
 a) Tvätta bort all smuts från områdena för hjulgivarna och fästena innan monteringen. Rengör även pulshjulen med en hård borste.
 b) Lufta bromssystemet enligt beskrivningen i avsnitt 2 när den hydrauliska modulatorn har återmonterats.
 c) Använd en ny O-ring på bromspedalens lägesgivare. Se dessutom till att den färgkodade distanshylsan passar ihop med färgkoden på servoenheten.

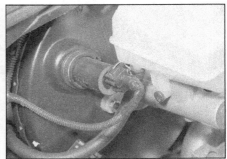

19.19 Bromspedalens lägesgivare på servoenhetens framsida

20 Låsningsfria bromsar (ABS) – feldiagnos

Allmän information

1 Systemet för låsningsfria bromsar innehåller ett diagnossystem för att underlätta felsökning och systemkontroll. Om ett fel uppstår lagrar ECU en serie signaler (eller felkoder) som senare kan läsas av via diagnostikkontakten som sitter placerad under locket i mittkonsolens förvaringsfack.

2 Vid problem kan diagnossystemet användas för att hitta problemområdena, men detta kräver tillgång till specialutrustning. När detta väl har gjorts kan det ofta krävas fler kontroller för att exakt ta reda på felets natur, det vill säga om det är fel på själva komponenten, kablarna eller något annat. För alla kontroller utöver visuella kontroller av kablage och anslutningar behövs åtminstone en felkodsläsare. En Volvo-återförsäljare har med säkerhet sådana mätare, men de finns också att köpa från andra återförsäljare, inklusive Haynes. Det är knappast lönsamt för en privatperson att köpa en felkodsläsare, men välutrustade verkstäder eller specialister på bilars elsystem brukar vara utrustade med en.

Förberedande kontroller

Observera: *När de här kontrollerna utförs för att spåra ett fel, tänk på att om felet uppstått bara en kort tid efter att någon del av bilen har fått service eller renovering, är det här man måste börja söka. Hur ovidkommande det än kan verka bör man se till att det inte är någon del som monterats tillbaka slarvigt som orsakar problemet.*

Kom ihåg att de felkoder som har lagrats i ECU-minnet måste läsas med hjälp av en särskild felkodsläsare (se punkt 2) för att man ska vara säker på att orsaken till felet har åtgärdats.

3 Öppna motorhuven och kontrollera batterianslutningarnas skick. Gör om anslutningarna eller byt kablarna om ett fel upptäcks. Använd samma teknik till att se till att alla jordningspunkter i motorrummet ger god elektrisk kontakt genom rena, metall-till-metall-anslutningar, och att alla sitter fast ordentligt.

4 Arbeta sedan metodiskt runt motorrummet. Undersök alla synliga kablar och anslutningarna mellan de olika kabelhärvorna (se bild 20.2a och 20.2b). Det du letar efter i det här läget är kablage som är uppenbart skadat genom att det skavt mot vassa kanter eller rörliga delar i fjädringen/växellådan och/eller drivremmen, genom att de klämts mellan slarvigt återmonterade delar eller smält genom att de kommit i kontakt med heta motordelar, kylrör etc. I nästan alla fall orsakas skador av denna typ i första hand av inkorrekt dragning vid hopsättning efter att tidigare arbete har utförts (se anmärkningen i början av detta underavsnitt).

5 Naturligtvis kan kablar gå av eller kortslutas inuti isoleringen så att det inte syns utanpå, men detta sker normalt bara om kablaget har dragits fel så att det sträckts eller böjts skarpt. Endera av dessa förhållanden bör vara uppenbara även vid en översiktlig kontroll. Om detta misstänks ha hänt, men felet ändå inte kan hittas, bör det misstänkta kabelavsnittet kontrolleras mycket noggrant under de mer detaljerade kontroller som beskrivs nedan.

6 Beroende på problemets storlek kan skadade kablar repareras genom sammanfogning eller splitsning med en bit ny kabel, med lödning för att försäkra en god anslutning, och sedan nyisolering med isoleringstejp eller krympslang. Om skadan är stor, kan det vara bäst att byta hela kabelavsnittet med tanke på bilens körsäkerhet, även om det kan verka dyrt.

7 När skadan har reparerats, se till att kablaget dras korrekt vid återmonteringen så att det inte vidrör andra delar, inte är sträckt eller veckat, samt att det hålls undan med hjälp av de plastklämmor, styrningar och fästband som finns till hands.

8 Kontrollera att alla elektriska kontaktdon är rena och ordentligt fastsatta, samt att vart och ett hålls på plats med motsvarande plastflik eller kabelklämma. Om något kontaktdon uppvisar yttre tecken på korrosion (vita eller gröna avlagringar eller rost), eller misstänks vara smutsigt, måste det kopplas loss och rengöras med rengöringsmedel för elektriska kontakter. Om kontaktdonets stift är svårt korroderade måste kontaktdonet bytas. Observera att detta kan innebära att hela kabelavsnittet måste bytas.

9 Om rengöringsmedlet tar bort korrosionen helt så att kontaktdonet återställs till godtagbart skick, är det en god idé att täcka kontaktdonet med något lämpligt material som håller smuts och fukt ute och förhindrar ny korrosion. En Volvoverkstad kan rekommendera någon passande produkt.

10 Arbeta metodiskt runt hela motorrummet och kontrollera noga att alla vakuumslangar och rör sitter fast ordentligt och att de dragits korrekt, utan tecken på sprickor, åldrande eller andra skador som kan orsaka läckor, och se till att inga slangar klämts, vridits eller böjts så skarpt att de förhindrar luftflödet. Var extra noga vid alla anslutningar och skarpa böjar och byt alla slangar som är skadade eller deformerade.

11 Kontrollera bromsledningarna och byt ut de som läcker, är korroderade eller är sönderklämda. Kontrollera slangarna vid bromsoken extra noga.

12 Det är möjligt att göra en ytterligare kontroll av de elektriska anslutningarna genom att vicka på varje elektriskt kontaktdon i systemet i tur och ordning med motorn på tomgång. Ett dåligt kontaktdon ger sig genast till känna genom motorns (eller varningslampans) reaktion allt eftersom kontakten bryts och upprättas igen. Ett defekt kontaktdon bör bytas med tanke på systemets tillförlitlighet. Observera att detta kan innebära att hela kabelavsnittet måste bytas.

13 Se till att hjulgivarnas kablage och anslutningar kontrolleras noga. Hjulgivarna utsätts för vatten, vägsalt och smuts vilket ofta är orsaken till att ABS-systemets varningslampa tänds.

14 Om felet inte kunde lokaliseras vid de preliminära kontrollerna måste bilen lämnas in till en Volvoverkstad eller en annan välutrustad verkstad för kontroll med hjälp av elektronisk testutrustning.

Kapitel 10
Fjädring och styrning

Innehåll

Svårighetsgrader

| Enkelt, passar novisen med lite erfarenhet | Ganska enkelt, passar nybörjaren med viss erfarenhet | Ganska svårt, passar kompetent hemmamekaniker | Svårt, passar hemmamekaniker med erfarenhet  | Mycket svårt, för professionell mekaniker |

Specifikationer

Främre fjädring
Typ .... Individuell, med MacPherson fjäderben med spiralfjädrar och teleskopiska stötdämpare. Krängningshämmare finns på alla modeller

Bakre fjädring
Typ .... Halvt individuell Delta Link, bestående av två längsgående hjälparmar och inbyggda tvärgående armar, med spiralfjädrar och teleskopiska stötdämpare. Krängningshämmare finns på alla modeller

Styrning
Typ .... Servoassisterad kuggstångsstyrning
Olja .... Se slutet av Veckokontroller på sidan 0•16

Hjulinställning och styrningsvinklar
Framhjul:
Cambervinkel .... 0° ± 1,0°
Maximal skillnad mellan sidor .... 1,0°
Castervinkel .... 3°20' ± 1,0°
Maximal skillnad mellan sidor .... 1,0°
Toe-inställning (mätt vid hjulkanterna) . 20' ± 6' toe-in
Bakhjul:
Cambervinkel .... -1,0° ± 30'
Toe-inställning (mätt vid hjulkanterna) . 4' ± 10' toe-in

Hjul
Typ .... Pressat stål eller aluminiumlegering (beroende på modell)
Storlek .... 6J x 15, 6,5J x 15, 6,5J x 16, 7J x 17
Kast i sidled (maximalt):
Stålfälgar .... 0,8 mm
Aluminiumfälgar .... 0,6 mm
Radiellt kast (max):
Stålfälgar .... 1,0 mm
Aluminiumfälgar .... 0,6 mm

Däck

Däcktryck	se slutet av *Veckokontroller* på sidan 0•17
Däckstorlekar (beroende på modell och marknad):	
Modeller utan turbo	185/65 R 15, 195/60 R 15, 205/55 R 15, 205/50 R 16, T115/70 R15 (tillfälligt reservhjul)
Modeller med turbo	185/65 R 15 (vinterdäck), 205/55 R 15, 205/50 R 16, 205/45 R 17, T115/70 R15 (tillfälligt reservhjul)

Åtdragningsmoment

Nm

Framfjädring

Drivaxelmutter:	
Steg 1	120
Steg 2	Vinkeldra ytterligare 60°
Fjäderben till hjulspindel:*	
Steg 1	65
Steg 2	Vinkeldra ytterligare 90°
Fjäderben till övre fästmutter	70
Fjäderbenets övre fäste till karossen	25
Fästmuttrar för länkarm till kryssrambalk:*	
Steg 1	65
Steg 2	Vinkeldra ytterligare 120°
Krängningshämmarens anslutningslänk, muttrar	50
Krängningshämmarens klämbultar	50
Kryssrambalkens bakre fästbyglar till karossen	50
Kryssrambalkens främre och bakre fästbultar:*	
Steg 1	105
Steg 2	Vinkeldra ytterligare 120°
Mutter till klämbult för länkarmens spindelled	50
Nav till hjulspindel:*	
Steg 1	20
Steg 2	45
Steg 3	Vinkeldra ytterligare 60°
Stötdämparens fästmutter	70

Bakre fjädring

Axeltapp till hjälparm:*	
Steg 1	35
Steg 2	Vinkeldra ytterligare 60°
Bakre navmutter:	
Steg 1	120
Steg 2	Vinkeldra ytterligare 35°
Bromssköld till axeltapp:	
Övre bultar	25
Nedre bultar	20
Fästen för krängningshämmare till hjälparm:*	
M10 mutter:	
Steg 1	50
Steg 2	Vinkeldra ytterligare 90°
M12 mutter:	
Steg 1	65
Steg 2	Vinkeldra ytterligare 90°
Fästen för krängningshämmare till tvärarm:	
M10 mutter	50
M12 mutter:	
Steg 1	65
Steg 2	Vinkeldra ytterligare 90°
Mittmutter för stötdämparens övre fäste:	
Vanlig stötdämpare	40
Nivomat stötdämpare med M12 mutter	40
Nivomat stötdämpare med M10 mutter:*	
Steg 1	20
Steg 2	Vinkeldra ytterligare 90°
Spiralfjädersäte:	
Övre säte till kaross	50
Nedre säte till hjälparm	40
Stötdämparens nedre fästmutter	80
Stötdämparens övre fäste till karossen	25

Atdragningsmoment (forts.)

Nm

Bakfjädring (forts.)
Fästen mellan tvärarm och hjälparm:*
Steg 1   50
Steg 2 . . . .   Vinkeldra ytterligare 120°
Hjälparmens bakre fästbult:*
Steg 1   105
Steg 2 . . . .   Vinkeldra ytterligare 90°
Hjälparmens fästbygel till karossen:*
Steg 1   65
Steg 2 . . . .   Vinkeldra ytterligare 60°
Tvärarmens bussning   80
Tvärarmens bussningshus:
Steg 1   50
Steg 2 . . . .   Vinkeldra ytterligare 120°

Styrning
Klämbult för styrstångens/mellanaxelns universalkoppling   20
Krockkudde till ratt   10
Muttrar för styrväxel till kryssrambalk   50
Rattbult   40
Rattstångens nedre fästbultar   25
Rattstångens övre fästmuttrar   25
Styrväxel till motorfäste   50
Styrväxelns kollisionsskydd bultar   80
Styrväxelns mittre fästbygel   80
Styrningspumpens skyddsplåt   25
Styrningspumpens fästbultar   25
Styrstagsändens spindelled, muttrar   70

Hjul
Hjulbultar   110
*Nya muttrar/bultar måste **alltid** användas

1 Allmän information

Den individuella framfjädringen är av typen med MacPherson fjäderben, med spiralfjädrar och inbyggda teleskopiska stötdämpare. Benen hålls på plats av tvärställda länkarmar, som är anslutna till den främre kryssram-balken med gummibussningar vid de inre ändarna, och som har spindelleder i de yttre ändarna. Hjulspindlarna som håller fast nav-lagren, bromsoken och naven/skivorna, är fastskruvade vid fjäderbenen, och anslutna till länkarmarna via spindellederna. Alla modeller har en främre krängningshämmare, som är ansluten till kryssrambalken och fjäderbenen via länkar.

Bakfjädringen är av typen halvt individuell Delta Link, som består av två längsgående hjälparmar och inbyggda tvärarmar. Främre änden av varje hjälparm är ansluten till underredet med gummifästen, och varje tvärarm är också ansluten till motsatt hjälparm med ett gummifäste. Det sitter en spiralfjäder och en separata teleskopisk stötdämpare på varje hjälparm. Alla modeller har en bakre krängningshämmare.

Servounderstödd kuggstångsstyrning är standard. Servokraften kommer från en hydraulpump, som drivs via en rem från vevaxelns remskiva.

Observera: *Många av de komponenter som beskrivs i detta kapitel hålls fast av muttrar och bultar som vinkeldragits. Dessa muttrar och bultar anges i avsnittet om åtdragnings-moment i Specifikationer. Om dessa lossas krävs ofta att **nya** muttrar och/eller bultar används vid återmonteringen, vilket också anges i specifikationerna. Självlåsande muttrar används också på många ställen, och dessa bör också bytas, särskilt om inget motstånd känns när låsdelen passerar över bultens gängor.*

2 Främre nav och lager – demontering och montering

Observera: *Navlagret är förseglat, förinställt och försmort, med dubbla kulrader, och ska räcka hela bilens livstid utan att behöva service. Lagret ligger i navet, som i sin tur är fastskruvat vid hjulspindeln. Navet, navflänsen och navlagret sitter ihop, och kan inte tas isär eller bytas separat.*

Demontering

1 Dra åt handbromsen ordentligt och klossa bakhjulen. När drivaxelmuttern ska lossas (eller dras åt) bör bilen stå på alla fyra hjulen. Om bilen lyfts upp belastas domkraften kraftigt och bilen kan glida av.

2 Om bilen har stålfälgar, ta bort hjulsidan på den relevanta sidan. Drivaxelmuttern kan sedan lossas medan bilen står på marken. På modeller med lättmetallfälgar är den säkraste metoden att ta bort hjulet på den aktuella sidan och tillfälligt montera reservhjulet (se *Hjulbyte* i början av denna handbok). När reservhjulet är monterat går det att komma åt drivaxelmuttern.

3 Låt en medhjälpare trycka ner broms-pedalen hårt och lossa drivaxelns fästmutter med en hylsnyckel **(se bild)**. Observera att den här muttern sitter mycket hårt. Se till att verktygen som används för att lossa den håller hög kvalitet och har bra passform.

4 Lossa framhjulsbultarna, lyft sedan upp

2.3 Lossa drivaxelmuttern med hjulet monterat

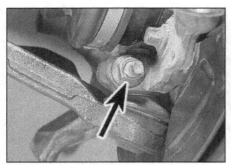

2.10a Lossa muttern till klämbulten för
länkarmens spindelled (vid pilen) . . .

2.10b . . . och lossa sedan spindelleden
från hjulspindeln (vid pilen)

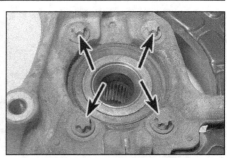

2.12 Navets fästbultar (vid pilarna).
Hjulspindeln demonterad för att det ska
synas bättre

framvagnen och ställ den på pallbockar (se
Lyftning och stödpunkter). Demontera det
relevanta framhjulet.

5 Ta bort drivaxelns fästmutter som lossades
tidigare. Kontrollera skicket på mutterns
gängor. Om muttern har demonterats och
monterats ett flertal gånger kan den behöva
bytas ut, även om Volvo anger att den kan
återanvändas.

6 Demontera ABS-givaren från hjulspindeln
och lossa givarnas kablage från fjäderbenets
fästbygel.

7 Skruva loss de två bultar som håller fast
bromsokets fästbygel vid hjulspindeln.
Observera att nya bultar krävs vid mont-
eringen. Dra loss bromsoket och broms-
klossarna från skivan och häng upp dem från
spiralfjädern med snöre eller ståltråd.

8 Kontrollera om bromsskivans position i
förhållande till navet är markerad. Om inte, gör
en egen markering som hjälp vid monteringen.
Ta loss sprinten som håller fast skivan vid
navet (och även bulten på tidiga modeller) och
lyft av skivan.

9 Ta loss drivaxelns drivknut från navflänsen
genom att knacka den inåt ungefär 10 till
15 mm med en plast- eller kopparklubba.

10 Skruva loss muttern och ta bort kläm-
bulten som fäster spindelleden i fjädringens
länkarm vid hjulspindeln. Tryck ner armen
med ett kraftigt stag om det behövs, och
lossa spindelledens chuck från hjulspindeln
(se bilder). Om spindelleden sitter hårt kan
springan i hjulspindeln vidgas med ett

3.3 Fästbultar mellan fjäderben och
hjulspindel

stämjärn eller en stor skruvmejsel. Var noga
med att inte skada spindelledens dammkåpa
under och efter urkopplingen.

11 Sväng fjäderbenet och hjulspindeln utåt
och dra bort drivaxelns drivknut från nav-
flänsen.

12 Skruva loss de fyra bultarna och ta loss
navet från hjulspindeln **(se bild)**. Observera att
nya bultar krävs vid hopsättningen.

Montering

13 Före återmonteringen, torka bort alla spår
av metallim, rost, olja och smuts från räfflor
och gängor på drivaxelns yttre drivknut och
navdgx fogyta på hjulspindeln.

14 Sätt på navet på hjulspindeln. Montera de
nya bultarna och dra åt dem stegvis i diagonal
ordningsföljd. Dra först åt dem till angivet
moment med en momentnyckel och vinkeldra
dem sedan med hjälp av en vinkelmätare.

15 Återstående montering sker i omvänd
ordningsföljd. Tänk på följande:

a) *Se till att navets och bromsskivans fogytor
är helt rena, och montera tillbaka skivan
med inställningsmarkeringarna inpassade.*

b) *Applicera en 3 till 4 mm bred sträng
metallfästmassa (finns att köpa hos Volvo-
återförsäljare) på den yttre drivknutens
spår innan drivknuten fästs ihop med
navflänsen (se kapitel 8, avsnitt 2).*

c) *Smörj drivknutens gängor och drivaxelns
fästmutter med motorolja innan muttern
monteras. En ny mutter ska användas om
det råder minsta tvivel om den befintliga
mutterns skick, eller om den tidigare har
demonterats och monterats ett flertal
gånger.*

d) *Montera det hjul som användes för att
lossa drivaxelmuttern och sänk ner bilen.*

e) *Se till att ABS-givaren och givarens plats i
hjulspindeln är helt rena före
återmonteringen.*

f) *Dra åt alla muttrar och bultar till angivet
moment (se kapitel 9 för
bromskomponenternas
åtdragningsmoment). När drivaxelmuttern
dras åt ska den först dras åt med en
momentnyckel och sedan till den angivna
vinkeln med en vinkelmätare.*

g) *Om tillämpligt, montera tillbaka
lättmetallhjulet och dra åt hjulbultarna till
angivet moment.*

3 Främre hjulspindel – demontering och montering

Demontering

1 Utför de åtgärder som beskrivs i avsnitt 2,
punkt 1 till 8.

2 Skruva loss fästmuttern och koppla sedan
loss styrstagsändens spindelled från hjul-
spindeln med en spindelledsavdragare.

3 Skruva loss de två muttrarna och ta loss
bultarna som håller fast fjäderbenet vid
hjulspindeln, och notera hur bultarna sitter **(se
bild)**. Nya muttrar och bultar krävs vid
hopsättningen.

4 Skruva loss muttern och ta loss klämbulten
som håller fast länkarmens spindelled vid
hjulspindeln. Tryck ner armen med ett kraftigt
stag om det behövs, för att kunna lossa
spindelledens chuck från hjulspindeln. Om
spindelleden sitter hårt kan springan i
hjulspindeln vidgas med ett stämjärn eller en
stor skruvmejsel. Var noga med att inte skada
spindelledens dammkåpa under och efter
urkopplingen.

5 Lossa hjulspindeln från fjäderbenet och dra
ut drivaxelns drivknut från navflänsen.

6 Om det behövs, skruva loss de fyra
bultarna och dra loss navet från hjulspindeln.
Observera att nya bultar krävs vid hop-
sättningen.

Montering

7 Före återmonteringen, torka bort alla spår
av metallim, rost, olja och smuts från räfflor
och gängor på drivaxelns yttre drivknut och,
om den demonterats, navets fogyta på hjul-
spindeln.

8 Om tillämpligt, sätt på navet på hjul-
spindeln. Sätt i de nya bultarna och dra åt
dem stegvis i diagonal ordningsföljd, först till
angivet moment med en momentnyckel och
sedan till angiven vinkel med en vinkelmätare.

9 Resten av monteringen sker i omvänd

4.2 Lossa ABS-givarens kablage från hjulspindelns fästbygel

4.3 Fästmutter för krängningshämmarens anslutningslänk (vid pilen)

4.5 Fästmuttrar mellan fjäderbenets övre fäste och karossen (vid pilarna)

ordningsföljd mot demonteringen, och tänk på följande:

a) *Rengör navets och bromsskivans fogytor ordentligt, och sätt tillbaka skivan med monteringsmarkeringarna inpassade.*

b) *Applicera en 3 till 4 mm bred sträng metallfästmassa (finns att köpa hos Volvo-återförsäljare) på den yttre drivknutens spår innan drivknuten fästs ihop med navflänsen (se kapitel 8, avsnitt 2).*

c) *Smörj gängorna till drivknuten och drivaxelns fästmutter med motorolja innan muttern monteras. En ny mutter ska användas om det råder minsta tvivel om den befintliga mutterns skick, eller om den tidigare har demonterats och monterats ett flertal gånger.*

d) *Dra åt alla muttrar och bultar till angivet moment (se kapitel 9 för bromskomponenternas åtdragningsmoment). När drivaxelmuttern och muttrar och bultar mellan fjäderben och hjulspindel dras åt, dra först åt med en momentnyckel, och sedan till angiven vinkel med en vinkelmätare.*

e) *Se till att ABS-givaren och givarens plats i hjulspindeln är helt rena före återmonteringen.*

f) *Avsluta med att låta en Volvoverkstad kontrollera och justera den främre cambervinkeln.*

4 Främre fjäderben – demontering och montering

Demontering

1 Lossa bultarna från relevant framhjul, klossa bakhjulen och dra åt handbromsen. Lyft upp framvagnen och ställ den på pallbockar (se *Lyftning och stödpunkter*) och demontera relevant framhjul.

2 Demontera ABS-givare från hjulspindeln och lossa givarens kablage från fjäderbenet eller hjulspindelns fästbygel **(se bild)**.

3 Skruva loss fästmuttern och lossa krängningshämmarens anslutningslänk från fästbygeln på fjäderbenet **(se bild)**.

4 Ställ en domkraft under fjädringens länkarm och hissa upp den så mycket att den tar upp vikten från fjädringen.

5 I motorrummet, skruva loss de tre muttrar som håller fast benets övre fäste vid karossen – försök **inte** lossa den mittre muttern **(se bild)**. Observera att nya muttrar krävs vid monteringen.

6 Skruva loss de två muttrarna och ta loss bultarna som håller fast fjäderbenet vid hjulspindeln. Observera att nya muttrar och bultar krävs vid återmonteringen.

7 Lossa fjäderbenet från hjulspindeln och ta ut benet från undersidan av hjulhuset.

Montering

8 Monteringen sker i omvänd ordningsföljd mot demonteringen, och tänk på följande:

a) *Dra åt alla muttrar och bultar till angivet moment, med nya muttrar/bultar där det krävs. När muttrarna och bultarna mellan fjäderbenet och hjulspindeln dras åt, dra först åt med en momentnyckel, och sedan till angiven vinkel med en vinkelmätare.*

b) *Se till att ABS-givaren och givarens plats i hjulspindeln är helt rena före återmonteringen.*

c) *Avsluta med att låta en Volvoverkstad kontrollera och justera den främre cambervinkeln.*

5 Främre fjäderben – isärtagning, kontroll och hopsättning

⚠️ **Varning: Innan fjäderbenet kan demonteras måste ett passande verktyg för komprimering av spiralfjädern anskaffas. Justerbara spiralfjäderspännare som kan fästas säkert på fjädrarna kan enkelt införskaffas, och rekommenderas starkt. Alla försök att ta isär fjäderbenet utan sådana verktyg innebär stora risker för materiella skador och/eller personskador.**

Observera: *Volvos specialverktyg 999 5467, 5468 och 5469 behövs när man tar loss och sätter tillbaka benets och stötdämparens fästmuttrar.*

5.3a Skruva loss fjäderbenets fästmutter . . .

Isärtagning

1 Demontera benet enligt beskrivningen i avsnitt 4.

2 Sätt på fjäderspännarna så att de håller fast minst sex varv på fjädern. Se till att spännarna är av en typ som kan låsas till fjädern (vanligen med en liten klämbult). Andra typer kan lossna eller glida runt fjädern när de dras åt. Dra åt spännarna tills belastningen tas bort från fjädersätena.

3 Skruva loss benets fästmutter med Volvoverktyg 999 5467, samtidigt som den utskjutande delen av kolven hålls fast med verktyg 999 5468. Ta bort muttern och specialbrickan **(se bilder)**.

4 Skruva loss stötdämparens fästmutter med verktyg 999 5469, samtidigt som den utskjutande delen av kolven hålls fast med verktyg 999 5468.

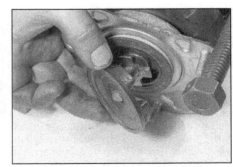

5.3b . . . och ta bort specialbrickan

5.5a Ta loss stötdämparens fästmutter . . .

5.5b . . . övre fäste . . .

5.5c . . . fjädersäte . . .

5.5d . . . fjäder . . .

5.5e . . . samt stoppklack och damask

5.6 Skilj stoppklacken från damasken

**5.7 Undersök fjäderbenets delar och leta
efter tecken på slitage eller skador**

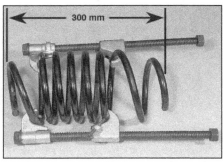

**5.12 Komprimera fjädern enligt det mått
som visas före monteringen**

Hopsättning

12 Hopsättningen sker i omvänd ordning mot isärtagningen, se till att fjädern är hoptryckt till ungefär 300 mm innan den sätts tillbaka **(se bild)**. Se till att fjäderändarna sitter korrekt i det övre och nedre sätet, och dra åt stötdämparens och benets fästmuttrar till angivna moment.

6 Framfjädringens länkarm –
demontering, renovering och montering

Demontering

1 Lossa bultarna från relevant framhjul. Klossa bakhjulen och dra åt handbromsen, och lyft sedan upp framvagnen och ställ den på pallbockar (se *Lyftning och stödpunkter*). Demontera det relevanta framhjulet.

2 Skruva loss muttern och ta bort klämbulten som fäster spindelleden i fjädringens länkarm till hjulspindeln. Tryck ner armen med ett kraftigt stag om det behövs, för att kunna lossa spindelledens chuck från hjulspindeln. Om spindelleden sitter hårt kan springan i hjulspindeln vidgas med ett stämjärn eller en stor skruvmejsel. Var noga med att inte skada spindelledens dammkåpa under och efter losskopplingen.

3 Skruva loss de två inre fästmuttrarna, ta loss bultarna och ta bort armen från bilen **(se bilder)**. Observera att nya muttrar och bultar krävs vid återmonteringen.

5 Skruva loss stötdämparens fästmutter, övre fäste och fjädersäte, följt av fjädern, stoppklacken och damasken **(se bilder)**.
6 Ta loss stoppklacken från damasken, och ta sedan loss stoppbrickan från stoppklacken **(se bild)**.

Kontroll

7 Med benet nu helt isärtaget, undersök alla delar och leta efter tecken på slitage, skador eller deformering **(se bild)**. Byt ut alla delar som behövs.
8 Undersök stötdämparen och leta efter tecken på läckage, och undersök benets kolv efter tecken på punktkorrosion längs hela dess längd. Kontrollera stötdämparens funktion genom att hålla den upprätt och först röra kolven ett fullt slag, och sedan flera korta slag på 50 till 100 mm. I båda fallen ska

motståndet vara störningsfritt och kontinuerligt. Om motståndet är hoppigt eller ojämnt, eller om det finns synliga tecken på slitage eller skada, måste stötdämparen bytas ut.
9 Om några tveksamheter råder vad gäller spiralfjäderns skick, lossa fjäderspännaren gradvis och undersök fjädern efter tecken på deformering och sprickbildning. Eftersom ingen minsta fria längd anges av Volvo, är det enda sättet att kontrollera fjäderns spänst att jämföra den med en ny. Byt fjädern om den är skadad eller deformerad, eller om det föreligger några tveksamheter om dess skick.
10 Undersök övriga komponenter efter tecken på skador eller åldrande och byt ut alla misstänkta komponenter.
11 Om en ny stötdämpare ska monteras, håll den lodrätt och pumpa med kolven ett par gånger.

Renovering

4 Rengör länkarmen och området runt dess fästen noggrant. Undersök armen, leta efter tecken på sprickor, skador eller deformering, och undersök de inre pivåbussningarna noggrant efter tecken på svällning, sprickor eller åldrande av gummit.

5 Om en bussning behöver bytas bör arbetet överlåtas till en Volvoverkstad. En hydraulpress och passande mellanläggsbrickor krävs för demontering och montering bussningarna, och en positionsmätare krävs för noggrann placering av bussningarna i armen.

6 Konditionen för länkarmens spindelled bör också kontrolleras. Spindelleden och armen sitter ihop, och om slitage upptäcks måste hela länkarmen bytas.

Montering

7 Sätt armen i dess fästen och sätt i de nya fästbultarna och muttrarna. Dra bara åt muttrarna med fingrarna än så länge. Den slutliga åtdragningen görs när bilen sänkts ned och står på hjulen.

8 Passa in spindelledschucken i hjulspindeln, och passa in klämbultens urtag med styrspindelns bulthål. Sätt i klämbulten och muttern och dra åt till angivet moment.

9 Montera tillbaka hjulet, sänk ner bilen och dra åt hjulbultarna i diagonal ordning till angivet moment.

10 Dra åt länkarmens inre fästen till angivet moment med en momentnyckel, och sedan till angiven vinkel med en vinkelmätare.

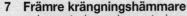

---

7 Främre krängningshämmare
– demontering och montering

Demontering

1 Lossa framhjulsbultarna. Klossa bakhjulen, lyft upp framvagnen och ställ den på pall-

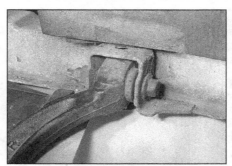

6.3a Länkarmens främre inre fäste . . .

bockar (se *Lyftning och stödpunkter*). Demontera båda framhjulen.

2 Skruva loss fästmuttern och lossa anslutningslänkarna från krängningshämmarens ändar **(se bild)**.

3 Ta bort stänkskyddet under motorn om det är tillämpligt.

4 Skruva loss de fem muttrar som håller fast styrväxeln vid kryssrambalken.

5 Skruva loss fästklämbultarna till styrväxelns oljerör från kryssrambalkens främre och bakre del.

6 Placera en stadig garagedomkraft under kryssrambalkens bakre del så att den har kontakt med kryssrambalken.

Varning: Se till att kryssrambalken stöds ordentligt och att domkraften som används klarar att lyfta den sammanlagda vikten av motorn/växellådan och kryssrambalken.

7 Skruva loss de två bultar på varje sida som fäster kryssrambalkens bakre fästbyglar vid karossen.

8 Skruva loss bulten på varje sida som fäster de bakre fästbyglarna vid kryssrambalken och ta loss brickorna. Observera att nya bultar krävs vid monteringen.

9 Lossa kryssrambalkens två främre fästbultar mellan 10 och 15 mm. Sänk sedan försiktigt ner domkraften och låt kryssrambalken sänkas något i bakänden. Se till att

6.3b . . . och bakre inre fäste

styrväxelns fästbultar inte är i vägen för kryssrambalken. Observera att det krävs nya bultar till kryssrambalkens främre fäste vid monteringen.

10 Skruva loss bultarna som håller fast krängningshämmarens klämmor på båda sidorna av kryssrambalken, och ta bort krängningshämmaren från undersidan av bilen **(se bild)**.

11 Undersök krängningshämmaren och leta efter tecken på deformering. Undersök också om anslutningslänkarnas och fästbussningarnas gummi är slitet. Bussningarna är vulkaniserade på krängningshämmaren, och kan inte bytas separat.

Montering

12 Sätt krängningshämmaren på plats på kryssrambalken. Sätt tillbaka klämbultarna och dra åt till angivet moment.

13 Lyft kryssrambalken i bakänden och sätt i styrväxelns bultar och, i förekommande fall, kollisionsskyddets bult.

14 Sätt tillbaka de bakre fästbyglarna vid karossen och dra åt bultarna för hand.

15 Fäst de bakre fästbyglarna till kryssrambalken med brickor och nya bultar, som också bara dras åt för hand.

16 Flytta domkraften till kryssrambalkens främre del och hissa upp den så att den precis

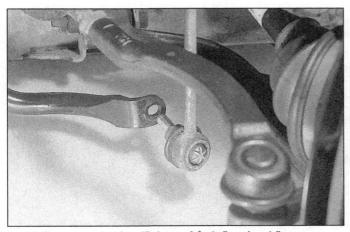

7.2 Ta loss anslutningslänkarna från krängningshämmarens ändar

7.10 Fästbultar till krängningshämmarens klämma (vid pilarna)

9.4 Bromssköld, handbromsback och vajeranslutningar vid axeltappen (vid pilarna)

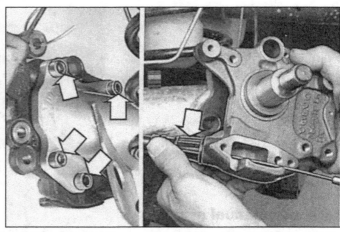

9.8 Skruva loss bultarna mellan axeltappen och hjälparmen (vid pilarna) och lossa handbromsvajerns styrhylsa när axeltappen tas loss

lyfter kryssrambalken. Skruva loss kryssrambalkens främre fästbultar. Montera två nya bultar och dra åt dem för hand.

17 Dra åt kryssrambalkens två fästbultar på vänster sida av bilen till angivet moment med hjälp av en momentnyckel. Vinkeldra dem sedan till angiven vinkel med hjälp av en vinkelmätare. Dra nu åt de två fästbultarna på höger sida på samma sätt. Dra slutligen åt de fyra bultarna mellan fästbygeln och karossen till angivet moment.

18 Fäst styrväxeln med nya muttrar och dra åt dem till angivet moment.

19 Sätt tillbaka fästklämbultarna för styrväxelns vätskerör.

20 Montera tillbaka stänkskyddet under motorn om det är tillämpligt.

21 Montera tillbaka krängningshämmarens anslutningslänkar på var sida till fästbyglarna på fjäderbenen.

22 Montera hjulen och sänk ner bilen. Dra åt hjulbultarna i diagonal ordningsföljd till angivet moment.

8 Bakre navlager – byte

1 De bakre navlagren kan inte bytas separat, utan följer med baknavet som en enhet.

2 Demontera bromsskivan enligt beskrivningen i kapitel 9, och knacka sedan loss navkapseln och skruva loss navmuttern. Dra loss navet och lagret från axeltappen.

3 Sätt på den nya enheten, smörj sedan gängorna på navmuttern och skruva på muttern. Dra åt muttern till angivet moment med en momentnyckel, vinkeldra den sedan till angiven vinkel med en vinkelmätare.

4 Sätt tillbaka navkapseln och montera sedan tillbaka bromsskivan enligt beskrivningen i kapitel 9.

9 Bakre axeltapp – demontering och montering

Demontering

1 Demontera den bakre bromsskivan och handbromsbackarna på relevant sida enligt beskrivningen i kapitel 9, avsnitt 7 och 14.

2 Knacka loss navkapseln och skruva loss den bakre navmuttern. Dra bort nav- och lagerenheten från axeltappen.

3 Skruva loss fästbulten och dra bort ABS-givaren från axeltappens baksida. Koppla inte loss hjulgivarens kontaktdon.

4 Skruva loss de fyra bultarna och demontera bromsskölden tillsammans med de två handbromsbackarnas fästklämmor **(se bild)**. Demontera bromssköldens packning. Skaffa en ny till återmonteringen om den gamla är skadad på något sätt.

5 Demontera mittkonsolen enligt instruktionerna i kapitel 11.

6 Från bilens insida, dra loss låsringen och dra ut handbromsvajerns manövreringssegment från handbromsspakens skaft (se kapitel 9, avsnitt 15). Koppla loss handbromsinnervajers ändstycke från segmentet.

7 I axeltappänden, dra ut innervajern något och koppla loss den från handbromsbackens expander genom att dra ut vajerns ändstycke ur expanderns hylsa.

8 Skruva loss de fyra bultarna och ta bort axeltappen från bakfjädringens hjälparm. Observera att nya bultar krävs vid monteringen. När axeltappen tas loss, vrid handbromsvajerns plaststyrhylsa fram och tillbaka för att lossa den från axeltappen **(se bild)**.

Montering

9 Se till att axeltappens och hjälparmens fogytor är rena, och sätt sedan axeltappen på plats. Mata in handbromsvajern genom axeltappen när den monteras och tryck styrhylsan på plats ordentligt.

10 Fäst axeltappen med nya bultar som dras åt stegvis i diagonal ordningsföljd till angivet moment med en momentnyckel, och sedan till angiven vinkel med en vinkelmätare.

11 Anslut handbromsens innervajer till bromsbackens expander. Inuti bilen, återanslut handbromsvajern till manövreringssegmentet, och montera sedan segmentet på handbromsspakens axel. Fäst segmentet med låsringen, se till att den hamnar ordentligt i sitt spår.

12 Montera tillbaka mittkonsolen enligt beskrivningen i kapitel 11.

13 Använd en ny packning om det behövs, och sätt på bromsskölden på axeltappen. Sätt i de fyra bultarna och handbromsbackens två fästklämmor, dra sedan åt bultarna till angivet moment.

14 Se till att ABS-givarens och axeltappens platser är helt rena, montera sedan tillbaka givaren och fäst den med fästbulten.

15 Montera tillbaka baknavet och lagret, smörj navmutterns gängor och skruva på muttern. Dra åt muttern till angivet moment med en momentnyckel. Vinkeldra den sedan till angiven vinkel med hjälp av en vinkelmätare. Montera tillbaka navkapseln.

16 Montera tillbaka handbromsbackarna och den bakre bromsskivan enligt beskrivningen i kapitel 9, avsnitt 14 och 7.

10 Bakre stötdämpare – demontering och montering

Demontering

1 På S70-modeller, vik ner baksätets ryggstöd och lossa den främre kanten av bagageutrymmets matta. Ta bort panelen under mattan. Lossa ryggstödets hake, lossa

10.5 Fästbultar för stötdämparens övre fäste (vid pilarna)

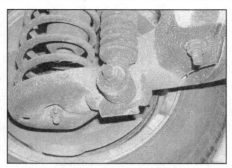

10.7 Stötdämparens nedre fästmutter

hållarna och ta bort bagageutrymmets sido-klädselpanel för att komma åt stötdämparens övre fäste.

2 På C70-modeller, ta undan bagage-utrymmets matta så mycket som behövs. Lossa hållarna och ta bort bagageutrymmets sidoklädselpanel för att komma åt stöt-dämparens övre fäste.

3 På V70-modeller, skruva loss fästskruvarna från bagageutrymmets främre golvpanel. Dra panelen bakåt för att ta loss den från de främre fästena. Ta sedan bort panelen.

4 På alla modeller, klossa framhjulen, lyft upp bakvagnen och ställ den på pallbockar (se *Lyftning och stödpunkter*). Även om det inte är absolut nödvändigt, förbättras åtkomligheten om bakhjulet demonteras.

5 I bagageutrymmet, skruva loss de två bultar som håller fast stötdämparens övre fäste vid karossen **(se bild)**.

6 Ställ en domkraft under fjädersätet på fjädringens hjälparm, och hissa upp dom-kraften så mycket att den avlastar stöt-dämparen.

7 Skruva loss stötdämparens nedre fäst-mutter **(se bild)** och dra loss den från hjälparmens fästpinnbult.

8 Ta ut stötdämparen tillsammans med det övre fästet, från insidan av bagageutrymmet.

9 Lossa det övre fästet genom att skruva loss

den mittre fästmuttern samtidigt som kolven hålls emot.

10 Kontrollera stötdämparens och det övre fästets skick och byt de komponenter som behövs.

Montering

11 Montering sker i omvänd ordning mot demonteringen, och dra åt alla muttrar och bultar till angivna moment och eventuella vinklar.

11 Bakre spiralfjäder – demontering och montering

Demontering

1 Utför de åtgärder som beskrivs i avsnitt 10, punkt 1 till 7.

2 Sänk långsamt ner domkraften under hjälparmen tills fjädern inte längre utsätts för spänningar. Ta sedan bort domkraften.

3 Skruva loss muttern som fäster fjäderns nedre fäste vid hjälparmen.

4 Lyft bort fjädern, det nedre fästet, stopp-klacken och det övre sätet från sina platser.

5 Undersök alla komponenter noga. Byt ut de som är slitna eller skadade.

Montering

6 Sätt stoppklacken, fjädern, det övre sätet och det nedre fästet på plats. Sätt tillbaka muttern på det nedre fästet och dra åt till angivet moment.

7 Lyft hjälparmen med domkraften och passa in fjäderns övre ände i urtaget i karossen.

8 Montera tillbaka stötdämparens fästen i omvänd ordningsföljd mot demonteringen, och dra åt alla muttrar och bultar till angivet moment.

12 Bakre krängningshämmare – demontering och montering

Demontering

1 Klossa framhjulen, lyft upp bakvagnen och ställ den på pallbockar (se *Lyftning och stödpunkter*).

2 Demontera ljuddämparens vänstra gummi-fäste och bind upp ljuddämparen så högt som möjligt med en kabelklämma eller liknande.

3 Sätt på den vänstra tvärarmens fästmuttrar på vänster hjälparm, och skruva sedan loss den yttre muttern och ta loss bulten **(se bild)**.

4 Gör ett märke med en körnare på kanten av tvärarmens fäste som nu syns, precis innanför hjälparmens hål **(se bild)**. Det är mycket viktigt att detta märke görs noggrant, så att det kan användas till inpassning vid monteringen, annars förloras inställningen för bakhjulets toe-in.

5 När positionen för tvärarmens fäste i hjälparmen markerats, skruva loss muttern och ta loss den andra fästbulten. Notera att tvärarmens fästmuttrar och bultar måste bytas vid återmonteringen.

6 Skruva loss de två muttrarna och ta bort fästbultarna som håller fast krängnings-hämmaren vid vänster hjälparm. Notera var bultarna sitter och att de är olika långa. Nya muttrar och bultar krävs vid återmonteringen.

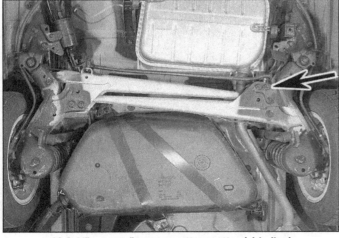

12.3 Vänstra tvärarmens yttre mutter (vid pilen)

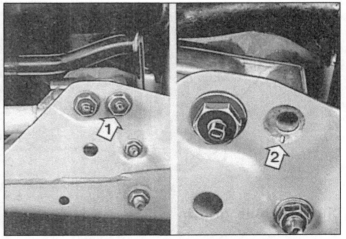

12.4 Vänstra tvärarmens yttre fästmutter (1) och inpassningsmarkering gjord för återmonteringen (2)

7 Skruva loss de två muttrarna och ta loss fästbultarna i andra änden av krängningshämmaren **(se bild)**. Här är det bara muttrarna som måste bytas vid återmonteringen. Ta bort krängningshämmaren.

Montering

8 Sätt krängningshämmaren på plats. Montera sedan de nya bultarna och muttrarna som fäster krängningshämmaren vid den vänstra hjälparmen, samt bultarna och de nya muttrarna som fäster den andra änden vid tvärarmen. Dra inte åt några av fästena i det här stadiet.
9 Sätt den inre tvärarmens nya fästbult och mutter löst på plats. Passa in markeringen som gjordes vid demonteringen, och dra sedan åt det inre fästet precis så mycket som behövs för att hålla det på plats.
10 Sätt på den nya yttre fästbulten och muttern, och dra sedan åt båda muttrarna till angivet moment med en momentnyckel, och sedan till angiven vinkel med en vinkelmätare.
11 Dra åt fästmuttrarna mellan krängningshämmaren och tvärarmen, samt mellan krängningshämmaren och hjälparmen, till angivna moment med en momentnyckel. Efter tillämplighet, dra åt muttrarna ytterligare till angiven vinkel med en vinkelmätare.
12 Montera tillbaka ljuddämparens vänstra gummifäste och sänk ner bilen.

13 Bakfjädring – demontering och montering

Demontering

1 Demontera båda de bakre bromsskivorna enligt beskrivningen i kapitel 9.
2 Skruva loss fästbulten och dra bort ABS-givaren från axeltappens baksida. Koppla inte loss hjulgivarens kontaktdon.
3 På änden på varje handbromsyttervajer, skjut fram styrhylsan från dess plats på axeltappen så att innervajern syns. Koppla loss innervajern från handbromsbackens expander genom att dra ut vajerns ände ur expanderns hylsa. Upprepa det här momentet på den andra handbromsvajern.

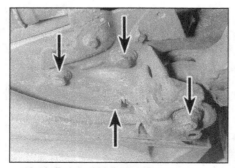

13.19 Bultar till högra hjälparmen och hjälparmfästbygeln (vid pilarna)

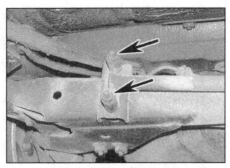

12.7 Fästmuttrar på krängningshämmarens högra ände (vid pilarna)

4 Demontera mittkonsolen enligt beskrivningen i kapitel 11.
5 Från bilens insida, dra loss låsringen och dra ut handbromsvajerns manövreringssegment från handbromsspakens axel. Koppla loss innervajerns ändstycke från segmentet (se kapitel 9, avsnitt 15).
6 I axeltappsänden, vrid handbromsvajerns plaststyrhylsa fram och tillbaka så att den lossnar från axeltappen. Koppla loss innervajern från handbromsbackens expander genom att dra ut vajerns ände ur expanderns hylsa. Upprepa det här momentet på den andra handbromsvajern.
7 Nu måste de bakre bromsrören kopplas loss. Minimera hydrauloljespillet genom att skruva loss huvudcylinderbehållarens lock, lägga en bit plastfolie över hålet och fästa det med en gummisnodd. Alternativt kan den bakre slangen klämmas ihop med en bromsslangklämma.
8 Koppla loss bromsröret från slanganslutningen framför den bakre fjädringsarmen.
9 På S70-modeller, vik ner baksätets ryggstöd och lossa den främre kanten av bagageutrymmets matta. Ta bort panelen under mattan. Lossa ryggstödets hakar, lossa hållarna och ta bort bagageutrymmets sidoklädselpaneler på båda sidor för att komma åt stötdämparnas övre fästen.
10 På C70-modeller, ta undan bagageutrymmets matta så mycket som behövs. Lossa hållarna och ta bort bagageutrymmets sidoklädselpaneler för att komma åt stötdämparnas övre fästen.
11 På V70-modeller, skruva loss fästskruvarna från bagageutrymmets främre golvpanel. Dra panelen bakåt för att ta loss den från de främre fästena. Ta sedan bort panelen.
12 I bagageutrymmet, skruva loss de två bultar som håller fast stötdämparens övre fäste vid karossen (se bild 10.5).
13 Ställ en domkraft under vänster fjädersäte på fjädringens hjälparm, och hissa upp domkraften så mycket att den avlastar stötdämparen.
14 Skruva loss stötdämparens nedre fästmutter och dra loss den från hjälparmens fästpinnbult.
15 Sänk långsamt ner domkraften under

hjälparmen tills fjädern inte längre utsätts för spänningar. Ta sedan bort domkraften.
16 Skruva loss muttern som fäster fjäderns nedre fäste vid hjälparmen.
17 Lyft bort fjädern, det nedre fästet, stoppklacken och det övre sätet från sina platser.
18 Upprepa åtgärderna som beskrivs i punkt 12 till 17 på höger sida.
19 Med fjädersätet fortfarande stöttat av domkraften, skruva loss de fyra bultarna (bredvid bränslefiltret) som håller fast höger hjälparm och hjälparmsfästbygeln vid underredet **(se bild)**. Observera att nya bultar krävs vid monteringen.
20 Ställ en andra domkraft under och i kontakt med vänster fjädersäte. Skruva loss de fyra bultar som håller fast vänster hjälparm och hjälparmsfästbygel vid underredet. Observera att nya bultar krävs vid monteringen.
21 Stöd bakfjädringen och sänk försiktigt ner båda domkrafterna. När hela enheten går fritt från underredet kan det dras ut bakåt bort från bilen.

Montering

22 Monteringen sker i omvänd ordningsföljd mot demonteringen, tänk på följande:
  a) Sätt fjädringen på plats med domkrafterna och fäst med de fyra nya fästbultarna på var sida, men dra bara åt för hand.
  b) Dra åt den första bakre fästbulten på var sida som håller fast hjälparmen och fästbygeln vid underredet, först till angivet moment med en momentnyckel, sedan till angiven vinkel med en vinkelmätare. Dra nu åt de kvarvarande tre bultarna på var sida på samma sätt.
  c) Montera tillbaka fjädrarna och stötdämparna enligt beskrivningen i avsnitt 11 och 10.
  d) Med de inre handbromsvajrarna anslutna till bromsbackexpandrarna, arbeta inne i bilen och återanslut handbromsvajrarna till manövreringssegmenten, montera sedan tillbaka dessa till handbromsspaken. Fäst varje del med låsringen, och se till att den hamnar ordentligt på plats i spåret. Använd nya popnitar (kabelklämmor eller självgängande skruvar som håller fast fästklämmorna räcker) till att fästa vajrarna vid fjädringsarmarna.
  e) Lufta bromssystemet enligt beskrivningen i kapitel 9.

14 Ratt – demontering och montering

 Varning: Var ytterst försiktig vid hanteringen av krockkudden för att undvika personskador. Håll alltid enheten med själva kudden riktad från kroppen. Vid tveksamheter angående arbete med krockkudden eller dess styrningskrets bör en Volvoverkstad kontaktas.

Demontering

1 Kör bilen framåt och parkera den med framhjulen riktade rakt fram.
2 Koppla loss batteriets minusledare och vänta i 10 minuter innan arbetet påbörjas.
3 Klistra en bit maskeringstejp längst upp på rattnavet, och en annan bit längst upp på rattstångens övre kåpa. Rita ett streck med en penna över båda tejpbitarna som inpass-ningsmarkering vid återmonteringen.
4 Vrid startnyckeln till läge I för att låsa upp rattlåset.
5 Demontera krockkudden från ratten enligt beskrivningen i kapitel 12, avsnitt 25.
6 Skruva loss rattens mittre fästbult.
7 Ställ framhjulen rakt fram igen genom att passa in markeringarna på tejpen. Kontrollera att framhjulen pekar rakt fram.
8 Lyft av ratten från rattstången och dra ut kablarna och plastremsan genom hålet i ratten.

Montering

9 Kontrollera att framhjulen fortfarande pekar rakt fram.
10 Mata in kablarna genom hålet i ratten, och passa sedan in ratten på rattstången. Se till att markeringarna som gjordes före demont-eringen passar in mot varandra, och att tapparna på kontaktrullen passar in i urtagen på rattnavet. Försök inte vrida ratten med kontaktrullen låst, då kommer rullen att skadas.
11 Sätt tillbaka rattens fästbult, men dra bara åt den med fingrarna än så länge.
12 Skruva loss låsskruven för krockkuddens kontaktrulle enligt beskrivningen i kapitel 12, avsnitt 25, och skruva tillbaka skruven och plastremsan på avsedd plats på ratten.
13 Dra åt rattens fästbult till angivet moment.
14 Montera tillbaka krockkudden på ratten enligt beskrivningen i kapitel 12.

15 Rattstång – demontering och montering

Demontering

1 Koppla loss batteriets minusledare.
2 Demontera ratten (se avsnitt 14).
3 Skruva loss de tre skruvarna under rattstångens nedre kåpa och bänd isär den övre och nedre kåpan för att kunna lossa fästsprintarna. Ta bort den nedre kåpan och lyft den övre kåpan ur vägen **(se bilder)**.
4 Ta bort klädselpanelen under instrument-brädan på förarsidan genom att skruva ut skruven och dra ut panelen från urtagen vid överdelen. Koppla loss anslutningskontakten från fotbrunnsbelysningen.
5 Lossa kabelklämman och koppla loss krockkuddens kablage från kontaktrullen längst upp på rattstången. Skruva loss de tre skruvarna och ta bort kontaktrullen. Koppla loss kontaktrullens kontaktdon.
6 Skruva loss de två skruvarna på var sida

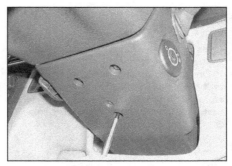

15.3a Skruva loss de tre skruvarna från den nedre kåpan . . .

och ta loss rattstångens båda flerfunktions-brytare. Koppla loss brytarnas kontaktdon.
7 Koppla loss tändningslåsets kontaktdon från sidan av låset. Koppla även loss kablaget från immobiliserns spole.
8 Sätt i startnyckeln och vrid den till läge I.
9 Använd en pinndorn med 2,0 mm diameter eller liknande och tryck ner tändningslåsets flik genom hålet i huset, ovanför låset, och dra bort tändningslåset.
10 Lossa kontaktdonets fästbygel längst upp på rattstången.
11 Dra ner rattstångens kabelhärva mitt på.
12 Skruva loss stångens övre fästmuttrar och ta bort brickorna.
13 Ta loss rattstången från det nedre fästet och mellanaxeln och ta bort den.

Montering

14 Monteringen sker i omvänd ordningsföljd mot demonteringen, och tänk på följande:
 a) Smörj mellanaxelns räfflor med fett innan rattstången passas in.
 b) Centrera stången i öppningen i instrumentbrädan innan de övre fästmuttrarna dras åt till angivet moment.
 c) När tändningslåset monteras tillbaka, vrid nyckeln till läge I, tryck ner låsfliken och tryck sedan in låset i hylsan tills fliken hamnar på plats i urtaget.
 d) Se till att gummidamaskerna över rattstångens flerfunktionsbrytare sitter korrekt i stångens övre och nedre kåpor, och att kåporna fästs samman ordentligt.
 e) Montera tillbaka ratten (avsnitt 14).

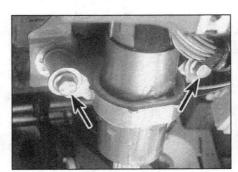

16.2 Rattstångens nedre fästbultar (vid pilarna)

15.3b . . . bänd isär övre och nedre kåpa och ta bort den nedre kåpan

16 Rattstångens mellanaxel – demontering och montering

Demontering

1 Demontera rattstången enligt beskrivningen i avsnitt 15.
2 Skruva loss de två bultarna och ta bort rattstångens nedre fäste under instrument-brädan **(se bild)**.
3 Dra loss låsklämman, skruva loss muttern och ta bort klämbulten från mellanaxelns universalkoppling **(se bild)**.
4 Dra loss universalkopplingen uppåt från styrstången och ta bort mellanaxeln.

Montering

5 Monteringen sker i omvänd ordningsföljd mot demonteringen. Dra åt alla muttrar och bultar till angivet moment, och fäst universal-kopplingens klämbult med låsklämman.

17 Styrstång, damask och lager – demontering och montering

Demontering

1 Demontera rattstången och rattstångens mellanaxel enligt beskrivningen i avsnitt 15 och 16.
2 Vik upp den övre delen av gummidamasken längst ner på styrstången.

16.3 Universalkopplingens klämbult och låsklämma (vid pilen)

3 Bänd loss låsringen från gummidamaskens nedre del och ta bort gummidamasken och lagret.

4 Dra loss låsfjäderklämman, skruva loss muttern och ta loss klämbulten från styrstångens universalkoppling.

5 Dra loss universalkopplingen uppåt från styrväxeldrevets axel och ta bort styrstången.

Montering

6 Passa in universalkopplingen med styrväxelsdrevets axel och tryck den helt på plats. Universalkopplingens spår måste passas in med urtaget under drevaxelns spår.

7 Sätt tillbaka klämbulten och muttern, dra åt muttern till angivet moment och fäst med låsfjäderklämman.

8 Smörj nållagret i gummidamasken med fett, och damaskens nedre del med tvålvatten.

9 Vik upp den övre delen av damasken, och sätt på den nedre delen på kragen på torpedväggen och se till att den sluter tätt.

10 Smörj låsringen med tvålvatten och tryck den på plats runt damaskens nedre del och torpedväggen.

11 Vik ner damaskens övre del så att den sluter tätt runt låsringens fläns.

12 Montera tillbaka mellanaxeln och rattstången enligt beskrivningen i avsnitt 16 och 15.

---

18 Styrväxel – demontering och montering

Demontering

1 Kör bilen framåt och parkera den med framhjulen riktade rakt fram. Ta ur startnyckeln så att styrningen låses i denna position.

2 Koppla loss batteriets minusledare.

3 Lossa framhjulsbultarna. Klossa bakhjulen, lyft upp framvagnen och ställ den på pallbockar (se *Lyftning och stödpunkter*). Demontera båda framhjulen.

4 Skruva loss vänster styrstagsändes spindeltappsmutter till slutet av dess gängor. Ta loss spindeltappen från styrarmen med en spindelledsavdragare, och skruva sedan loss muttern och lossa spindeltappen från armen. Ta loss höger styrstagsände från styrarmen på samma sätt.

5 Mät längden på styrstaget på ena sidan, i förhållande till styrväxelshuset, och notera värdet.

6 Demontera stänkskyddet under motorn, i förekommande fall.

7 Under bilen, skruva loss fästklämbultarna för styrväxelns vätskerör längst fram och längst bak på kryssrambalken.

8 Torka rent runt vätskerörens anslutningar på styrväxeldrevets hus. Ställ en lämplig behållare under styrväxeln, skruva loss anslutningsmuttrarna och dra försiktigt loss rören **(se bild)**.

9 Skruva loss de fem muttrar som håller fast styrväxeln vid kryssrambalken.

10 Placera en stadig garagedomkraft under kryssrambalkens bakre del så att den har kontakt med kryssrambalken.

Varning: Se till att kryssrambalken stöds ordentligt och att domkraften som används klarar att lyfta den sammanlagda vikten av motorn/växellådan och kryssrambalken.

11 Skruva loss de två bultar på varje sida som fäster kryssrambalkens bakre fästbyglar vid karossen.

12 Skruva loss bulten på varje sida som fäster de bakre fästbyglarna vid kryssrambalken och ta loss brickorna. Observera att nya bultar krävs vid monteringen.

13 Lossa kryssrambalkens två främre fästbultar mellan 10 och 15 mm. Sänk sedan försiktigt ner domkraften och låt kryssrambalken sänkas något i bakänden. Se till att styrväxelns fästbultar inte är i vägen för kryssrambalken. Observera att det krävs nya bultar till kryssrambalkens främre fäste vid återmonteringen.

14 Koppla loss vätskerörens anslutningar från styrväxeln enligt beskrivningen i punkt 9.

15 Dra loss låsklämman, skruva loss muttern och ta bort klämbulten från styrstångens universalkoppling. Tryck loss universalkopplingen uppåt från styrväxelsdrevets axel.

16 Skruva loss bulten som håller fast styrväxeln vid det bakre motorfästet. Där så är tillämpligt, demontera värmeskölden.

17 Ta ut styrväxeln från höger sida av bilen.

18 Om en ny styrväxel ska monteras, flytta den mittre fästbygeln till den nya styrväxeln, men dra inte åt fästbygelns bult helt än.

Montering

19 Anpassa styrstagets längd till det tidigare noterade värdet genom att vrida drevaxeln så mycket som behövs.

20 Sätt styrväxeln på plats på kryssrambalken. Där så är tillämpligt, montera tillbaka värmeskölden.

21 Stöd styrväxeln på det bakre motorfästet, placera den så att den är rak i förhållande till kryssrambalken, och dra åt motorfästbulten till angivet moment.

22 Passa in styrstångens universalkoppling med drevaxeln och tryck den helt på plats.

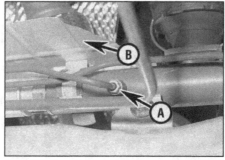

18.8 Vätskerörets anslutningsmutter (A) på styrväxeln - notera även värmeskölden (B)

Universalkopplingens spår måste passas in med urtaget under drevaxelns spår.

23 Sätt tillbaka klämbulten och muttern, dra åt muttern till angivet moment och fäst med låsklämman.

24 Anslut vätskerörens anslutningar löst till styrväxeln med nya O-ringar på anslutningarna. Montera tillbaka vätskerörets fästklämbultar löst längst fram, passa in rören i klämmorna och dra sedan åt röranslutningarna på styrväxeln helt.

25 Lyft kryssrambalken baktill och sätt i styrväxelsbultarna.

26 Montera tillbaka de bakre fästbyglarna till karossen, men dra bara åt bultarna för hand än så länge.

27 Fäst de bakre fästbyglarna till kryssrambalken med brickor och nya bultar, som också bara dras åt för hand.

28 Flytta domkraften till kryssrambalkens främre del och hissa upp den så att den precis lyfter kryssrambalken. Skruva loss kryssrambalkens främre fästbultar. Sätt i två nya bultar och dra åt dem för hand.

29 Dra åt kryssrambalkens två fästbultar på vänster sida av bilen till angivet moment med hjälp av en momentnyckel. Vinkeldra dem sedan till angiven vinkel med hjälp av en vinkelmätare. Dra nu åt de två fästbultarna på höger sida på samma sätt. Dra slutligen åt de fyra bultarna mellan fästbygeln och karossen till angivet moment.

30 Fäst styrväxeln med nya muttrar och dra åt dem till angivet moment. Om en ny styrväxel monteras, dra åt den mittre fästbygelbulten till angivet moment.

31 Montera tillbaka de kvarvarande vätskerörklämmorna och dra åt bultarna på alla klämmor ordentligt.

32 Montera tillbaka styrstagsändarna vid styrarmarna och fäst med nya muttrar som dragits åt till angivet moment.

33 Montera stänkskyddet under motorn, i förekommande fall.

34 Återanslut batteriet, montera tillbaka hjulen och lufta sedan styrväxeln enligt beskrivningen i avsnitt 20.

35 Med bilen nedsänkt, dra åt hjulbultarna i diagonal ordningsföljd till angivet moment.

36 Låt en Volvoverkstad kontrollera och justera framhjulens toe-in.

---

19 Styrväxelsdamasker – byte

1 Räkna och notera antalet gängor som syns på styrstaget, från änden av staget till låsmuttern **(se bild)**.

2 Demontera styrstagsänden på relevant sida enligt beskrivningen i avsnitt 22. Skruva loss låsmuttern från styrstaget.

3 Lossa de två klämmorna och dra loss damasken.

4 Torka bort all smuts från den inre änden av

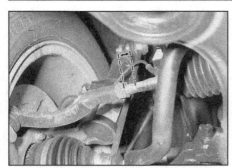

19.1 Räkna antalet gängor som syns på styrstaget

styrstaget och (när det går att komma åt) kuggstången.

5 Fyll den nya damasken med 20 gram styrväxelsfett, som går att få tag i från en Volvoverkstad, och montera sedan och fäst den nya damasken.

6 Sätt tillbaka styrstagsändens låsmutter och skruva på den så långt att samma antal gängor som räknades vid demonteringen syns.

7 Montera tillbaka styrstagsänden enligt beskrivningen i avsnitt 22.

20 Styrväxel – luftning

1 På tidiga modeller sitter styrningspumpen och den kombinerade vätskebehållaren på framsidan av motorn vid kamremsänden. På senare modeller sitter behållaren på höger innerskärm, framför kylsystemets expansionskärl. Rengör området runt behållarens påfyllningsrör och skruva loss påfyllningslocket/mätstickan från behållaren.

2 Behållarens vätskenivå kontrolleras med en mätsticka i påfyllningslocket. Mätstickan har markeringar på båda sidor, så att vätskenivån kan kontrolleras med motorn kall eller varm. Vätskenivån ska inte överstiga markeringen COLD eller HOT, efter tillämplighet, eller falla under markeringen ADD.

3 Om påfyllning behövs, använd ren vätska av angiven typ (se *Veckokontroller*). Leta efter

läckor om du ofta behöver fylla på. Kör inte bilen utan vätska i behållaren.

4 Om någon del har bytts, eller om vätskenivån har fallit så lågt att luft kommit in i hydraulsystemet, måste systemet luftas enligt följande.

5 Fyll behållaren till rätt nivå enligt beskrivningen ovan.

6 Klossa bakhjulen, lyft upp framvagnen och ställ den på pallbockar (se *Lyftning och stödpunkter*).

7 Vrid ratten upprepade gånger till fullt utslag åt båda hållen, och fyll på så mycket vätska som behövs.

8 Sänk ner bilen, starta motorn och låt den gå på tomgång.

9 Vrid ratten långsamt åt höger till fullt utslag, och håll den där i tio sekunder.

10 Vrid nu ratten långsamt åt vänster till fullt utslag, och håll den där i tio sekunder.

11 Fyll på mer vätska igen om så behövs.

12 Upprepa punkt 9 och 10 tio gånger. Flytta fram bilen något för att inte slita för mycket på däcken, och upprepa punkt 9 och 10 ytterligare tio gånger. Kontrollera vätskenivån flera gånger under denna operation och fyll på mer om det behövs.

13 Avsluta med att stanna motorn, kontrollera vätskenivån igen och sedan sätta på behållarens påfyllningslock.

21 Styrningspump – demontering och montering

Demontering

1 Demontera drivremmen enligt beskrivningen i kapitel 1.

2 Tappa ur ungefär tre liter kylvätska från kylaren enligt beskrivningen i kapitel 1, avsnitt 29.

3 Koppla loss kylarens övre slang från termostathuset.

4 För att komma åt bättre, demontera kalluftintagskanalen från ECU-boxen **(se bild)**. Koppla loss vätskematningsslangen från klämman på motoroljemätstickans rör eller ovanför pumpremskivan.

21.4 Koppla loss ECU-boxens luftintagskanal - notera vätskematningsslangens klämma (vid pilen)

Modeller med fjärrmonterad behållare (innerskärmen)

5 Lyft ut behållaren ur fästet och kläm ihop vätskeslangen för att minimera spillet.

6 Lossa vätsketryckrörets anslutningsmutter ett kvarts varv **(se bild)**.

7 Skruva loss de fyra fästbultarna på baksidan av pumpen **(se bild)**.

Modeller med pumpmonterad behållare

8 Skruva loss den övre fästbulten för styrningspumpens skyddsplåt och ta bort distanshylsan, och lossa sedan skyddsplåtens nedre fästmutter **(se bild)**.

9 Lossa vätsketryckrörets anslutningsmutter ett kvarts varv.

10 Skruva loss pumpens fem fästbultar. Tre går att komma åt genom hålen i pumpremskivan, och två på baksidan av pumpen.

11 Lyft försiktigt bort pumpen.

Alla modeller

12 Lägg trasor under pumpen. Skruva loss tryckrörsanslutningen och ta loss O-ringen.

13 Separera vätskematningsslangen från anslutningen på pumpen. Ta inte i för mycket, då kan slangen skadas. Om det behövs, skär ett längsgående snitt i slangen med en vass kniv så att slangen kan skalas av från anslutningen. Observera att slangen inte får göras kortare än markeringen i änden.

14 Lyft och stöd framvagnen så att hjulen precis lättar från marken.

15 Ställ en lämplig behållare under framvagnen för att samla upp vätskan från

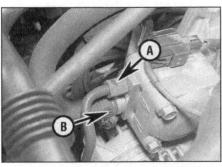

21.6 Tryckrörets anslutningsmutter (A) och vätskematningsslangen (B)

21.7 Styrningspumpens fästbultar (vid pilarna)

21.8 Övre fästbult för styrningspumpens skyddsplåt (vid pilen)

slangarna när styrningen vrids till fullt utslag från sida till sida.

16 Om en ny pump ska monteras, låt en verkstad flytta över remskivan och (efter tillämplighet) behållaren till den, eftersom det krävs specialverktyg.

Montering

17 Monteringen sker i omvänd ordningsföljd mot demonteringen, och tänk på följande:

a) Använd en ny O-ring till tryckrörsanslutningen.

b) Om returslangen skars loss vid demonteringen, putsa av änden innan den återansluts till anslutningen.

c) Dra åt fästet och (efter tillämplighet) skyddsplåtens bultar till angivet moment.

d) Montera tillbaka drivremmen och fyll på kylsystemet enligt beskrivningen i kapitel 1.

e) På modeller med fjärrmonterad behållare, ta loss slangklämman och montera tillbaka behållaren på dess fäste.

f) Fyll på vätskebehållaren och lufta systemet enligt beskrivningen i avsnitt 20.

22 Styrstagsände – demontering och montering

Demontering

1 Lossa bultarna från relevant framhjul. Klossa bakhjulen, lyft upp framvagnen och ställ den på pallbockar (se *Lyftning och stödpunkter*). Demontera relevant framhjul.

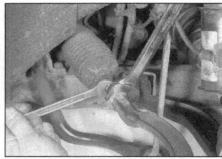

22.2 Lossa styrstagsändens låsmutter

2 Håll emot styrstaget och lossa styrstags-ändens låsmutter ett halvt varv **(se bild)**. Om låsmuttern nu lämnas på denna plats, kan den användas som hjälp vid återmonteringen.

3 Skruva loss styrstagsändens spindeltapps-mutter. Ta loss spindeltappen från styrarmen med en spindelledsavdragare, och skruva sedan loss muttern och lossa spindeltappen från armen **(se bild)**.

4 Skruva loss styrstagsänden från styrstaget, och räkna det antal varv som krävs för att ta bort den. Notera antalet varv, så att hjul-inställningen kan återställas (eller åtminstone uppskattas) vid återmonteringen.

Montering

5 Skruva på styrstagsänden på styrstaget samma antal varv som noterades vid demonteringen.

6 Passa in spindeltappen i styrarmen. Sätt på en ny mutter och dra åt den till angivet moment.

7 Håll emot styrstaget och dra åt låsmuttern.

8 Montera tillbaka framhjulet, sänk ner bilen och dra åt hjulbultarna i diagonal ordningsföljd till angivet moment.

9 Låt en Volvoverkstad kontrollera och justera framhjulens toe-in (hjulinställning).

23 Hjulinställning och styrvinklar – allmän information

1 En bils styrnings- och fjädringsgeometri definieras av fyra huvudsakliga inställningar. Alla vinklar uttrycks i grader (toe-inställningar uttrycks även som ett avstånd), och de olika inställningarna är camber, caster, styraxel-lutning och toe-inställning. På de modeller som tas upp i den här handboken, är det bara den främre cambervinkeln och främre och bakre toe-inställningen som kan justeras.

2 Camber är vinkeln mellan framhjulen och en vertikal linje sett framifrån eller bakifrån. Negativ camber är det värde (i grader) som hjulen lutar inåt från vertikallinjen upptill.

3 Den främre cambervinkeln kan justeras genom att fästbultarna mellan hjulspindel och fjäderben lossas och hjulspindlarna flyttas.

4 Caster är vinkeln mellan styraxeln och en vertikal linje sett från sidan av bilen. Positiv

caster föreligger om styraxeln lutar bakåt upptill.

5 Styraxelns lutning är den vinkel (sett fram-ifrån) mellan en vertikal linje och en imaginär linje som dras mellan det främre fjäderbenets övre fäste och länkarmens spindelled.

6 Toe-inställningen är det värde med vilket avståndet mellan hjulens främre insidor (mätt i navhöjd) skiljer sig från det diametralt motsatta avståndet mellan hjulens bakre insidor. Toe-in föreligger när hjulen pekar inåt mot varandra i framkanten, och toe-out föreligger om de pekar utåt från varandra.

7 Framhjulens toe-inställning kan justeras genom att styrstagens längd ändras på båda sidor. Denna inställning kallas normalt hjulinställning.

8 Bakhjulens toe-inställning kan justeras genom att positionen för bakfjädringens fästen mellan tvärarmen och hjälparmen ändras.

9 Med undantag av de främre och bakre toe-inställningarna, samt de främre camber-vinklarna, ställs alla övriga fjädrings- och styrvinklar in vid tillverkningen och kan inte justeras. Det kan därför antas att, såvida bilen inte krockat, alla förinställda vinklar är korrekta.

10 Speciell optisk mätutrustning krävs för noggrann kontroll och justering av de främre och bakre toe-inställningarna samt de främre cambervinklarna, och detta arbete bör utföras av en Volvoverkstad eller annan specialist. De flesta däckverkstäder har den expertis och utrustning som krävs för att åtminstone kontrollera framhjulens toe-inställning (hjul-inställningen) för en mindre kostnad.

22.3 Lossa styrstagsändens spindeltapp med en spindelledsavdragare

Kapitel 11
Kaross och detaljer

Innehåll

Svårighetsgrader

Enkelt, passar novisen med lite erfarenhet	**Ganska enkelt,** passar nybörjaren med viss erfarenhet	**Ganska svårt,** passar kompetent hemmamekaniker	**Svårt,** passar hemmamekaniker med erfarenhet	**Mycket svårt,** för professionell mekaniker

Specifikationer

Åtdragningsmoment	Nm
Främre säkerhetsbältesshasplar	40
Främre säkerhetsbältets spännarbult	6
Bultar mellan framsäte och golv	40
Hållare till krockkudden på passagerarsidan	10
Bakre säkerhetsbältenas nedre förankringar	48

---

1 Allmän information

Ytterkarossen är tillverkad av pressade stål-sektioner och finns som 4-dörrars sedan, 5-dörrars kombi och 2-dörrars sportkupé. De flesta komponenterna är sammansvetsade, men ibland används speciella lim. Dörrarna och dörrstolparna är förstärkta mot sido-krockar som en del av SIPS-systemet (Side Impact Protection System).

Ett antal bärande komponenter och kaross-paneler är gjorda av galvaniserat stål som ett extra skydd mot korrosion. Även plastmaterial används mycket, framför allt till de inre detaljerna men även till vissa yttre kompon-enter. De främre och bakre stötfångarna är gjutna av ett syntetmaterial som är mycket starkt men ändå lätt. Plastkomponenter, som

hjulhusfoder, sitter monterade på bilens undersida för att ytterligare öka bilens motståndskraft mot rostangrepp.

2 Underhåll – kaross och underrede

Karossens allmänna skick påverkar bilens värde väsentligt. Underhållet är enkelt men måste utföras regelbundet. Underlåtenhet, speciellt efter smärre skador, kan snabbt leda till värre skador och dyra reparationer. Det är även viktigt att hålla ett öga på de delar som inte är direkt synliga, exempelvis underredet, under hjulhusen och de nedre delarna av motorrummet.

Tvättning tillhör det grundläggande under-hållet av karossen – helst med stora mängder vatten från en slang eftersom detta tar bort all lös smuts som har fastnat på bilen. Det är

viktigt att spola bort smutsen på ett sätt som förhindrar att lacken skadas. Hjulhusen och underredet måste tvättas rena från lera på samma sätt – fukten som binds i leran kan annars leda till rostangrepp. Den bästa tidpunkten för tvätt av underrede och hjulhus är när det regnar eftersom leran då är blöt och mjuk. Vid körning i mycket våt väderlek spolas vanligen underredet av automatiskt vilket ger ett tillfälle för kontroll.

Med undantag för bilar med vaxade under-reden är det bra att periodvis rengöra hela undersidan av bilen med ångtvätt, inklusive motorrummet, så att en grundlig kontroll kan utföras för att se vilka åtgärder och mindre reparationer som behöver utföras. Ångtvättar finns att få tag på hos bensinstationer och verkstäder och behövs när man ska ta bort de ansamlingar av oljeblandad smuts som ibland lägger sig tjockt i vissa utrymmen. Om en ångtvätt inte finns tillgänglig finns det ett par utmärkta avfettningsmedel som man stryker på med borste/pensel för att sedan spola bort smutsen. Observera att ingen av ovanstående metoder ska användas på bilar med vaxade underreden, eftersom de tar bort vaxet. Bilar med vaxade underreden ska kontrolleras årligen, helst på senhösten. Underredet ska då tvättas av så att skador i vaxbestrykningen kan hittas och åtgärdas med underredesbehandling. Helst ska ett helt nytt lager vax läggas på. Överväg även att spruta in ett vaxbaserat skyddsmedel i dörrpaneler, trösklar, balkar och liknande som ett extra rostskydd där tillverkaren inte redan åtgärdat den saken.

Torka av lacken med sämskskinn efter tvätten så att den får en fin yta. Ett lager med genomskinligt skyddsvax ger förbättrat skydd mot kemiska föroreningar i luften. Om lacken mattats eller oxiderats kan ett kombinerat tvätt och polermedel återställa glansen. Detta kräver lite arbete, men sådan mattning orsakas vanligen av slarv med regelbundenheten i tvättning. Metalliclacker kräver extra försiktighet och speciella slipmedelsfria rengörings-/polermedel krävs för att inte ytan ska skadas.

Kontrollera alltid att dräneringshål och rör i dörrar och ventilation är öppna så att vatten kan rinna ut. Kromade ytor ska behandlas på samma sätt som lackerade. Glasytor ska hållas fria från smutshinnor med hjälp av glastvättmedel. Använd aldrig någon typ av vax eller annan kaross- eller kromputs på glas, särskilt inte på vindrutan eller bakrutan.

3 Underhåll – klädsel och mattor

Mattorna ska borstas eller dammsugas med jämna mellanrum så att de hålls rena. Om de är svårt nedsmutsade kan de tas ut ur bilen och skrubbas. Se i så fall till att de är helt torra innan de läggs tillbaka i bilen. Säten och inre klädselpaneler kan hållas rena genom att de torkas av med fuktig trasa och lämpligt klädselrengöringsmedel. Om de blir fläckiga (vilket är mer synligt i ljusa inredningar) kan lite flytande tvättmedel och en mjuk nagelborste användas till att skrubba bort smutsen ur materialet. Glöm inte takets insida, håll det rent på samma sätt som klädseln. När flytande rengöringsmedel används inne i en bil får de tvättade ytorna inte överfuktas. För mycket fukt kan komma in i sömmar och stoppning och framkalla fläckar, störande lukter och till och med röta.

 Om insidan av bilen blir mycket blöt är det mödan värt att torka ur den ordentlig, speciellt mattorna. Lämna dock inte olje- eller eldrivna värmare i bilen för detta ändamål.

4 Mindre karosskador – reparation

Reparationer av mindre repor i lacken

Om en repa är mycket ytlig och inte trängt ner till karossmetallen är reparationen mycket enkel att utföra. Gnugga det skadade området helt lätt med lackrenoveringsmedel eller en mycket finkornig slippasta så att lös lack tas bort från repan och det omgivande området befrias från vax. Skölj med rent vatten.

Om bilen är lackad med metalliclack sitter de flesta reporna inte i själva färgen utan i det övre lacklagret, och ser ut som vita streck. Om man är mycket försiktig kan dessa repor ibland gå att dölja med varsam användning av renoveringslack (sådan används annars normalt inte på metalliclacker). I annat fall kan dessa repor åtgärdas med lite lack som appliceras med en fin pensel.

Lägg på bättringslack på skråman med en fin pensel. Lägg på i många tunna lager till dess att ytan i skråman är i jämnhöjd med den omgivande lacken. Låt den nya lacken härda i minst två veckor. Jämna sedan ut den mot omgivande lack genom att gnugga hela området kring repan med lackrenoveringsmedel eller en mycket finkornig slippasta. Avsluta med en vaxpolering.

Om repan gått ner till karossmetallen och denna börjat rosta krävs en annan teknik. Ta bort lös rost från botten av repan med ett vasst föremål och lägg sedan på rostskyddsfärg så att framtida rostbildning förhindras. Fyll sedan upp repan med spackelmassa och en spackel av gummi eller nylon. Vid behov kan spacklet tunnas ut med thinner så att det blir mycket tunt vilket är idealiskt för smala repor. Innan spacklet härdar, linda ett stycke mjuk bomullstrasa runt en fingertopp, doppa fingret i thinner och stryk sedan snabbt över spackelytan i repan. **Detta gör att små hål bildas i spackelmassans yta.** Lacka sedan över repan enligt tidigare anvisningar.

Reparation av bucklor i karossen

När en djup buckla uppstått i bilens kaross blir den första uppgiften att räta ut den så att karossen i det närmaste återfår ursprungsformen. Det finns ingen anledning att försöka återställa formen helt eftersom metallen i det skadade området sträckt sig vid skadans uppkomst och aldrig helt kommer att återta sin gamla form. Det är bättre att försöka ta bucklans nivå upp till ca 3 mm under den omgivande karossens nivå. I de fall bucklan är mycket grund är det inte värt besväret att räta ut den. Om undersidan av bucklan är åtkomlig kan den knackas ut med en träklubba eller plasthammare. När detta görs ska mothåll

användas på plätens utsida så att inte större delar knackas ut.

Skulle bucklan finnas i en del av karossen som har dubbel plåt eller om den av någon annan anledning är oåtkomlig från insidan, krävs en annan teknik. Borra ett flertal hål genom metallen i bucklan – speciellt i de djupare delarna. Skruva sedan in långa plåtskruvar precis så långt att de får ett fast grepp i metallen. Dra sedan ut bucklan genom att dra i skruvskallarna med en tång.

Nästa steg är att ta bort lacken från det skadade området och ca 3 cm av den omgivande oskadade plåten. Detta görs enklast med stålborste eller slipskiva monterad på borrmaskin, men kan även göras för hand med slippapper. Fullborda underarbetet genom att repa den nakna plåten med en skruvmejsel eller filspets, eller genom att borra små hål i det område som ska spacklas. Detta gör att spacklet fäster bättre.

Se avsnittet om spackling och lackering för att avsluta reparationen.

Reparation av rosthål och revor i karossen

Ta bort lacken från det drabbade området och ca 3 cm av den omgivande oskadade plåten med en slipskiva eller stålborste monterad i en borrmaskin. Om detta inte finns tillgängligt kan några ark slippapper göra jobbet lika effektivt. När lacken är borttagen kan rostskadans omfattning uppskattas mer exakt och därmed kan man avgöra om hela panelen (om möjligt) ska bytas ut eller om rostskadan ska repareras. Nya plåtdelar är inte så dyra som de flesta tror och det är ofta snabbare och ger bättre resultat med plåtbyte än att försöka reparera större rostskador.

Ta bort alla detaljer från det drabbade området, utom de som styr den ursprungliga formen av det drabbade området. Ta sedan bort lös eller rostig metall med plåtsax eller bågfil. Knacka kanterna något inåt så att det bildas en grund grop för spacklingsmassan.

Borsta av det drabbade området med en stålborste så att rostdamm tas bort från ytan av kvarvarande metall. Måla det drabbade området med rostskyddsfärg, om möjligt även på baksidan.

Före spacklingen måste hålet blockeras på något sätt. Detta kan göras med nät av plast eller aluminium eller med aluminiumtejp.

Nät av plast eller aluminium eller glasfiberväv är antagligen det bästa materialet för ett stort hål. Skär ut en bit som är ungefär lika stor som det hål som ska fyllas, placera det i hålet så att kanterna är under nivån för den omgivande plåten. Ett antal klickar spackelmassa runt hålet fäster materialet.

Aluminiumtejp bör användas till små eller mycket smala hål. Klipp av en bit från rullen av ungefärlig storlek, dra bort täckpappret (om sådant finns) och fäst tejpen över hålet. Flera remsor kan läggas bredvid varandra om bredden på en inte räcker till. Tryck ner tejpkanterna med ett skruvmejselhandtag eller liknande så att tejpen fäster ordentligt på metallen.

Karossreparationer – spackling och sprutning

Se tidigare anvisningar beträffande reparation av bucklor, repor, rost- och andra hål innan beskrivningarna i det här avsnittet följs.

Många typer av spackelmassa förekommer. Generellt sett är de som består av grundmassa och härdare bäst vid denna typ av reparationer. Vissa av dem kan användas direkt från förpackningen. En bred och följsam spackel av nylon eller gummi är ett ovärderligt verktyg för att skapa en välformad spackling med fin yta.

Blanda lite massa och härdare på en skiva av exempelvis kartong eller masonit. Följ tillverkarens instruktioner och mät härdaren noga, i annat fall härdar spacklingen för snabbt eller för långsamt. Bred ut massan på det förberedda området med spackeln, dra spackeln över massan så att rätt form och en jämn yta uppstår. Så snart massan antagit en någorlunda korrekt form bör arbetet avbrytas. Om man håller på för länge blir massan kletig och börjar fastna på spackeln. Fortsätt lägga på tunna lager med runt ca tjugo minuters mellanrum till dess att massan är något högre än den omgivande plåten.

När massan härdat kan överskottet tas bort med hyvel eller fil. Börja med nr 40 och avsluta med nr 400 våt- och torrpapper. Linda alltid papperet runt en slipkloss, i annat fall blir inte den slipade ytan plan. Vid slutpoleringen med torr- och våtpapper ska detta då och då sköljas med vatten. Detta skapar en mycket slät yta på massan i slutskedet.

I det här stadiet bör bucklan vara omgiven av en ring med ren plåt som i sin tur omges av en lätt ruggad kant av den oskadade lacken. Skölj av reparationsområdet med rent vatten till dess att allt slipdamm försvunnit.

Spruta ett tunt lager grundfärg på hela reparationsområdet. Då avslöjas mindre ytfel i spacklingen. Laga dessa med ny spackelmassa eller filler och slipa av ytan igen. Massa kan tunnas ut med thinner så att den blir mer lämpad för riktigt små gropar. Upprepa denna sprutning och reparation till dess att du är nöjd med spackelytan och den ruggade lacken. Rengör reparationsytan med rent vatten och låt den torka helt.

Reparationsytan är nu klar för lackering. Färgsprutning måste utföras i ett varmt, torrt, drag- och dammfritt utrymme. Detta kan åstadkommas inomhus om det finns tillgång till ett större arbetsområde, men om arbetet måste äga rum utomhus är valet av dag av stor betydelse. Om arbetet utförs inomhus kan golvet spolas av med vatten eftersom detta binder damm som annars skulle finnas i luften. Om reparationsytan är begränsad till en

panel ska de omgivande panelerna maskas av. Detta minskar effekten av en mindre missanpassning mellan färgerna. Dekorer och detaljer (kromlister, handtag med mera) ska även de maskas av. Använd riktig maskeringstejp och flera lager tidningspapper till detta.

Före sprutning, skaka burken ordentligt och spruta på en provbit, exempelvis en konservburk, tills tekniken behärskas. Täck sedan arbetsytan med ett tjockt lager grundfärg, uppbyggt av flera tunna skikt. Polera sedan grundfärgsytan med nr 400 våt- och torrpapper, till dess att den är helt slät. Medan detta utförs ska ytan hållas våt och pappret ska periodvis sköljas i vatten. Låt torka innan mer färg läggs på.

Spruta på färglagret och bygg upp tjockleken med flera tunna lager färg. Börja spruta i mitten av reparationsytan och arbeta utåt med en enkel rörelse från sida till sida tills hela reparationsytan och ca 50 mm av den omgivande lackeringen täckts. Ta bort maskeringen 10 – 15 minuter efter det sista färglagret sprutats på.

Låt den nya lacken härda i minst två veckor innan den nya lackens kanter jämnas ut mot den gamla med en lackrenoverare eller mycket fin slippasta. Avsluta med en vaxpolering.

Plastdetaljer

Eftersom biltillverkarna använder mer och mer plast i karosskomponenterna (t.ex. i stötfångare, spoilers och i vissa fall även i de större karosspanelerna), innebär reparationer av allvarligare skador på sådana komponenter ofta att man måste överlåta arbetet åt en specialist, eller byta ut hela komponenten. Gör-det-själv reparationer av sådana skador är inte rimliga på grund av kostnaden för den specialutrustning och de speciella material som krävs. Principen för dessa reparationer är dock att en skåra tas upp längs med skadan med en roterande rasp i en borrmaskin. Den skadade delen svetsas sedan ihop med en varmluftspistol och en plaststav i skåran. Plastöverskottet tas sedan bort och ytan slipas ner. Det är viktigt att rätt typ av plastlod används – plasttypen i karossdelar kan vara av olika slag, exempelvis PCB, ABS eller PPP.

Mindre allvarliga skador (skrapningar, små sprickor) kan lagas av hemmamekaniker med en tvåkomponents epoxymassa. Den blandas i lika delar och används på liknande sätt som spackelmassa på plåt. Epoxyn härdar i regel inom 30 minuter och kan sedan slipas och målas.

Om ägaren har bytt en komponent på egen hand eller reparerat med epoxymassa, återstår svårigheten att hitta en färg som lämpar sig för den aktuella plasten. En gång i tiden kunde inte någon universalfärg användas på grund av det breda utbudet av plaster i karossdelar. Standardfärger fäster i

allmänhet inte särskilt bra på plast eller gummi. Numera finns det dock satser för plastlackering att köpa, som består av förprimer, grundfärg och färglager. Kompletta instruktioner medföljer, men grundmetoden är att först lägga på förprimern på aktuell del och låta den torka i 30 minuter innan grundfärgen läggs på. Sedan ska grundfärgen läggas på och lämnas att torka i ungefär en timme innan det färgade ytlacket läggs på. Resultatet blir en korrekt färgad del där lacken kan röra sig med materialet, något de flesta standardfärger inte klarar.

5 Större karosskador – reparation

Vid större skador, eller när stora paneler måste bytas ut på grund av försummelse måste helt nya paneler svetsas in. Detta arbete bör överlåtas åt specialister. Om skadan har orsakats av en krock måste hela ytterkarossens inställning kontrolleras. Konstruktionen gör att hela karossens styrka och form kan påverkas av en skadad del. Det är mycket viktigt att karossen kontrolleras hos en Volvoverkstad med speciella kontrolljiggar. Förvridna delar är i första hand farliga eftersom bilen inte kommer att reagera normalt. Det kan även orsaka stora belastningar på komponenter i styrningen, motorn och kraftöverföringen med åtföljande slitage och förtida haveri. Däckslitaget kan också förvärras kraftigt.

6 Motorhuv – demontering, montering och justering

Demontering

1 Öppna motorhuven. Lossa hållarna och ta bort den inre ljudisoleringen.
2 Koppla loss spolarröret från motorhuven vid T-kopplingen. Lossa röret och flytta det åt sidan.
3 Markera området runt fästbultarna mellan motorhuven och gångjärnet med en filtpenna för att underlätta monteringen.
4 Ta hjälp av en medhjälpare. Stöd motorhuven och skruva loss gångjärnsbultarna. Lyft bort motorhuven och ställ den på en säker plats.

Montering och justering

5 Innan motorhuven monteras, lägg trasor under hörnen, nära gångjärnen, för att skydda lacken.
6 Montera motorhuven och sätt i gångjärnsbultarna. Dra bara åt bultarna lätt i de tidigare markerade positionerna.

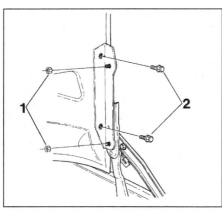

6.8a Motorhuvens justeringsdetaljer

1 Gångjärnsmuttrar – vertikal justering
2 Gångjärnsbultar – justering framåt och bakåt

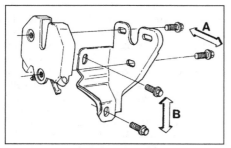

6.8b Motorhuvslåsets justeringspunkter

A Justering i sidled
B Vertikal justering

7 Återanslut spolarröret och montera den ljudisolerande panelen.

8 Stäng motorhuven och kontrollera att den passar som den ska. De två gångjärns-bultarna på sidorna reglerar motorhuvens justering framåt och bakåt. De två gångjärnsmuttrarna på sidorna reglerar höjden på motorhuvens bakre del. Den främre höjden justeras genom att motorhuvslåsets fästbyglar flyttas något **(se bilder)**.

9 Dra åt gångjärnsmuttrarna och -bultarna ordentligt när justeringen är korrekt.

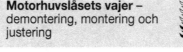

7 Motorhuvslåsets vajer – demontering, montering och justering

Demontering

1 Låsvajerenheten är i två delar. En del går från öppningshandtaget i passagerar-utrymmet till det vänstra motorhuvslåset, och den andra delen går mellan de två motorhuvs-låsen.

2 Öppna motorhuven inifrån bilen. Koppla loss innervajerns ände från öppningshand-taget och ta bort yttervajern och justeraren från fästbygeln **(se bilder)**.

3 Dra vajern genom torpedväggens genom-föring. Koppla sedan loss den andra änden från det vänstra motorhuvslåset. Lossa vajerklämmorna och ta bort vajern.

4 Lossa det ena motorhuvslåsets bultar och

flytta låset mot det andra, så att den mellan-gående vajern slaknar.

5 Koppla loss vajerändarna från låsen, lossa vajerklämmorna och ta bort vajern.

Montering och justering

6 Montera i omvänd ordningsföljd mot demonteringen. Justera den gängade delen av vajern vid öppningsarmen för att ta upp det mesta av slakheten från innervajern i vilande läge. Justera den mellangående vajern så att den sträcks genom att flytta motorhuvslåsen i sidled. Avsluta med att dra åt alla bultar ordentligt.

8 Motorhuvslås – demontering och montering

Demontering

1 Öppna motorhuven. Markera med en tuschpenna hur motorhuvslåset och låsets fästbygel sitter placerade på den aktuella sidan.

2 Skruva loss de två fästbultarna som fäster det aktuella motorhuvslåset vid fästbygeln **(se bild)**.

3 Om det är tillämpligt, koppla loss kontakt-donet från kontakten till motorhuvslåsets larmsystem **(se bild)**.

4 Lyft bort låset. Koppla loss den mellan-gående låsvajern och, beroende på vilken sida arbetet utförs på, låsvajern som leder från öppningshandtaget. Ta bort låset.

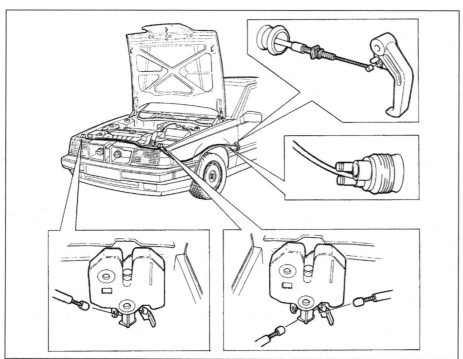

7.2a Motorhuvslåsets vajer – komponenter och tillbehör

7.2b Koppla loss innervajern (vid pilen) från öppningshandtaget

8.2 Bultar mellan motorhuvslås och fästbygel (vid pilarna)

8.3 Motorhuvslåskontaktens kontaktdon – endast på vänster låsenhet

Montering

5 Monteringen sker i omvänd ordning mot demonteringen. Ta upp spelet i den mellangående låsvajern genom att flytta låset/låsen i sidled i fästbygeln. Justera låsets höjd genom att flytta fästbygeln upp eller ner tills motorhuven passar och går att stänga korrekt.

9 Dörrar – demontering, montering och justering

Demontering

1 Koppla loss batteriets minusledare.
2 Öppna dörren och stöd den med en domkraft eller en pallbock. Lägg trasor emellan för att skydda lacken.
3 Koppla loss framdörrens elektriska kablage. Lossa låsskruven, vrid kontaktdonet moturs

10.2a Var försiktig så att inte klädseln skadas, ta bort den lilla kåpan . . .

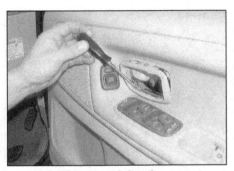

10.3a Bänd bort infattningen runt dörrhandtaget . . .

9.3 Vrid dörrens kontaktdon (vid pilen) moturs för att koppla loss det

och dra ut det ur hylsan på stolpen **(se bild)**. Om det är en bakdörr som demonteras, lossa den spiralformade hylsan från dörrstolpen. Koppla sedan loss kontaktdonet inuti hylsan.
4 Lossa dörrstoppet genom att skruva loss bulten som fäster det vid fästbygeln på stolpen.
5 Skruva loss låsskruven som fäster gångjärnssprinten vid gångjärnets fästbygel på stolpen **(se bild)**.
6 Ta hjälp av en medhjälpare. Lyft dörren uppåt för att lossa gångjärnssprintarna och ta bort dörren.

Montering och justering

7 Montera dörren i omvänd ordningsföljd, justera den sedan på följande sätt.
8 Stäng dörren och kontrollera justeringen i förhållande till den omgivande karossen. Avståndet måste vara lika stort runt hela dörren och dörren måste vara helt i nivå med

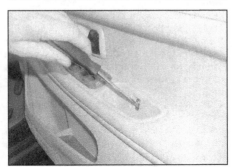

10.2b . . . och Torx-skruven

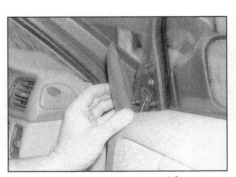

10.3b . . . och panelen från sidobackspegeln

9.5 Låsskruven till dörrens gångjärnssprint (vid pilen)

bilens utsida. Framdörrens bakre kant bör vara 0 till 1,5 mm utanför bakdörrens framkant (eller bakskärmen på C70-modeller).
9 Justering framåt och bakåt av dörren i överoch underkanten görs med hjälp av mellanlägg som placeras mellan gångjärnen och dörren. Mellanlägg går att köpa i tjocklekarna 0,3 och 0,5 mm och de kan sättas på plats om gångjärnets fästbultar lossas.
10 Justering vertikalt och i sidled görs genom att gångjärnens fästbultar lossas och dörren flyttas så mycket som behövs.
11 När dörren är korrekt placerad ska låsblecket justeras så att dörren kan öppnas och stängas ordentligt utan att kärva. Dra ut dörrhandtaget och stäng dörren. Kontrollera att låset glider över låsblecket utan att skrapa.

10 Dörrens inre klädselpanel – demontering och montering

Demontering

1 Koppla loss batteriets minusledare.
2 Bänd bort den lilla kåpan från armstödet på dörrens insida. Ta sedan bort Torx-skruven under kåpan **(se bilder)**.
3 Bänd bort infattningen runt dörrens innerhandtag. Ta också bort klädselpanelen från sidobackspegeln **(se bilder)**.
4 Dörrklädseln sitter även fäst med sju klämmor runt klädselpanelens nederdel. Använd ett bredbladigt verktyg mellan klädselpanelen och dörren för att lossa klämmorna **(se bild)**. Det krävs en del kraft för

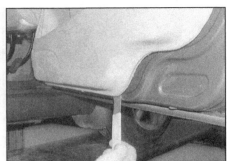

10.4 Använd ett bredbladigt verktyg för att lossa dörrklädselns nedre klämmor

10.5a Lyft dörrklädseln över dörrlåsets knopp . . .

10.5b . . . koppla sedan loss anslutningskontakterna från brytarna

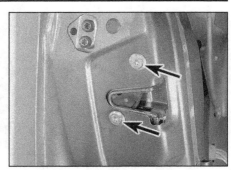

11.1 Lossa dörrlåsets två fästskruvar (vid pilarna)

att få bort klämmorna och de kommer antagligen att gå sönder under det här momentet. Var beredd på att skaffa nya klämmor till återmonteringen.

5 Lyft klädselpanelen över dörrlåsets knopp. Dra ut klädselpanelen från dörren tillräckligt mycket för att det ska gå att komma åt de olika anslutningskontakterna bakom den. Notera hur de sitter placerade och koppla loss kablaget från fönsterhissens, sidobackspegelns och dörrlåsets brytare och från bakluckans och tankluckans öppningsreglage (efter tillämplighet) **(se bilder).**

6 Ta bort dörrklädseln från bilen.

7 Om en ny klädselpanel ska monteras på förarsidans framdörr är det inte säkert att den nya panelen har en utskärning för sidobackspegelns reglage. Det går att skära ut ett hål från insidan av panelen, men det är klokt att rådfråga en Volvo-återförsäljare innan något skärande påbörjas.

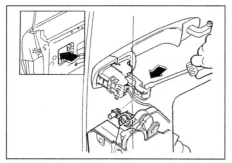

11.3 Tryck ut låsets reglagesprint i pilens riktning enligt bilden

Montering

8 Montering sker i omvänd ordningsföljd. Skaffa och montera nya klämmor till panelens nederdel om de gamla gick sönder vid demonteringen. Kontrollera funktionen hos alla reglage och brytare innan klädselpanelen sätts på plats.

11 Dörrhandtag och låskomponenter – demontering och montering

Yttre handtag

Demontering

1 Lossa, men ta inte bort, de två Torxskruvarna som fäster dörrlåset **(se bild).**

2 På dörrens kant, bänd ut plastplattan som sitter över ytterhandtagets fästskruvar. Ta sedan bort de två Torx-skruvarna under plattan **(se bild).**

3 På C70-modeller, ta bort dörrklädseln enligt beskrivningen i avsnitt 10. Arbeta genom öppningen i dörrens insida. Tryck ut låsets reglagesprint från handtagets baksida **(se bild).**

4 Tryck in låset medan ytterhandtaget tas bort. Haka loss den främre pivån från sin plats i dörren och ta loss låscylinderns reglagestag från låsmotorn **(se bilder).**

Montering

5 Monteringen sker i omvänd ordningsföljd mot demonteringen. På C70-modeller,

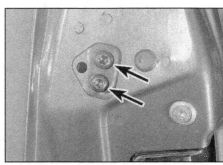

11.2 Skruva loss ytterhandtagets två Torxskruvar från kanten av dörren

kontrollera att allt fungerar korrekt innan dörrklädseln återmonteras.

Framdörrens låscylinder

Demontering

6 Ta bort det yttre handtaget enligt beskrivningen ovan. Det underlättar arbetet betydligt, men är inte absolut nödvändigt. När plastplattan har tagits bort enligt beskrivningen i punkt 2 går det att komma åt fästklämman genom hålet mellan handtagets fästskruvar.

7 Bänd loss ändkåpan som sitter runt låscylindern från utsidan av handtaget. Ta loss tätningen **(se bilder).**

8 Bänd upp fästklämman mellan hålen till handtagets fästskruvar. Dra eller bänd ut låscylindern. Det behövs ingen nyckel för att göra detta **(se bilder).** Observera åt vilket håll låscylindern ska sitta, det vill säga hur urtaget för fästklämman är placerat.

11.4a Dra bort handtaget från låsenheten . . .

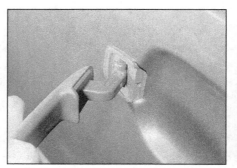

11.4b . . . haka sedan loss den andra änden från den främre pivån

11.7a Bänd loss ytterhandtagets ändkåpa . . .

11.7b . . . och ta loss tätningen

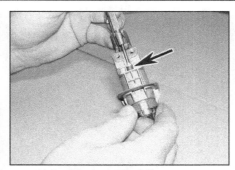

11.8a Bänd upp fästklämman . . .

11.8b . . . och dra ut låscylindern

11.12a Skruva loss den nedre Torx-skruven till fönstrets styrningskanal . . .

Montering

9 Monteringen sker i omvänd ordningsföljd mot demonteringen. Tänk på följande:
a) Se till att låscylindern placeras åt rätt håll.
b) Stick inte in nyckeln i låscylindern när cylindern monteras. Då kan cylindern monteras i fel läge.
c) Kontrollera att allt fungerar som det ska innan dörrklädseln monteras.

Framdörrens låsenhet

Demontering

10 Ta bort dörrklädseln enligt beskrivningen i avsnitt 10. Om det är tillämpligt, bänd ut plastkåpan från åtkomstöppningen på dörrens bakre del.
11 Ta bort framdörrens låscylinder och ytterhandtag enligt beskrivningen ovan. Ta dock bort låsets fästskruvar helt.

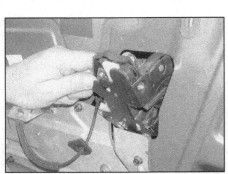

11.13 Dörrens låsenhet tas bort

12 Skruva loss den nedre Torx-skruven till fönstrets styrningskanal, och de fyra skruvarna som fäster dörrens innerhandtag **(se bilder)**.
13 Lirka låsenheten uppåt och ut ur dörren. Koppla loss låsknappens reglagestag om det behövs **(se bild)**.
14 Koppla loss låsenhetens kontaktdon (notera hur de är placerade) och ta loss kablaget från dörren.
15 Haka loss innerhandtagets reglagevajer från låset. Observera hur vajern är dragen **(se bilder)**. Ta bort låsenheten från bilen.

Montering

16 Montering sker i omvänd ordningsföljd. Kontrollera att allt fungerar som det ska innan dörrklädseln monteras.

Bakdörrens låsenhet – S70/V70

Demontering

17 Ta bort dörrens klädselpanel enligt beskrivningen i avsnitt 10.
18 Ta bort det yttre handtaget enligt beskrivningen ovan. Ta dock bort låsets fästskruvar helt.
19 Lossa den nedre Torx-skruven till fönstrets styrningskanal, men ta inte bort styrningskanalen.
20 Lossa och ta bort skruvarna som fäster innerhandtaget vid dörren. Sänk sedan ner handtaget bort från sin plats.
21 Haka loss innerhandtagets reglagevajer från låset. Observera hur vajern är dragen.

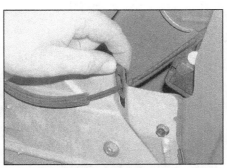

11.15a Innerhandtagets vajer sitter i en gummigenomföring

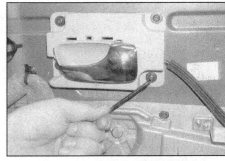

11.12b . . . samt innerhandtagets fyra skruvar

Bänd bort styrningen till yttervajerns fäste från låsenheten.
22 Ta bort låsenheten genom att böja bort fönstrets styrningskanal och dra låset nedåt och ut ur dörren.
23 Koppla loss låsenhetens kontaktdon (notera hur de är placerade) och ta loss kablaget från dörren.

Montering

24 Montering sker i omvänd ordningsföljd. Kontrollera att allt fungerar som det ska innan dörrklädseln monteras.

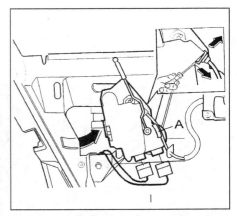

11.15b Reglagevajerns styrning (A) till dörrlåsets innerhandtag. Den infällda bilden visar hur vajern hakas loss från låset

12.4 Ta bort fönsterhissmotorn

12.8 Ta bort plastkåpan som sitter över öppningen i dörrens bakre del

12.9 Lossa innerhandtagets returfjäder från handtagets spak

12 Fönsterglas och fönsterhiss
– demontering och montering

Dörrens fönsterhissmotor – S70/V70

Demontering

1 Ta bort dörrens inre klädselpanel enligt beskrivningen i avsnitt 10.
2 Stäng fönstret. Fäst det i upphissad position med tejp över dörramens överdel.
3 Koppla loss motorns kablage vid kontaktdonet.
4 Skruva loss de tre bultarna och dra bort motorn från fönsterhisskassetten (se bild).

Montering

5 Montering sker i omvänd ordningsföljd. Kontrollera att allt fungerar som det ska innan dörrklädseln monteras.

Dörrens fönsterhisskassett – S70/V70

Demontering

6 Ta bort fönsterhissens motor enligt beskrivningen ovan.
7 Ta bort dörrhögtalaren och koppla loss kontaktdonet.
8 Ta bort plastkåpan som sitter över öppningen i dörrens bakre del (se bild).
9 Använd en tång. Dra bort innerhandtagets returfjäder från handtagets spak (se bild).

10 Skruva loss pivåbulten vid handtagsspakens nederdel. Ta vara på returfjädern.
11 Skruva loss de tre fästbultarna och ta bort handtagsspakens ram (se bild).
12 Sänk ner fönsterglaset tills den främre och bakre glashållaren går att komma åt genom öppningarna i dörren.
13 Ta ut låsklämmorna från glashållarna. Lossa sedan lyftarmarna från skenorna (se bild).
14 Skruva loss de åtta bultarna som fäster kassetten vid dörren. Stöd fönsterglaset och dra bort kassetten från dörren (se bild).

Montering

15 Montering sker i omvänd ordningsföljd. Kontrollera att allt fungerar som det ska innan dörrklädseln monteras.

Dörrens fönsterhisskassett – C70

Demontering

16 Ta bort dörrens klädselpanel enligt beskrivningen i avsnitt 10.
17 Ta bort låsmuttrarna från justeringsskruvarna i dörrens nedre hörn.
18 Skruva in justeringsskruvarna helt, notera exakt hur många varv som krävs.
19 Ta bort dörrhögtalaren och koppla loss anslutningskontakten.
20 Ta försiktigt bort ljudisoleringen bakom högtalaröppningen. Observera att isoleringen måste vara oskadad och sättas tillbaka korrekt vid återmonteringen, annars kommer ljudkvaliteten att påverkas.

21 Ta bort de sex skruvarna (tre fram och tre bak) som fäster fönsterkassetten vid dörrens överdel. Dra bort tätningsremsan mellan fönstret och kassettens överdel.
22 Ta bort skruvarna som fäster dörrens innerhandtag vid dörren.
23 Koppla loss fönstermotorns kontaktdon inne i dörren.
24 Ta bort fönstermotorns tre fästmuttrar.
25 Ta bort de två skruvarna som fäster SIPS-systemets block vid dörrens nederdel och ta bort blocken.
26 Låt en medhjälpare hålla glasrutan. Var noga med att inte skada dörren eller rutan. Öppna dörren och lyft ut fönsterkassetten genom dörrens överdel.

Montering

27 Montering sker i omvänd ordningsföljd. Tänk på följande:
a) För att inställningen ska bli rätt måste dörren stängas innan de sex skruvarna som fäster kassetten vid dörrens överdel skruvas åt.
b) De nedre justeringsskruvarna reglerar fönstrets justering i sidled. Dessa skruvar ska skruvas ut så många varv som noterades vid demonteringen (normalt ungefär 5 varv).
c) Fönstrets vertikala justering regleras av vajerjusteringsskruvarna på den främre och bakre glashållaren. Fönstret ska inte behöva justeras vertikalt om inte motorn och vajrarna har rubbats.

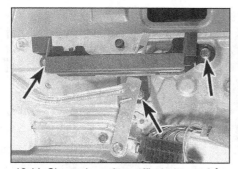

12.11 Skruva loss de tre fästbultarna från handtagsspakens ram (vid pilarna)

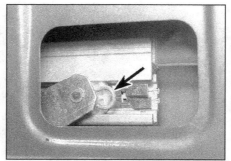

12.13 Ta ut låsklämmorna från glashållarna

12.14 Fönsterhissens kassett tas bort från dörren

d) Kontrollera fönstrets vertikala justering genom att stänga fönstret helt och kontrollera att justeringsskruven vid glasets baksida är i kontakt med stoppet på dörren. Justera om det behövs. Kontrollera att glasets främre del passar. Justera om det behövs genom att lossa kabelklämmans skruv på den främre hållaren och flytta hållaren i förhållande till vajern tills passningen är korrekt. Avsluta med att dra åt klämskruven.

e) Fönstrets passning i förhållande till tätningsremsan kan kontrolleras om ett papper som vikts en gång fästs mellan fönstret och remsan genom att dörren stängs helt. När papperet dras ut ska det inte glida lätt, men det ska heller inte gå sönder. Kontrollera passningen runt hela glaset med den här metoden.

Dörrens fönsterhissmotor – C70

Demontering

28 Fönsterhissmotorn kan demonteras på ett effektivt sätt först när fönsterhisskassetten demonterats enligt beskrivningen ovan.
29 Motorn är fäst vid kassetten med tre bultar. Reglagevajrarna måste kopplas loss från den främre och bakre glashållaren samt från själva motorn. Det är klokt att markera vajerns placering i förhållande till den främre och bakre glashållaren och att använda dessa märken vid återmonteringen så att fönstret passas in korrekt.

Montering

30 Montering sker i omvänd ordning. Justera fönstret enligt beskrivningen i punkt 27.

Framdörrens fönsterglas – S70/V70

Demontering

31 Ta bort fönsterhissens kassett enligt beskrivningen ovan.
32 Bänd loss den inre tätningsremsan och ta bort den från dörrklädselns överkant, om det inte redan är gjort **(se bild)**.
33 För ner glaset så långt det går. Lyft upp det i bakänden och lyft ut det ur dörren **(se bild)**.

Montering

34 Montering sker i omvänd ordningsföljd.

Bakdörrens fönsterglas – S70/V70

Demontering

35 Ta bort fönsterhissens kassett enligt beskrivningen ovan.
36 Bänd försiktigt loss den inre tätningsremsan och ta bort den från dörrklädselns överkant.
37 Ta bort kabelklämman i nederdelen av fönstrets bakre styrningskanal. Skruva loss de två skruvarna och dra kanalen uppåt och utåt.
38 För ner glaset så långt det går. Lyft upp det i bakänden och lyft ut det ur dörren.

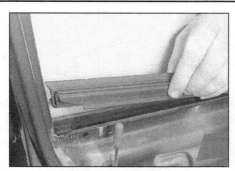

12.32 Bänd loss dörrens inre tätningsremsa

Montering

39 Montering sker i omvänd ordningsföljd.

Dörrens fönsterglas – C70

Demontering

40 Ta bort fönsterhissens kassett enligt beskrivningen ovan.
41 Glaset är fäst vid de båda glashållarna med skruvar som går genom glaset och ett antal mellanlägg.
42 Hissa ner fönstret för att komma åt den främre och bakre skruven. Låt en medhjälpare stödja glaset.
43 Ta bort skruvarna och ta loss mellan-läggen. Notera hur de sitter placerade. Lyft ut glaset ur dörren.

Montering

44 Montering sker i omvänd ordningsföljd. Förutsatt att motorn och vajrarna inte rubbats bör fönstret sitta korrekt utan att behöva justeras. Information om justering finns i punkt 27.

Bakre öppningsbart sidofönsterglas – C70

Demontering

45 Bänd loss kåpan över säkerhetsbältets övre fäste och ta bort säkerhetsbältets övre fästbult.
46 För säkerhetsbältet åt sidan. Ta bort skruven som fäster säkerhetsbältets styrning vid nederdelen av B-stolpens klädselpanel.

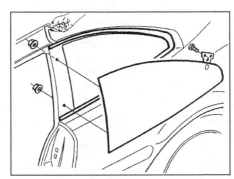

12.51 Ta bort de två främre muttrarna och den bakre gångjärnsbulten. Ta sedan bort sidorutans glas

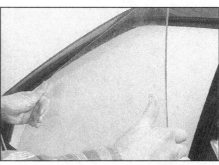

12.33 Dörrens fönsterglas lyfts bort

47 Lyft klädselpanelen uppåt och ta bort den.
48 Bänd upp kåporna som sitter över det bakre handtagets fästskruvar. Skruva bort skruvarna under kåporna. Ta bort det bakre handtaget.
49 Bänd ut den bakre läslampan från bak-fönstrets klädselpanel. Koppla sedan loss kontaktdonet och ta bort armaturen.
50 Bänd försiktigt bort bakfönstrets klädsel-panel. Den sitter fäst med tre klämmor. Använd ett bredbladigt verktyg. Täck över bladet med kartong eller tejp för att inte skada ytan.
51 Låt en medhjälpare stödja fönstret utifrån. Arbeta inuti bilen. Skruva loss den bakre gångjärnsbulten, ta sedan bort de två främre fästmuttrarna och ta bort fönsterglaset **(se bild)**.

Montering

52 Montering sker i omvänd ordningsföljd.

13 Bakluckans inre klädselpanel – demontering och montering

Demontering

1 Öppna bakluckan och ta bort kåpan runt innerhandtaget genom att sticka in en spatel under den övre kanten och tvinga ner den **(se bild)**.
2 Ta bort kåpan över det höga bromsljuset genom att gripa tag om dess båda sidor och

13.1 Ta bort kåpan till bakluckans innerhandtag med en spatel

13.2 Ta bort kåpan över det höga bromsljuset

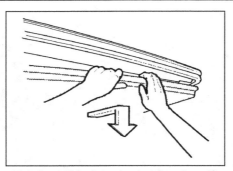

13.4 Dra klädselpanelen bakåt och nedåt för att lossa de inre hållarna

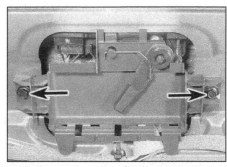

16.2 Skruva loss de två bultar (vid pilarna) som fäster innerhandtaget vid bakluckan

dra ner den **(se bild)**. Var noga med att inte ha sönder de ömtåliga inre fästhakarna.

3 Stick in en bit kartong (ungefär 180 x 100 mm stor) mellan den övre och nedre panelen på varje sida. Kanterna på den nedre panelen är riktigt vassa och repar lätt den övre panelen om de inte skyddas.

4 Ta tag mellan bakluckans tätningsremsa och klädselpanelen längs den nedre kanten. Dra sedan panelen bakåt och nedåt för att lossa de inre hållarna **(se bild)**.

5 Böj ner panelens nedre kant för att undvika bakluckan. Tryck panelen framåt genom att stöta till den kraftigt på båda sidor. Ta emot panelen när de övre hållarna lossnar.

6 Ta bort den övre klädselpanelen runt fönsterglaset genom att dra båda kanterna inåt och den övre kanten bakåt.

Montering

7 Monteringen sker i omvänd ordningsföljd mot demonteringen. Använd kartongbitarna för att skydda den övre panelen när den nedre panelen monteras.

14 Baklucka (kombi)– demontering och montering

Demontering

1 Koppla loss batteriets minusledare.
2 Använd en liten skruvmejsel och bänd försiktigt ut kupélampan i mitten av den bakre

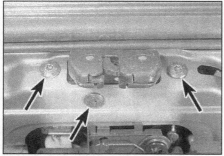

16.5 Skruva loss låsets tre fästbultar (vid pilarna) och lirka ut enheten ur bakluckan

takklädselpanelen. Koppla loss kablaget och ta bort lampan.

3 Bänd loss plastkåporna över den bakre takklädselpanelens två fästskruvar. Skruva loss skruvarna och ta bort dekoren.

4 Bänd loss kåporna över den kombinerade klädselpanelen till takets karmunderstycke och D-stolpen och skruva loss skruvarna på båda sidor. Lossa panelerna genom att dra loss dem från fästklämmorna.

5 Lyft upp den avtagbara golvpanelen i last-utrymmets högra bakre del.

6 Koppla loss bakluckans spolarslang nedanför in-line filtret som nu syns. Dra bort slangen från sin plats.

7 Koppla loss kontaktdonet på vänster sida och tryck det genom gångjärnshålet.

8 Skruva loss skruvarna och ta bort bakluckans klädsellister från sidorna.

9 Ta hjälp av en medhjälpare. Skruva loss de två gångjärnsskruvarna på bakluckans sidor och lyft bort bakluckan.

Montering

10 Montering sker i omvänd ordningsföljd.

15 Bakluckans stödben – demontering och montering

Demontering

1 Använd en liten skruvmejsel och bänd försiktigt ut kupélampan i mitten av den bakre takklädselpanelen. Koppla loss kablaget och ta bort lampan.

2 Bänd loss plastkåporna över den bakre takklädselpanelens två fästskruvar. Skruva loss skruvarna och ta bort dekoren.

3 Bänd loss kåporna över den kombinerade klädselpanelen till takets karmunderstycke och D-stolpen och skruva loss skruvarna på båda sidor. Lossa panelerna genom att dra loss dem från fästklämmorna.

4 Stöd bakluckan i det öppna läget med ett lämpligt stöd.

5 Koppla loss fästbygeln som fäster stöd-benet vid karossen.

6 Lossa stödbenets kulleder och ta bort stödbenet från bilen.

Montering

7 Monteringen sker i omvänd ordningsföljd mot demonteringen.

16 Bakluckans låskomponenter – demontering och montering

Demontering

Låsenhet

1 Ta bort bakluckans inre klädselpanel enligt beskrivningen i avsnitt 13.
2 Skruva loss de två bultar som fäster inner-handtaget vid bakluckan **(se bild)**.
3 Koppla loss centrallåsets kontaktdon.
4 Koppla loss länkstagen till den yttre hand-tagsspaken och låscylindern.
5 Skruva loss de tre Torx-bultarna som fäster låset. Lirka ut enheten ur öppningen i bak-luckan **(se bild)**.

Ytterhandtag

6 Ta bort bakluckans torkarmotor (kapitel 12).
7 Koppla loss länkstagen vid låscylindern och den yttre handtagsspaken.
8 Koppla loss nummerplåtsbelysningens kontaktdon och ta loss kabelklämmorna.
9 Skruva loss de fyra muttrarna (två nära mitten och två i kanterna). Dra sedan försiktigt bort ytterhandtaget från bakluckan **(se bilder)**. Mata ut kablaget till nummerplåts-belysningen genom bakluckan tillsammans med handtaget.

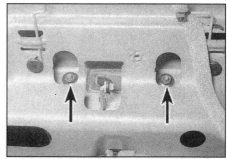

16.9a Skruva loss fästbultarna till bakluckans ytterhandtag (två bultar utmärkta med pilar) . . .

16.9b ... och dra bort handtaget från bakluckan

Låscylinder

10 Ta bort det yttre handtaget enligt beskrivningen ovan.
11 Ta loss låsringen i cylinderns bakre del **(se bild)**. Dra ut cylindern ur ytterhandtaget.

Montering

12 Montering sker i omvänd ordningsföljd.

17 Bagagelucka (sedan) – demontering och montering

Demontering

S70

1 Öppna bagageluckan och ta bort den ljuddämpande panelen.
2 Koppla loss centrallåssystemets, nummerplåts- och bagageluckebelysningens kablage så att bagageluckan kan tas bort utan hinder.
3 Ta loss fästklämman som fäster överdelen av stödbenet vid bagageluckans gångjärn och sväng undan stödbenet.
4 Markera området runt gångjärnsbultarna. Ta hjälp av en medhjälpare. Skruva loss gångjärnsbultarna och lyft bort bagageluckan.

C70

5 Öppna bagageluckan och låt en medhjälpare stödja den.
6 Bänd bort den vänstra klädselpanelen från bagageluckans insida. Koppla loss kontaktdonet från nummerplåtsbelysningen. Dra ut

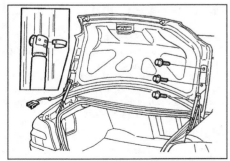

17.8 Detaljer för demontering av bagageluckan - C70

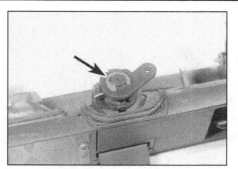

16.11 Låsring till bakluckans låscylinder (vid pilen)

kablaget så att det kan tas bort tillsammans med bagageluckan.
7 Ta loss fästklämman som fäster överdelen av stödbenet vid bagageluckans gångjärn och sväng undan stödbenet.
8 Markera området runt gångjärnsplattorna för att underlätta återmonteringen. Skruva sedan bort de tre bultarna mellan gångjärnet och bagageluckan på båda sidor och ta bort bagageluckan **(se bild)**.

Montering

9 Montering sker i omvänd ordningsföljd. Kontrollera att bagageluckan sitter som den ska och att den går att stänga ordentligt.
10 På S70-modeller justeras bagageluckans framkant vertikalt och framåt och bakåt med hjälp av excentermuttern som sitter i gångjärnet nedanför bagagehyllan (det går lättare att komma åt om bagagehyllan demonteras enligt beskrivningen i avsnitt 26).
11 På C70-modeller sker justering vertikalt och framåt och bakåt genom att gångjärnen flyttas i förhållande till bagageluckan och bakskärmen. Om bagageluckan monteras korrekt med hjälp av märkena som gjordes vid demonteringen bör den inte behöva justeras ytterligare.
12 På alla modeller justeras bakkanten vertikalt och i sidled genom att låsblecket flyttas inom det avstånd som de förlängda bulthålen tillåter.

18 Bagageluckans stödben – demontering och montering

Demontering

S70

1 Ta bort B-stolpens klädselpanel och den bakre bagagehyllan enligt beskrivningen i avsnitt 26.
2 Lossa stödbenets främre kulled från fästets pinnbult.
3 Ta loss fästklämman som fäster stödbenet vid bagageluckans gångjärn. Ta sedan bort stödbenet.

C70

4 Stöd bagageluckan. Ta sedan loss fästklämman som fäster stödbenets överdel vid bagageluckans gångjärn. Dra bort stödbenets överdel från kulledsfästet. Ta bort stödbenet från bilen.

Montering

5 Monteringen sker i omvänd ordningsföljd mot demonteringen. Observera att stödbenen innehåller trycksatt gas. Om nya stödben monteras måste de gamla tas om hand på ett säkert sätt och de får under inga som helst omständigheter brännas.

19 Bagageluckans låskomponenter – demontering och montering

Demontering

Låsenhet

1 Öppna bagageluckan och ta bort den ljuddämpande panelen.
2 Skruva loss de tre bultarna och ta bort skyddsplåten.
3 Koppla loss länkstaget från ytterhandtagets spak.
4 Koppla loss centrallåsmotorns kontaktdon.
5 Öppna justeringshylsan av plast och koppla loss låscylinderns länkstag. Lirka sedan ut låsenheten från bagageluckans öppning **(se bild)**.

Ytterhandtag – S70

6 Öppna bakluckan och ta bort den ljuddämpande panelen.
7 Koppla loss länkstagen vid låscylindern och den yttre handtagsspaken.
8 Koppla loss nummerplåtsbelysningens kontaktdon och ta loss kabelklämmorna.

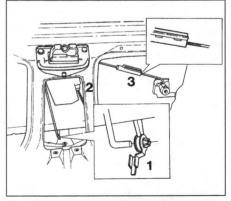

19.5 Detaljer för demontering av bagageluckans lås

1 Koppla loss ytterhandtagets länkstag
2 Koppla loss kontaktdonet
3 Koppla loss låscylinderns länkstag vid justeringshylsan

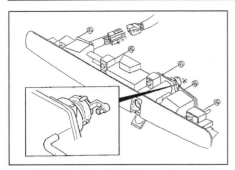

19.9 Detaljer för demontering av bakluckans ytterhandtag - S70-modeller

Den infällda bilden visar hur låscylinderns länkstag kopplas loss

21.3 Ta bort sidobackspegelns glas och koppla loss kontaktdonen

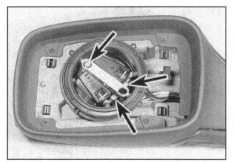

21.5 Spegelmotorns fästskruvar (vid pilarna)

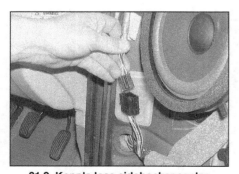

21.9 Koppla loss sidobackspegelns kontaktdon . . .

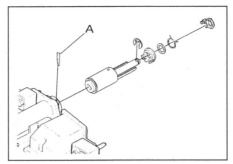

19.11 Ta bort låssprinten (A) och dra ut låscylindern - S70-modeller

9 Skruva loss de fem muttrarna. Dra försiktigt bort ytterhandtaget från bakluckan **(se bild)**. Mata ut kablaget till nummerplåtsbelysningen genom bakluckan tillsammans med handtaget.

Låscylinder – S70

10 Ta bort det yttre handtaget enligt beskrivningen ovan.
11 Ta loss låscylinderns fästsprint och dra ut cylindern ur ytterhandtaget **(se bild)**.

Låscylinder – C70

12 Öppna bakluckan. Borra från utsidan ut niten som fäster låscylinderns fästklämma.
13 Dra ut länkstaget ur låscylindern.
14 Dra ut fästklämman ur låscylindern. Dra sedan bort låscylindern och tätningsringen från bakluckan **(se bild)**.
15 Om det inte finns tillgång till nitverktyg vid återmonteringen kan en liten självgängande skruv användas för att fästa låscylinderns fästklämma.

Montering

16 Montering sker i omvänd ordningsföljd.

20 Vindruta och andra fasta glasrutor – demontering och montering

Det krävs specialutrustning och särskild teknik för att kunna demontera och montera vindrutan, bakrutan och sidofönstren på ett säkert sätt (gäller inte de öppningsbara

21.10 . . . skruva sedan loss spegelns tre fästskruvar och dra bort spegeln

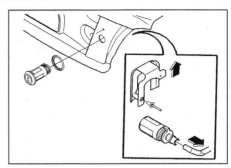

19.14 Detaljer för demontering av låscylindern - C70-modeller

sidofönstren på C70-modeller som behandlas i avsnitt 12). Överlåt arbetet till en Volvo-verkstad eller till en specialist på vindrutor.

21 Yttre speglar och tillhörande komponenter – demontering och montering

 Varning: Skydda händerna med handskar om spegelglaset gått sönder. Det är klokt att använda handskar även om glaset inte gått sönder, eftersom det lätt går sönder under arbetet.

Demontering

Spegelglas

1 Vrid inspegelglaset i spegelhuset så långt som möjligt vid innerkanten.
2 Stick in en flatbladig skruvmejsel mellan glasets ytterkant och spegelhuset. Lossa en av glasets fästhakar.
3 Dra ut spegelglaset ur huset. Koppla loss värmeelementets kablage **(se bild)**.

Spegelmotor

4 Ta bort spegelglaset enligt beskrivningen ovan
5 Skruva loss de tre fästskruvarna och ta bort motorn **(se bild)**. Koppla loss kontaktdonet när det går att komma åt.

Kantskydd

6 Ta bort spegelglaset enligt beskrivningen ovan
7 Skruva loss de fyra skruvarna och ta bort kantskyddet.

Spegel (komplett enhet)

8 Ta bort dörrens inre klädselpanel enligt beskrivningen i avsnitt 10.
9 Koppla loss motorkablaget vid kontaktdonet inuti dörren **(se bild)**.
10 Stöd spegeln. Skruva sedan loss de tre fästskruvarna och dra bort spegeln från dörren **(se bild)**. Lossa gummigenomföringen från dörren när spegeln dras bort.

Montering

11 Montering sker i omvänd ordning. Om det är tillämpligt, se till att gummigenomföringen placeras korrekt i hålet i dörren.

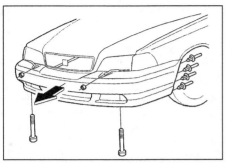

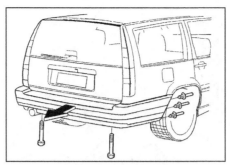

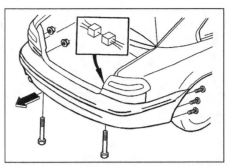

22.9 Detaljer för demontering av den främre stötfångaren

22.12 Detaljer för demontering av den bakre stötfångaren - S70 och V70

22.21 Detaljer för demontering av den bakre stötfångaren - C70-modeller

22 Stötfångare – demontering och montering

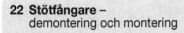

Observera: *Stötfångarna består av flera sektioner. När stötfångarenheten har demonterats enligt beskrivningen nedan kan den yttre kåpan lossas och stötfångaren tas isär. I skrivande stund är det oklart vilka av de enskilda sektionerna som går att köpa separat.*

Främre stötfångare – S70/V70

1 Öppna motorhuven.

2 Skruva loss fästbultarna på sidorna. Lossa klämmorna från framkanten och ta bort stänkskyddet under kylaren.

3 På modeller med strålkastartorkare, lyft upp kåpan och ta bort torkararmens fästmutter på båda sidorna. Dra bort spolartillförselslangen och ta bort torkararmarna.

4 Koppla loss kontaktdonet från yttertemperaturgivaren, vid stötfångarens nederdel. Om främre dimljus finns monterade, koppla loss kontaktdonet på baksidan av varje armatur.

Turbomodeller

5 På turbomodeller måste först baffeln inuti stötfångarens/spoilerns nedre främre del tas bort.

6 Ta bort baffelkåpans klämmor inuti strålkastarna, samt de två skruvarna nerifrån. Ta sedan bort skyddsplåten.

7 Använd en liten flatbladig skruvmejsel. Lossa de tio klämmorna (fem över och fem under) och ta bort baffeln från stötdämparen.

Alla modeller

8 Ta bort de fyra nitarna på varje sida som fäster innerskärmarna av plast vid stötfångarens kanter, antingen genom att borra ut dem eller genom att klippa av nitskallarna. Var noga med att inte skada lacken, oavsett vilken metod som används.

9 Ta bort 14 mm bultarna på varje sida, precis nedanför strålkastarna. Ta hjälp av en medhjälpare, dra loss stötfångaren ur sidofästenas skenor och lägg ner den på marken **(se bild).**

10 Montering sker i omvänd ordningsföljd. Se till att fästskenorna på sidorna fäster

ordentligt när stötfångaren passas in på sin plats. Om nitverktyg inte finns tillgängliga kan det gå att fästa stötdämparändarna med självgängande skruvar av lämplig sort.

Bakre stötfångare – S70/V70

11 Ta bort de tre nitarna på varje sida som fäster innerskärmarna av plast vid stötfångarens kanter, antingen genom att borra ut dem eller genom att klippa av nitskallarna. Var noga med att inte skada lacken, oavsett vilken metod som används.

12 Ta bort 14 mm bultarna på sidorna, strax nedanför bakljusen. Ta sedan hjälp av en medhjälpare och dra bort stötdämparen från sidofästena och lägg den på marken **(se bild).**

13 Montering sker i omvänd ordningsföljd. Se till att fästskenorna på sidorna fäster ordentligt när stötfångaren passas in på sin plats. Om nitverktyg inte finns tillgängliga kan det gå att fästa stötdämparändarna med självgängande skruvar av lämplig sort.

Främre stötfångare – C70

14 Följ momenten i punkt 1 till 7.

15 Ta bort de tre skruvarna på varje sida som fäster innerskärmarna vid stötfångarens kanter.

16 Arbeta direkt nedanför strålkastarna. Bänd ut kåporna över stötfångarens nedre fästbultar och skruva loss fästbultarna på sidorna. Ta sedan hjälp av en medhjälpare, dra bort stötfångaren från sidofästenas skenor och lägg ner den på marken.

17 Montering sker i omvänd ordningsföljd. Se till att fästskenorna på sidorna fäster ordentligt när stötfångaren passas in på sin plats.

Bakre stötfångare – C70

18 Öppna bakluckan och ta bort de inre klädselpanelerna från sidorna under bakljusarmaturen.

19 Skruva loss de två muttrarna som nu syns på sidorna. Dessa muttrar fäster de yttre panelerna under bakljusarmaturen som är inbyggd i den bakre stötfångaren.

20 Koppla loss antennkablagets in-line kontakt bredvid den högra bakljusarmaturen.

21 Ta bort 14 mm bultarna på sidorna, strax

nedanför bakljusen. Ta sedan hjälp av en medhjälpare och dra bort stötdämparen från sidofästena och lägg den på marken **(se bild).**

22 Montering sker i omvänd ordningsföljd. Se till att fästskenorna på sidorna fäster ordentligt när stötfångaren passas in på sin plats.

23 Kylargrill – demontering och montering

Demontering

1 Öppna motorhuven och ta bort de sex plastklämmorna vid grillens baksida genom att skjuta dem i sidled.

2 Ta bort grillen och ta loss gummitätningen.

Montering

3 Montering sker i omvänd ordning.

24 Framsäte – demontering och montering

Observera: *Alla modeller är utrustade med sidokrockkuddar monterade i sidorna på framsätenas ryggstöd. Krockkuddarna utgör en del av SIPS-systemet. Olika etiketter runt om i bilen bekräftar hur bilen är utrustad. Se kapitel 12 för ytterligare information om säkerhetssystemen.*

⚠️ ***Varning: Det finns risk för personskador om sidokrockkudden utlöses av misstag under arbete med framsätet. Se till att den säkerhetsanordning som beskrivs nedan är installerad. Utsätt aldrig sidan av sätet för stötar. Vi rekommenderar starkt att allt arbete som rör framsätet överlåts till en Volvoverkstad. Se kapitel 12 för ytterligare information om sidokrockkuddarna.***

Demontering

1 Se till att tändningen är avstängd. Koppla sedan loss batteriets minusledare. Vänta i minst 10 minuter innan arbetet återupptas.

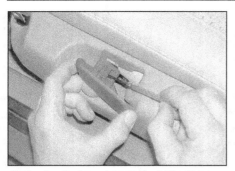

24.2a Använd en skruvmejsel för att lossa de manuella sätesreglagen . . .

2 Höj sätets nederdel till dess maxhöjd. På manuellt justerade säten, lyft upp varje sätes reglagehandtag. Använd sedan en flatbladig skruvmejsel för att ta loss de inre flikarna och

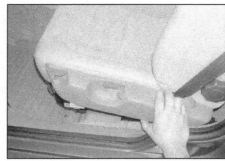

24.2b . . . ta sedan bort sätets sidoutrymme

ta bort plastkåpan. Ta bort sätets sido-utrymme genom att lossa den främre kanten och trycka bakåt **(se bilder)**.
3 Ta loss det röda säkerhetsverktyget av

plast från sin hållare i sidoutrymmet. Fäst sedan säkerhetsverktyget på sidokrock-kuddens givare på sidan av sätet **(se bilder)**.
4 Tryck ner snabbanslutningshaken på sidan **(se bild)**. Ta sedan bort säkerhetsbältets nedre förankring från sätets yttersida. På modeller med snabbhake, ta bort Torx-skruven som fäster den nedre förankringen.
5 Flytta sätet framåt. Ta bort bultarna från de båda skenorna. Bultarna är dolda under kåpor **(se bilder)**.
6 Flytta sätet bakåt. Ta bort kåpan. Ta sedan bort bultarna från de båda skenornas främre delar **(se bilder)**.
7 Koppla loss kontaktdonen till sätesvärmens och säkerhetsbältets kontakter (efter tillämplighet) under sätesdynan **(se bild)**. Notera hur kontakterna sitter placerade för att underlätta monteringen. På modeller med

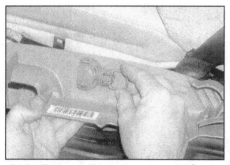

24.3a Ta bort säkerhetsverktyget från sin plats . . .

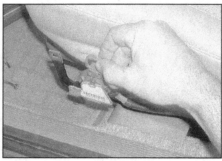

24.3b . . . och fäst det i sidokrockkuddens givare enligt bilden

24.4 Lossa säkerhetsbältets hake (vid pilen)

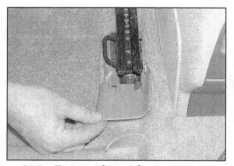

24.5a Ta bort kåpan från den inre . . .

24.5b . . . och yttre baksätesskenan . . .

24.5c . . . ta sedan bort den inre . . .

24.5d . . . och den yttre baksätesskenans bult

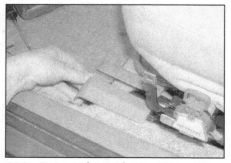

24.6a Ta bort kåpan från den främre delen av sätesskenan . . .

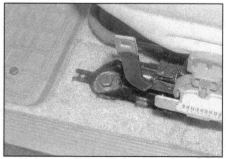

24.6b . . . och ta bort den främre bulten

24.7 Koppla loss kontaktdonen under sätets främre del

eluppvärmda säten, koppla loss anslutnings-kontakterna från reglagepanelen.

8 Lyft sätet uppåt för att lossa de främre och bakre styrsprintarna. Ta bort sätet från bilen.

Montering

9 Placera sätet över styrsprintarna. Återanslut kablaget och montera fästbultarna. Dra åt bultarna till angivet moment i följande ordningsföljd – bakre inre, främre yttre, främre inre, bakre yttre. Montera kåporna över bultarna.

10 Återanslut säkerhetsbältets nedre förankring. Se till att haken fäster ordentligt.

11 Ta bort säkerhetsverktyget från sido-krockkuddens givare och sätt tillbaka det i hållaren i sidoutrymmet. Montera sido-utrymmet på sätet.

12 Se till att ingen befinner sig i bilen. Slå på tändningen och återanslut batteriets minus-ledare. Slå av tändningen och slå på den igen. Kontrollera att sidokrockkuddens varnings-lampa tänds och sedan slocknar inom 15 sekunder.

25 Baksäte – demontering och montering

Demontering

S70

1 Lossa sätesdynan från fästklämmorna genom att lyfta i framänden, lyft sedan ut dynan.

2 Se till att säkerhetshakarna i bakluckan, på var sida om ryggstödet, är uppe. Dra sedan låshaken framåt och vik ner ryggstödet.

3 För den ena sidan av ryggstödet mot sidan av bilen och lyft samtidigt uppåt **(se bild)**. Ta bort ena sidan av ryggstödet. Ta sedan bort den andra sidan på samma sätt.

V70

4 Om sätet är uppvärmningsbart, koppla loss värmeenhetens kablage vid kontaktdonen under dynans främre del.

5 Använd öglan för att dra sätesdynan framåt. Dra sedan de röda hakarna uppåt.

6 Vik bak dynan nästan så långt det går, lyft sedan upp den och ta bort den.

7 Om ryggstödet är uppvärmningsbart, koppla loss kablaget vid kontaktdonen.

8 Ta bort sidostoppningen och skruva loss fästbultarna till säkerhetsbältenas förankringar i golvet. Ta bort förankringarna.

9 Lossa haken och vik fram ryggstödet en aning.

10 Ta bort klämman som fäster ryggstödets fäste vid hjulhuset genom att trycka in dess underdel med en skruvmejsel och lyfta upp klämman med en annan skruvmejsel **(se bild)**.

11 Tryck ut ryggstödet och dra upp det i dess inre fäste. Lyft upp ryggstödet och ta ut det ur bilen.

C70

12 Lossa sätesdynan från fästklämmorna genom att lyfta i framänden, ta sedan bort dynan.

13 Ta bort de två skruvarna i ryggstödets nederdel. Dra sedan ryggstödets nedre del framåt och lyft den uppåt för att lossa den.

14 Dra de bakre säkerhetsbältena runt ryggstödets sidor och ta bort ryggstödet från bilen.

Montering

Alla modeller

15 Montera tillbaka i omvänd ordningsföljd mot demonteringen.

26 Inre klädsel – demontering och montering

Observera: *Se tidigare avsnitt i detta kapitel för information om särskilda moment för dörrarnas och bakluckans inre klädselpaneler.*

Inre klädselpaneler – allmänt

1 De inre klädselpanelerna sitter fast med antingen skruvar eller olika typer av hållare, vanligen pinnbultar eller klämmor.

2 Kontrollera att inga andra paneler över-lappar den som ska tas bort och att inga

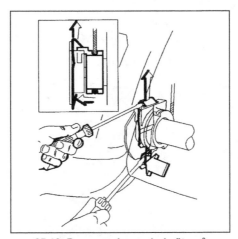

25.10 Demontering av baksäte på kombimodeller

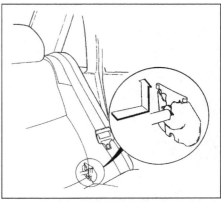

25.3 Demontering av baksäte på sedanmodeller

andra komponenter hindrar demonteringen. Vanligen finns det en ordningsföljd som måste följas och som visar sig vid en kontroll. För att man ska kunna ta bort de bakre sidoklädsel-panelerna på C70-modeller måste till exempel baksätet först tas bort.

3 Vissa av de inre panelerna sitter även fästa med de skruvar som håller fast andra komponenter, till exempel handtag.

4 Ta bort alla synliga hållare, till exempel skruvar, och observera att vissa hållare kan sitta dolda under små plastlock. Om panelen inte lossnar sitter den fast med inre klämmor eller hållare. Dessa är oftast placerade runt panelens kanter och lossnar om de bänds upp. Observera dock att de lätt kan gå sönder så var beredd med ersättningsklämmor. Det bästa sättet att lossa sådana klämmor är genom att använda en stor flatbladig skruvmejsel eller ett annat bredbladigt verktyg. Observera att i flera fall måste tätningsremsan bändas loss för att en panel ska gå att ta bort.

5 Ta **aldrig** i för hårt när en panel tas bort, då kan den skadas. Kontrollera alltid noga att alla hållare eller andra relevanta komponenter har tagits bort eller lossats innan försök görs att dra bort panelen.

6 Återmontering sker i omvänd ordningsföljd. Fäst alla hållare genom att trycka fast dem ordentligt. Se till att alla komponenter som rubbats fästs korrekt för att förhindra skaller-ljud.

Bakre hatthylla

S70

7 Lossa sätesdynan från fästklämmorna genom att lyfta i framänden, ta sedan bort dynan.

8 Ta bort ryggstödets sidostoppning genom att dra ut den och lyfta upp.

9 Skruva loss bulten som fäster det mittre säkerhetsbältets förankring i golvet.

10 Se till att säkerhetshakarna i bakluckan, på var sida om ryggstödet, är uppe. Dra låshaken framåt och vik ner ryggstödet.

11 Lossa sedan hatthyllan från de två

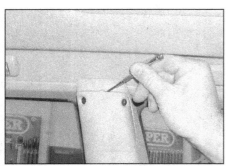

27.9a Bänd ut ultraljudsenheten . . .

klämmorna i framkanten genom att sticka in en skruvmejsel och försiktigt bända uppåt.
12 Dra ut hyllan och trä säkerhetsbältet genom öppningen i hyllan.
13 Lyft ut ljudisoleringen under hatthyllan om det behövs.
14 Montering sker i omvänd ordningsföljd. Dra åt säkerhetsbältets förankring till angivet moment.

C70
15 Demontera baksätet (se avsnitt 25).
16 Hatthyllan är fäst med två klämmor i framkanten. Bänd ut klämmorna med hjälp av ett lämpligt bredbladigt verktyg.
17 Trä säkerhetsbältet genom skåran i hyllan (det finns en skåra för varje säkerhetsbälte). Lyft sedan hyllan i bakkanten och tippa den framåt för att ta bort den. Lösgör den från kanterna av de omgivande klädselpanelerna.
18 Om det behövs, ta loss skum-/gummi-packningarna som sitter ovanpå hyllans högtalare.
19 Montering sker i omvänd ordningsföljd. Kontrollera högtalarpackningarnas skick och byt ut dem om det behövs.

Mattor
20 Golvmattan i passagerarutrymmet är i tre delar: en främre vänster del, en främre höger del och en bakre del. Mattan är fäst vid sidorna med trösklarnas klädselpaneler.
21 Demontering och montering är tämligen enkelt, men mycket tidsödande eftersom alla närliggande paneler måste demonteras först, liksom komponenter som säten, mittkonsol och säkerhetsbältesförankring.

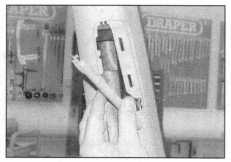

27.10a Bänd ut och ta bort säkerhetsbältets styrning

Inre takklädsel
22 Den inre takklädseln är fäst vid taket med klämmor och kan tas bort först när alla fästen och detaljer som handtag, solskydd, soltak (i förekommande fall), fasta fönsterglas och tillhörande dekorpaneler, samt alla relevanta tätningsremsor, har tagits bort.
23 Observera att demontering och montering av den inre takklädseln kräver betydande skicklighet och erfarenhet om arbetet ska kunna utföras utan skador. Därför bör arbetet överlåtas till en Volvoverkstad eller till en specialist på bilklädslar.

27 Säkerhetsbälten – allmän information, demontering och montering

1 Alla modeller är utrustade med pyrotekniska säkerhetsbältessträckare fram, som en del av bilens säkerhetssystem. Systemet är utformat för att omedelbart fånga upp spelrum i säkerhetsbältet vid plötsliga frontalkrockar och på så sätt minska risken för skador för framsätets passagerare. Båda framsätena är utrustade med detta system. Spännarna sitter bakom de övre B-stolparnas klädselpaneler.
2 Bältessträckaren löses ut tillsammans med förarens och passagerarens krockkudde när bilen frontalkrockar med en kraft som överstiger ett angivet värde. Mindre krockar, inklusive påkörningar bakifrån, utlöser inte systemet.
3 När systemet löses ut drar den explosiva

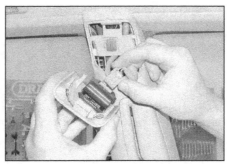

27.9b . . . och koppla loss kontaktdonet

gasen i spännarmekanismen tillbaka bältet och låser det med hjälp av en vajer som verkar på haspeln. Detta förhindrar att säkerhetsbältet rör sig, och håller passageraren säkert på plats i sätet. När sträckaren har utlösts kommer säkerhetsbältet att vara permanent spänt och enheten måste bytas ut. Om onormala skallrande ljud hörs när bältena dras ut eller dras tillbaka är även det tecken på att sträckarna har utlösts.
4 Det finns risk för att systemet utlöses av misstag under arbete med bilen. Därför rekommenderar vi å det starkaste att allt arbete som rör säkerhetsbältenas sträckarsystem överlåts till en Volvoverkstad. Observera följande varningar innan något arbete utförs på de främre säkerhetsbältena.

⚠ **Varning: Slå av tändningen, koppla loss batteriets minusledare och vänta i minst 10 minuter innan något arbete som rör de främre säkerhetsbältena påbörjas.**

Utsätt inte sträckarmekanismen för temperaturer som överstiger 100°C.

Om sträckarmekanismen tappas måste den bytas ut, även om den inte har fått några synliga skador.

Låt inga lösningsmedel komma i kontakt med sträckararmekanismen.

Försök inte öppna sträckarmekanismen, eftersom den innehåller explosiv gas.

Sträckare från andra bilar får inte användas som reservdelar, inte ens från bilar av samma modell och från samma år.

Sträckare måste urladdas innan de kastas, men den uppgiften måste överlåtas till en Volvoverkstad.

Demontering
Främre säkerhetsbälten – S70 och V70
5 Slå av tändningen, koppla loss batteriets minusledare och vänta i minst 10 minuter innan arbetet återupptas.
6 Höj sätets nederdel till dess maxhöjd. På manuellt justerade säten, lyft upp varje sätes reglagehandtag. Använd sedan en flatbladig skruvmejsel för att ta loss de inre flikarna och ta bort plastkåpan. Ta bort sätets sidoutrymme genom att lossa framkanten och trycka bakåt (se bild 24.2a och b).
7 Ta loss säkerhetsverktyget från sin hållare i sidoutrymmet. Fäst sedan säkerhetsverktyget på sidokrockkuddens givare på sidan av sätet (se bild 24.3a och b).
8 Tryck ner snabbhaken på sidan, ta sedan bort säkerhetsbältets nedre förankring från sätets yttersida (se bild 24.4). På modeller utan snabbhake, ta bort Torx-skruven som fäster den nedre förankringen.
9 Bänd ut larmsystemets ultraljudsenhet från överdelen av B-stolpens klädselpanel. Koppla loss kontaktdonet **(se bilder)**.
10 Bänd ut bältesstyrningen från B-stolpens klädsel och för säkerhetsbältet genom skåran i styrningen. Ta bort B-stolpens klädselpanel genom att lossa hakarna och dra bort den från panelens överdel **(se bilder)**.

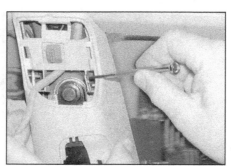

27.10b Lossa hakarna . . .

27.10c ... och dra bort B-stolpens klädselpanel

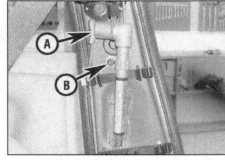

27.11 Bältessträckarens kontaktdon (A) och fästskruv (B)

27.12a Säkerhetsbälteshaspelns övre ...

27.12b ... och nedre fästbult

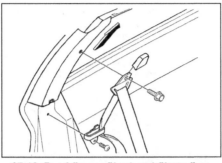

27.16 Det främre säkerhetsbältets övre komponenter tas bort - C70

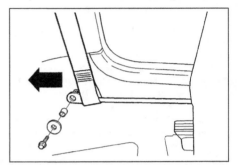

27.18 Det främre säkerhetsbältets tas bort från skenan - C70

11 Kontrollera att batteriet är urkopplat, koppla sedan loss kontaktdonet från säkerhetsbältets sträckare **(se bild)**. Kontaktdonet ska aldrig kopplas ur (eller återanslutas) medan batteriets minusledare är ansluten.

12 Skruva loss och ta bort sträckarens Torxskruv. Skruva sedan loss de två fästbultarna till bältets haspel och ta bort säkerhetsbältet och sträckaren från bilen **(se bilder)**.

13 Om bältesspännet ska tas bort måste sätet troligen demonteras först enligt beskrivningen i avsnitt 24. Spännena sitter fästa med en mycket stor Torx-bult.

Främre säkerhetsbälte – C70

14 Följ beskrivningen i punkt 1 till 4.

15 Bänd loss kåpan över säkerhetsbältets övre fäste och ta bort säkerhetsbältets övre fästbult.

16 För säkerhetsbältet åt ena sidan. Ta bort skruven som fäster säkerhetsbältets styrning vid nederdelen av B-stolpens klädselpanel **(se bild)**.

17 Dra bort klädseln/mattan från den bakre delen av den golvmonterade säkerhetsbältesskenan så att det går att komma åt skenans fästbult i den bakre delen.

18 Skruva loss och ta bort bulten tillsammans med brickan och mellanläggsbrickan. Dra ut skenan något och dra bort säkerhetsbältets ände från skenan **(se bild)**.

19 Dra bort klädseln/mattan vid nederdelen av B-stolpen för att komma åt säkerhetsbältets haspel. För att komma åt ännu bättre kan det även vara nödvändigt att ta bort baksätesdynan enligt beskrivningen i avsnitt 25 och att delvis ta bort bakre sidans

klädselpanel genom att lossa fästklämmorna runt panelkanterna.

20 Kontrollera att batteriet är urkopplat. Koppla sedan loss kontaktdonet från säkerhetsbältets sträckare. Kontaktdonet ska aldrig kopplas ur (eller återanslutas) medan batteriets minusledare är ansluten.

21 Skruva loss haspelns fästbult och ta bort säkerhetsbältet och sträckaren från bilen **(se bild)**.

22 Om bältesspännet ska tas bort måste sätet troligen demonteras först enligt beskrivningen i avsnitt 24. Spännena sitter fästa med en mycket stor Torx-bult.

Bakre säkerhetsbälten – S70

23 Ta bort bagagehyllan enligt beskrivning i avsnitt 26. Ta sedan bort sidoryggstödets stoppning genom att dra ut och lyfta upp den.

24 Demontera baksätet enligt beskrivningen i avsnitt 25.

25 Ta bort ljudisoleringen under bagagehyllan. Skruva loss fästbultarna till hasplarna och de nedre förankringarna och bältesspännena på sidorna och i mitten.

26 För bältena genom öppningarna i bagagehyllan och ta bort dem från bilen.

Bakre säkerhetsbälten – V70

27 För att man ska komma åt bältesspännena och golvförankringarna måste man fälla fram sätesdynan **(se bild)**.

28 För att det ska gå att komma åt hasplarna inuti sätets ryggstöd måste sätesklädseln tas bort. Denna skadas lätt om den tas bort oförsiktigt eller utan rätt specialverktyg. Arbetet bör därför överlåtas till en Volvoverkstad.

Bakre säkerhetsbälten – C70

29 Ta bort baksätet och den bakre bagagehyllan enligt beskrivningen i avsnitt 25 och 26.

27.21 Det främre säkerhetsbältets haspel och sträckare tas bort - C70

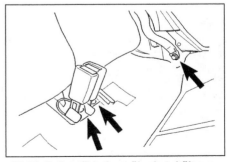

27.27 Bultar till bakre säkerhetsbältenas spännen och nedre förankring (V70)

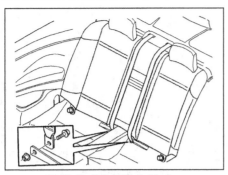

27.30 Detaljer till det bakre säkerhetsbältets nedre förankring – C70

30 Skruva loss säkerhetsbältets förankringar på var sida om den mittre golvtunneln **(se bild)**.

31 Om båda de bakre bältena tas bort bör de märkas för att underlätta återmonteringen. Skruva loss de två bälteshasplarnas fästbultar och ta bort de bakre säkerhetsbältena från bilen **(se bild)**.

32 Om det behövs kan de bakre säkerhets-bältenas spännen skruvas loss och tas bort från golvfästena.

Montering

33 Montering sker i omvänd ordningsföljd. Dra åt säkerhetsbältenas fästen till angivet moment. Observera följande när de främre säkerhetsbältena monteras:

a) *Återanslut bältets nedre förankring. Se till att haken fästs ordentligt.*

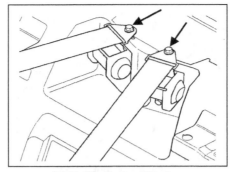

27.31 Fästbultar till bakre säkerhetsbältenas hasplar – C70

b) *Ta bort säkerhetsverktyget från sidokrockkuddens givare och sätt tillbaka det i hållaren i sidoutrymmet. Montera sidoutrymmet på sätet.*

c) *Se till att ingen befinner sig i bilen. Slå på tändningen och återanslut batteriets minusledare. Slå av tändningen och slå på den igen. Kontrollera att säkerhets-systemets varningslampa tänds och sedan slocknar inom 15 sekunder.*

28 Mittkonsol – demontering och montering

Demontering

1 Koppla loss batteriets minusledare. Flytta växelspaken till neutralläge. Observera att det

kan vara nödvändigt att flytta växelspaken när konsolen tas bort.

2 Bänd bort myntfacket på konsolens främre del **(se bild)**. Tryck ut brytarna till sätesvärmen underifrån och koppla loss kontaktdonen, om det är tillämpligt.

3 Lossa förvaringsfacket och lyft bort det. Ta bort de två skruvarna som nu är synliga på konsolens främre del **(se bilder)**. Var noga med att inte tappa skruvarna när de tas bort. De kan vara svåra att få upp igen.

4 Dra åt handbromsen helt. Bänd sedan försiktigt loss klädselpanelen nedanför hand-bromsspaken. Panelen måste flyttas i sidled för att huvudfästklämman ska lossna. Lossa panelen i handbromsspakens överdel, lirka sedan försiktigt damasken över spaken och ta bort klädselpanelen **(se bilder)**.

5 Koppla loss kontaktdonen nedanför hand-bromsspaken **(se bild)**.

6 Arbeta genom öppningen nedanför hand-bromsspaken. Lossa växelspaksdamasken eller växelspakspanelen från konsolen genom att lossa klämmorna i damaskens/panelens bakre del **(se bild)**. Bänd loss resten av damasken/panelen när den bakre kanten är lossad. För sedan ner damasken/panelen i konsolen så att konsolen kan lyftas över den.

7 Öppna det bakre förvaringsfacket och bänd upp luckan i dess botten. Skruva loss de två skruvarna som nu visas **(se bilder)**.

8 På C70-modeller, ta bort baksätesdynan enligt beskrivningen i avsnitt 25. Ta bort de två skruvar som fäster konsolens bakre del.

9 Lyft konsolens båda sidor vid den punkt där

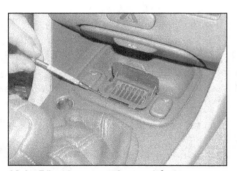

28.2 Bänd bort myntfacket från konsolens främre del

28.3a Bänd ut förvaringsfacket ...

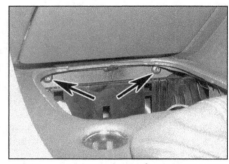

28.3b ... för att komma åt skruvarna till konsolens främre del (vid pilarna)

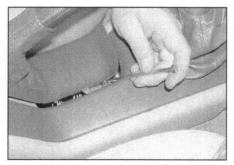

28.4a Handbromsens panel måste bändas ut i sidled för att huvudklämman ska lossna ...

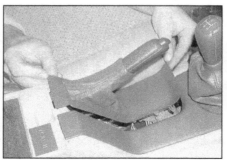

28.4b ... och tas sedan bort helt åt sidan, över handbromsspaken

28.5 Koppla loss kontaktdonen nedanför handbromsspaken

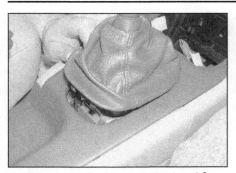

28.6 Lossa växelspaksdamasken från konsolen

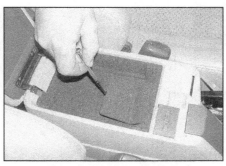

28.7a Bänd upp luckan i botten på det bakre förvaringsfacket . . .

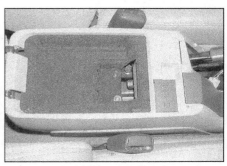

28.7b . . . för att komma åt skruvarna till konsolens bakre del

cigarrettändaren sitter för att lossa styrsprintarna på båda sidor **(se bild)**.

10 Dra konsolen bakåt för att lossa den främre delen under instrumentbrädan. Flytta växelspaken om det behövs. Kontrollera att konsolen kan tas bort utan hinder. Lyft sedan konsolen över växelspaken och handbromsspaken och ta bort den från bilen **(se bild)**.

11 Konsolens olika delar hålls ihop av ett antal muttrar och skruvar som syns underifrån.

Montering

12 Montering sker i omvänd ordningsföljd mot demonteringen.

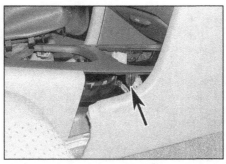

28.9 Lyft upp konsolen för att haka loss de främre styrsprintarna på sidorna (en är märkt med pil)

28.10 Mittkonsolen tas bort

29.2 Skruva loss de sex skruvarna. Dra sedan ut handskfacket från instrumetbrädan

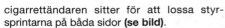

29 Instrumentbräda –
demontering och montering

Observera: *För att det ska gå att komma åt instrumentpanelen och dess tillhörande komponenter räcker det med att instrumentbrädans övre del tas bort.*

Instrumentbrädans övre del
Demontering

1 Koppla loss batteriets minusledare. Vänta sedan i minst 10 minuter innan arbetet återupptas.

2 Skruva loss de sex skruvarna på handskfackets framsida. Dra sedan handskfacket bakåt för att lossa fästklämmorna och ta bort det från instrumentbrädan **(se bild)**.

3 På bilar med krockkudde på passagerarsidan, kontrollera att batteriet är urkopplat. Koppla sedan loss kontaktdonet från nederdelen av krockkuddemodulen. Skruva loss de tre skruvar som fäster krockkuddemodulens fästbygel ovanför handskfacket. Ta sedan bort de sex muttrar som fäster modulen vid insidan av instrumentbrädan.

4 Öppna båda framdörrarna och bänd ut sidoluftventilerna från instrumentbrädans ändar. Ta bort instrumentbrädans fyra huvudluftventiler genom att bända ut dem med en skruvmejsel (skydda instrumentbrädan med en bit kartong) **(se bilder)**.

5 Bänd försiktigt loss högtalargrillarna på sidorna av instrumentbrädans övre del **(se bild)**. Själva högtalarna behöver inte demonteras om den övre delen tas bort försiktigt.

29.4a Bänd ut sidoluftventilerna . . .

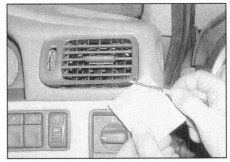

29.4b . . . och huvudventilerna från mitten och från sidorna

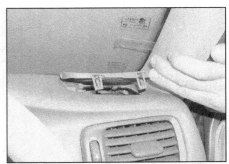

29.5 Bänd loss högtalargrillarna uppe på instrumentbrädan

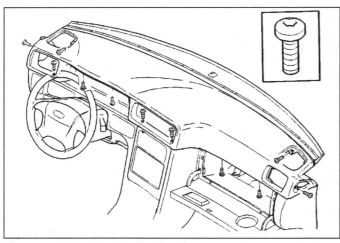

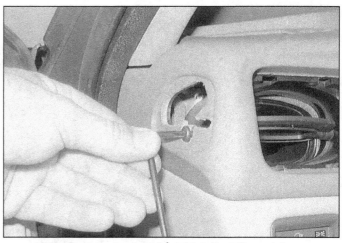

29.6a Placering av fästskruvarna till instrumentbrädans övre del

29.6b En skruv tas bort från sidoluftventilens plats . . .

6 Den övre delen sitter fäst med totalt elva Torx-skruvar enligt följande **(se bilder)**:

a) *En skruv i varje högtalaröppning uppe på instrumentbrädan.*

b) *En skruv i öppningen till varje sidoluftventil.*

c) *Två skruvar i överkanten av handskfackets öppning.*

d) *Två skruvar i öppningen till den mittersta luftventilen.*

e) *Två skruvar i överkanten av instrumentens kåpa.*

f) *En skruv i nederdelen av luftventilen på förarsidan.*

7 Lyft försiktigt upp instrumentbrädans övre del och ta bort den från bilen (tillsammans med passagerarsidans krockkuddemodul i förekommande fall) när alla skruvarna är borttagna **(se bild)**.

⚠️ *Varning: Placera instrumetbrädans övre del och krockkuddemodulen (i förekommande fall) på ett säkert ställe, med mekanismen riktad nedåt för att undvika skador om krockkudden skulle utlösas av misstag. Försök inte öppna eller reparera krockkuddemodulen och anslut ingen ström till den. Återanvänd inte en krockkudde som är synbart skadad eller som har utsatts för åverkan utifrån.*

Montering

8 Montering sker i omvänd ordningsföljd.

9 På bilar som är utrustade med krockkudde på passagerarsidan, se till att ingen befinner sig i bilen. Slå på tändningen och återanslut batteriets minusledare. Slå av tändningen och slå på den igen. Kontrollera att säkerhetssystemets varningslampa tänds och sedan slocknar inom 15 sekunder.

Hela instrumentbrädan

Demontering

10 Ta bort instrumentbrädans överdel enligt beskrivningen ovan.

11 Demontera mittkonsolen enligt beskrivningen i avsnitt 28.

12 Ta bort ratten enligt beskrivningen i kapitel 10.

13 Ta bort vindrutans torkararmar enligt beskrivningen i kapitel 12.

14 Skruva loss de fem skruvar som fäster vindrutetorkarens torpedplåt vid ventilen framtill. Koppla loss de två dräneringsslangarna i den främre delen. Ta bort säkringsdosans lock och lyft bort torpedplåten.

15 Ta bort vindrutetorkarmotorns fästram enligt beskrivningen i kapitel 12.

16 Arbeta från vindrutetorkarbrunnen. Skruva

loss de fyra fästbultarna från instrumentbrädans främre del och ta loss brickorna **(se bild)**.

17 Skruva loss de tre skruvarna under rattstångens nedre kåpa och bänd isär den övre och nedre kåpan för att kunna lossa fästsprintarna. Ta bort den nedre kåpan och lyft bort den övre kåpan så att den inte är i vägen.

18 Skruva loss de två skruvarna på var sida och ta loss rattstångens båda flerfunktionsbrytare. Koppla loss brytarnas kontaktdon.

19 Skruva loss skruvarna och ta bort förarsidans och passagerarsidans klädsel-/ ljudisoleringspanel under instrumentbrädan. Där tillämpligt, ta även bort knädynan bakom klädselpanelen.

20 Demontera bilradion enligt beskrivningen i kapitel 12.

21 Ta bort värmereglagepanelen enligt beskrivningen i kapitel 3, avsnitt 10 eller 11, vad som är tillämpligt.

22 Arbeta genom instrumentbrädans öppningar. Koppla loss relevanta kontaktdon och märk dem för att underlätta monteringen. Observera att en stor del av kablaget tas bort i sin helhet tillsammans med instrumentbrädan. Det är därför bara nödvändigt att koppla loss kontaktdonen till bilens huvudkabelhärva. Huvudkontaktdonets två halvor på förarsidan

29.6c . . . från instrumentens kåpa . . .

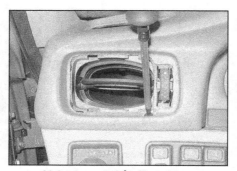

29.6d . . . och från förarsidans huvudluftventil

29.7 Instrumentbrädans övre del demonteras

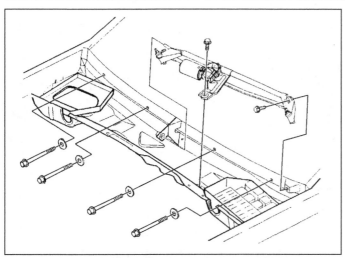

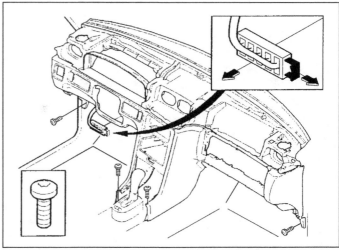

29.16 Demontera torkarens fästram. Ta sedan bort instrumentbrädans fyra fästbultar

29.23 Detaljer från instrumentbrädans slutliga demontering. Den infällda bilden visar hur huvudkabelhärvan kopplas loss på förarsidan

är fästa med en klämma som måste dras i sidled för att lossna.

23 Instrumentbrädan sitter nu fäst med endast fyra bultar – en i varje ände, precis ovanför fotbrunnen, och två framför växelspaken. Låt en medhjälpare stödja instrumentbrädan, skruva sedan bort de fyra bultarna **(se bild)**.

24 Dra långsamt bort instrumentbrädan från sin plats. Kontrollera att alla nödvändiga kablar har kopplats loss. Notera hur kablarna är dragna för att underlätta återmonteringen.

Montering

25 Montering sker i omvänd ordningsföljd. Tänk på följande:

a) *Se till att alla kablar är korrekt dragna och att de inte hamnar i kläm när instrumentbrädan återmonteras.*

b) *Montera reglagepanelen till klimatanläggningen enligt beskrivningen i relevant avsnitt av kapitel 3.*

c) *Montera bilradion enligt beskrivningen i kapitel 12.*

d) *Montera ratten enligt beskrivningen i kapitel 10. Vänta dock tills instrumetbrädan är helt monterad innan batteriet återansluts.*

e) *Kontrollera att ingen befinner sig i bilen när batteriet återansluts. Vrid tändningslåset till läge II. Återanslut sedan batteriets minusledare. Slå av tändningen. Slå sedan på den igen och kontrollera att säkerhetssystemets varningslampa på instrumentpanelen slocknar efter ungefär 15 sekunder.*

30 Soltak – allmän information

Ett elmanövrerat soltak finns som standardutrustning eller som tillval, beroende på modell.

Soltaket är underhållsfritt. All justering, demontering eller montering av soltakets komponenter bör överlåtas till en återförsäljare eftersom enheten är mycket komplex och eftersom stora delar av den inre klädseln och innertaket måste tas bort för åtkomlighet. Den senare åtgärden är komplicerad och kräver försiktighet och specialistkunskaper för att innertaket inte ska skadas.

Om soltaket går trögt kan det bero på att skenorna och/eller vajrarna behöver smörjas. Be en Volvoverkstad om råd angående lämpligt smörjmedel. Ytterligare kontroller om taket inte fungerar begränsas till kontroll av säkring och kablage. Se kopplingsschemana i slutet av kapitel 12.

Kapitel 12
Karossens elsystem

Innehåll

Allmän information och föreskrifter 1
Bakrutans torkarmotor – demontering och montering 17
Batterikontroll . . . . .se *Veckokontroller*
Brytare och kontakter – demontering och montering 4
Centrallåsets komponenter – demontering och montering 26
Elektrisk felsökning – allmän information 2
Elektriska fönsterhissar .se kapitel 11, avsnitt 12
Elstyrda/-uppvärmda framsäten – information och byte av
  komponenter 19
Elsystemets givare – demontering och montering 7
Glödlampor (innerbelysning) – byte 9
Glödlampor (ytterbelysning) – byte 8
Glödlampor och säkringar .Se *Veckokontroller*
Högtalare – demontering och montering 21
Instrumentpanel – demontering och montering 5
Instrumentpanelens komponenter – demontering och montering . . 6
Ljudanläggning – demontering och montering 20
Radioantenn – allmän information 22
Signalhorn – demontering och montering 13
Spolarsystemets komponenter – demontering och montering 14
Spolarvätskenivå – kontroll . . . . .se *Veckokontroller*
Strålkastarinställning – kontroll och justering 11
Strålkastarinställning – kontroll .se kapitel 1
Strålkastarnas styrmotor – demontering och montering 12
Strålkastarnas torkarmotorer – demontering och montering 18
Säkerhetssystem – allmän information och föreskrifter 24
Säkerhetssystem – byte av komponenter 25
Säkringar och reläer – allmän information 3
Tjuvlarm och motorns immobiliser – allmän information 23
Torkararmar – demontering och montering 15
Torkarblad – kontroll . . . . .se *Veckokontroller*
Vindrutans torkarmotor och länksystem – demontering
  och montering 16
Yttre armatur – demontering och montering 10

Svårighetsgrader

| Enkelt, passar novisen med lite erfarenhet | Ganska enkelt, passar nybörjaren med viss erfarenhet | Ganska svårt, passar kompetent hemmamekaniker | Svårt, passar hemmamekaniker med erfarenhet  | Mycket svårt, för professionell mekaniker |

Specifikationer

Allmänt
Systemtyp . . . . 12 volt, negativ jord
Säkringar . . . . Se kopplingsscheman i slutet av kapitlet och etiketten på locket till ECU-boxen för specifika fordonsuppgifter

Glödlampor

	watt
Bagageutrymmets belysning	10
Bromsljus	21
Dimljus (fram)	55 (H3-typ)
Dimljus (bak):	
S70- och C70-modeller	21
V70-modeller (inklusive bakljus)	21/4
Strålkastarens halv- och helljus (separata glödlampor)	55 (H7-typ)
Höga bromsljus	Lysdiodstyp (ej utbytbara)
Sidoblinkers	5
Blinkers (fram och bak)	21
Kupélampor/läslampor	5
Inre belysning (t.ex. belysning av askfatet)	1,2 (normalt)
Nummerplåtsbelysning	5
Backljus	21
Parkeringsljus	5
Bakljus (endast S70 och C70)	5

Åtdragningsmoment

	Nm
Krockkuddehållare	10
Mutter till vindrutetorkarmotorns vevarm	20
Strålkastarnas fästbultar	10
Strålkastartorkararmarnas muttrar	4
Vindrute-/bakrutetorkararmarnas muttrar	16

1 Allmän information och föreskrifter

Allmän information

Systemet är ett 12 volts elsystem med negativ jordning. Strömmen till lamporna och alla elektriska tillbehör kommer från ett bly-/syrabatteri som laddas av den remdrivna generatorn.

Detta kapitel tar upp reparations- och servicearbeten för de elkomponenter som inte är associerade med motorn. Information om batteriet, generatorn och startmotorn finns i kapitel 5A.

Föreskrifter

⚠️ **Varning: Läs föreskrifterna i Säkerheten främst! i början av handboken och i kapitel 5A innan något arbete utförs på elsystemet.**

Varning: Innan arbete på komponenter i elsystemet utförs, lossa batteriets jordledning för att undvika kortslutningar och/eller bränder. Om en ljudanläggning med stöldskyddskod är monterad, se informationen i referensdelen av den här handboken innan batteriet kopplas loss.

2 Elektrisk felsökning – allmän information

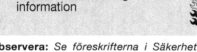

Observera: Se föreskrifterna i Säkerheten främst! och i avsnitt 1 i detta kapitel innan arbetet påbörjas. Följande kontroller relaterar till huvudkretsen och ska inte användas för att kontrollera känsliga elektroniska kretsar, speciellt där en elektronisk styrenhet används.

Allmänt

1 En typisk elkrets består av en elektrisk komponent och de brytare/kontakter, reläer, motorer, säkringar, smältsäkringar eller kretsbrytare som hör samman med komponenten, samt kablage och kontaktdon som kopplar komponenten till batteriet och karossen. För att underlätta felsökningen i elkretsarna finns kopplingsscheman inkluderade i slutet av det här kapitlet.

2 Studera relevant kopplingsschema för att förstå den aktuella kretsens olika komponenter, innan du försöker diagnostisera ett elfel. De möjliga felkällorna kan reduceras genom att man undersöker om andra komponenter relaterade till kretsen fungerar som de ska. Om flera komponenter eller kretsar felar samtidigt är möjligheten stor att felet beror på en delad säkring eller jord.

3 Elproblem har ofta enkla orsaker, som lösa eller rostiga anslutningar, jordfel, trasiga säkringar, smälta smältsäkringar eller ett defekt relä. Se över skicket på alla säkringar, kablar och anslutningar i en felaktig krets innan komponenterna kontrolleras. Använd

bokens kopplingsscheman för att se vilken anslutning som behöver kontrolleras för att komma åt den felande länken.

4 I den nödvändiga basutrustningen för elektrisk felsökning ingår en kretstestare eller voltmätare (en 12 volts glödlampa med testkablar kan användas till vissa kontroller), en ohmmätare (för att mäta motstånd och kontrollera kontinuitet), ett batteri och en uppsättning testkablar, samt en extrakabel, helst med en kretsbrytare eller säkring, som kan användas till att koppla förbi misstänkta kablar eller elektriska komponenter. Innan ansträngningar görs för att hitta ett fel med hjälp av testinstrument, använd kopplings-schemat för att bestämma var kopplingarna ska göras.

⚠️ **Varning: Under inga som helst förhållanden får strömförande mätinstrument som ohmmätare, voltmätare eller testlampa användas för att kontrollera någon av krockkuddarna eller de pyrotekniska säkerhetsbältessystemen. All kontroll av dessa system måste överlåtas till en Volvoverkstad eftersom det föreligger risk för att systemet aktiveras av misstag om inte rätt åtgärder vidtas.**

5 För att hitta källan till ett periodiskt återkommande kabelfel (vanligen på grund av en felaktig eller smutsig anslutning eller skadad isolering), kan ett vicktest göras på kabeln. Detta innebär att man vickar på kabeln för hand för att se om felet uppstår när kabeln rubbas. Det ska därmed vara möjligt att härleda felet till en speciell del av kabeln. Denna testmetod kan användas tillsammans med vilken annan testmetod som helst i de följande underavsnitten.

6 Förutom problem som uppstår på grund av dåliga anslutningar kan två typer av fel uppstå i en elkrets – kretsbrott eller kortslutning.

7 Kretsbrott orsakas av ett brott någonstans i kretsen som hindrar strömflödet. Kretsbrott gör att den aktuella komponenten inte kan fungera.

8 Kortslutningar orsakas av att ledarna går ihop någonstans i kretsen, vilket medför att strömmen tar en alternativ, lättare väg (med mindre motstånd), vanligtvis till jordningen. Kortslutning orsakas oftast av att isoleringen nötts, varvid en ledare kan komma åt en annan ledare eller jordningen, t.ex. karossen. En kortslutning bränner i regel kretsens säkring.

Att hitta ett kretsbrott

9 För att kontrollera om en krets är bruten, koppla den ena ledaren på en kretsprovare eller en voltmätares negativa ledning till antingen batteriets negativa pol eller en annan känd jord.

10 Koppla den andra ledaren till ett kontaktdon i den krets som ska provas, helst närmast batteriet eller säkringen. I det här stadiet bör det förekomma batterispänning om inte själva ledningen från batteriet eller säkringen är defekt (tänk på att vissa kretsar

endast är strömförande när tändningslåset befinner sig i ett visst läge).

11 Slå på kretsen. Återanslut sedan testledningen till kontaktdonet närmast kretsbrytaren på komponentsidan.

12 Om spänning ligger på (visas genom att testlampan lyser/utslag från voltmätaren, beroende på vilket verktyg som används), betyder det att delen mellan kontakten och brytaren är felfri.

13 Kontrollera resten av kretsen.

14 Om en punkt nås där det inte finns någon ström ligger felet mellan den punkten och den föregående testpunkten med ström. De flesta fel kan härledas till en trasig, korroderad eller lös anslutning.

Att hitta en kortslutning

15 Koppla bort strömförbrukarna från kretsen för att leta efter en eventuell kortslutning (strömförbrukare är delar som drar ström i en krets, t.ex. lampor, motorer och värme-element.

16 Ta bort den aktuella säkringen från kretsen och anslut en kretsprovare eller voltmätare till säkringens anslutningar.

17 Slå på kretsen. Tänk på att vissa kretsar bara är strömförande med tändningslåset i ett visst läge.

18 Om det finns spänning (visas genom att testlampan lyser/voltmätaren ger utslag), betyder det att kretsen är kortsluten.

19 Om det inte finns någon spänning vid kontrollen, men säkringarna fortsätter att gå sönder när strömförbrukarna är påkopplade, är det ett tecken på ett internt fel i någon av strömförbrukarna.

Att hitta ett jordfel

20 Batteriets minuspol är kopplad till jord – metallen i motorn/växellådan och karossen. Många system är kopplade så att de bara tar emot en positiv matning och strömmen leds tillbaka genom metallen i karossen. Det innebär att komponentfästet och karossen utgör en del av kretsen. Lösa eller korroderade fästen kan därför orsaka flera olika elfel, allt ifrån totalt haveri till svårhittade, partiella fel. Vanligast är att lampor lyser svagt (särskilt när en annan krets som delar samma jordpunkt är i funktion) och att motorer (t.ex. torkarmotorerna eller kylarens fläktmotor) går långsamt. En krets kan påverka en till synes orelaterad krets.

21 Observera att på många bilar används särskilda jordledningar mellan vissa komponenter, som motorn/växellådan och karossen, vanligtvis där det inte finns någon direkt metallkontakt mellan komponenterna på grund av gummiupphängningar o.s.v.

22 För att kontrollera om en komponent är korrekt jordad, koppla bort batteriet och koppla den ena ledaren på en ohmmätare till en känd jord. Koppla den andra ledaren till den kabel eller jordkoppling som ska kontrolleras. Motståndet ska vara noll. Om inte, kontrollera anslutningen på följande sätt.

23 Om en jordanslutning misstänks vara

3.3a Lyft upp den centrala säkringsdosans lock för att komma åt säkringarna . . .

3.3b . . . använd sedan det medföljande verktyget för att dra ut säkringen

3.7 Huvudsäkringsdosans lock borttaget för ökad åtkomlighet till säkringar och smältsäkringar

felaktig, ta isär anslutningen och putsa upp metallen på både ytterkarossen och kabelfästet (eller komponentens jordanslutnings fogyta). Se till att ta bort alla spår av rost och smuts, skrapa sedan bort lacken med en kniv så att en ren metallyta erhålls. Dra åt kopplingsfästena ordentligt vid monteringen. Om en kabelterminal monteras tillbaka, använd låsbrickor mellan anslutning och karossen för att vara säker på att en ren och säker koppling uppstår.

24 När kopplingen återansluts, rostskydda ytorna med ett lager vaselin, silikonfett eller genom att regelbundet spraya på fuktdrivande aerosol eller vattenavvisande smörjmedel.

3 Säkringar och reläer – allmän information

Säkringar

1 Säkringarna är placerade i den centrala säkringsdosan som sitter placerad i motorrummet på förarsidan, precis framför vindrutan. Ytterligare säkringar sitter på andra platser i motorrummet. Kylfläktens säkringar sitter till exempel ovanför fläktskyddet.

2 Om en säkring går sönder slutar den elektriska krets som skyddas av säkringen att fungera. Var säkringen sitter placerad och vilka kretsar som skyddas beror på bilens specifikationer, modellår och land. Se kopplingsschemana i slutet av den här handboken samt etiketten på säkringsdosans lock för uppgifter om den aktuella bilen.

3 När en säkring ska tas bort måste först tändningen slås av. Lyft sedan upp locket på den centrala säkringsdosan. Dra ut säkringen ur anslutningen med hjälp av det medföljande borttagningsverktyget **(se bilder)**. Tråden i säkringen ska synas. Om säkringen är trasig är tråden av eller smält.

4 Byt alltid en säkring mot en med samma kapacitet. Använd aldrig en säkring med annan kapacitet än den ursprungliga, och byt inte ut den mot något annat – det är brandfarligt. Byt aldrig en säkring mer än en gång utan att spåra orsaken till felet. Säkringens kapacitet står ovanpå den. Notera att säkringarna även är färgkodade. Det finns reservsäkringar i säkringsdosan.

5 Om säkringen fortsätter att gå sönder är något fel i den skyddade kretsen. Om fler än en krets är inblandad, slå på en komponent i taget tills säkringen går sönder och ta på så sätt reda på i vilken krets felet ligger.

6 En trasig säkring kan utöver ett fel i den aktuella elektriska komponenten orsakas av kortslutning i kablaget till komponenten. Leta efter klämda eller fransade kablar som gör det möjligt för en strömförande ledning att komma i kontakt med bilens metall. Leta även efter lösa eller skadade kontaktdon.

7 Reservsäkringar till vissa kretsar (beroende på utrustning) kan finnas i huvudsäkringsdosan som sitter på innerskärmen, nära det vänstra fjäderbensfästet **(se bild)**. Observera att **endast** säkringar av bladtyp får bytas av en hemmamekaniker. Om någon av de stora smältsäkringarna i huvudsäkringsdosan går sönder är det ett tecken på ett allvarligt elfel. Detta fel måste diagnostiseras av en Volvo-verkstad eller en bilelektriker.

Reläer – allmänt

8 Ett relä är en elektrisk brytare som används av följande anledningar:
a) *Ett relä kan bryta kraftig ström på avstånd från den krets där strömmen förekommer. Det gör det möjligt att använda tunnare kablar och brytarkontakter.*
b) *Ett relä kan ta emot mer än en signal, till skillnad från en mekanisk brytare.*
c) *Ett relä kan ha en timerfunktion – till exempel för fördröjning av vindrutetorkarna.*

9 Kom ihåg att om ett fel uppstår i en krets med ett relä kan felet ligga hos själva reläet.

Ett enkelt sätt att kontrollera ett reläs funktion är att lyssna efter ett klick från reläet medan en medhjälpare aktiverar den aktuella komponenten. Den här kontrollen visar åtminstone om reläet ställer om eller inte, men den ger inget slutgiltigt bevis på att reläet fungerar.

10 De flesta reläer har fyra eller fem anslutningar – två anslutningar som förser reläets solenoidhärva med ström för att reläet ska kunna ställa om, en huvudingång och antingen en eller två utgångar för att antingen förse den aktuella komponenten med ström eller för att isolera den (beroende på dess utformning). Blinkersreläer har oftast tre anslutningar. Använd kopplingsschemana i slutet av det här kapitlet. Kontrollera att alla anslutningar ger rätt spänning eller bra jord.

11 Det bästa sättet att kontrollera ett relä är att ersätta det med ett relä man vet fungerar. Var dock försiktig – reläer som liknar varandra har inte nödvändigtvis identiska egenskaper.

12 Reläerna sitter i den centrala säkringsdosan och i huvudsäkringsdosan, i motorrummets bakre del på förarsidan och på den vänstra innerskärmen. Den centrala säkringsdosans lock är fäst med fyra skruvar. Huvudsäkringsdosans lock kan lossas och lyftas bort **(se bilder)**. Extra reläer sitter placerade på en panel bakom instrumentbrädan på förarsidan. Det går att komma åt dem genom att ta bort ljudisoleringen ovanför fotpedalerna.

13 Kontrollera att tändningen är avstängd om ett relä ska tas bort. Dra sedan bort reläet från hylsan. Tryck fast det nya reläet ordentligt.

3.12a Skruva loss de fyra skruvarna och lyft bort locket från säkringsdosan . . .

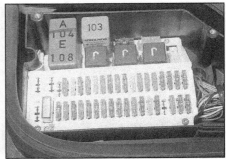

3.12b . . . för att komma åt reläerna

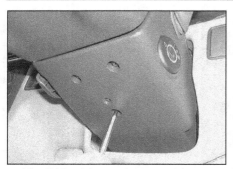

4.3a Ta bort de tre skruvarna från den nedre kåpan . . .

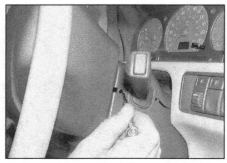

4.3b . . . bänd sedan isär de två kåporna

4.3c Den nedre kåpan måste passera över tändningslåset

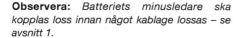

4 Brytare och kontakter –
demontering och montering

Observera: *Batteriets minusledare ska kopplas loss innan något kablage lossas – se avsnitt 1.*

Rattstångens flerfunktionsbrytare

1 Koppla loss batteriets minusledare. Vrid ratten så att hjulen pekar rakt framåt.
2 Lossa rattens/stångens justerare. Dra sedan bort ratten från instrumentbrädan så långt det går.
3 Skruva loss de tre skruvarna under rattstångens nedre kåpa och bänd isär övre och nedre kåpan för att kunna lossa fäst-

sprintarna. Ta bort den nedre kåpan och lyft upp den övre kåpan så att den inte är i vägen **(se bilder)**.
4 Ta bort den aktuella brytaren. Varje brytare är fäst med två skruvar **(se bild)**. Ta bort skruvarna. Dra sedan ut brytaren och koppla loss kontaktdonet.
5 Montera den aktuella brytaren i omvänd ordningsföljd. Se till att jordledningen fästs med den nedre fästskruven.

Tändningslås/startkontakt

6 Ta bort vindrutetorkarens brytare enligt beskrivningen ovan.
7 Koppla loss tändningslåsets kontaktdon och, om det är tillämpligt, kablaget från immobiliserns läsarspole **(se bild)**.
8 Sätt i startnyckeln och vrid den till läge I.
9 Använd en pinndorn med 2,0 mm diameter eller liknande och tryck ner tändningslåsets

flik genom hålet i huset, ovanför låset, och dra bort tändningslåset.
10 Montering sker i omvänd ordning. Stick in startnyckeln i det nya tändningslåset när det monteras.

Instrumentbrädans brytare och strålkastarbrytaren

11 Använd en liten skruvmejsel eller en hävstång av plast (var noga med att inte skada den omgivande panelen). Bänd försiktigt ut brytarens överdel tills det går att greppa den med fingrarna **(se bilder)**.
12 Ta bort brytaren och koppla loss kontakten på baksidan **(se bild)**.
13 Montering sker i omvänd ordning.

Varningsblinkers brytare

14 Ta bort radion/kassettbandspelaren enligt beskrivningen i avsnitt 20.
15 Den här brytaren är ovanligt lång. Använd

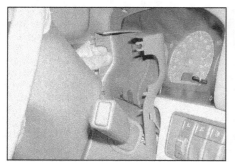

4.3d Den övre kåpan behöver inte demonteras, bara lyftas upp

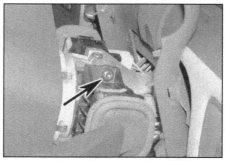

4.4 Rattstångsbrytarens övre fästskruv (vid pilen)

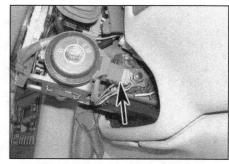

4.7 Tändningslåset med immobiliserns kontaktdon vid pilen

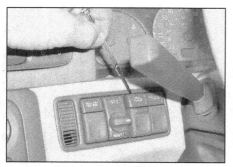

4.11a Bänd ut brytarens övre del . . .

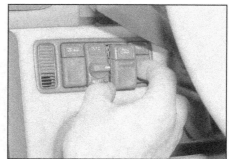

4.11b . . . dra bort den från instrumentbrädan . . .

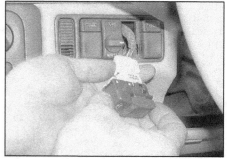

4.12 . . . och koppla loss kontaktdonet

4.15 Arbeta genom radioöppningen. Tryck ut brytaren bakifrån . . .

åtkomsthålet i nederdelen av radioöppningen och tryck ut brytaren bakifrån **(se bild)**.
16 Ta bort brytaren och koppla loss kontaktdonet i den bakre änden **(se bild)**.
17 Montering sker i omvänd ordningsföljd.

Mittkonsolens sätesvärmebrytare

18 Bänd ut mynthållaren mellan brytarna. Var noga med att inte repa mittkonsolen.
19 Arbeta genom myntfacket. Tryck ut brytaren bakifrån **(se bild)**.
20 Koppla loss brytarens kontaktdon och ta bort brytaren från konsolen **(se bild)**.
21 Montering sker i omvänd ordningsföljd.

Automatväxellådans körstilsväljare

22 Körstilsväljaren kan bändas ut uppifrån. Detta innebär dock risk för att brytaren

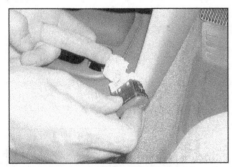

4.20 . . . och koppla loss kontaktdonet

skadas, så var mycket försiktig om den här metoden används.
23 Alternativt, dra åt handbromsen helt och bänd sedan försiktigt loss klädselpanelen nedanför handbromsspaken. Panelen måste flyttas i sidled för att huvudfästklämman ska lossna. Lossa panelen i handbromsspakens överdel, lirka sedan försiktigt damasken över spaken och ta bort klädselpanelen.
24 Arbeta genom öppningen nedanför handbromsspaken. Tryck ut körstilsväljaren underifrån och koppla loss kontaktdonet.
25 Montering sker i omvänd ordning.

Brytare på mittkonsolens bakre askfatspanel

S70 och V70

26 Tryck överdelen av askkoppspanelen uppåt för att lossa den från konsolens nederdel. Dra den sedan utåt för att lossa hakarna.
27 Koppla loss brytarens kontaktdon. Tryck sedan ut brytaren bakifrån ur panelen.

C70

28 Ta bort den bakre askkoppen från mittkonsolen. Även om det är svårt att komma åt genom askkoppsöppningen så ska det gå att trycka ut brytaren bakifrån och koppla loss kontaktdonet. Om det inte går att komma åt är det enda alternativet att demontera mittkonsolen enligt beskrivningen i kapitel 11.

Alla modeller

29 Montering sker i omvänd ordning.

4.16 . . . och koppla loss kontaktdonet

Dörrpanelens brytare

30 Ta bort dörrklädselpanelen enligt beskrivningen i kapitel 11. Försök inte bända ut brytaren ovanifrån, då kan både brytaren och dörrklädseln skadas.
31 Brytaren kan tryckas ut bakifrån när dess fästhakar lossats **(se bilder)**.
32 Montering sker i omvänd ordningsföljd. Kontrollera brytarens funktion innan dörrklädseln återmonteras.

Innerbelysningens mikrokontakt

33 Innerbelysningens mikrokontakter är inbyggda i dörrlåsenheten tillsammans med centrallåsmotorn. Bytet kräver att ett antal små kontakter löds loss och att nya kablar löds in. Eftersom det är risk för att centrallåsmotorn och själva låset skadas bör detta arbete överlåtas till en verkstad.

Bromsljuskontakt

34 Se kapitel 9, avsnitt 17.

Kontakt till handbromsens varningslampa

35 Ta bort handbromsspakens klädselpanel från mittkonsolen (se kapitel 11, avsnitt 28).
36 Skruva loss skruven som fäster kontakten i fästbygeln vid handbromsspakens nedre del **(se bild)**.
37 Lyft ut kontakten. Koppla loss kontaktdonet och ta bort det.
38 Montering sker i omvänd ordningsföljd. Kontrollera att brytaren fungerar innan mittkonsolen monteras tillbaka.

4.19 Tryck ut brytaren bakifrån när myntfacket tagits bort . . .

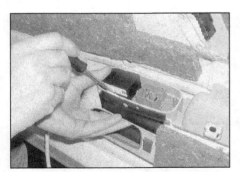

4.31a Brytaren till fönsterhissen lossas från dörrklädseln . . .

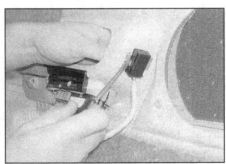

4.31b . . . och brytaren till sidobackspegeln lossas på samma sätt

4.36 Kontakt till handbromsens varningslampa

5.2 Koppla loss kontaktdonen på baksidan . . .

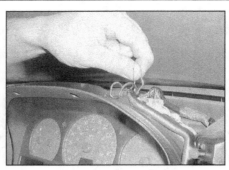

5.3a . . . ta sedan loss klämmorna . . .

5.3b . . . och lyft ut instrumentpanelen

Övriga brytare/kontakter

39 Vissa brytare/kontakter behandlas i det kapitel som behandlar tillhörande system eller komponent. Värmereglagepanelens brytare (som är inbyggda i reglagepanelen) behandlas t.ex. i kapitel 3, avsnitt 10 eller 11. Automatväxellådans kickdownkontakt behandlas i kapitel 7B.

5 Instrumentpanel – demontering och montering

Demontering

1 Ta bort instrumentbrädans övre del enligt beskrivningen i kapitel 11, avsnitt 29.
2 Koppla loss kontaktdonen på instrumentpanelens baksida, och från mottagaren till det fjärrmanövrerade centrallåset. Notera hur de sitter placerade **(se bild)**.
3 Lossa de två klämmorna framtill på överdelen och lyft ut instrumentpanelen. Notera styrstiften på framsidan **(se bilder)**.

Montering

4 Montering sker i omvänd ordningsföljd.

6 Instrumentpanelens komponenter – demontering och montering

1 Instrumentpanelen är länkad till Volvos feldiagnosenhet. Det innebär att alla fel som uppstår i instrumentpanelen registreras som felkoder. Felkoderna kan sedan tydas med hjälp av diagnosutrustning (normalt en felkodsläsare). Därför bör alla fel vars orsaker inte är uppenbara överlåtas till en Volvo-verkstad eller till en annan verkstad med rätt utrustning för diagnostisering. Diagnos-utrustningen avslöjar vad felet beror på och verkstaden kan avgöra vilka åtgärder som bör vidtas. Lämna i så fall in bilen till verkstaden. Ta inte bort instrumentpanelen för diagnost-isering.
2 Om felet har uppenbara orsaker och kan åtgärdas av en hemmamekaniker måste instrumentpanelen tas bort från bilen enligt beskrivningen i avsnitt 5 för att kunna repareras.

Glödlampor till belysning och varningslampor

3 De enskilda glödlamporna för upplysning av reglage och varningsljus finns att köpa

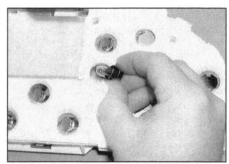

6.3a Vrid ut lamphållaren och ta bort den från panelen . . .

separat. Byt ut dem genom att helt enkelt vrida och dra ut lamphållaren från panelens baksida. Glödlamporna med kilformad nederdel dras sedan loss från hållarna så att de nya glödlamporna försiktigt kan tryckas på plats **(se bilder)**.

Instrument

4 Ta bort instrumentenheten från huset på följande sätt: På panelens baksida, lossa först mittenhaken från husets nederdel. Lossa de återstående hakarna medan instrument-enheten dras ut ur huset och sära på de två delarna **(se bild)**.

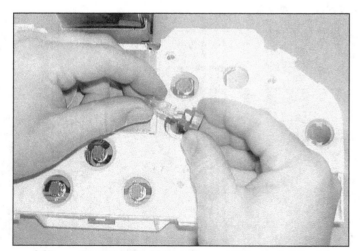

6.3b . . . dra sedan ut glödlampan med kilformad nederdel

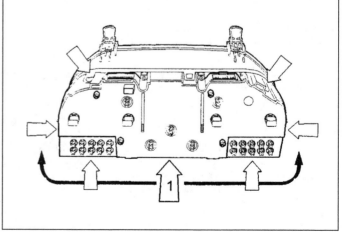

6.4 Hakar i instrumentenhetens hus (vid pilarna) – lossa mittenhaken (1) först

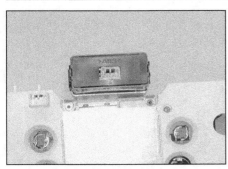

6.8 Centrallåsets/larmets mottagare

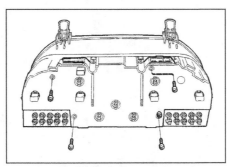

6.12 Fästskruvar till instrumentpanelens bakre kåpa

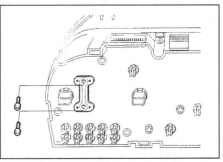

6.13 Huvudsäkringen är fäst med två skruvar

5 Varje instrument (eller mätare) är fäst med två skruvar. Ta bort skruvarna, bänd sedan försiktigt ut instrumentet ur sina styrningar.
6 Montering sker i omvänd ordning. Var noga med att passa in instrumenten i styrningarna innan de trycks fast.

Centrallåsets/larmets mottagare

7 Mottagaren till det fjärrmanövrerade centrallåset och larmsystemen är placerad på instrumenthusets överdel.
8 Koppla loss kontakten från enhetens baksida, om det inte redan är gjort. Ta sedan bort de två fästskruvarna och ta bort enheten från instrumenthusets ovansida **(se bild)**.
9 Montering sker i omvänd ordning. Om en ny enhet monteras måste den och nycklarna till det fjärrmanövrerade centrallåset programmeras av en Volvoverkstad.

Huvudsäkring

10 Instrumentpanelens huvudsäkring sitter bakom kyldonet och den bakre kåpan.
11 Kyldonet sitter ovanpå instrumentpanelen. Ta bort centrallåsets/larmets mottagare enligt beskrivningen ovan i detta avsnitt. Ta sedan bort de två skruvarna och ta bort kyldonet.
12 Instrumentpanelens bakre kåpa sitter fäst med fyra skruvar. Ta bort skruvarna och lossa hakarna för att kunna ta bort kåpan **(se bild)**.

13 Huvudsäkringen är placerad på den vänstra sidan och sitter fäst med två skruvar **(se bild)**. Skruva loss skruvarna och ta bort säkringen.
14 Det är alltid viktigt att ta reda på orsaken till varför en säkring går sönder innan man monterar en ny. Annars kommer också den nya säkringen att gå sönder så snart panelen satts ihop och återmonterats. Kontrollera alla kablar till instrumentet med avseende på kortslutning eller kretsavbrott. Kom ihåg att instrumenten får information från olika givare runt om i bilen. Om orsaken till den trasiga säkringen inte har upptäckts när alla relevanta kablar kontrollerats kan det vara klokt att lämna in bilen till en Volvoverkstad eller bilelektriker för diagnos.

7 Elsystemets givare – demontering och montering

Bilens hastighetsgivare

1 Information om bilens hastighet skickas till hastighetsmätaren från ABS-systemets hjulgivare. Dessa ersätter hastighetsgivaren som annars ofta förekommer på moderna bilar. Om hastighetsmätaren inte fungerar är det alltså ett tecken på möjliga problem med

signalen från ABS-systemets hjulgivare. Kontrollera kabelanslutningarna till hjulgivarna **(se bild)** och till ABS-systemets ECU. Om inget fel upptäcks bör en Volvoverkstad eller en annan lämpligt utrustad verkstad kontaktas för kontroll.

Bromsoljans nivågivare

2 Bromsoljans nivågivare består av en flottör inbyggd i huvudcylinderbehållarens påfyllningslock. Givaren och locket utgör en enhet. Byt ut locket om enheten går sönder.

Kylvätskans nivågivare

Demontering

3 Vänta tills motorn är kall innan arbetet påbörjas. Kylsystemet behöver inte tömmas och inget eller mycket lite kylvätskespill bör förekomma.
4 Skruva långsamt av påfyllningslocket till kylsystemets expansionskärl för att släppa ut eventuellt övertryck i systemet. Montera locket ordentligt.
5 Lyft ut expansionskärlet ur fästet och dra ut det så långt som möjligt. Vänd det upp och ner utan att koppla loss några av slangarna.
6 Koppla loss kontaktdonet vid givaren i behållarens nederdel **(se bild)**.
7 Var noga med att inte spilla någon kylvätska. Dra ut givaren ur tätningsmuffen.

7.1 Kontaktdon (vid pilen) till ABS-systemets hjulgivare, placerat i motorrummet

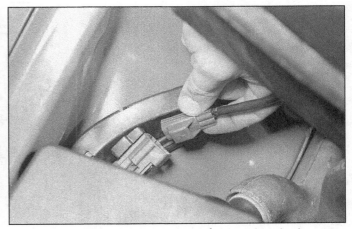

7.6 Kontaktdonet till kylvätskenivågivaren kopplas loss

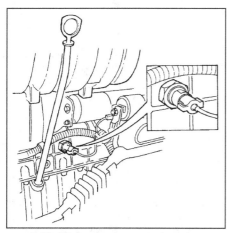

7.12 Oljetrycksgivarens placering

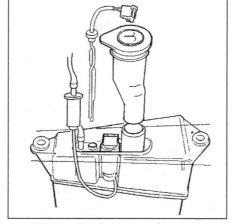

7.16 Spolarvätskans nivågivare – demonteringsdetaljer

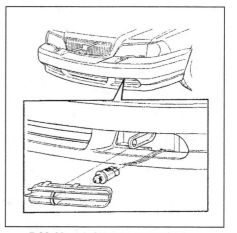

7.20 Yttre lufttemperarturgivare – demonteringsdetaljer

Montering

8 Montering sker i omvänd ordning. Fyll på expansionskärlet enligt beskrivningen i *Veckokontroller* om någon kylvätska spillts ut.

Oljetrycksgivare

Demontering

9 Oljetrycksgivaren sitter placerad på motorblockets framsida, mellan mätstickan och startmotorn.
10 Vänta tills motorn kallnat. Klossa bakhjulen, lyft upp framvagnen och ställ den på pallbockar (se *Lyftning och stödpunkter*).
11 Ta bort stänkskyddet under motorn.
12 Lossa låsflikarna. Koppla sedan loss kontaktdonet från givaren **(se bild)**.
13 Skruva loss givaren och ta bort den från motorn.

Montering

14 Montering sker i omvänd ordningsföljd.

Spolarvätskans nivågivare

Demontering

15 Ta bort påfyllningslocket från spolarvätskebehållaren.
16 Bänd bort givarens gummimuff från behållaren och dra ut givaren. Koppla loss kontaktdonet och ta bort givaren **(se bild)**.

Montering

17 Montering sker i omvänd ordningsföljd.

Bränslenivågivare

18 Se kapitel 4A, avsnitt 5.

Temperaturgivare för kylvätska

19 Se kapitel 3, avsnitt 6.

Yttertemperaturgivare

Demontering

20 Temperaturgivaren sitter monterad på framspoilern, nedanför den främre stötfångaren **(se bild)**. Förbättra åtkomligheten

genom att hissa upp framvagnen och stöd den på pallbockar.
21 Lossa givaren från sitt fäste. Koppla sedan loss kontaktdonet för att kunna ta bort givaren.

Montering

22 Montera tillbaka i omvänd ordning mot demonteringen.

8 Glödlampor (ytterbelysning) – byte

Allmänt

1 Tänk på följande när en glödlampa ska bytas:
  a) *Koppla loss batteriets minusledare innan arbetet påbörjas (se avsnitt 1).*
  b) *Kom ihåg att om lyset nyss varit tänt kan lampan vara mycket het.*
  c) *Kontrollera alltid lampans sockel och kontaktytor. Se till att kontaktytorna*

mellan lampan och ledaren och lampan och jorden är rena. Avlägsna all korrosion och smuts innan en ny lampa sätts i.
  d) *Om lampor med bajonettfattning används, se till att kontakterna har god kontakt med glödlampan.*
  e) *Se alltid till att den nya lampan har rätt specifikationer och att den är helt ren innan den monteras. Detta gäller särskilt dimljus- och strålkastarlampor (se nedan).*
  f) *Använd en näsduk eller en ren trasa vid hantering av kvartshalogenglödlampor (strålkastare och liknande enheter). Rör inte glödlampans glas med fingrarna. Även mycket små mängder fett från fingrarna lämnar mörka fläckar och orsakar att lampan går sönder i förtid. Om en glödlampa vidrörs av misstag kan den rengöras med T-sprit och en ren trasa.*

Strålkastarens halvljus

2 Öppna motorhuven. Vrid den yttre (runda) plastkåpan på armaturens baksida moturs och lyft bort den **(se bilder)**.

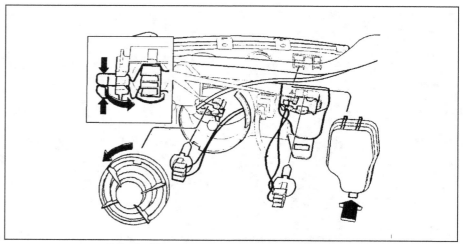

8.2a Strålkastarens glödlampa – detaljer för byte

8.2b Den yttre (runda) kåpan tas bort från strålkastarens baksida

8.3 Dra bort kontaktdonet från glödlampan

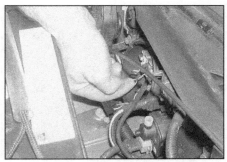

8.4 Lossa glödlampans fästklämma

8.5 Glödlampan till halvljuset tas bort

8.8 Den inre kåpan tas bort från strålkastarens baksida

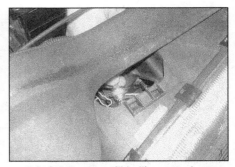

8.9 Glödlampan till helljuset tas bort

3 Dra bort kontaktdonet från glödlampans baksida **(se bild)**.
4 Kläm ihop benen på glödlampans fästklämma och vrid klämman åt sidan för att komma åt glödlampan **(se bild)**.
5 Lyft ut glödlampan. Notera hur den sitter monterad i hållaren **(se bild)**.
6 Rör inte vid glaset när den nya glödlampan monteras (punkt 1). Se till att tapparna på glödlampans fläns fäster i hållarens urtag.
7 Monteringen sker i omvänd ordning mot demonteringen.

Strålkastarens helljus

8 Öppna motorhuven. Lossa den inre plastkåpan på armaturens baksida och lyft bort den **(se bild)**.

9 Fortsätt enligt beskrivningen i punkt 3 till 7 **(se bild)**.

Främre parkeringsljus

10 Öppna motorhuven. Vrid den yttre (runda) plastkåpan på armaturens baksida moturs och lyft bort den.
11 Dra bort lamphållaren (placerad innanför halvljusets glödlampa) från strålkastarens baksida. Kontaktdonet behöver inte kopplas loss **(se bild)**.
12 Dra ut glödlampan med kilformad nederdel ur hållaren **(se bild)**.
13 Montering sker i omvänd ordning.

Främre dimljus

14 Man kommer åt glödlampan till dimljuset

bakifrån armaturen. Hissa upp framvagnen för att förbättra åtkomligheten om så önskas.

S70 och V70

15 Lamphållaren har två flikar för att det ska gå lättare att vrida den. Vrid lamphållaren moturs för att lossa den från armaturens baksida **(se bild)**.

C70

16 Vrid den bakre kåpan moturs och flytta den åt sidan. Var noga med att inte skada kablaget.
17 Kläm ihop benen på glödlampans fästklämma och vrid klämman åt sidan för att komma åt glödlampan.

8.11 Glödlampan till parkeringsljuset dras ut

8.12 Glödlampan dras ut ur sin hållare

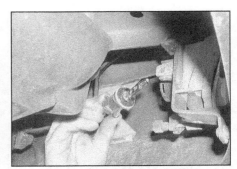

8.15 Använd flikarna på lamphållaren för att vrida och ta bort den

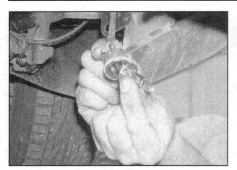

8.18 Dra ut dimljusets glödlampa

8.20a Tryck ner plasthaken. . .

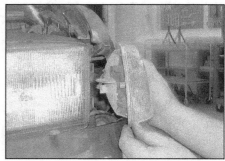

8.20b . . . och dra bort armaturen

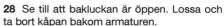

Alla modeller

18 Ta bort glödlampan från lamphållaren **(se bild)**.
19 Montering sker i omvänd ordningsföljd.

Främre blinkers

20 Öppna motorhuven och tryck ner plasthaken bredvid kontaktdonet som fäster armaturen på dess plats. Dra försiktigt bort armaturen från bilens främre del **(se bilder)**.
21 Dra ut lamphållaren ur armaturen. Kontaktdonet behöver inte kopplas loss **(se bild)**.
22 Tryck in och vrid glödlampan moturs för att ta bort den från lamphållaren **(se bild)**.
23 Montering sker i omvänd ordning. Se till att plasthaken är fäster ordentligt när armaturen återmonteras, så att den sitter säkert.

Främre sidoblinkers

24 Dra armaturen framåt för att lossa fästklämman. Lyft sedan ut den med bakkanten först **(se bild)**.
25 Vrid lamphållaren ett kvarts varv för att lossa den från armaturen, dra sedan bort hållaren **(se bild)**. Kontaktdonet bör inte kopplas loss – kablaget kan försvinna ner genom hålet i skärmen. Tejpa fast kablaget vid skärmen för att undvika detta.
26 Dra bort glödlampan från hållaren och tryck fast den nya **(se bild)**.
27 Montering sker i omvänd ordningsföljd. Tryck armaturen bakåt när den sitter på plats för att fästa fästklämman.

Bakljusenhet – S70

Observera: *Detta moment gäller både glödlamporna i ljushuset i det bakre hörnet och glödlamporna i bakluckans hus.*

28 Se till att bakluckan är öppen. Lossa och ta bort kåpan bakom armaturen.
29 Lossa fästhaken genom att trycka ner plastfliken, dra sedan bort lamphållaren **(se bilder)**.
30 Ta bort relevant glödlampa (de har bajonettfattning) från hållaren **(se bild)**.
31 Montering sker i omvänd ordning.

Bakljusenhet – V70

Övre ljusenhet

32 Arbeta inuti bagageutrymmet. Lossa armaturens åtkomstkåpa med hjälp av en skruvmejsel **(se bild)**.
33 Om så behövs, dra bort högtalaren för att komma åt lamphållaren.
34 Tryck ner haken och dra bort lamphållaren från stolpen **(se bild)**. Dra bort relevant glödlampa med bajonettfattning från hållaren.
35 Montering sker i omvänd ordningsföljd.

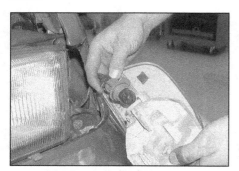

8.21 Lossa lamphållaren med bajonettfattning . . .

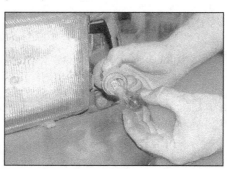

8.22 . . . och glödlampan som också den har bajonettfattning

8.24 Sidoblinkerslampan tas bort

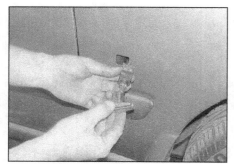

8.25 Vrid och lossa lamphållaren från armaturen

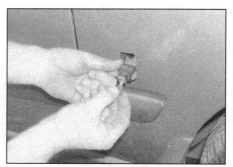

8.26 Dra ut glödlampan

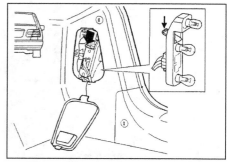

8.29a Glödlampan i det bakre hörnet – detaljer för byte - S70

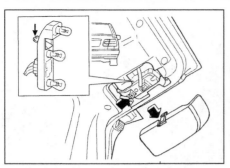

8.29b Bakluckans bakre glödlampa, detaljer för byte – S70

Nedre ljusenhet

36 Arbeta i bagageutrymmet. Lyft ut den bakre golvpanelen på berörd sida (se bild).
37 Ta bort åtkomstkåpan framför armaturen genom att vrida låsklämman 90°. För sedan ner kåpan och lyft ut den (se bild).
38 Tryck ner de två fästhakarna och dra bort lamphållaren (se bild). Dra bort relevant glödlampa (som har bajonettfattning) från hållaren.
39 Montering sker i omvänd ordningsföljd.

Bakljusenhet – C70

40 Arbeta inne i bagageutrymmet, lossa kåpan från armaturens baksida.
41 Skruva loss vingmuttern av plast. Koppla loss anslutningskontakten och dra bort lamphållaren.

8.29c Lamphållare borttagen från bakluckans bakre lampa

42 Ta bort relevant glödlampa (som har bajonettfattning) från hållaren.
43 Montering sker i omvänd ordningsföljd.

Högt bromsljus

44 Det höga bromsljuset innehåller inte konventionella glödlampor utan snarare en rad ljusdioder. Om det höga bromsljuset slutar fungera kan det därför vara nödvändigt att byta ut hela armaturen – se avsnitt 10. Undersök dock säkringen och kablaget med hjälp av informationen i avsnitt 2 och kopplingsschemana i slutet av det här kapitlet innan beslut fattas om att byta ut armaturen.

Nummerplåtsbelysning

45 Skruva loss de två skruvar som fäster relevant armatur eller lyktglas (se bild).
46 Bänd försiktigt ut lyktglaset. Glödlampan

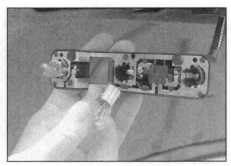

8.30 Vrid och ta bort glödlampan från lamphållaren

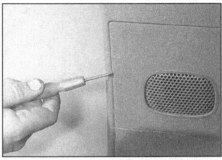

8.32 Den övre ljusenhetens åtkomstkåpa lossas

med kilformad nederdel kan dras bort från hållaren. En spetsig tång kan behövas eftersom åtkomligheten är dålig (se bild).
47 Montering sker i omvänd ordningsföljd.

8.34 Tryck ner haken och dra bort lamphållaren från stolpen

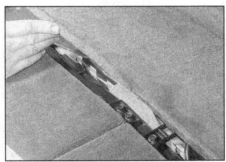

8.36 Lyft ut den yttre bakre golvpanelen för att komma åt den nedre ljusenheten

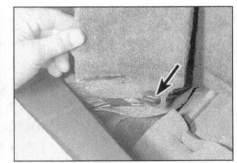

8.37 Vrid låsklämman (vid pilen) och lyft bort kåpan

8.38 Dra bort lamphållaren från stolpen

8.45 Ta bort lyktglaset från nummerplåtsbelysningen . . .

8.46 . . . för att komma åt glödlampan

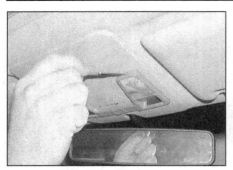

9.3a Använd en liten skruvmejsel och bänd ut . . .

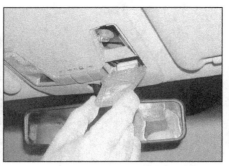

9.3b . . . och ta bort lyktglaset

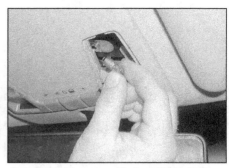

9.4 Glödlampan med bajonettfattning tas bort

9 Glödlampor (innerbelysning) – byte

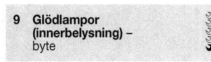

Allmänt

1 Tänk på följande när en glödlampa ska bytas:
a) Koppla loss batteriets minusledare innan arbetet påbörjas (se avsnitt 1).
b) Kom ihåg att om lyset nyss varit tänt kan lampan vara mycket het.
c) Kontrollera alltid lampans sockel och kontaktytor. Se till att kontaktytorna mellan lampan och ledaren och lampan och jorden är rena. Avlägsna all korrosion och smuts innan en ny lampa sätts i.
d) Om lampor med bajonettfattning används, se till kontakterna har god kontakt med glödlampan.

e) Se alltid till att den nya lampan har rätt specifikationer och att den är helt ren innan den monteras.

2 Vissa av glödlamporna till brytarnas belysning och varningslamporna är inbyggda i sina brytare och kan inte bytas separat.

Inner-/sminkspegelsbelysning

3 Bänd försiktigt bort armaturen eller lyktglaset från sin plats med hjälp av en skruvmejsel (se bilder).
4 Byt ut glödlampan/lamporna vilka kan vara av typen med bajonettfattning eller med klämfattning (se bild).
5 Monteringen sker i omvänd ordningsföljd mot demonteringen.

Främre läslampor

6 Bänd ut de främre lyktglasen från takkonsolens panel för att kunna komma åt konsolens fästskruvar. Ta bort de två

skruvarna, lossa sedan takkonsolen och sänk ner den från sin plats (se bilder).
7 Använd en liten skruvmejsel för att bända loss lamphållaren från armaturen. Dra sedan ut glödlampan som har kilformad nederdel (se bilder).
8 Montering sker i omvänd ordningsföljd.

Handskfacksbelysning

9 Töm handskfacket på dess innehåll, skruva sedan loss de sex Torx-skruvarna på framsidan.
10 Dra handskfacket bakåt för att lossa fästklämmorna. Dra sedan bort facket från instrumentbrädan (se bild).
11 Dra bort den svarta avbländningshylsan från lamphållaren. Ta sedan bort glödlampan med bajonettfattning (se bilder).
12 Se till att avbländningshylsans ljusöppning är riktad mot handskfackets fönster vid återmonteringen.

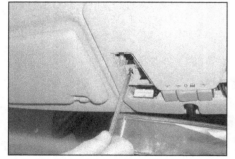

9.6a Ta bort takkonsolens fästskruvar . . .

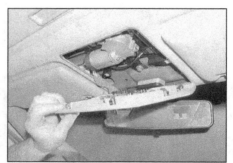

9.6b . . . sänk sedan ner konsolen för att komma åt lamphållaren

9.7a Bänd ut lamphållaren från armaturen . . .

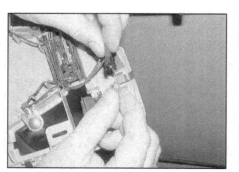

9.7b . . . och dra ut glödlampan

9.10 Ta bort skruvarna och dra ut handskfacket från instrumetbrädan

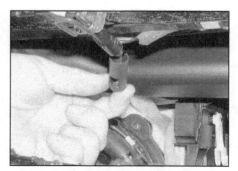

9.11a Dra loss avbländningshylsan från lamphållaren . . .

9.11b ... ta sedan bort glödlampan med bajonettfattning

9.15 Lossa armaturen från dörrkanten

9.16a Vrid bort lyktglaset från lamphållaren ...

13 Montering sker i omvänd ordningsföljd. Dra inte åt handskfackets skruvar för hårt.

Glödlampa till värmereglagepanelens belysning

14 Se kapitel 3, avsnitt 10 eller 11.

Glödlampa till dörrkantens belysning

15 Tryck armaturen uppåt och lossa dess nederdel **(se bild)**.
16 Dra bort armaturen från dörren. Vrid lyktglaset från lamphållaren och dra ut glödlampan med kilformad nederdel **(se bilder)**.
17 Montering sker i omvänd ordningsföljd.

Glödlampa till belysning för automatväxellådans växelspakspanel

18 Dra åt handbromsen helt. Bänd sedan försiktigt loss klädselpanelen nedanför handbromsspaken. Panelen måste flyttas i sidled för att huvudfästklämman ska lossna. Lossa panelen i handbromsspakens överdel. Lirka sedan försiktigt damasken över spaken och ta bort klädselpanelen.
19 Arbeta genom öppningen nedanför handbromsspaken. Lossa växelspakspanelen från konsolen genom att lossa klämmorna i panelens bakre del. Bänd upp resten av växelspakspanelen när bakkanten har lossats.
20 Arbeta genom växelspakens och hand-

bromsens öppningar. Det ska nu vara möjligt att dra bort lamphållaren från nederdelen av växelspakspanelens belysningskåpa **(se bild)**. Ta bort mittkonsolen helt enligt beskrivningen i kapitel 11 om det inte går att komma åt med den här metoden.
21 Följ lamphållarens kablage bakåt till kontakten och koppla loss den. Det går inte att sära på glödlampan och hållaren och de måste bytas ut som en enhet.
22 Montering sker i omvänd ordningsföljd.

Glödlampor till brytarbelysning

23 Brytarbelysningens glödlampor går inte alltid att byta ut separat. Ta bort brytaren enligt beskrivningen i avsnitt 4 för undersökning.
24 Oftast tas lamphållaren bort genom att den vrids 90° med en liten skruvmejsel. När lamphållaren har tagits bort kan glödlampan dras ut **(se bilder)**.
25 På vissa brytare dras glödlampan helt enkelt bort direkt från brytaren.

Instrumentpanelens glödlampor

26 Se avsnitt 6.

Glödlampa till det främre askfatets belysning

27 Ta ut askfatet, skruva loss skruvarna som fäster askfatets hållare och dra bort hållaren.
28 Dra ut askfatsbelysningens lamphållare och ta bort glödlampa och hållare från kontakterna.
29 Montering sker i omvänd ordningsföljd.

9.16b ... och ta bort glödlampan som har kilformad nederdel

Glödlampa till det bakre askfatets belysning

30 Demontera askfatet. Dra sedan askfatspanelens överdel uppåt för att lossa dess nederkant. Bänd upp fästflikarna med en liten skruvmejsel om det behövs.
31 Dra ut lamphållaren. Ta sedan bort glödlampan och hållaren från kontakterna.
32 Montering sker i omvänd ordningsföljd.

Glödlampa till cigarrettändarens belysning

Främre cigarrettändare

33 Demontera mittkonsolen enligt beskrivningen i kapitel 11. Det räcker med att bända ut förvaringsfacket för att komma åt cigarrettändarhuset, men hela konsolen måste tas bort för att lamphållaren ska kunna demonteras.

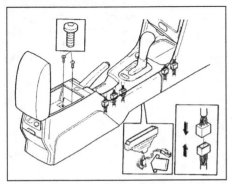

9.20 Glödlampan till växelspakspanelens belysning – detaljer för byte

Mittkonsolen ska inte behöva tas bort om det inte är för svårt att komma åt.

9.24a Byte av glödlampan till varningslampans brytare. Vrid lamphållaren med en liten skruvmejsel ...

9.24b ... och ta bort lamphållaren från brytaren. Glödlampan kan nu dras ut

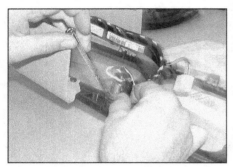

9.34 Använd en liten skruvmejsel för att lossa cigarrettändarens fästklämmor

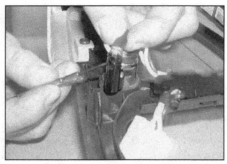

9.35a Bänd ut lamphållaren från sidan av cigarrettändaren . . .

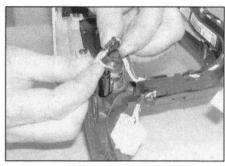

9.35b . . . och dra ut glödlampan

34 Använd en liten skruvmejsel. Lossa de två fästklämmorna som fäster cigarrettändaren vid konsolens undersida **(se bild)**. Cigarrettändaren sitter fortfarande kvar i kablaget, men det blir lättare att komma åt att

byta glödlampan om cigarrettändaren tas bort från sin plats.
35 Använd en liten skruvmejsel. Lossa lamphållaren från cigarrettändarhuset och dra ut glödlampan **(se bilder)**.

36 Montering sker i omvänd ordningsföljd. Kontrollera att glödlampan fungerar innan mittkonsolen monteras tillbaka.

Bakre cigarrettändare

37 Demontera askkoppen. Dra sedan askkoppspanelens överdel uppåt för att lossa dess nederkant. Bänd upp fästflikarna med en liten skruvmejsel om det behövs **(se bilder)**.
38 Fortsätt enligt beskrivningen i punkt 34 och 35 **(se bild)**.
39 Montering sker i omvänd ordningsföljd.

Fotbrunnsbelysning

40 Var noga med att inte skada instrumentbrädan. Bänd ner armaturens överkant, koppla loss anslutningskontakten och ta bort den **(se bilder)**.
41 Lossa försiktigt metallkåpan från armaturens baksida. Dra sedan ut glödlampan med kilformad nederdel från hållaren **(se bilder)**.
42 Montering sker i omvänd ordningsföljd.

9.37a Ta bort den bakre askkoppen . . .

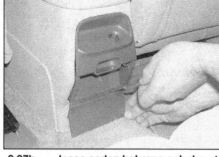

9.37b . . . lossa sedan hakarna och dra ut askkoppspanelen

9.38 Cigarrettändarens lamphållare borttagen för att glödlampan ska gå att komma åt

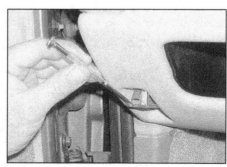

9.40a Bänd ner fotbrunnsbelysningen . . .

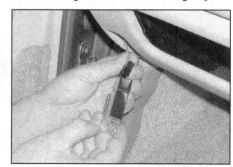

9.40b . . . och koppla loss anslutningskontakten

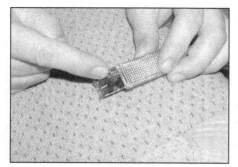

9.41a Lossa metallkåpan . . .

9.41b . . . dra sedan bort den från armaturen för att komma åt lamphållaren

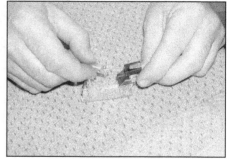

9.41c Dra ut glödlampan

10.2a Koppla loss huvudstrålkastarens kontaktdon i armaturens nederdel

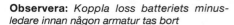

10 Yttre armatur –
demontering och montering

Observera: *Koppla loss batteriets minusledare innan någon armatur tas bort*

Strålkastare

1 På modeller med strålkastarspolare/-torkare, sväng bort torkararmarna så att de inte är i vägen under arbetet med strålkastaren.
2 Koppla loss kontaktdonet på nederdelen av armaturens baksida. Om en styrmotor för höjdjustering av ljusstrålen finns monterad, koppla loss kontaktdonet på motorn **(se bilder)**.
3 Ta bort den främre blinkerslyktan genom att trycka ner plasthaken bredvid kontaktdonet. Dra försiktigt bort armaturen från bilen. Koppla loss kontaktdonet från lamphållaren.

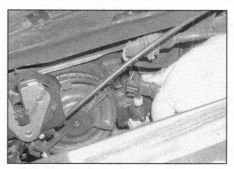

10.2b Koppla även loss kontaktdonet till styrmotorn om det är tillämpligt

4 Skruva loss de tre fästbultarna och ta bort strålkastarenheten från bilen **(se bilder)**.
5 Montering sker i omvänd ordning mot demonteringen. Avsluta med att låta kontrollera strålkastarinställningen (se avsnitt 11).

Strålkastarens lyktglas

6 Om det behövs kan strålkastarens lyktglas bytas ut separat enligt beskrivningen nedan.
7 Demontera strålkastaren enligt beskrivningen ovan.
8 På modeller med strålkastarspolare/torkare, ta bort skruven som fäster torkararmens stopp från armaturens nederdel. Ta sedan bort stoppet från strålkastaren.
9 Lyktglaset är fäst med totalt åtta metallklämmor runt kanterna. Dessa kan lossas med en flatbladig skruvmejsel **(se bild)**.
10 Lyft bort glaset och ta sedan loss tätningen. Tätningen ska alltid bytas ut när ett nytt glas monteras. Undvik att vidröra

10.4a Ta bort de två inre bultarna (vid pilarna) . . .

strålkastarens reflektor när glaset är borttaget.
11 Hopsättning sker i omvänd ordningsföljd. Se till att den nya tätningen placeras korrekt och att lyktglasets fästklämmor sätts ordentligt på plats. Montera nya klämmor om de gamla gått sönder eller förlorat sin spänst.
12 Avsluta med att montera strålkastaren enligt beskrivningen ovan.

Främre dimljus

13 Dra åt handbromsen, klossa bakhjulen och lyft upp bilens framvagn.
14 Dimljusenheten tas bort tillsammans med metallfästet. De två komponenterna kan sedan säras på om det behövs.
15 Koppla loss kontaktdonet från enhetens baksida **(se bild)**. På C70-modeller, ta bort glödlampan enligt beskrivningen i avsnitt 8.
16 Ta bort Torx-skruven i fästbygelns nederdel. Ta sedan bort de två små bultarna i överdelen och ta bort armaturen och fästbygeln från bilen **(se bilder)**.

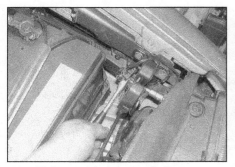

10.4b . . . och den yttre bulten . . .

10.4c . . . och dra bort strålkastaren från bilen

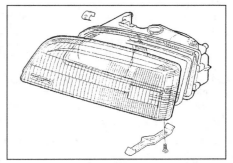

10.9 Strålkastarens lyktglas. Det finns totalt åtta metallklämmor (en visas)

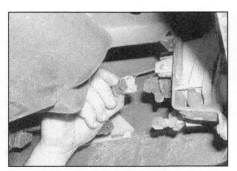

10.15 Koppla loss anslutningskontakten från dimljusets baksida

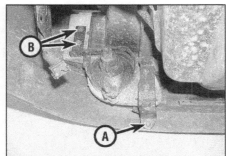

10.16a Ta bort Torx-skruven (A) och de två övre bultarna (B) . . .

10.16b . . . och dra bort armaturen och fästbygeln från sin plats

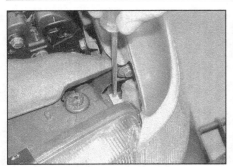

10.19a Tryck ner plasthaken. . .

10.19b . . . och dra bort armaturen

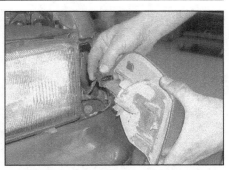

10.20 Koppla loss kontaktdonet från lamphållaren och ta bort armaturen

17 Om det behövs, ta bort de tre skruvarna som fäster fästbygeln vid armaturen och sära på dessa.
18 Montering sker i omvänd ordningsföljd.

Främre blinkers

19 Tryck ner plasthaken bredvid kontaktdonet som fäster armaturen på dess plats. Dra försiktigt bort armaturen från bilens främre del (se bilder).
20 Koppla loss kontaktdonet från lamphållarens baksida (se bild).
21 Montering sker i omvänd ordningsföljd. Se till att plasthaken är ordentligt fäst när armaturen återmonteras, så att den sitter säkert.

Främre sidoblinkers

22 Dra armaturen framåt för att lossa fästklämman. Lyft sedan ut den med bakkanten först.
23 Koppla loss kontaktdonet från lamphållaren. Ta sedan bort armaturen (se bild). Observera att det är risk för att kablaget försvinner ner genom hålet i skärmen. Tejpa fast kablaget vid skärmen för att undvika detta.
24 Montering sker i omvänd ordningsföljd. Tryck armaturen bakåt när den sitter på plats för att fästa fästklämman.

Bakljusenheter – S70

25 Med bakluckan öppen, lossa och ta bort kåpan bakom armaturen.
26 Koppla loss kontaktdonet från lamphållaren.

27 Ta bort de fyra muttrarna som fäster armaturen vid bakskärmen eller bakluckan (se bild). Kläm ihop de två fästtapparna om ljusenheten på bakluckan ska tas bort.
28 Ta bort armaturen från bilen. Kontrollera skicket på tätningen till karossen och byt ut den om det behövs.
29 Montering sker i omvänd ordningsföljd.

Bakljusenheter – V70

Övre ljusenheter

30 Arbeta inuti bagageutrymmet. Lossa armaturens åtkomstkåpa med hjälp av en skruvmejsel.
31 Dra bort högtalaren i förekommande fall för att komma åt lamphållaren.
32 Tryck ner haken och dra bort lamphållaren från stolpen. Koppla loss lamphållarens kontaktdon.
33 Använd en lång hylsnyckel. Skruva loss de två muttrarna och ta bort ljusenheten från bilens bakre del (se bild).
34 Montering sker i omvänd ordningsföljd.

Nedre ljusenhet

35 Ta bort den övre bakljusenheten enligt beskrivningen ovan (de två enheterna överlappar varandra och den övre enheten måste tas bort först).
36 Arbeta i bagageutrymmet. Lyft ut den bakre golvbeläggningen på den berörda sidan.
37 Ta bort åtkomstkåpan framför armaturen genom att vrida låsklämman 90°, föra ner kåpan och lyfta ut den.

38 Tryck ner de två fästhakarna och dra bort lamphållaren. Koppla loss lamphållarens kontaktdon.
39 Vik undan bagageutrymmets bakre golvpanel. Skruva loss skruvarna och ta bort tröskelns skydd.
40 Lossa sidoklädselpanelerna så mycket som behövs för att komma åt ljusenhetens två fästmuttrar.
41 Använd en lång hylsnyckel. Skruva loss muttrarna och ta bort ljusenheten från bilens bakre del.
42 Montering sker i omvänd ordningsföljd.

Högt bromsljus – S70 och C70

43 På S70-modeller, fäll fram baksätet och ta sedan bort baksätets sidodynor.
44 Lossa och ta bort de bakre stolparnas klädselpaneler. Lossa sedan de två klämmorna som fäster takklädselns bakkant och dra ner takklädseln för att komma åt armaturen.
45 Koppla loss kontaktdonet från armaturen. Tryck sedan armaturen åt sidan för att lossa fästkrokarna och ta bort armaturen från bilen (se bild).
46 Observera att glödlamporna i de höga bromsljusen i själva verket är lysdioder och att de inte kan bytas ut separat. Om bromsljuset har slutat fungera kan det vara nödvändigt att byta ut hela enheten. Kontrollera säkringen

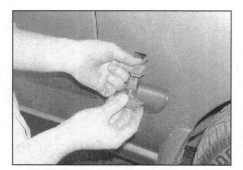

10.23 Koppla loss kontaktdonet från lamphållaren

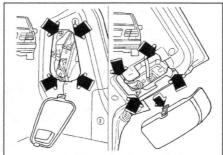

10.27 Byte av bakljusenhet – fästmuttrarna märkta med pilar

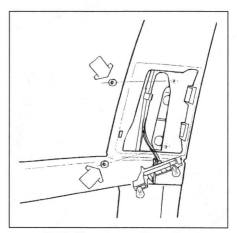

10.33 Fästmuttrar till den övre bakljusenheten (vid pilarna) – V70

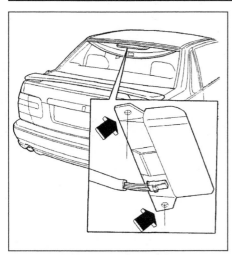

10.45 Det höga bromsljuset är fäst med krokar som sitter i hål i fästflänsen

samt alla kablar och anslutningar innan armaturen antas vara defekt.
47 Montering sker i omvänd ordningsföljd. Kontrollera att armaturen fungerar innan klädseln monteras.

Högt bromsljus – V70

48 Ta bort bakluckans inre klädselpaneler enligt beskrivningen i kapitel 11, avsnitt 13.
49 Koppla loss kontaktdonet från armaturen.
50 Skruva loss de två fästskruvarna och ta bort armaturen från bilen **(se bild)**.
51 Observera att glödlamporna i de höga bromsljusen i själva verket är lysdioder och att de inte kan bytas ut separat. Om bromsljuset har slutat fungera kan det vara nödvändigt att byta ut hela enheten. Kontrollera säkringen samt alla kablar och anslutningar innan armaturen antas vara defekt.
52 Montering sker i omvänd ordningsföljd. Kontrollera att armaturen fungerar innan klädseln monteras.

Nummerplåtsbelysning

53 Skruva loss de två skruvarna som fäster den aktuella armaturen.
54 Bänd försiktigt ut armaturen. Koppla sedan loss kontaktdonet och ta bort

armaturen. Observera att på V70-modeller är nummerplåtsbelysningens två enheter olika.
55 Montering sker i omvänd ordningsföljd.

11 Strålkastarinställning – kontroll och justering

1 Strålkastarinställningen ska utföras av en Volvoverkstad eller annan specialist med tillgång till nödvändig optisk inställningsutrustning.
2 Som information kan nämnas att strålkastarna kan justeras vertikalt och horisontellt med justerarreglagen på baksidan av strålkastarenheten.
3 Vissa modeller är utrustade med elmanövrerad strålkastarinställning som styrs via en brytare på instrumentbrädan. På dessa modeller, se till att brytaren är satt i det avstängda läget innan strålkastarna justeras.

12 Strålkastarens styrmotor – demontering och montering

Demontering

1 Det här momentet blir betydligt enklare (särskilt monteringen) om strålkastarenheten tas bort enligt beskrivningen i avsnitt 10, även om detta inte är helt nödvändigt.
2 Koppla loss kontaktdonet på strålkastarnas styrmotor på baksidan av strålkastarenheten, om det inte redan är gjort.
3 Vrid motorn 90° moturs för att lossa bajonettfattningen.
4 Dra motorn bakåt, bort från armaturen, tills motorns axel lossnar från hylsan i strålkastarens reflektor. Ta bort motorn **(se bild)**.

Montering

5 Vrid strålkastarens höjdjusterarreglage på motorn moturs så långt det går för att skjuta ut motoraxeln helt.
6 Smörj änden av motoraxeln något med medeltjockt fett.
7 Lossa och ta bort den inre kåpan från

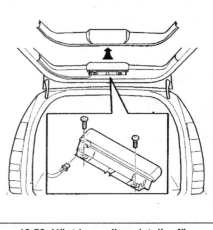

10.50 Högt bromsljus, detaljer för demontering – V70

strålkastarens baksida. Håll strålkastarens reflektor medan motorns kula hakas fast i reflektorhylsan **(se bild)**.
8 Vrid höjdjusterarreglaget medurs för att korta axeln tills motorn kan placeras i armaturen. Vrid motorn medurs för att låsa bajonettfattningen.
9 Återanslut kontaktdonen och kontrollera motorns funktion.
10 Låt en verkstad eller specialist kontrollera strålkastarinställningens grundinställning och justera den om det behövs.

13 Signalhorn – demontering och montering

Demontering

1 Öppna motorhuven och koppla loss kablaget från signalhornet.
2 Skruva loss signalhornet från fästbygeln och ta bort det **(se bild)**.

Montering

3 Montering sker i omvänd ordningsföljd.

12.4 Motorn tas bort från strålkastaren

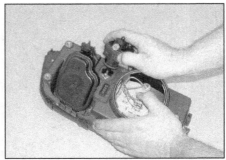

12.7 Håll strålkastarens reflektor medan motorn fästs

13.2 Signalhornets fästbult och kontaktdon

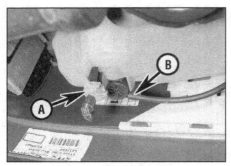

14.3 Kontaktdon (A) och vätskeslang (B) till vindrutans spolarpump

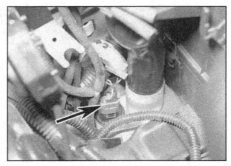

14.6 Bakrutans spolarpump och kontaktdon (vid pilen)

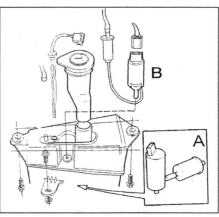

14.11 Spolarvätskebehållare och tillhörande komponenter

A *Vindrutans spolarpump*
B *Bakrutans spolarpump*

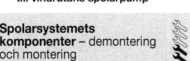

14 Spolarsystemets komponenter – demontering och montering

Vindrutans spolarpump

Demontering

1 Hissa upp bilens främre högra hörn med en domkraft och stöd den på pallbockar.
2 Placera en burk under behållaren. Var beredd på spill.
3 Använd en plattång och en skyddande trasa. Greppa spolarpumpen och dra ut den ur behållaren. Koppla loss kontaktdonet. Lossa sedan slangen och ta bort pumpen **(se bild)**.

Montering

4 Montering sker i omvänd ordningsföljd.

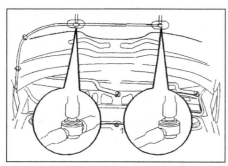

14.13 Främre spolarmunstyckets tillförselrör och anslutningsdetaljer är åtkomliga när motorhuven är öppen

Bakrutans spolarpump

Demontering

5 Arbeta inuti motorrummet. Ta bort spolarvätskebehållarens påfyllningsrör genom att dra det uppåt och ut ur tanken.
6 Använd en plattång och en skyddande trasa. Greppa spolarpumpen och dra den upp och ut ur behållaren. Koppla loss kontaktdonet. Lossa sedan slangen och ta bort pumpen **(se bild)**.

Montering

7 Monteringen sker i omvänd ordningsföljd mot demonteringen.

Spolarvätskebehållare

Demontering

8 Arbeta inuti motorrummet. Ta bort spolarvätskebehållarens påfyllningsrör genom att dra det uppåt och ut ur tanken.
9 Koppla loss vätskenivågivaren. Koppla även bort kontaktdonet och vätskeslangen från bakrutans spolarpump (om tillämpligt).
10 Arbeta under det främre högra hjulhuset. Koppla loss vätskeslangen och kontaktdonet vid spolarpumpen.
11 Skruva loss behållarens fästbultar och dra bort enheten under bilen **(se bild)**.

Montering

12 Monteringen sker i omvänd ordningsföljd.

Spolarmunstycken

Demontering

13 Om arbetet utförs på det bakre spolarmunstycket, ta bort relevant klädselpanel för

att att komma åt. Koppla sedan loss vätskeslangen. De främre spolarmunstyckena går att komma åt om motorhuven öppnas **(se bild)**.
14 Lossa munstycket från sin plats med hjälp av en djup hylsnyckel som trycker ihop sidohakarna och gör att munstycket kan tas bort.

Montering

15 Tryck in munstycket på sin plats tills sidohakarna fäster. Återanslut vätskeslangen.
16 Justera munstyckena med ett stift så att vätskan sprutas mitt på glaset.

Spolarvätskans nivågivare

17 Se avsnitt 7.

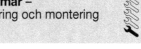

15 Torkararmar – demontering och montering

Demontering

1 Lyft upp eller bänd bort kåpan (där tillämpligt) och ta bort muttern i änden av torkararmen **(se bilder)**.
2 Dra bort armen från spindeln med en vridande rörelse. Då lossnar armen lättast **(se bild)**.

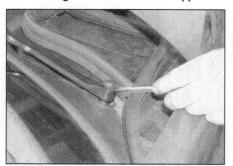

15.1a Bänd bort kåpan . . .

15.1b . . . och skruva bort torkararmens mutter

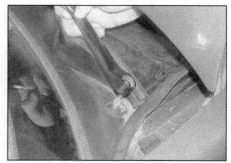

15.2 Dra bort torkararmen från den spårade spindeln

16.4 Lyft bort gummitätningen

16.5a Lossa fjäderklämmorna . . .

16.5b . . . och koppla loss dräneringsslangarna från torpedplåten

3 Om torkararmarna inte lossnar, montera muttern löst. Använd sedan en polygriptång (vattenpumpstång) under änden av torkararmen och på änden av spindeln för att lossa spårningen.

Montering

4 Slå på relevant torkare. Slå sedan av den ingen för att se till att motorn och länksystemet är parkerade. Placera vindrutetorkararmarna så att förarsidans arm är 35 mm från torpedplåten och så att passagerarsidans arm är 45 mm från kanten av torpedplåten. Placera bakrutans torkararm så att den är horisontell.

16 Vindrutans torkarmotor och länksystem – demontering och montering

Demontering

1 Slå på torkarna. Slå sedan av dem igen för att se till att motorn och länksystemet är parkerade.
2 Koppla loss batteriets minusledare.
3 Ta bort vindrutans torkararmar enligt beskrivningen i avsnitt 15.
4 Lyft bort gummitätningen från motorrummets bakkant **(se bild)**. Skruva sedan loss de fem Torx-skruvarna som fäster vindrutetorkarens torpedplåt vid ventilen i den främre delen.
5 Lossa fjäderklämmorna som håller fast de

16.6a Skruva loss de fyra skruvarna och ta bort säkringsdosans lock . . .

två dräneringsslangarna längst fram på torpedplåten med en passande tång **(se bilder)**.
6 Ta bort de fyra skruvarna som fäster säkringsdosans lock. Lyft sedan bort torpedplåten. Lossa den från gummitätningen i bakkanten **(se bilder)**.
7 Skruva loss de två bultarna som fäster fästramen vid torkarbrunnen **(se bild)**.
8 Haka loss ramen från dess plats. Notera hur styrstiftet sitter i mittenfästet. Koppla loss kontaktdonet och ta bort enheten från bilen **(se bilder)**.
9 Markera hur motorns vevarm är placerad i förhållande till ramen. Skruva loss muttern och ta bort vevarmen från motorn.
10 Skruva loss motorns tre fästbultar och ta bort motorn från ramen. Ramen och länkagearmarna utgör en enhet och kan inte bytas ut separat.

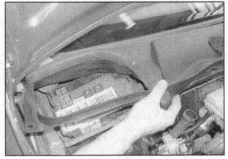

16.6b . . . ta sedan bort torpedplåten. Lossa den i bakkanten

Montering

11 Montera motorn vid ramen och fäst den med de tre fästbultarna.
12 Om en ny motor ska monteras, anslut tillfälligt kontaktdonen till bilen. Slå på motorn och slå av den igen för att se till att den är parkerad.
13 Placera vevarmen på motorn. Rikta in märkena som gjordes vid demonteringen med varandra. Håll fast vevarmen med en skiftnyckel för att hindra den från att rotera. Montera sedan muttern och dra åt den.
14 Alternativt, om en ny ram och ett nytt länksystem ska monteras: Ställ motorn i parkeringsläge och anslut vevarmen till motorn så att den är parallell med länksystemets arm direkt ovanför.
15 De hopsatta komponenterna kan nu monteras i omvänd ordning mot demonteringen.

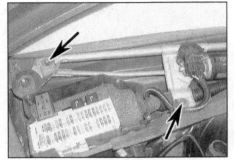

16.7 Torkarmotorramens fästbultar (vid pilarna)

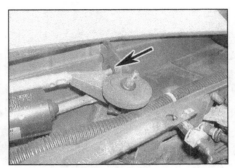

16.8a Haka loss torkarmotorns ram från fästet (vid pilen)

16.8b Koppla loss motorns kontaktdon och ta bort enheten

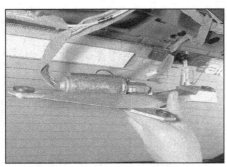

17.6 Bakrutans torkarmotor tas bort

17 Bakrutans torkarmotor – demontering och montering

Demontering

1 Slå på torkaren. Slå sedan av den ingen för att se till att motorn och länksystemet är parkerade.
2 Koppla loss batteriets minusledare.
3 Ta bort bakrutans torkararm enligt beskrivningen i avsnitt 15.
4 Ta bort bakluckans inre klädselpanel enligt beskrivningen i kapitel 11.
5 Skruva loss de tre muttrarna som fäster fästramen vid bakluckan.
6 Lossa ramen från sin plats. Koppla loss kontaktdonet och ta bort torkarmotorn från bilen **(se bild)**.
7 Markera hur motorns vevarm är placerad i förhållande till ramen. Skruva sedan loss muttern och ta bort vevarmen från motorn.
8 Skruva loss motorns tre fästbultar och ta bort motorn från ramen. Ramen och länkagearmen utgör en enhet och kan inte bytas ut separat.

Montering

9 Montera motorn vid ramen och fäst den med de tre fästbultarna.
10 Om en ny motor ska monteras, återanslut tillfälligt kontaktdonet till bilen. Slå på motorn och slå av den igen för att se till att den är parkerad.
11 Placera vevarmen på motorn. Rikta in märkena som gjordes vid demonteringen med

varandra. Håll fast vevarmen med en skiftnyckel för att hindra den från att rotera. Montera sedan muttern och dra åt den.
12 Alternativt, om en ny ram och ett nytt länksystem ska monteras: Ställ motorn i parkeringsläge enligt beskrivningen ovan och anslut sedan vevarmen till motorn så att den är parallell med länksystemets arm direkt ovanför.
13 De ihopsatta komponenterna kan nu monteras i omvänd ordningsföljd mot demonteringen.

18 Strålkastarnas torkarmotorer – demontering och montering

Vänster motor

Demontering

1 Koppla loss batteriets minusledare.
2 Lyft upp kåpan och ta bort muttern i änden av torkararmen och dra bort armen från spårningen. Använd en vridande rörelse för att armen ska lossna så lätt som möjligt. Koppla loss spolarslangen från torkararmen **(se bilder)**.
3 Ta bort strålkastar- och blinkersarmaturerna enligt beskrivningen i avsnitt 10.
4 Skruva loss de två bultarna som fäster motorn vid karossen.
5 Koppla loss torkarmotorns kontaktdon, som sitter placerat antingen ovanför strålkastarenheten eller framför kylaren, beroende på modell.
6 Ta bort kylarens vänstra fästbult helt. Lossa sedan den högra bulten så att kylaren kan flyttas något bakåt för att torkarmotorn ska kunna dras bort. Ta bort torkarmotorn från motorrummet.

Montering

7 Monteringen sker i omvänd ordningsföljd mot demonteringen. Var noga med att inte klämma spolarslangen när motorn monteras. Stäng av motorn och starta den igen så att den står i parkeringsläge innan torkararmen återmonteras.
8 Montera strålkastarens torkararm med bladet mot stoppet.

Höger motor (modeller utan luftkonditionering)

Demontering

9 Koppla loss batteriets minusledare.
10 Ta bort luftkanalen till ECU-boxen bakom strålkastaren. Ta bort spolarbehållarens påfyllningsrör genom att dra det uppåt och ut ur behållaren.
11 Ta bort strålkastarens torkararm enligt beskrivningen i punkt 2.
12 Koppla loss torkarmotorns kontaktdon ovanför strålkastarenheten.
13 Skruva loss de två bultarna som nu blir synliga och som fäster motorn vid karossen. Dra bort motorn från sin plats och ta bort den från motorrummet **(se bild)**.

Montering

14 Montering sker i omvänd ordningsföljd. Var noga med att inte klämma spolarslangen när motorn monteras. Stäng av motorn och starta den igen så att den står i parkeringsläge innan torkararmen monteras.
15 Montera strålkastarens torkararm genom att placera den med bladet precis nedanför stoppet. Fäst armen, lyft sedan bladet över stoppet.

Höger motor (modeller med luftkonditionering)

Demontering

16 Koppla loss batteriets minusledare.
17 Ta bort luftkanalen till ECU-boxen bakom strålkastaren. Ta bort spolarbehållarens påfyllningsrör genom att dra det uppåt och ut ur behållaren.
18 Lyft ut kylsystemets expansionskärl ur sitt fäste och flytta det så långt åt sidan som möjligt utan att koppla loss några av slangarna.
19 Koppla loss spolarmotorns anslutningskontakt, som sitter på kylarens fästpanel ovanför strålkastaren.
20 Ta bort strålkastarens torkararm enligt beskrivningen i punkt 2.
21 Ta bort höger strålkastarenhet enligt beskrivningen i avsnitt 10.

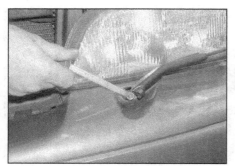

18.2a Ta bort torkararmens mutter . . .

18.2b . . . och koppla loss spolarslangen

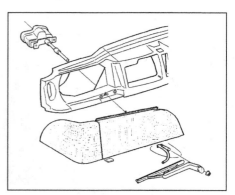

18.13 Höger strålkastares torkarmotor och tillhörande komponenter

22 Rengör ovansidan av locket till ECU-boxen så att inte smuts faller ner i boxen när locket tas bort. Lossa haken på sidan av locket, lyft bort locket och lägg det åt sidan.
23 Ta bort bulten som fäster den övre delen av ECU-boxen. Koppla sedan loss det bakre luftintagsröret från boxen. Lossa hakarna i framänden och sidan och lyft ut den övre delen **(se bild)**.
24 Skruva loss fästbulten till boxens nedre del. Flytta sedan boxen bakåt för att lossa den från karossen i framänden. Lyft upp boxens vajerkanal för att komma åt torkarmotorn.
25 Koppla loss torkarmotorns kontaktdon, som sitter antingen ovanför strålkastar-enheten eller framför kylaren, beroende på modell.
26 Ta bort de tre bultarna som fäster kylarens stödpanel och de två bultar som fäster motorn vid karossen **(se bild)**.
27 Dra bort kylarens fästpanel och torkar-motorn. Vänd motorn på sidan så att den går fri från närliggande komponenter, och ta bort den ur motorrummet.

Montering

28 Monteringen sker i omvänd ordningsföljd mot demonteringen. Tänk på följande:
  a) *Var noga med att inte klämma spolarslangen eller kablaget när motorn installeras.*
  b) *Stäng av motorn och starta den igen så att den står i parkeringsläge innan torkararmen återmonteras.*
  c) *Montera den högra strålkastarens torkararm genom att placera den med bladet precis nedanför stoppet. Fäst armen, lyft sedan bladet över stoppet.*

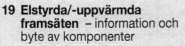

19 Elstyrda/-uppvärmda framsäten – information och byte av komponenter

Information

1 Ett elmanövrerat framsäte med program-merbart minne finns som tillval för både förare och passagerare. Sätet innehåller fyra elstyrda motorer, tre under sätet och en i ryggstödet. De tre motorerna under sätet reglerar höjden på sätesdynans fram och bakkant, samt hela sätets placering framåt och bakåt. Den fjärde motorn reglerar ryggstödets lutning.
2 En reglagepanel på sidan av sätet innehåller motorns reglage samt de minnesknappar som används för att lagra och justera olika inställningar.
3 Sätets funktioner styrs av en elektronisk styrenhet (ECU) som även har en diagnos-funktion. Om ett fel skulle uppstå i sätes-komponenterna eller reglagekretsen kommer en felkod att lagras i ECU-minnet. Felkoden kan sedan läsas med särskild diagnos-utrustning (normalt en felkodsläsare).

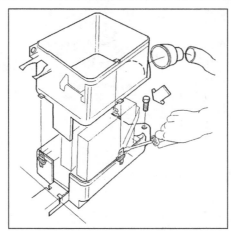

18.23 ECU-boxen tas bort för att strålkastartorkarmotorn ska bli åtkomlig

Byte av komponenter

⚠️ *Varning: Det finns risk för person-skador om sidokrockkudden utlöses av misstag under arbete med framsätet. Se till att den säker-hetsanordning som beskrivs nedan är installerad. Utsätt aldrig sidan av sätet för stötar. Vi rekommenderar starkt att allt arbete som rör framsätet överlåts till en Volvoverkstad. Se avsnitt 24 för ytterligare information om sidokrockkuddarna.*

4 Demontering och montering av någon av komponenterna till det elstyrda sätet (förutom reglagepanelen) innebär att sätets ECU måste kalibreras av en Volvoverkstad. Innan detta är gjort kommer de nya komponenterna inte att fungera korrekt och en felkod kommer att lagras i ECU-minnet. Be därför en Volvo-verkstad om råd vid alla andra åtgärder än demontering av reglagepanelen.

Reglagepanel

5 Se till att tändningen är avstängd, koppla sedan loss batteriets minusledare. Vänta i minst 10 minuter innan arbetet återupptas.
6 Koppla loss det gula kontaktdonet från ECU under sätesdynans framkant.
7 Ta bort sätets sidoutrymme genom att lossa den främre kanten och trycka bakåt.

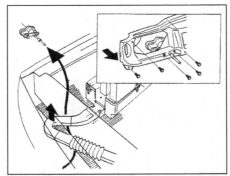

18.26 Höger strålkastartorkarmotor - detaljer för demontering

8 Ta loss det röda säkerhetsverktyget av plast från sin hållare i sidoutrymmet. Fäst sedan säkerhetsverktyget på sidokrock-kuddens givare på sidan av sätet.
9 Skruva loss de tre skruvarna på sido-utrymmets baksida, ta sedan bort reglage-panelen.
10 Montering sker i omvänd ordningsföljd.

Värmeelement

11 På modeller med uppvärmningsbara säten sitter värmeelement i både sätesdynan och ryggstödet. Om värmeelementen ska bytas måste all sätesklädsel tas bort helt och den inre ramen delvis tas isär.
12 Observera att demontering och montering av sätesklädseln kräver betydande skicklighet och erfarenhet om arbetet ska kunna utföras utan skador. Därför bör arbetet överlåtas till en Volvoverkstad. I praktiken är det mycket svårt för en person utan erfarenhet och utan tillgång till nödvändiga verktyg att utföra detta arbete utan att förstöra klädseln.
13 Arbetet försvåras ytterligare av risken för att sidokrockkudden skadas eller utlöses när sätet tas isär. Se varningen här intill.

Sätesvärmebrytare

14 Se avsnitt 4.

20 Ljudanläggning – demontering och montering

Observera: *Olika typer och modeller av radio/kassettbandspelare kan vara monterade i olika bilar beroende på modell, land och tillval. Demontering och montering för en av de vanligare typerna sker enligt följande.*

Demontering

1 Koppla loss batteriets minusledare. Om radion/kassettbandspelaren är utrustad med en stöldskyddskod, se informationen i avsnittet *Referenser* i slutet av den här hand-boken innan batteriet kopplas ifrån.
2 Demonteringshandtagen sitter dolda på sidorna av fronten. Tryck in handtagen så att de skjuts ut.
3 Dra långsamt handtagen bakåt och dra bort radion från instrumentbrädan tills det går att komma åt kablaget på baksidan **(se bild)**.

20.3 Dra ut radion från instrumentbrädan med de inbyggda handtagen

4 Koppla loss kablagets multikontakter och antennsladden. Ta sedan bort enheten från bilen **(se bilder)**.

Montering

5 Monteringen sker i omvänd ordningsföljd mot demonteringen. Avsluta med att trycka in demonteringshandtagen så att de döljs.

21 Högtalare – demontering och montering

Instrumentbrädans högtalare

1 Bänd försiktigt ut högtalargrillarna på sidan av instrumentbrädans övre del **(se bild)**.
2 Ta bort högtalaren genom att trycka ner mitten på plastnitarna och lyfta upp högtalaren **(se bild)**. Koppla loss kablaget och ta bort högtalaren.
3 Montering sker i omvänd ordningsföljd. Se till att högtalaren är korrekt placerad. Dra ut mitten på plastnitarna innan återmonteringen. Tryck sedan in mitten så de fäster.

Dörrhögtalare

4 Ta bort dörrklädseln enligt beskrivningen i kapitel 11.
5 Skruva loss högtalarens fästskruv i nederdelen. Vrid sedan plastfästena på sidorna 90°. Stöd högtalaren och bänd ut plastsprintarna på sidorna ur dörren **(se bilder)**.

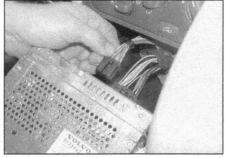

20.4a Koppla loss multikontakterna . . .

6 Ta loss högtalaren och koppla loss kontaktdonet **(se bild)**.
7 Monteringen sker i omvänd ordningsföljd mot demonteringen.

Bakre högtalare – S70 och C70

8 Arbeta i bagageutrymmet. Koppla loss kontaktdonen från nederdelen av varje högtalare. Notera hur de sitter placerade så att de kan sättas tillbaka på rätt plats.
9 Skruva loss högtalarfästskruvarna om de syns nedifrån. Högtalarna kan sedan lyftas ur bagagehyllan inifrån bilen.
10 Om skruvarna inte syns nedifrån ska högtalarkåporna bändas bort försiktigt. Högtalarna hålls fast antingen av skruvar eller av den sorts plastnitar som beskrivs i punkt 2 och 3. Lyft ut högtalarna ur bagagehyllan när de är lossade.
11 Montering sker i omvänd ordningsföljd.

20.4b . . . och antennsladden från enhetens baksida

Bakre högtalare – V70

12 Arbeta i bagageutrymmet. Lossa bakljusarmaturens åtkomstkåpa med hjälp av en skruvmejsel.
13 Skruva loss de fyra högtalarfästskruvarna. Ta bort högtalaren och koppla loss kontaktdonen.
14 Montering sker i omvänd ordningsföljd.

22 Radioantenn – allmän information

På S70- och C70-modeller kan olika antenner finnas monterade som standard eller tillval, beroende på modell och marknad. Antennen sitter normalt fäst vid den vänstra bakskärmen. Man kommer åt antennenheten

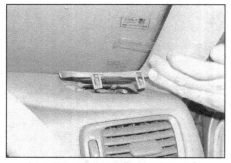

21.1 Bänd loss högtalargrillen från instrumentbrädans ovansida

21.2 Tryck ner plastnitarnas mitt (vid pilarna) för att lossa högtalaren

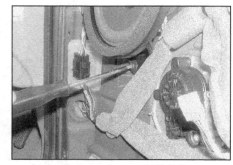

21.5a Ta bort skruven i högtalarens nederdel . . .

21.5b . . . vrid sedan plastfästena 90° och använd ett flatbladigt verktyg . . .

21.5c . . . för att bända ut sprintarna ur dörren

21.6 Koppla loss kontaktdonet från högtalaren

genom att ta bort den vänstra sidoklädselpanelen i bagageutrymmet. Demonteringen bör vara relativt enkel. Koppla loss kablaget till antennen allt efter behov. Ta sedan bort fästskruvarna (elektriskt reglerad antenn) eller muttern vid antennbasen inuti skärmen (manuellt reglerad antenn). Ingen specifik information angående demontering och montering fanns tillgänglig när denna handbok skrevs.

På V70-modeller består antennen av en tunn metalltråd infälld i glaset på bakrutans vänstra sida. Antennen arbetar tillsammans med en signalförstärkare som sitter bakom klädselpanelen under bakrutan. Mindre brott på metalltråden kan gå att laga med speciell metallpasta, men de bör helst åtgärdas av en specialist för att resultatet ska bli bra.

Om antennen skulle gå sönder eller om ljudkvaliteten skulle försämras bör en Volvoverkstad eller en specialist på ljudanläggningar kontaktas. Flera antennproblem, som t.ex. elfel, beror på dåliga anslutningar. Kontrollera antennens anslutningskontakter både vid själva antennen och på radions baksida (ta bort radion enligt beskrivningen i avsnitt 20 för att komma åt). Vissa antenner måste ha en bra jordanslutning mellan antennfästet och bilens kaross. Ta bort antennen och rengör dess anslutningspunkt på karossen om det behövs. Löd fast en bit ledning vid antennen och anslut den andra änden till en känd bra jordpunkt om ett jordfel misstänks.

Det är möjligt att antennens kablage har gått av eller kortslutits någonstans. Detta kan kontrolleras med ett kontinuitetstest. Anslut lämpliga längder av ledning till antennsladdens båda ändar. Kontrollera kontinuiteten med en ohmmätare. Kontinuitet visas genom att mätaren ger ett annat utslag än oändlighet.

23 Tjuvlarm och motorns immobiliser – allmän information

Observera: *Den här informationen gäller endast de system som monteras av Volvo som originalutrustning.*

Alla modeller är utrustade med tjuvlarm, och de flesta är även utrustade med ett immobilisersystem.

Immobiliser

Det elektroniska immobilisersystemet aktiveras automatiskt när startnyckeln tas ut ur tändningslåset. När det aktiveras bryter det tändningskretsen och hindrar motorn från att startas.

Systemet slås av på följande sätt när startnyckeln sätts in i tändningslåset. Startnyckelns överdel innehåller ett sändarmikrochip, och tändningslåset innehåller en läsarspole. När nyckeln sticks in i låset läser spolen av signalen från mikrochipet och avaktiverar immobilisern. Det är av största vikt

att etiketten med nyckelnumret inte tappas bort (den följer med den nya bilen). Alla extranycklar måste beställas hos en Volvoverkstad som i sin tur måste ha nyckelnumret för att kunna skaffa en kopia. De nycklar som tillverkas någon annanstans kommer att fungera på dörrlåsen, men de kommer inte att innehålla sändarchipet som behövs för att avaktivera immobilisern så att motorn kan startas.

Immobiliserns läsarspole kan tas bort från tändningslåset när rattstångens nedre kåpa är borttagen. I skrivande stund är det dock oklart huruvida en ny läsarspole kan passas ihop med en viss nyckel eller styrenhet.

Alla problem eller åtgärder som rör immobilisern ska överlåtas till en Volvoverkstad eftersom det krävs särskild elektronisk utrustning för att diagnostisera felen och för att passa ihop de olika komponenterna.

Tjuvlarm

Ett tjuvlarm finns monterat som standardutrustning. Larmet har brytare på alla dörrar (inklusive bakluckan), på motorhuven och tändningslåset. Om bakluckan, motorhuven eller någon av dörrarna öppnas eller om tändningslåset slås på medan larmet är aktiverat kommer en larmsignal att ljuda och varningslamporna att blinka. Larmet har även en immobiliserfunktion som gör att tändningen inte fungerar när larmet aktiveras.

Larmsystemet kan uppgraderas med olika tillval för att höja säkerheten ytterligare:

a) *Glaskrossgivaren registrerar ljudet av glas som krossas, som t.ex. när en sidoruta eller bakrutan attackeras av en tjuv som försöker ta sig in. Om en sådan givare inte finns monterad och om dörrarna inte öppnas kommer inte standardlarmet att börja tjuta. Kombimodeller har resistansledningar (liknande de till den uppvärmda bakrutan) monterade i rutorna till de bakre sidofönstren. När glaset går sönder bryts strömflödet genom ledningarna och larmet börjar tjuta.*

b) *Rörelsesensorn registrerar rörelser inne i bilen. Om någon har tagit sig in utan att larmet börjat tjuta sätter rörelsesensorn igång larmet. Systemet består av en sändare och en sensor. Sändaren sänder ut en högfrekvent vågsignal som registreras av sensorn. Om vågmönstret störs eller avbryts sätter larmet igång.*

c) *Lutningssensorn registrerar rörelser i karossen, i synnerhet förändringar i bilens lutning när den hissas upp med domkraft. Sensorn har ofta formen av en kvicksilverbrytare, men den kan också vara av typen kullager och skålskiva. När larmet är aktiverat och brytarens placering har noterats kommer alla försök att gunga bilen eller att hissa upp den få larmet att börja tjuta.*

d) *Extrabatteriet är kanske det mest användbara av alla tillvalen. Ett av det*

vanligaste sätten att sätta ett larm ur funktion är att koppla ur bilbatteriet. Om ett extrabatteri finns monterat kommer larmet att tjuta även när huvudbatteriet kopplats ur.

Signaler från larmsystemets brytare och kontakter som sitter inbyggda i låsen till dörrarna, motorhuven och bakluckan skickas till en central styrenhet inuti bilen när systemet aktiveras. Styrenheten övervakar signalerna och aktiverar larmet om någon av signalerna bryts, eller om någon försöker starta bilen (eller tjuvkoppla tändningen).

Systemets status visas med en blinkande lysdiod placerad mitt på instrumentbrädan.

Tänk på följande om ett fel uppstår på larmsystemet:

a) *Precis som med annan elektrisk utrustning beror många fel på dåliga anslutningar eller dålig jord.*

b) *Kontrollera att alla brytarna i dörrar, motorhuv och baklucka fungerar samt att all innerbelysning fungerar.*

c) *Larmsystemet kan bete sig underligt om bilbatteriet är i dåligt skick eller om batteriets anslutningar är lösa.*

d) *Om systemet fungerar som det ska men ofta ger falskt larm kan en Volvoverkstad minska känsligheten hos några av systemets sensorer (i förekommande fall).*

e) *Helst bör bilen lämnas in till en Volvoverkstad eller en verkstad med lämplig utrustning för undersökning. Dessa kommer att ha tillgång till en särskild diagnostestare som snabbt kan spåra alla fel i systemet.*

24 Säkerhetssystem – allmän information och föreskrifter

Allmän information

Ett säkerhetssystem av någon typ finns som standard eller tillval beroende på modell och marknad.

Systemets huvudkomponent består av en krockkudde på förarsidan som är utformad för att skydda föraren mot allvarliga bröst- och skallskador vid en olycka. På vissa modeller finns en liknande krockkudde som tillval till passagerarsätet. En krockgivare som känner av frontalkrockar sitter placerad under mittkonsolen, med en standby-kraftenhet monterad bredvid. Krockgivaren innehåller en fartminskningsgivare och en ECU med mikroprocessor för att registrera kraften i krocken och för att lösa ut krockkudden när det behövs. Krockkudden blåses upp av en gasgenerator som tvingar ut kudden ur modulkåpan i rattens mitt, eller ut ur en kåpa på instrumentbrädan på passagerarsidan. En kontaktrulle bakom ratten, ovanför rattstången, ser till att god elektrisk förbindelse alltid upprätthålls med krockkudden trots att ratten vrids i båda riktningarna.

25.2 En av krockkuddens fästskruvar tas bort från rattens baksida

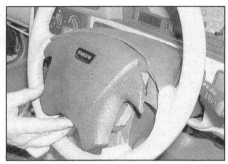

25.4a Lyft ut krockkuddemodulen . . .

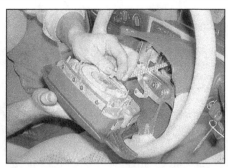

25.4b . . . och koppla loss kontaktdonet på baksidan

Utöver krockkuddeenheterna innehåller säkerhetssystemet även pyrotekniska säkerhetsbältessträckare som regleras av gaskassetter i säkerhetsbältets haspelenhet. De pyrotekniska enheterna utlöses liksom krockkudden av krockgivaren och sträcker säkerhetsbältena så att de ger bättre skydd vid en krock.

Alla modeller är även försedda med ett sidokrockskyddssystem (SIPS) som standardutrustning. I sitt grundutförande utgör SIPS-systemet en del av fordonsstrukturen och där förstärkningar används för att fördela kraften från en sidokrock genom karossen. Detta görs genom att de nedre delarna av dörrarna och dörrstolparna förstärks och genom att förstärkningsstag monteras i sätena och i mittkonsolen. På det sättet absorberas kraften från en sidokrock av hela karosstrukturen, vilket ger en oslagbar motståndskraft mot krockar.

Utöver karossförstärkningarna är alla modeller utrustade med främre sidokrockkuddar. Sidokrockkudden är en krockkudde placerad i en modul i sidan av framsätet. Enheten utlöses vid en kraftig sidokrock. Sidokrockkudden blåses upp av två gasgeneratorer som gör att kudden bryter sig ut ur modulkåpan, river upp sätesklädselns söm och blåses upp i till full storlek mot dörren.

Föreskrifter

⚠ *Varning: För att säkerhetssystemet ska kunna hanteras utan risk krävs att Volvos specialutrustning används. Alla försök att ta isär krockkudden, sidokrockkudden,*

krockgivarna, kontaktspolen, säkerhetsbältessträckarna eller tillhörande kablage och komponenter utan rätt utrustning och utan de specialistkunskaper som behövs för att använda utrustningen korrekt, kan leda till allvarliga personskador och/eller ett defekt system. Därför är de enda åtgärder rörande säkerhetssystemets komponenter som behandlas i den här handboken de som är absolut nödvändiga för att komma åt andra komponenter eller system. Det är av absolut största vikt att allt annat arbete som rör säkerhetssystemet överlåts till en Volvoverkstad.

Innan någon åtgärd utförs på säkerhetssystemets komponenter, koppla loss batteriets minuspol och vänta minst 10 minuter innan arbetet återupptas.

Var ytterst försiktig vid hanteringen av krockkudden för att undvika personskador. Håll alltid enheten med kåpan riktad bort från kroppen. Vid tveksamheter angående arbete med krockkudden eller dess styrningskrets bör en Volvoverkstad kontaktas.

Observera att krockkudden/-kuddarna inte får utsättas för temperaturer över 90°C. När krockkudden demonteras, förvara den med rätt sida upp för att förhindra att den blåses upp av misstag.

Låt inga lösningsmedel eller rengöringsmedel komma i kontakt med krockkudden. De får endast rengöras med en fuktig trasa.

Både krockkudden/-kuddarna och styrenheten är känsliga för stötar. Om de tappas eller skadas måste de bytas ut.

Koppla loss kontaktdonet till krockkuddens styrenhet innan någon svetsning utförs på bilen.

25 Säkerhetssystem – byte av komponenter

Observera: *Läs varningarna i avsnitt 25 innan arbetet fortsätts.*

Förarsidans krockkudde

Demontering

1 Koppla loss batteriets minusledare och vänta i 10 minuter innan arbetet återupptas.
2 Använd en lämplig hylsnyckel av Torx-typ, skruva loss krockkuddemodulens två fästskruvar från rattens baksida. Vrid ratten 90° i båda riktningarna för att komma åt skruvarna **(se bild)**.
3 Vrid tillbaka ratten så att hjulen pekar rakt fram.
4 Lyft ut krockkuddemodulen från ratten. Koppla loss kontaktdonet på baksidan och ta bort den från bilen **(se bilder)**.

⚠ *Varning: Placera krockkuddemodulen på ett säkert ställe med mekanismen nedåt som en säkerhetsåtgärd mot att enheten löses ut av misstag. Försök inte öppna eller reparera krockkuddemodulen och anslut ingen ström till den. Använd inte en krockkudde som är synbart skadad eller som har utsatts för åverkan utifrån.*
5 Spärra krockkuddens kontaktrulle med hjälp av plastbandet i ratten. Ta bort skruven längst ner till vänster på ratten. Se till att skruven inte tas bort från plastbandet och stick in skruven i hålet i kontaktrullens övre högra del **(se bilder)**. När rullen har spärrats får ratten inte vridas, då skadas rullen.

Montering

6 Lossa kontaktrullen genom att ta bort skruven som fäster plastremsan och sätta tillbaka den på sin ursprungliga plats.
7 Stöd krockkuddemodulen på nederkanten av rattnavet. Återanslut kontaktdonet. Vrid upp krockkuddemodulen på sin plats och kontrollera noga att kablaget inte hamnar i kläm.

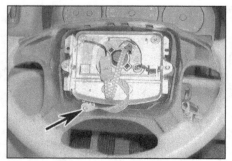

25.5a Ta bort skruven från dess ursprungliga plats (vid pilen) . . .

25.5b . . . och använd den för att spärra kontaktrullen genom att skruva in den enligt bilden

8 Sätt i krockkuddemodulens fästskruvar och dra åt till angivet moment.
9 Se till att ingen befinner sig i bilen. Slå på tändningen och återanslut batteriets minusledare. Slå av tändningen och slå på den igen. Kontrollera att säkerhetssystemets varningslampa tänds och sedan slocknar inom 15 sekunder.

Kontaktrulle till förarsidans krockkudde

Demontering

10 Demontera krockkuddemodulen enligt beskrivningen ovan och ta bort ratten enligt beskrivningen i kapitel 10.
11 Var noga med att inte vrida kontaktenheten. Skruva loss de tre fästskruvarna och ta bort kontakten från ratten. Koppla loss kontaktdonet **(se bild)**.

Montering

12 Om en ny kontaktenhet ska monteras, klipp av vajerklämman som sitter monterad för att hindra enheten från att rotera av misstag.
13 En ny rulle bör vara centraliserad när den införskaffas. Om den inte är det, eller om det finns en möjlighet att enheten inte är centraliserad, ska följande åtgärder vidtas. Vrid rullen försiktigt medurs så långt det går. Vrid sedan tillbaka den moturs ungefär tre varv. Fortsätt vrida tills tappen på rullen pekar snett upp åt höger. Spärra rullen i det här läget genom att skruva in låsskruven som sitter monterad i fästbandet av plast.
14 Montera enheten på ratten och dra åt fästskruvarna ordentligt.
15 Montera ratten enligt beskrivningen i kapitel 10, och krockkuddemodulen enligt beskrivningen ovan.

Passagerarsidans krockkudde

Demontering

16 Koppla loss batteriets minusledare och vänta i 10 minuter innan arbetet återupptas.
17 Skruva loss de sex skruvarna på handskfackets framsida. Dra sedan handskfacket bakåt för att lossa fästklämmorna och ta bort det från instrumentbrädan.
18 Kontrollera att batteriet är urkopplat. Koppla sedan loss kontaktdonet från krockkuddemodulens nederdel.
19 Skruva loss de tre skruvar som fäster krockkuddemodulens fästbygel ovanför handskfacket. Ta sedan bort de sex muttrar som fäster modulen vid insidan av instrumentbrädan.

Montering

20 Montering sker i omvänd ordningsföljd.
21 Se till att ingen befinner sig i bilen. Slå på tändningen och återanslut batteriets minusledare. Slå av tändningen och slå på den igen. Kontrollera att säkerhetssystemets varningslampa tänds och sedan slocknar inom 15 sekunder.

Krockkuddens styrenhet

Demontering

22 Krockkuddens styrenhet sitter monterad i mitten av bilen, under mittkonsolens främre del mellan handbromsen och växelspaken. Styrenheten innehåller krockgivaren.
23 Demontera mittkonsolen enligt beskrivningen i kapitel 11.
24 Det kan vara nödvändigt att skära en liten skåra i mattan för att komma åt styrenheten.
25 Lossa fästhaken och koppla loss kontaktdonet från sidan av enheten.
26 Skruva loss fästmuttrarna och ta bort styrenheten från bilen.

Montering

27 Montering sker i omvänd ordningsföljd.
28 Se till att ingen befinner sig i bilen. Slå på tändningen och återanslut batteriets minusledare. Slå av tändningen och slå på den igen. Kontrollera att säkerhetssystemets varningslampa tänds och sedan slocknar inom 15 sekunder.

Sidokrockkuddar

29 Sidokrockkuddarna är inbyggda i framsätena. Om de ska demonteras måste sätesklädseln tas bort. Detta anses inte vara en lämplig uppgift för hemmamekanikern och bör därför överlåtas åt en Volvoverkstad.

26 Centrallåsets komponenter – demontering och montering

Låsmotorer

1 Det är enklast att ta bort låsmotorn när låsmekanismen är helt borttagen, enligt beskrivningen i kapitel 11, avsnitt 11.
2 Skruva loss och ta bort kåpans/motorns fästskruvar och lyft bort kåpan.
3 Lyft ut motorn och kontaktdonet från

låsenheten. Löd loss kablaget från kontaktdonet. Notera hur det är anslutet. Ta sedan bort motorn fullständigt.
4 Montering sker i omvänd ordningsföljd. Kontrollera motorns funktion innan dörrens klädselpanel återmonteras.

Dörrlåsets mikrokontakt

5 Ta bort låsenheten enligt beskrivningen i kapitel 11, avsnitt 11.
6 Ta bort kåpans fästskruvar. Ta sedan bort låsenhetens kåpa.
7 Koppla loss kontaktens kablage från urtaget på låsenheten. Bänd sedan bort kontakten från sin plats.
8 Löd loss kablaget. Notera hur det är anslutet. Ta sedan bort kontakten fullständigt.
9 Montering sker i omvänd ordningsföljd. Kontrollera motorns funktion innan dörrens klädselpanel återmonteras.

Mikrokontakt till bak-/bagageluckans lås

10 Ta bort bakluckans handtag enligt beskrivningen i kapitel 11.
11 Lossa kåpan som sitter över kontakten för att komma åt dess kablage.
12 Kontaktens kablage måste lödas loss för att kontakten ska kunna tas loss. Notera hur alla kablar är placerade för att underlätta återmonteringen.
13 Montering sker i omvänd ordningsföljd. Kontrollera motorns funktion innan dörrens klädselpanel återmonteras.

Styrenhet(er)

Centrallåsets styrenhet

14 Koppla loss batteriets minusledare och placera ledaren på avstånd från batterianslutningarna.
15 Centrallåsets huvudstyrenhet är placerad inuti bilen. Beroende på modell sitter den antingen bakom handskfacket eller bakom den nedre instrumetbrädan på förarsidan.

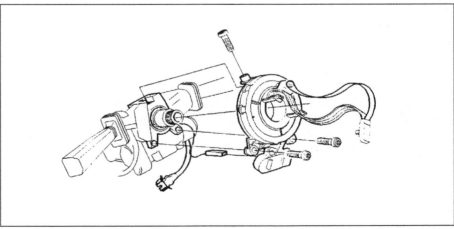

25.11 Kontaktrullen till förarsidans krockkudde – detaljer för demontering

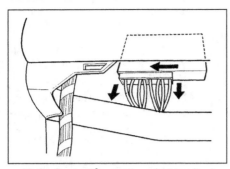

26.17 Centrallåsets styrenhet tas bort

Demontering från förarsidan på vänsterstyrd modell visas

16 Ta bort dekorpanelerna till den nedre delen av instrumentbrädan från förarsidan och passagerarsidan. Lokalisera sedan styrenheten under intrumentbrädan. På modeller med styrenheten på passagerarsidan kan det underlätta om handskfacket demonteras enligt beskrivningen i kapitel 11, avsnitt 29.

17 Tryck styrenheten åt vänster för att lossa den från sin fästbygel. Koppla sedan loss kontaktdonen och ta bort styrenheten **(se bild)**. Observera att larmets och immobiliserns funktioner är inbygga i centrallåsets styrenhet.

18 Montering sker i omvänd ordningsföljd.

Mottagarenhet till fjärrmanövrerat lås/larm

19 Mottagaren är placerad ovanpå instrumentpanelen – se avsnitt 6 för detaljer angående demontering.

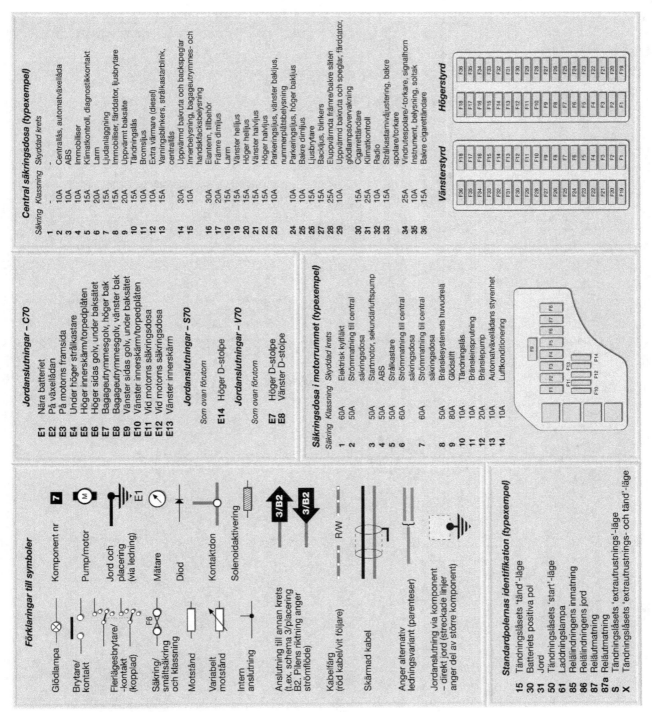

Central säkringsdosa (typexempel)

Säkring	Klassning	Skyddad krets
1	–	–
2	10A	Centrallås, automatväxellåda
3	10A	ABS
4	15A	Immobiliser
5	15A	Klimatkontroll, diagnostikkontakt
6	20A	Larm
7	15A	Ljudanläggning
8	15A	Immobiliser, färddator, ljusbrytare
9	20A	Uppvärmt baksäte
10	15A	Tändningslås
11	10A	Bromsljus
12	10A	Extra värmare (diesel)
13	15A	Varningsblinkers, strålkastarblink, centrallås
14	30A	Uppvärmd bakruta och backspeglar
15	10A	Innerbelysning, bagageutrymmes- och handskfacksbelysning
16	30A	Elantenn, tillbehör
17	20A	Främre dimljus
18	15A	Larm
19	15A	Vänster helljus
20	15A	Höger helljus
21	15A	Vänster halvljus
22	15A	Höger halvljus
23	10A	Parkeringsljus, vänster bakljus, nummerplåtsbelysning
24	10A	Parkeringsljus, höger bakljus
25	15A	Bakre dimljus
26	15A	Ljusbrytare
27	15A	Backljus, blinkers
28	25A	Eluppvärmda främre/bakre säten
29	25A	Uppvärmd bakruta och speglar, färddator, glödlampsövervakning
30	15A	Cigarettändare
31	25A	Klimatkontroll
32	10A	Radio
33	15A	Strålkastarnivåjustering, bakre spolare/torkare
34	25A	Vindrutespolare/-torkare, signalhorn
35	10A	Instrument, belysning, soltak
36	15A	Bakre cigarettändare

Högerstyrd — fuse layout F1–F36

Vänsterstyrd — fuse layout F1–F36

Jordanslutningar – C70

E1	Nära batteriet
E2	På växellådan
E3	På motorns framsida
E4	Under höger strålkastare
E5	Höger innerskärm/torpedplåten
E6	Höger sidas golv, under baksätet
E7	Bagageutrymmesgolv, höger bak
E8	Bagageutrymmesgolv, vänster bak
E9	Vänster sidas golv, under baksätet
E10	Vänster innerskärm/torpedplåten
E11	Vid motorns säkringsdosa
E12	Vid motorns säkringsdosa
E13	Vänster innerskärm

Jordanslutningar – S70
Som ovan förutom

E14	Höger D-stolpe

Jordanslutningar – V70
Som ovan förutom

E7	Höger D-stolpe
E8	Vänster D-stolpe

Säkringsdosa i motorrummet (typexempel)

Säkring	Klassning	Skyddad krets
1	60A	Elektrisk kylfläkt
2	50A	Strömmatning till central säkringsdosa
3	50A	Startmotor, sekundärluftspump
4	50A	ABS
5	50A	Strålkastare
6	60A	Strömmatning till central säkringsdosa
7	60A	Strömmatning till central säkringsdosa
8	50A	Bränslesystemets huvudrelä
9	80A	Glödstift
10	10A	Tändningslås
11	10A	Bränsleinsprutning
12	20A	Bränslepump
13	10A	Automatväxellådans styrenhet
14	10A	Luftkonditionering

Förklaringar till symboler

- Glödlampa
- Brytare/kontakt
- Flerlägesbrytare/-kontakt (kopplad)
- Säkring/smältsäkring och klassning
- Motstånd
- Variabelt motstånd
- Intern anslutning
- Anslutning till annan krets (t.ex. schema 3/placering B2. Pilens riktning anger strömflöde)
- Kabelfärg (röd kabel/vit följare) R/W
- Skärmad kabel
- Anger alternativ ledningsvariant (parenteser)
- Jordanslutning via komponent – direkt jord (streckade linjer anger del av större komponent)

- Komponent nr
- Pump/motor
- Jord och placering (via ledning) E1
- Mätare
- Diod
- Kontaktdon
- Solenoidaktivering

Standardpolernas identifikation (typexempel)

15	Tändningslåsets 'tänd'-läge
30	Batteriets positiva pol
31	Jord
50	Tändningslåsets 'start'-läge
61	Laddningslampa
85	Relälindningens inmatning
86	Relälindningens jord
87	Reläutmatning
87a	Reläutmatning
S	Tändningslåsets 'extrautrustnings'-läge
X	Tändningslåsets 'extrautrustnings- och tänd'-läge

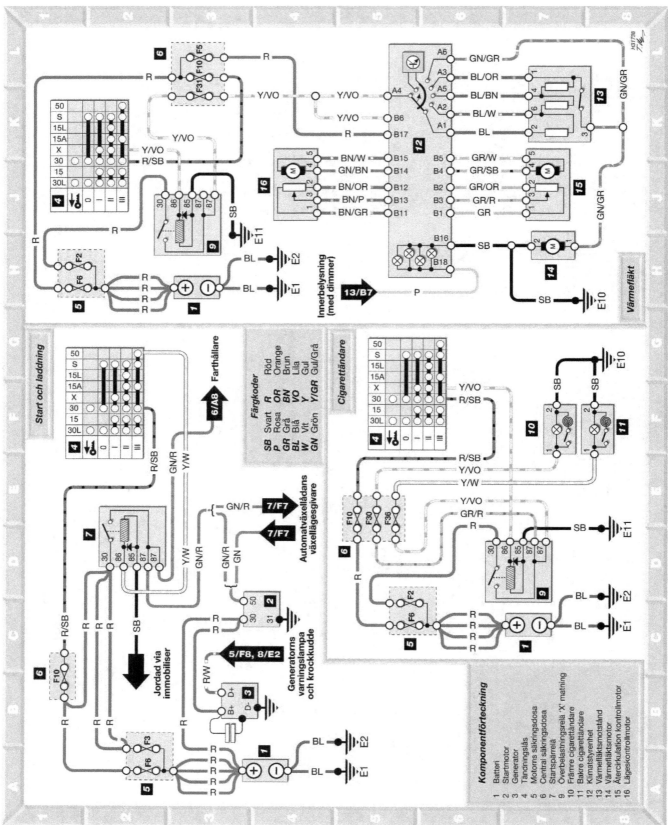

Kopplingsschema 2: Start, laddning, cigarettändare och värmefläkt

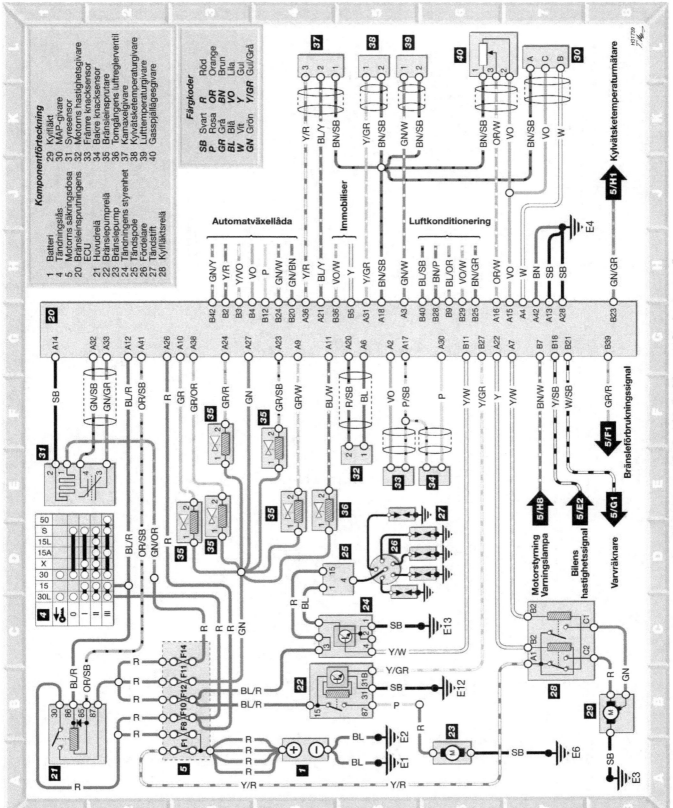

Kopplingsschema 3: Fenix 5.2 bränsleinsprutning (typexempel)

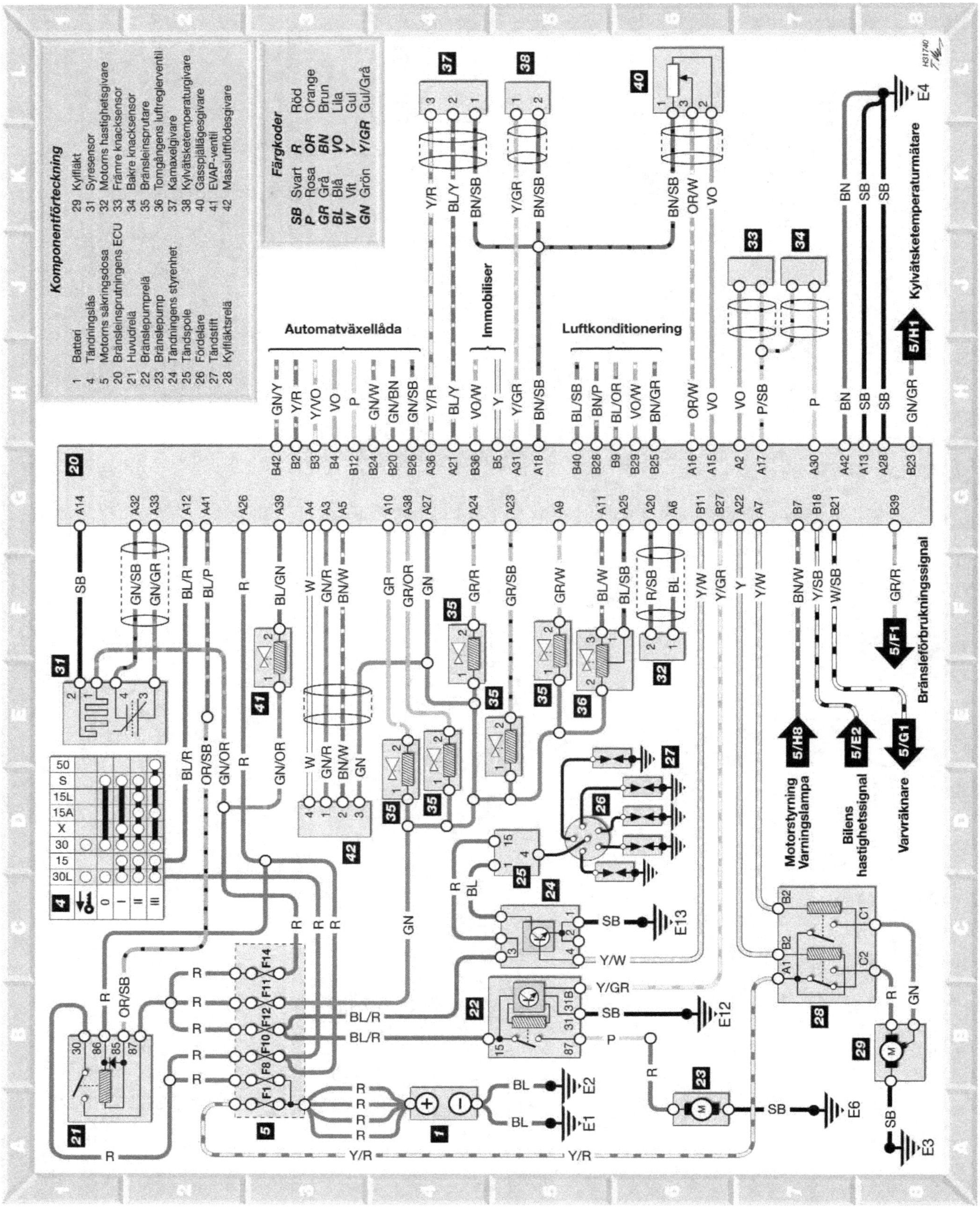

Komponentförteckning

1 Batteri
4 Tändningslås
5 Motorns säkringsdosa
20 Bränsleinsprutningens ECU
21 Huvudrelä
22 Bränslepumprelä
23 Bränslepump
24 Tändningens styrenhet
25 Tändspole
26 Fördelare
27 Tändstift
28 Kylfläktsrelä
29 Kylfläkt
31 Syresensor
32 Motorns hastighetsgivare
33 Främre knacksensor
34 Bakre knacksensor
35 Bränsleinsprutare
36 Tomgångens luftreglerventil
37 Kamaxelgivare
38 Kylvätsketemperaturgivare
40 Gasspjällägesgivare
41 EVAP-ventil
42 Massluftflödesgivare

Färgkoder

SB Svart | R Röd
P Rosa | OR Orange
GR Grå | BN Brun
BL Blå | VO Lila
W Vit | Y Gul
GN Grön | Y/GR Gul/Grå

Automatväxellåda

Immobiliser

Luftkonditionering

Kylvätsketemperaturmätare

5/H1

Bränsleförbrukningssignal

5/F1

5/H8

Motorstyrning Varningslampa

5/E2

Bilens hastighetssignal

5/G1

Varvräknare

Kopplingsschema 4: Motronic 4.3/4.4 bränsleinsprutning

H31740

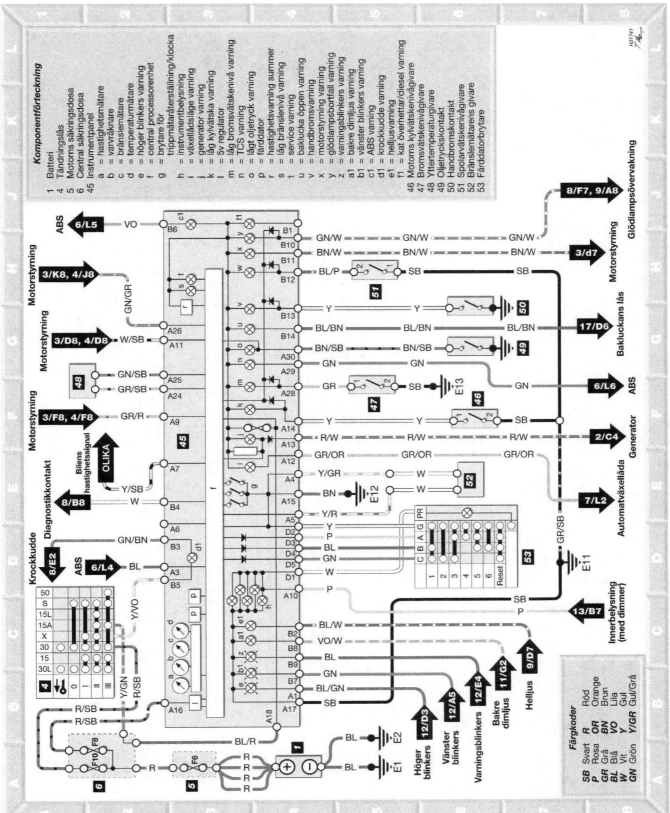

Kopplingsschema 5: Instrumentpane

Komponentförteckning

1 Batteri
4 Tändningslås
5 Motorns säkringsdosa
6 Central säkringsdosa
45 Instrumentpanel

a = hastighetsmätare
b = varvräknare
c = bränslemätare
d = temperaturmätare
e = höger blinkers varning
f = central processorenhet
g = brytare för
     tripmätaråterställning/klocka
h = instrumentbelysning
_ = växellådsläge varning
j = generator varning
k = låg kylvätska varning
l = 5v regulator
m = låg bromsvätskenivå varning
n = TCS varning
o = lågt oljetryck varning
p = färddator
r = hastighetsvarning summer
s = låg bränslenivå varning
t = service varning
u = baklucka öppen varning
v = handbromsvarning
x = motorstyrning varning
y = glödlampsbortfall varning
z = varningsblinkers varning
a1 = bakre dimljus varning
b1 = vänster blinkers varning
c1 = ABS varning
d1 = krockkudde varning
e1 = helljusvarning
f1 = kat överhettar/diesel varning
46 Motorns kylvätskenivågivare
47 Bromsvätskenivågivare
48 Yttertemperaturgivare
49 Oljetryckskontakt
50 Handbromskontakt
51 Spolarvätskenivågivare
52 Bränslemätarens givare
53 Färddatorbrytare

Färgkoder

SB	Svart	**R**	Röd	
P	Rosa	**OR**	Orange	
GR	Grå	**BN**	Brun	
BL	Blå	**VO**	Lila	
W	Vit	**Y**	Gul	
GN	Grön	**Y/GR**	Gul/Grå	

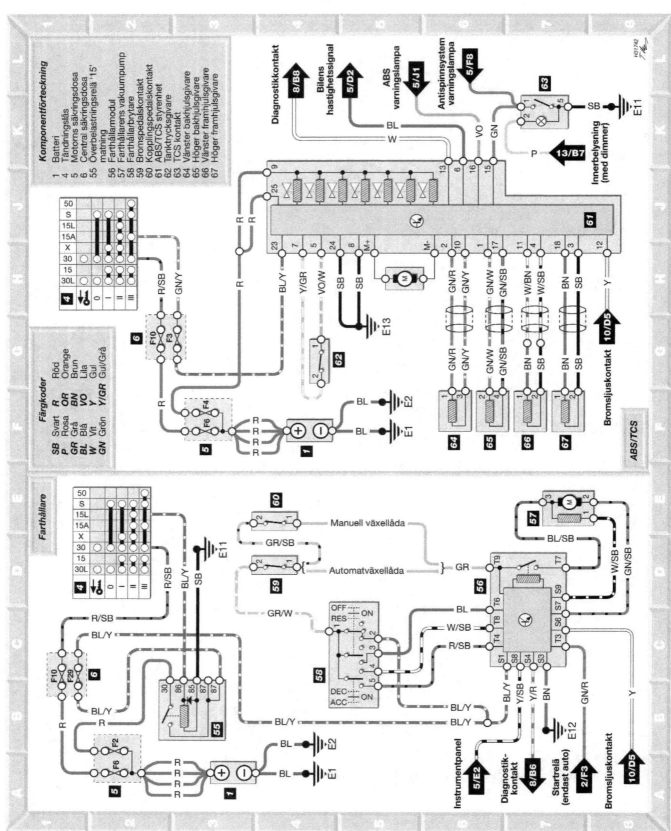

Kopplingsschema 6: Farthållare, ABS och antispinnsystem (TCS)

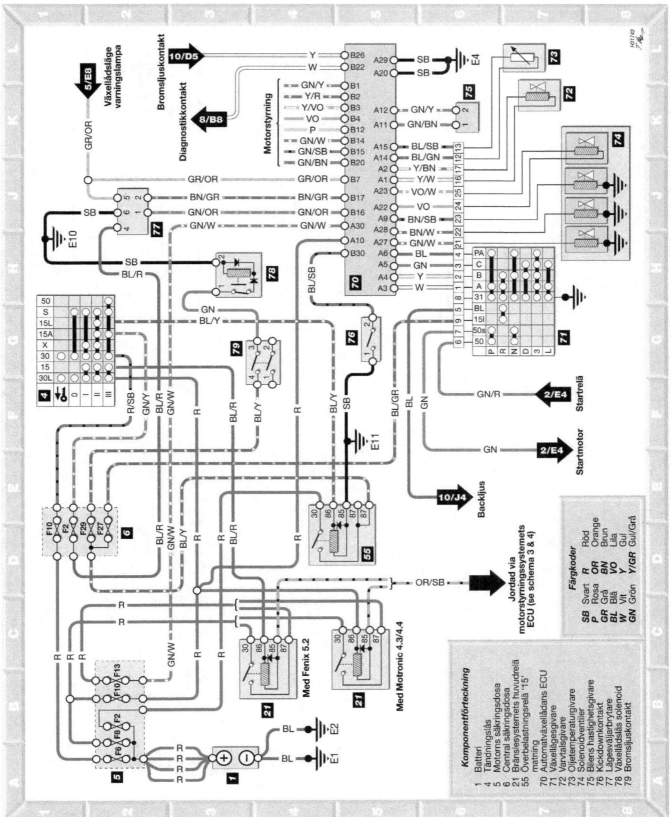

Kopplingsschema 7: Automatväxellåda

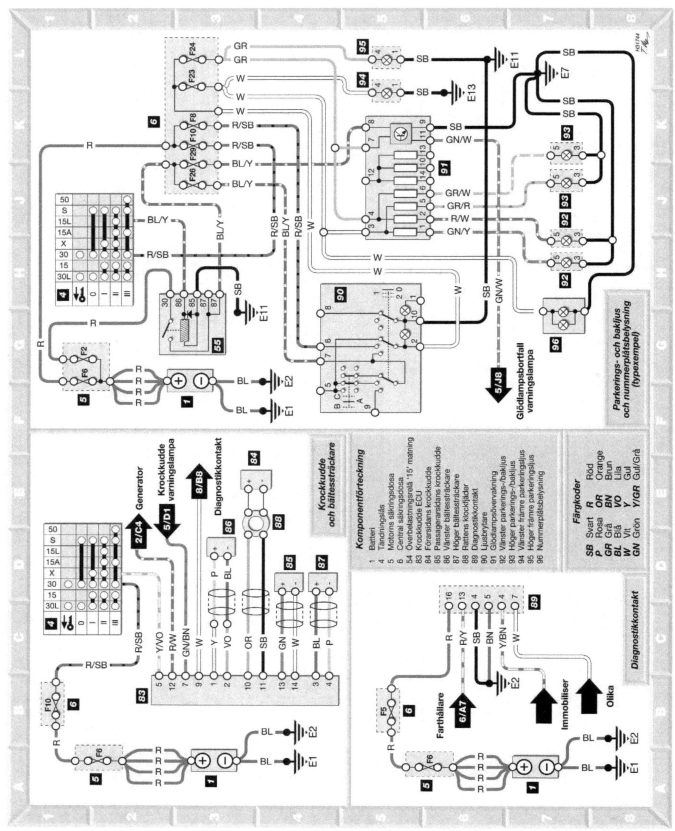

H31744

Parkerings- och bakljus
och nummerplåtsbelysning
(typexempel)

Glödlampsbortfall
varningslampa

Krockkudde
och bältessträckare

Generator
Krockkudde
varningslampa
Diagnostikkontakt

Komponentförteckning

1 Batteri
4 Tändningslås
5 Motorns säkringsdosa
6 Central säkringsdosa
54 Överbelastningsrelä '15' matning
83 Krockkudde ECU
84 Förarsidans krockkudde
85 Passagerarsidans krockkudde
86 Vänster bältessträckare
87 Höger bältessträckare
88 Rattens klockfjäder
89 Diagnostikkontakt
90 Ljusbrytare
91 Glödlampsövervakning
92 Vänster parkerings-/bakljus
93 Höger parkerings-/bakljus
94 Vänster främre parkeringsljus
95 Höger främre parkeringsljus
96 Nummerplåtsbelysning

Färgkoder

SB Svart   R   Röd
P   Rosa   OR Orange
GR Grå   BN Brun
BL Blå   VO Lila
W   Vit   Y   Gul
GN Grön   Y/GR Gul/Grå

Diagnostikkontakt

Farthållare

Immobiliser

Olika

Kopplingsschema 8: Säkerhetssystem, diagnostikkontakt, parkerings- och bakljus samt nummerplåtsbelysning

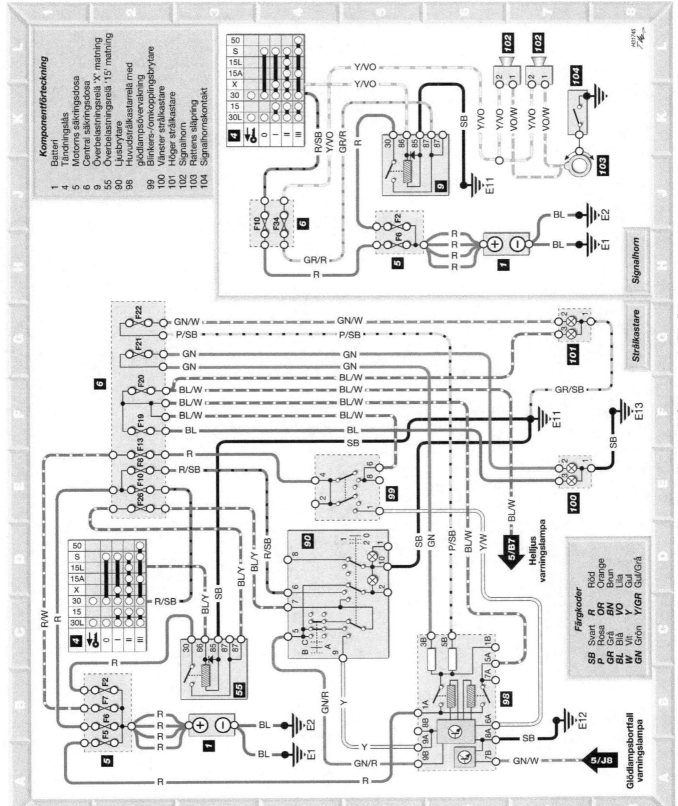

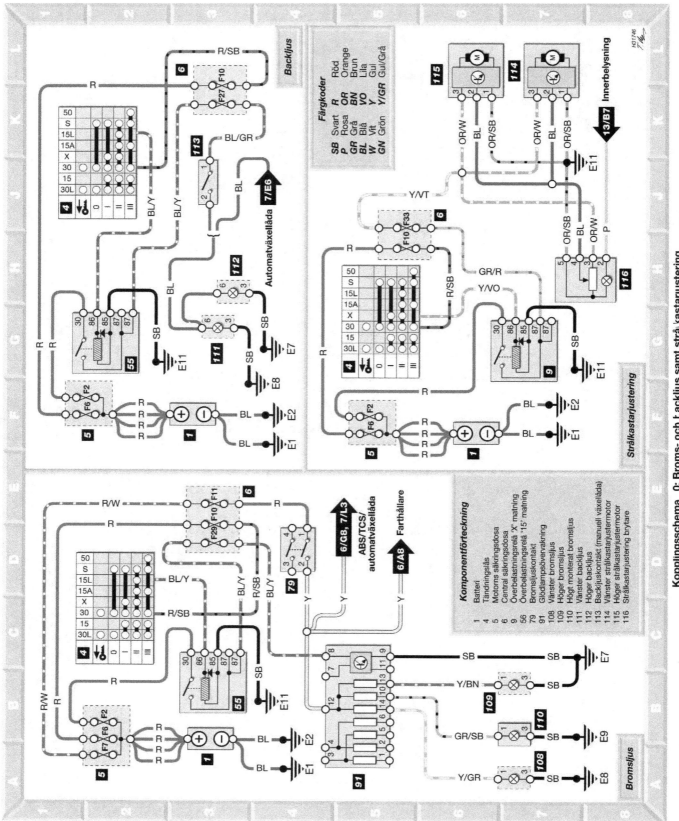

Kopplingsschema 0: Broms- och backljus samt strålkastarjustering

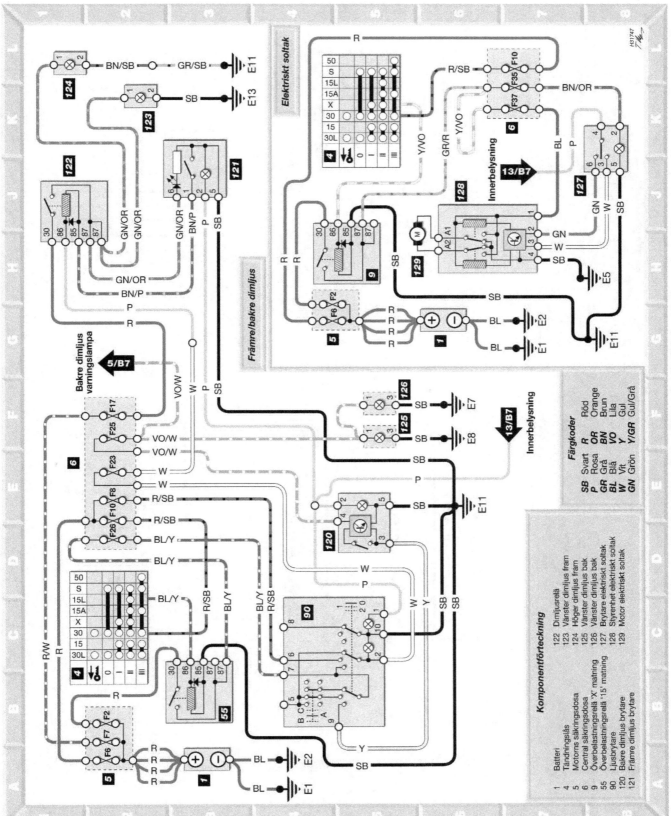

Kopplingsschema   Dimljus och elektriskt soltak

Elektriskt soltak

Innerbelysning

Främre/bakre dimljus

Bakre dimljus varningslampa

5/B7

13/B7

13/B7

Färgkoder

SB	Svart	R	Röd	
P	Rosa	OR	Orange	
GR	Grå	BN	Brun	
BL	Blå	VO	Lila	
W	Vit	Y	Gul	
GN	Grön	Y/GR	Gul/Grå	

Komponentförteckning

1	Batteri	122	Dimljusrelä
4	Tändningslås	123	Vänster dimljus fram
5	Motorns säkringsdosa	124	Höger dimljus fram
6	Central säkringsdosa	125	Vänster dimljus bak
9	Överbelastningsrelä 'X' matning	126	Vänster dimljus bak
55	Överbelastningsrelä '15' matning	127	Brytare elektriskt soltak
90	Ljusbrytare	128	Styrenhet elektriskt soltak
120	Bakre dimljus brytare	129	Motor elektriskt soltak
121	Främre dimljus brytare		

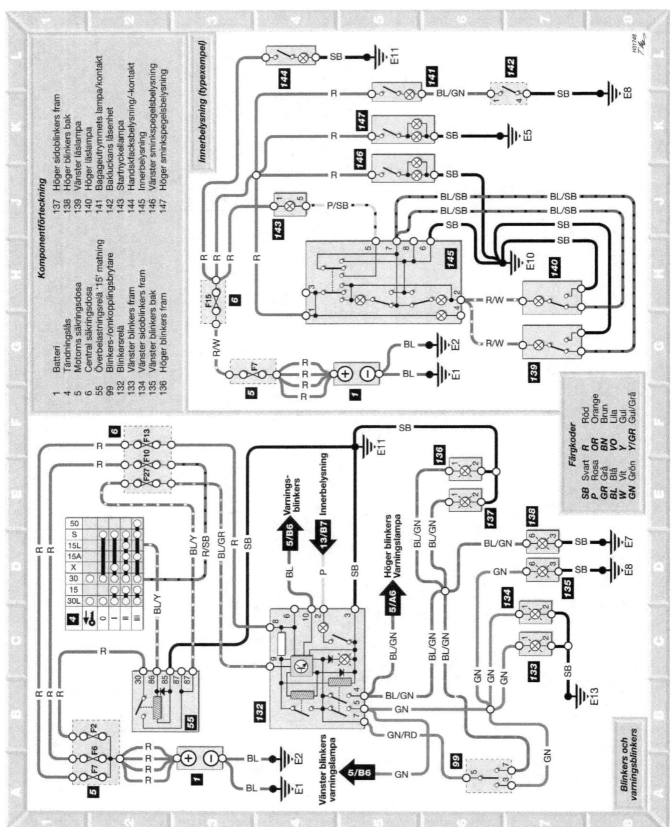

Kopplingsschema 12: Blinkers, varningsblinkers och innerbelysning

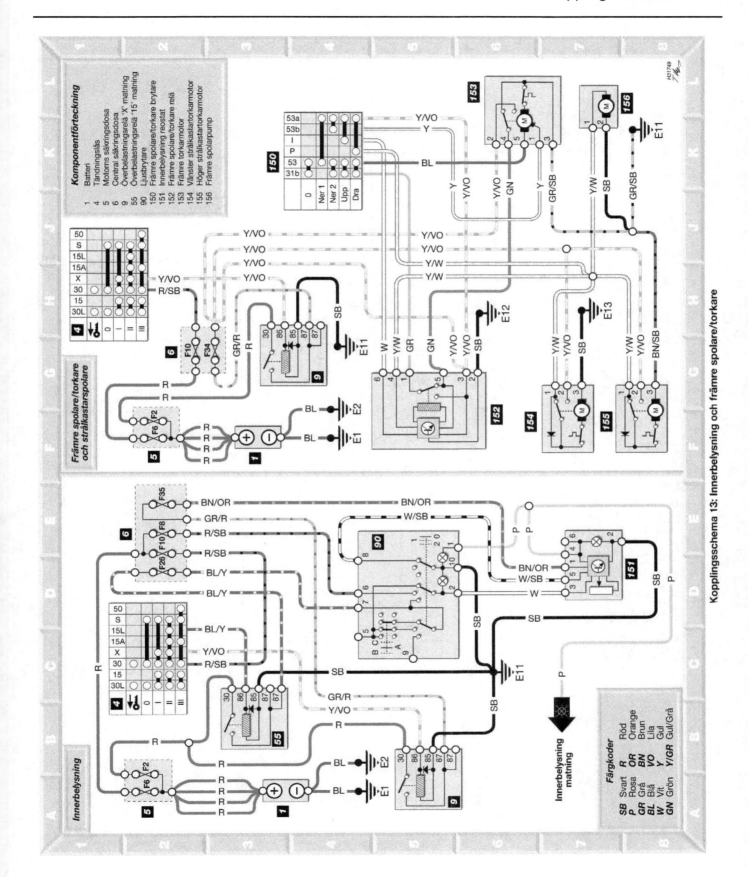

Kopplingsschema 13: Innerbelysning och främre spolare/torkare

Komponentförteckning

1   Batteri
4   Tändningslås
5   Motorns säkringsdosa
6   Central säkringsdosa
9   Överbelastningsrelä 'X' matning
55 Överbelastningsrelä '15' matning
90 Ljusbrytare
150 Främre spolare/torkare brytare
151 Innerbelysning reostat
152 Främre spolare/torkare relä
153 Främre torkarmotor
154 Vänster strålkastartorkarmotor
155 Höger strålkastartorkarmotor
156 Främre spolarpump

Främre spolare/torkare och strålkastarspolare

Innerbelysning

Innerbelysning matning

Färgkoder

SB	Svart	R	Röd
P	Rosa	OR	Orange
GR	Grå	BN	Brun
BL	Blå	VO	Lila
W	Vit	Y	Gul
GN	Grön	Y/GR	Gul/Grå

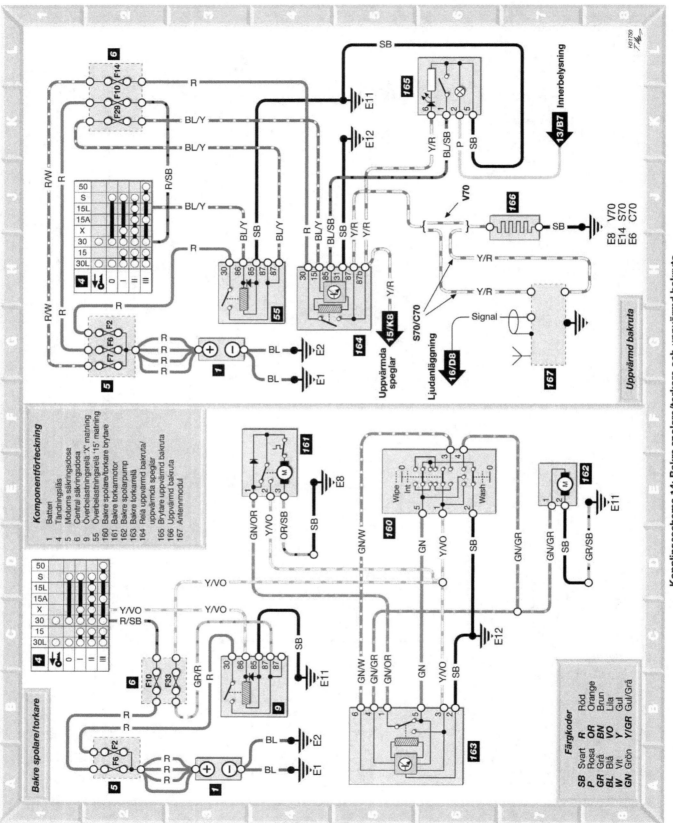

Komponentförteckning

1   Batteri
4   Tändningslås
5   Motorns säkringsdosa
6   Central säkringsdosa
9   Överbelastningsrelä 'X' matning
55 Överbelastningsrelä '15' matning
160 Bakre spolare/torkare brytare
161 Bakre torkarmotor
162 Bakre spolarpump
163 Bakre torkarrelä
164 Relä uppvärmd bakruta/
    uppvärmda speglar
165 Brytare uppvärmd bakruta
166 Uppvärmd bakruta
167 Antennmodul

Färgkoder

SB	Svart	R	Röd
P	Rosa	OR	Orange
GR	Grå	BN	Brun
BL	Blå	VO	Lila
W	Vit	Y	Gul
GN	Grön	Y/GR	Gul/Grå

Kopplingsschema 14: Bakre spolare/torkare och uppvärmd bakruta

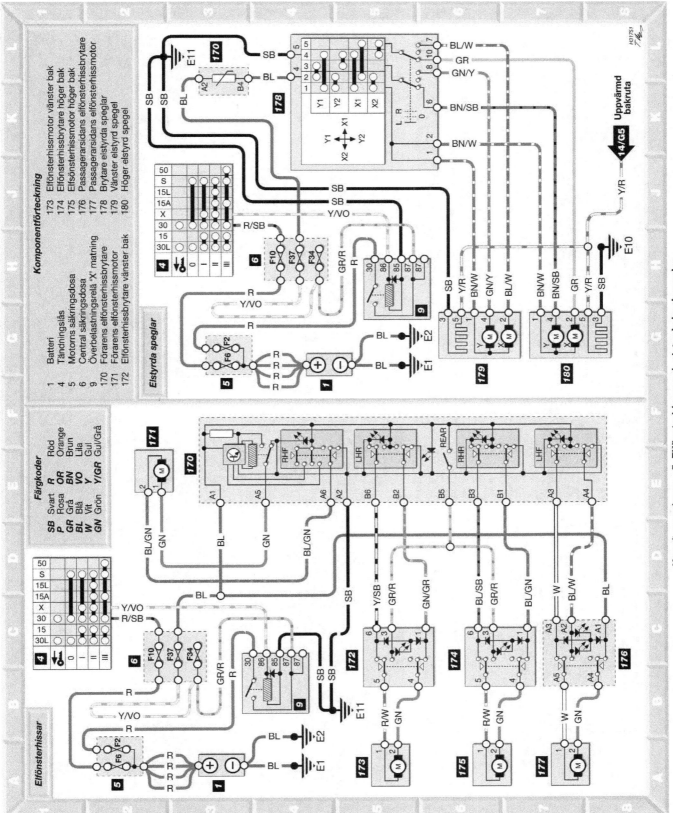

Komponentförteckning

1   Batteri
4   Tändningslås
5   Motorns säkringsdosa
6   Central säkringsdosa
9   Överbelastningsrelä 'X' matning
170 Förarens elfönsterhissbrytare
171 Förarens elfönsterhissmotor
172 Elfönsterhissbrytare vänster bak

173 Elfönsterhissmotor vänster bak
174 Elfönsterhissbrytare höger bak
175 Elfönsterhissmotor höger bak
176 Passagerarsidans elfönsterhissbrytare
177 Passagerarsidans elfönsterhissmotor
178 Brytare elstyrda speglar
179 Vänster elstyrd spegel
180 Höger elstyrd spegel

Färgkoder

SB Svart   R   Röd   OR   Orange
P   Rosa   BN   Brun
GR Grå   VO   Lila
BL Blå   Y   Gul
W   Vit   Y/GR Gul/Grå
GN Grön

Elstyrda speglar

Elfönsterhissar

Uppvärmd bakruta

Kopplingsschema 5: Elfönsterhissar och elstyrda backspeglar

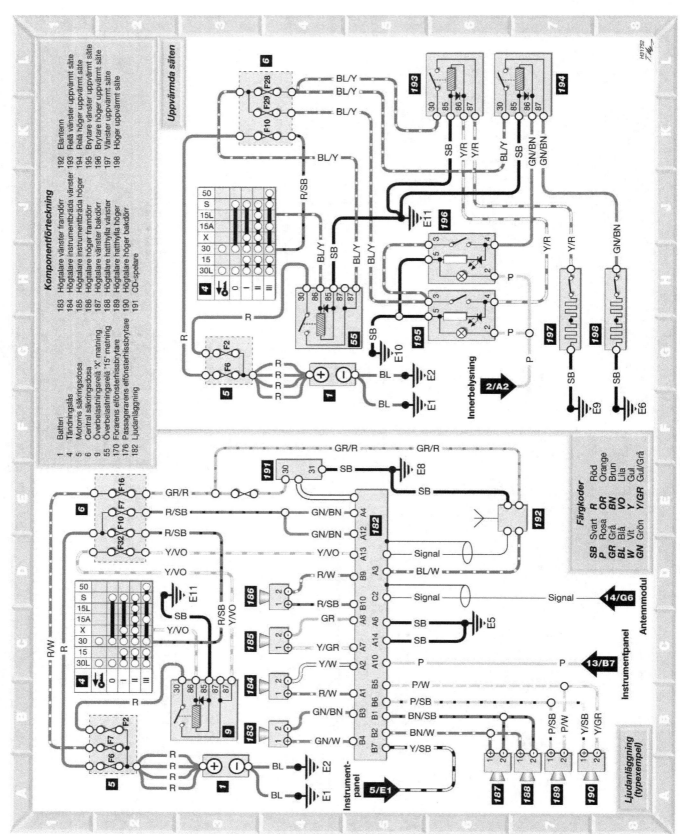

Komponentförteckning

183	Högtalare vänster framdörr
184	Högtalare instrumentbräda vänster
185	Högtalare instrumentbräda höger
186	Högtalare höger framdörr
187	Högtalare vänster bakdörr
188	Högtalare hatthylla vänster
189	Högtalare hatthylla höger
190	Högtalare höger bakdörr
191	CD-spelare

192	Elantenn
193	Relä vänster uppvärmt säte
194	Relä höger uppvärmt säte
195	Brytare vänster uppvärmt säte
196	Brytare höger uppvärmt säte
197	Vänster uppvärmt säte
198	Höger uppvärmt säte

1	Batteri
4	Tändningslås
5	Motorns säkringsdosa
9	Central säkringsdosa
6	Överbelastningsrelä 'X' matning
55	Överbelastningsrelä '15' matning
170	Förarens elfönsterhissbrytare
176	Passagerarens elfönsterhissbrytare
182	Ljudanläggning

Färgkoder

SB	Svart	R	Röd
P	Rosa	OR	Orange
GR	Grå	BN	Brun
BL	Blå	VO	Lila
W	Vit	Y	Gul
GN	Grön	Y/GR	Gul/Grå

Kopplingsschema 16. Ljudanläggning och uppvärmda säten

Innerbelysning

Antennmodul

Instrumentpanel

Instrumentpanel

Ljudanläggning (typexempel)

H31752

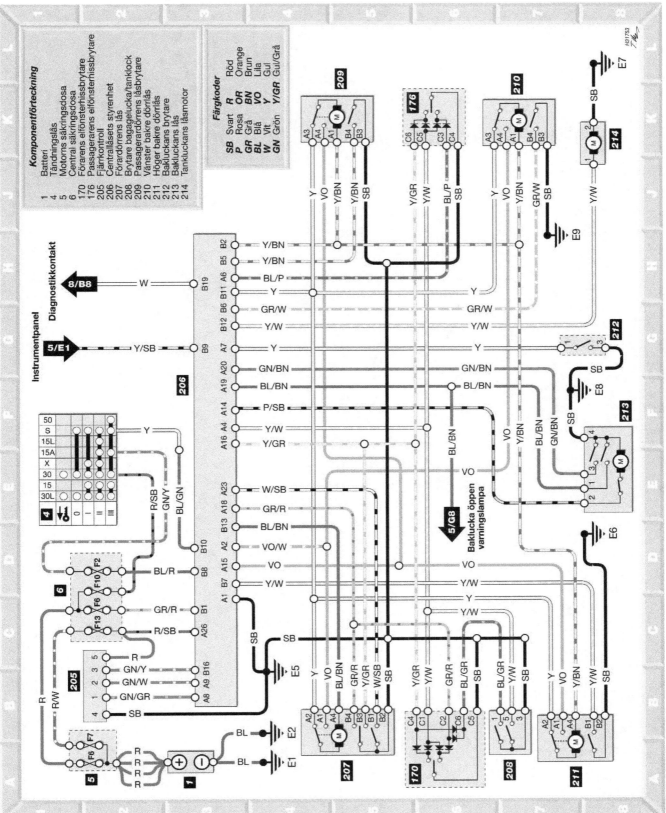

Kopplingsschema 17: Centrallås

Mått och vikter

Observera: *Alla siffror är ungefärliga och kan variera beroende på modell. Se tillverkarens uppgifter för exakta mått.*

Dimensioner

Total längd	4 720 mm
Total bredd:	
S70 och V70 modeller	1 760 mm
C70 modeller	1 820 mm
Total höjd:	
S70 modeller	1 420 mm
V70 modeller	1 440 mm
C70 modeller	1 410 mm
Axelavstånd	2 660 mm

Vikter

Fordonets vikt utan förare och last	Se bilens registreringsbevis (eller fråga en återförsäljare)
Fordonets maximala bruttovikt	Se typbeteckningsplåten bakom den vänstra strålkastaren i motorrummet
Maximal taklast	100 kg
Maximal släpvagnsvikt:	
Bromsad	1 600 kg
Obromsad	500 kg

Reservdelar finns att köpa från ett antal olika ställen, till exempel hos Volvoverkstäder, tillbehörsbutiker och grossister. Bilens olika identifikationsnummer måste uppges för att man garanterat ska få rätt delar. Ta om möjligt med den gamla delen för säker identifiering. Många delar, t.ex. startmotor och generator, finns att få som fabriksrenoverade utbytesdelar – delar som returneras ska naturligtvis alltid vara rena.

Vårt råd när det gäller reservdelsinköp är följande.

Auktoriserade Volvoverkstäder

Detta är det bästa inköpsstället för delar som är specifika för just din bil och inte allmänt tillgängliga (märken, klädsel, etc). Det är även det enda ställe där man bör köpa reservdelar om bilen fortfarande är under garanti.

Tillbehörsbutiker

Dessa är ofta bra ställen för inköp av underhållsmaterial (olje-, luft- och bränslefilter,

tändstift, glödlampor, drivremmar, oljor, fett, bromsbackar, bättringslack, etc). Tillbehör av detta slag som säljs av välkända butiker håller samma standard som de som används av biltillverkaren.

Förutom reservdelar säljer dessa butiker också verktyg och allmänna tillbehör, de har ofta bra öppettider, tar mindre betalt och ligger ofta på bekvämt avstånd. Vissa tillbehörsbutiker säljer reservdelar rakt över disk.

Grossister

Bra grossister lagerhåller alla viktigare komponenter som kan slitas ut relativt snabbt. De kan också ibland tillhandahålla enskilda komponenter som behövs för renovering av en större enhet (t.ex. bromstätningar och hydrauliska delar, lagerskålar, kolvar, ventiler etc.). I vissa fall kan de också ta hand om större arbeten som omborrning av motorblocket, omslipning av vevaxlar etc.

Specialister på däck och avgassystem

Dessa kan vara oberoende återförsäljare eller ingå i större kedjor. De erbjuder ofta konkurrenskraftiga priser jämfört med märkesverkstäder, men det lönar sig att undersöka priser hos flera försäljare. Kontrollera även vad som ingår vid priskontrollen – ofta ingår t.ex. inte ventiler och balansering vid köp av ett nytt däck.

Andra inköpsställen

Var misstänksam när det gäller delar som säljs på loppmarknader och liknande. De är inte alltid av usel kvalitet, men det är mycket svårt att reklamera köpet om delarna visar sig vara otillfredsställande. För säkerhetsmässiga delar som bromsklossar finns det inte bara ekonomiska risker utan även allvarliga olycksrisker att ta hänsyn till. Begagnade delar eller delar från en bilskrot kan vara prisvärda, men sådana inköp bör helst göras av en mycket erfaren hemmamekaniker.

Inom biltillverkningen sker modifieringar av modeller fortlöpande, men det är endast de större modelländringarna som publiceras. Reservdelskataloger och listor sammanställs på numerisk bas och bilens identifikationsnummer är mycket viktiga för att man ska få tag i rätt reservdelar.

Lämna alltid så mycket information som möjligt vid beställning av reservdelar. Ange typbeteckning, chassinummer, motornummer

och, där tillämpligt, bilens identifikationsnummer **(se bild)**.

På vissa modeller sitter chassinumret ovanpå instrumentbrädan på ena sidan och kan läsas genom vindrutan **(se bild)**.

Chassinumret sitter även instansat i motorrummets torpedvägg, nedanför vindrutan **(se bild)**.

Uppgifter om lastning av fordonet samt koder för färg och klädsel finns på en plåt på

den vänstra innerskärmen, bakom strålkastaren **(se bild)**.

Motorns typbeteckning och serienummer finns instansade på motorblockets ovansida, bredvid kylvätskepumpen. Dessa nummer kan även finnas på en etikett på den övre kamremskåpan.

Växellådans identifikationsnummer sitter på en plåt fäst vid växellådans kåpa.

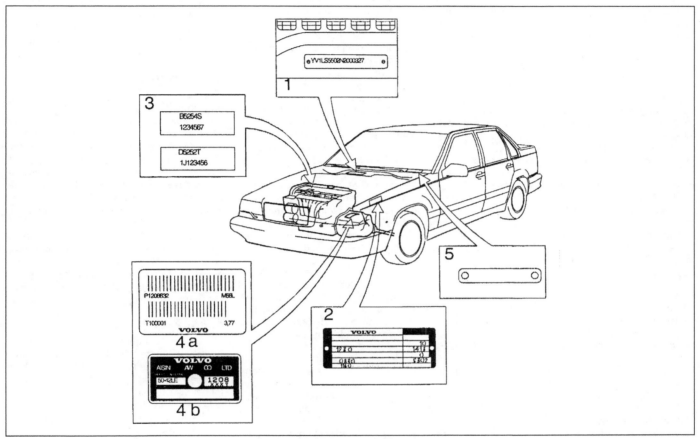

De olika identifikationsnumrens placering

1 Chassinummer
2 Typbeteckning, chassinummer, lastningsinformation, färg- och klädselkoder
3 Motornummer

4a Typ av manuell växellåda samt serienummer (på framsidan)
4b Typ av automatväxellåda och serienummer (ovanpå)
5 Chassinummer

Chassinumret synligt genom vindrutan

Chassinumret finns även instansat ovanpå motorrummets torpedvägg

Informationsplåt på vänster innerskärm

När service, reparationer och renoveringar utförs på en bil eller bildel bör följande beskrivningar och instruktioner följas. Detta för att reparationen ska utföras så effektivt och fackmannamässigt som möjligt.

Tätningsytor och packningar

Vid isärtagande av delar vid deras tätningsytor ska dessa aldrig bändas isär med skruvmejsel eller liknande. Detta kan orsaka allvarliga skador som resulterar i oljeläckage, kylvätskeläckage etc. efter montering. Delarna tas vanligen isär genom att man knackar längs fogen med en mjuk klubba. Lägg dock märke till att denna metod kanske inte är lämplig i de fall styrstift används för exakt placering av delar.

Där en packning används mellan två ytor måste den bytas vid ihopsättning. Såvida inte annat anges i den aktuella arbetsbeskrivningen ska den monteras torr. Se till att tätningsytorna är rena och torra och att alla spår av den gamla packningen är borttagna. Vid rengöring av en tätningsyta ska sådana verktyg användas som inte skadar den. Små grader och repor tas bort med bryne eller en finskuren fil.

Rensa gängade hål med piprensare och håll dem fria från tätningsmedel då sådant används, såvida inte annat direkt specificeras.

Se till att alla öppningar, hål och kanaler är rena och blås ur dem, helst med tryckluft.

Oljetätningar

Oljetätningar kan tas ut genom att de bänds ut med en bred spårskruvmejsel eller liknande. Alternativt kan ett antal självgängande skruvar dras in i tätningen och användas som dragpunkter för en tång, så att den kan dras rakt ut.

När en oljetätning tas bort från sin plats, ensam eller som en del av en enhet, ska den alltid kasseras och bytas ut mot en ny.

Tätningsläpparna är tunna och skadas lätt och de tätar inte annat än om kontaktytan är fullständigt ren och oskadad. Om den ursprungliga tätningsytan på delen inte kan återställas till perfekt skick och tillverkaren inte gett utrymme för en viss omplacering av tätningen på kontaktytan, måste delen i fråga bytas ut.

Skydda tätningsläpparna från ytor som kan skada dem under monteringen. Använd tejp eller konisk hylsa där så är möjligt. Smörj läpparna med olja innan monteringen. Om oljetätningen har dubbla läppar ska utrymmet mellan dessa fyllas med fett.

Såvida inte annat anges ska oljetätningar monteras med tätningsläpparna mot det smörjmedel som de ska täta för.

Använd en rörformad dorn eller en träbit i lämplig storlek till att knacka tätningarna på plats. Om sätet är försedd med skuldra, driv tätningen mot den. Om sätet saknar skuldra bör tätningen monteras så att den går jäms med sätets yta (såvida inte annat uttryckligen anges).

Skruvgängor och infästningar

Muttrar, bultar och skruvar som kärvar är ett vanligt förekommande problem när en komponent har börjat rosta. Bruk av rostupplösningsolja och andra krypsmörjmedel löser ofta detta om man dränker in delen som kärvar en stund innan man försöker lossa den. Slagskruvmejsel kan ibland lossa envist fastsittande infästningar när de används tillsammans med rätt mejselhuvud eller hylsa. Om inget av detta fungerar kan försiktig värmning eller i värsta fall bågfil eller mutterspräckare användas.

Pinnbultar tas vanligen ut genom att två muttrar låses vid varandra på den gängade delen och att en blocknyckel sedan vrider den undre muttern så att pinnbulten kan skruvas ut. Bultar som brutits av under fästytan kan ibland avlägsnas med en lämplig bultutdragare. Se alltid till att gängade bottenhål är helt fria från olja, fett, vatten eller andra vätskor innan bulten monteras. Underlåtenhet att göra detta kan spräcka den del som skruven dras in i, tack vare det hydrauliska tryck som uppstår när en bult dras in i ett vätskefyllt hål

Vid åtdragning av en kronmutter där en saxsprint ska monteras ska muttern dras till specificerat moment om sådant anges, och därefter dras till nästa sprinthål. Lossa inte muttern för att passa in saxsprinten, såvida inte detta förfarande särskilt anges i anvisningarna.

Vid kontroll eller omdragning av mutter eller bult till ett specificerat åtdragningsmoment, ska muttern eller bulten lossas ett kvarts varv och sedan dras åt till angivet moment. Detta ska dock inte göras när vinkelåtdragning använts.

För vissa gängade infästningar, speciellt topplocksbultar/muttrar anges inte åtdragningsmoment för de sista stegen. Istället anges en vinkel för åtdragning. Vanligtvis anges ett relativt lågt åtdragningsmoment för bultar/muttrar som dras i specificerad turordning. Detta följs sedan av ett eller flera steg åtdragning med specificerade vinklar.

Låsmuttrar, låsbleck och brickor

Varje infästning som kommer att rotera mot en komponent eller en kåpa under åtdragningen ska alltid ha en bricka mellan åtdragningsdelen och kontaktytan.

Fjäderbrickor ska alltid bytas ut när de använts till att låsa viktiga delar som exempelvis lageröverfall. Låsbleck som viks över för att låsa bult eller mutter ska alltid bytas ut vid ihopsättning.

Självlåsande muttrar kan återanvändas på mindre viktiga detaljer, under förutsättning att motstånd känns vid dragning över gängen. Kom dock ihåg att självlåsande muttrar förlorar låseffekt med tiden och därför alltid bör bytas ut som en rutinåtgärd.

Saxsprintar ska alltid bytas mot nya i rätt storlek för hålet.

När gänglåsmedel påträffas på gängor på en komponent som ska återanvändas bör man göra ren den med en stålborste och lösningsmedel. Applicera nytt gänglåsningsmedel vid montering.

Specialverktyg

Vissa arbeten i denna handbok förutsätter användning av specialverktyg som pressar, avdragare, fjäderkompressorer med mera. Där så är möjligt beskrivs lämpliga lättillgängliga alternativ till tillverkarens specialverktyg och hur dessa används. I vissa fall, där inga alternativ finns, har det varit nödvändigt att använda tillverkarens specialverktyg. Detta har gjorts av säkerhetsskäl, likväl som för att reparationerna ska utföras så effektivt och bra som möjligt. Såvida du inte är mycket kunnig och har stora kunskaper om det arbetsmoment som beskrivs, ska du aldrig försöka använda annat än specialverktyg när sådana anges i anvisningarna. Det föreligger inte bara stor risk för personskador, utan kostbara skador kan också uppstå på komponenterna.

Miljöhänsyn

Vid sluthantering av förbrukad motorolja, bromsvätska, frostskydd etc. ska all vederbörlig hänsyn tas för att skydda miljön. Ingen av ovan nämnda vätskor får hällas ut i avloppet eller direkt på marken. Kommunernas avfallshantering har kapacitet för hantering av miljöfarligt avfall liksom vissa verkstäder. Om inga av dessa finns tillgängliga i din närhet, fråga hälsoskyddskontoret i din kommun om råd.

I och med de allt strängare miljöskyddslagarna beträffande utsläpp av miljöfarliga ämnen från motorfordon har alltfler bilar numera justersäkringar monterade på de mest avgörande justeringspunkterna för bränslesystemet. Dessa är i första hand avsedda att förhindra okvalificerade personer från att justera bränsle/luftblandningen och därmed riskerar en ökning av giftiga utsläpp. Om sådana justersäkringar påträffas under service eller reparationsarbete ska de, närhelst möjligt, bytas eller sättas tillbaka i enlighet med tillverkarens rekommendationer eller aktuell lagstiftning.

Lyftning och stödpunkter REF•5

Domkraften som följer med bilens verktygs-låda bör **endast** användas för att byta hjul i nödfall - se *Hjulbyte* i början av den här handboken. Vid alla andra arbeten ska bilen lyftas med en kraftig hydraulisk domkraft (eller garagedomkraft), som alltid ska kompetteras med pallbockar under bilens stödpunkter. Om hjulen inte behöver demonteras kan hjul-ramper användas. Dessa placeras under hjulen när bilen har hissats upp med en hydraulisk domkraft och sedan sänks bilen ner på ramperna så att den vilar på hjulen.

Lyft bara upp bilen med domkraft när den står parkerad på ett stadigt plant underlag. Vid minsta lutning måste du vara mycket noga med att se till att bilen inte kan röra sig med hjulen ovan mark. Att lyfta med domkraft på ojämnt underlag eller grus rekommenderas inte eftersom bilens vikt inte kommer att fördelas jämnt och domkraften kan glida när bilen är upplyft.

Undvik i möjligaste mån att lämna bilen obevakad när den är upplyft, i synnerhet om det finns barn i närheten.

Se till att handbromsen är ordentligt åtdragen innan bilens framvagn lyfts upp. Spärra framhjulen genom att lägga träklossar framför hjulen och lägg i ettans växel (eller P) innan bakvagnen lyfts upp.

När en hydraulisk domkraft eller pallbockar används måste domkraftshuvudet eller pall-bockshuvudet placeras under en av de särskilda stödpunkterna eller något av de bärande områdena **(se bild)**.

Om bilens framvagn ska lyftas kan dom-kraften placeras under motorns kryssrambalk. **Lyft inte** bilen med domkraften under sumpen eller under någon av styrningens eller fjädringens komponenter. Placera pallbockar under sidorna av kryssrambalken när fram-vagnen är upplyft **(se bild)**.

Om bilens bakvagn ska hissas upp ska domkraftshuvudet placeras under den för-stärkta plattan under reservhjulsplatsen. Använd en platt träbit mellan domkraften och bilen för att sprida belastningen ytterligare. Placera pallbockar under balkarna på båda

sidor precis framför bakfjädringens fästen **(se bilder)**.

Domkraften som följer med bilen passar i två förstärkta fästbyglar i mitten av de båda trösklarna på bilens sidor. Det betyder att både fram- OCH bakhjulet på den sidan kommer att lyftas när domkraften hissas upp. Det gör att domkraften belastas kraftigt. Se till att domkraftshuvudet är korrekt placerat innan några försök görs att lyfta upp bilen **(se bild)**.

Lyft inte bilen med domkraften under någon annan del av tröskeln, sumpen, golvplåten eller direkt under någon av styrningens eller fjädringens komponenter.

Arbeta aldrig under, runt eller i närheten av en lyft bil om den inte stöds ordentligt av pallbockar. Lita inte på att bilen kan hållas uppe med bara domkraftens stöd. Även hydraulisk domkraft kan ge vika under belastning. Volvobilar är mycket tunga och provisoriska metoder skall inte användas för att lyfta och stödja bilen under servicearbeten.

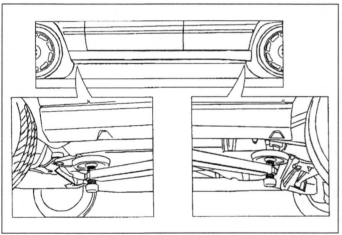

Domkraftspunkter för garagedomkraften

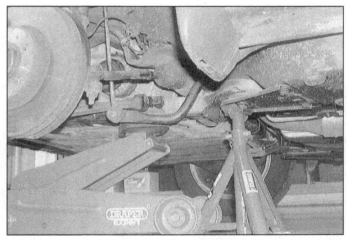

När framvagnen lyfts upp, placera domkraft och pallbockar under kryssrambalken

När bakvagnen lyfts upp, använd den förstärkta plattan baktill på reservhjulsbrunnen . . .

. . . och stötta med pallbockar framför fjädringens fästen

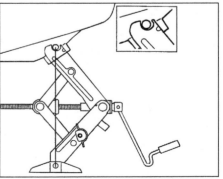

Se till att domkraften är säkert placerad i domkraftsfästet, som visas i den infällda bilden

Den radio/kassettbandspelare som monteras av Volvo som standardutrustning har en inbyggd säkerhetskod som fungerar som stöldskydd. Om strömmen till anläggningen bryts aktiveras stöldskyddet. Även om strömmen omedelbart återställs kommer radion/kassettbandspelaren inte att fungera förrän korrekt kod knappats in. Om du inte känner till korrekt säkerhetskod för ljudanläggningen bör du därför inte koppla loss någon av batterianslutningarna eller ta bort anläggningen från bilen.

För att knappa in rätt säkerhetskod, följ instruktionerna som följer med radion/kassettbandspelaren eller som finns i bilens handbok. Säkerhetskoden finns på radiolicenskortet som brukar ligga i bilens handbok i handskfacket.

Om fel kod trycks in tre gånger kommer enheten att låsa sig och går sedan inte att öppna på två timmar.

Kontakta en Volvoverkstad om detta inträffar eller om säkerhetskoden har tappats bort.

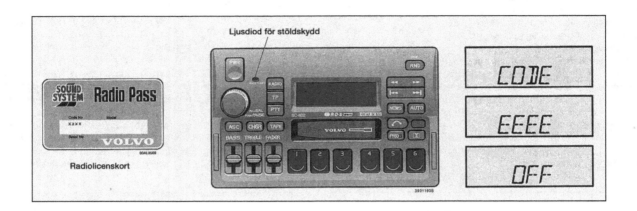

Inledning

En uppsättning bra verktyg är ett grundläggande krav för var och en som överväger att underhålla och reparera ett motorfordon. För de ägare som saknar sådana kan inköpet av dessa bli en märkbar utgift, som dock uppvägs till en viss del av de besparingar som görs i och med det egna arbetet. Om de anskaffade verktygen uppfyller grundläggande säkerhets- och kvalitetskrav kommer de att hålla i många år och visa sig vara en värdefull investering.

För att hjälpa bilägaren att avgöra vilka verktyg som behövs för att utföra de arbeten som beskrivs i denna handbok har vi sammanställt tre listor med följande rubriker: *Underhåll och mindre reparationer*, *Reparation och renovering* samt *Specialverktyg*. Nybörjaren bör starta med det första sortimentet och begränsa sig till enklare arbeten på fordonet. Allt eftersom erfarenhet och självförtroende växer kan man sedan prova svårare uppgifter och köpa fler verktyg när och om det behövs. På detta sätt kan den grundläggande verktygssatsen med tiden utvidgas till en reparations- och renoveringssats utan några större enskilda kontantutlägg. Den erfarne hemmamekanikern har redan en verktygssats som räcker till de flesta reparationer och renoveringar och kommer att välja verktyg från specialkategorin när han känner att utgiften är berättigad för den användning verktyget kan ha.

Underhåll och mindre reparationer

Verktygen i den här listan ska betraktas som ett minimum av vad som behövs för rutinmässigt underhåll, service och mindre reparationsarbeten. Vi rekommenderar att man köper blocknycklar (ring i ena änden och öppen i den andra), även om de är dyrare än de med öppen ände, eftersom man får båda sorternas fördelar.

- [ ] Blocknycklar - 8, 9, 10, 11, 12, 13, 14, 15, 17 och 19 mm
- [ ] Skiftnyckel - 35 mm gap (ca.)
- [ ] Tändstiftsnyckel (med gummifoder)
- [ ] Verktyg för justering av tändstiftens elektrodavstånd
- [ ] Sats med bladmått
- [ ] Nyckel för avluftning av bromsar
- [ ] Skruvmejslar:
  Spårmejsel - 100 mm lång x 6 mm diameter
  Stjärnmejsel - 100 mm lång x 6 mm diameter
- [ ] Kombinationstång
- [ ] Bågfil (liten)
- [ ] Däckpump
- [ ] Däcktrycksmätare
- [ ] Oljekanna
- [ ] Verktyg för demontering av oljefilter
- [ ] Fin slipduk
- [ ] Stålborste (liten)
- [ ] Tratt (medelstor)

Reparation och renovering

Dessa verktyg är ovärderliga för alla som utför större reparationer på ett motorfordon och tillkommer till de som angivits för *Underhåll och mindre reparationer*. I denna lista ingår en grundläggande sats hylsor. Även om dessa är dyra, är de oumbärliga i och med sin mångsidighet - speciellt om satsen innehåller olika typer av drivenheter. Vi rekommenderar 1/2-tums fattning på hylsorna eftersom de flesta momentnycklar har denna fattning.

Verktygen i denna lista kan ibland behöva kompletteras med verktyg från listan för *Specialverktyg*.

- [ ] Hylsor, dimensioner enligt föregående lista
- [ ] Spärrskaft med vändbar riktning (för användning med hylsor) *(se bild)*
- [ ] Förlängare, 250 mm (för användning med hylsor)
- [ ] Universalknut (för användning med hylsor)
- [ ] Momentnyckel (för användning med hylsor)
- [ ] Självlåsande tänger
- [ ] Kulhammare
- [ ] Mjuk klubba (plast/aluminium eller gummi)
- [ ] Skruvmejslar:
  Spårmejsel - en lång och kraftig, en kort (knubbig) och en smal (elektrikertyp)
  Stjärnmejsel - en lång och kraftig och en kort (knubbig)
- [ ] Tänger:
  Spetsnostång/plattång
  Sidavbitare (elektrikertyp)
  Låsringstång (inre och yttre)
- [ ] Huggmejsel - 25 mm
- [ ] Ritspets
- [ ] Skrapa
- [ ] Körnare
- [ ] Purr
- [ ] Bågfil
- [ ] Bromsslangklämma
- [ ] Avluftningssats för bromsar/koppling
- [ ] Urval av borrar
- [ ] Ställinjal
- [ ] Insexnycklar (inkl Torxtyp/med splines) *(se bild)*

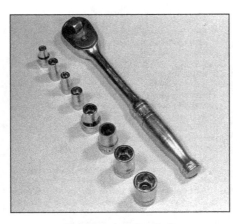

Hylsor och spärrskaft

- [ ] Sats med filar
- [ ] Stor stålborste
- [ ] Pallbockar
- [ ] Domkraft (garagedomkraft eller stabil pelarmodell)
- [ ] Arbetslampa med förlängningssladd

Specialverktyg

Verktygen i denna lista är de som inte används regelbundet, är dyra i inköp eller som måste användas enligt tillverkarens anvisningar. Det är bara om du relativt ofta kommer att utföra tämligen svåra jobb som många av dessa verktyg är lönsamma att köpa. Du kan också överväga att gå samman med någon vän (eller gå med i en motorklubb) och göra ett gemensamt inköp, hyra eller låna verktyg om så är möjligt.

Följande lista upptar endast verktyg och instrument som är allmänt tillgängliga och inte sådana som framställs av biltillverkaren speciellt för auktoriserade verkstäder. Ibland nämns dock sådana verktyg i texten. I allmänhet anges en alternativ metod att utföra arbetet utan specialverktyg. Ibland finns emellertid inget alternativ till tillverkarens specialverktyg. När så är fallet och relevant verktyg inte kan köpas, hyras eller lånas har du inget annat val än att lämna bilen till en auktoriserad verkstad.

- [ ] Ventilfjäderkompressor *(se bild)*
- [ ] Ventilslipningsverktyg
- [ ] Kolvringskompressor *(se bild)*
- [ ] Verktyg för demontering/montering av kolvringar *(se bild)*
- [ ] Honingsverktyg *(se bild)*
- [ ] Kulledsavdragare
- [ ] Spiralfjäderkompressor (där tillämplig)
- [ ] Nav-/lageravdragare, två/tre ben *(se bild)*
- [ ] Slagskruvmejsel
- [ ] Mikrometer och/eller skjutmått *(se bilder)*
- [ ] Indikatorklocka *(se bild)*
- [ ] Stroboskoplampa
- [ ] Kamvinkelmätare/varvräknare
- [ ] Multimeter

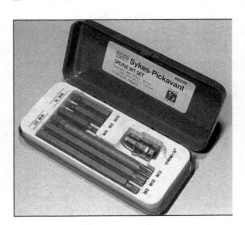

Bits med splines

Nycklar med splines

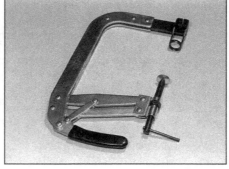

Ventilfjäderkompressor (ventilbåge)

Kolvringskompressor

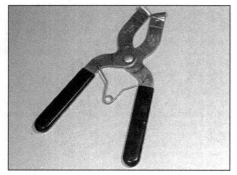

Verktyg för demontering och montering av kolvringar

Honingsverktyg

Trebent avdragare för nav och lager

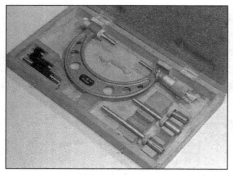

Mikrometerset

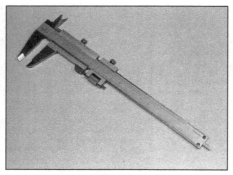

Skjutmått

Indikatorklocka med magnetstativ

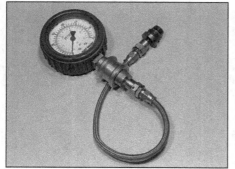

Kompressionsmätare

Centreringsverktyg för koppling

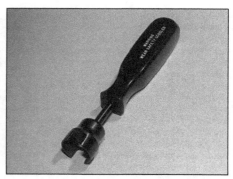

Demonteringsverktyg för bromsbackarnas fjäderskålar

☐ Kompressionsmätare *(se bild)*
☐ Handmanövrerad vakuumpump och mätare
☐ Centreringsverktyg för koppling *(se bild)*
☐ Verktyg för demontering av
  bromsbackarnas fjäderskålar *(se bild)*
☐ Sats för montering/demontering av
  bussningar och lager *(se bild)*
☐ Bultutdragare *(se bild)*
☐ Gängverktygssats *(se bild)*
☐ Lyftblock
☐ Garagedomkraft

Inköp av verktyg

När det gäller inköp av verktyg är det i regel bättre att vända sig till en specialist som har ett större sortiment än t ex tillbehörsbutiker och bensinmackar. Tillbehörsbutiker och andra försöljningsställen kan dock erbjuda utmärkta verktyg till låga priser, så det kan löna sig att söka.

Det finns gott om bra verktyg till låga priser, men se till att verktygen uppfyller grundläggande krav på funktion och säkerhet. Fråga gärna någon kunnig person om råd före inköpet.

Vård och underhåll av verktyg

Efter inköp av ett antal verktyg är det nödvändigt att hålla verktygen rena och i fullgott skick. Efter användning, rengör alltid verktygen innan de läggs undan. Låt dem inte ligga framme sedan de använts. En enkel upphängningsanordning på väggen för t ex skruvmejslar och tänger är en bra idé. Nycklar och hylsor bör förvaras i metallådor. Mätinstrument av skilda slag ska förvaras på platser där de inte kan komma till skada eller börja rosta.

Lägg ner lite omsorg på de verktyg som används. Hammarhuvuden får märken och skruvmejslar slits i spetsen med tiden. Lite polering med slippapper eller en fil återställer snabbt sådana verktyg till gott skick igen.

Arbetsutrymmen

När man diskuterar verktyg får man inte glömma själva arbetsplatsen. Om mer än rutinunderhåll ska utföras bör man skaffa en lämplig arbetsplats.

Vi är medvetna om att många ägare/mekaniker av omständigheterna tvingas att lyfta ur motor eller liknande utan tillgång till garage eller verkstad. Men när detta är gjort ska fortsättningen av arbetet göras inomhus.

Närhelst möjligt ska isärtagning ske på en ren, plan arbetsbänk eller ett bord med passande arbetshöjd.

En arbetsbänk behöver ett skruvstycke. En käftöppning om 100 mm räcker väl till för de flesta arbeten. Som tidigare sagts, ett rent och torrt förvaringsutrymme krävs för verktyg liksom för smörjmedel, rengöringsmedel, bättringslack (som också måste förvaras frostfritt) och liknande.

Ett annat verktyg som kan behövas och som har en mycket bred användning är en elektrisk borrmaskin med en chuckstorlek om minst 8 mm. Denna, tillsammans med en sats spiralborrar, är i praktiken oumbärlig för montering av tillbehör.

Sist, men inte minst, ha alltid ett förråd med gamla tidningar och rena luddfria trasor tillgängliga och håll arbetsplatsen så ren som möjligt.

Sats för demontering och montering av lager och bussningar

Bultutdragare

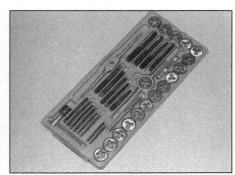

Gängverktygssats

Det här avsnittet är till för att hjälpa dig att klara bilbesiktningen. Det är naturligtvis inte möjligt att undersöka ditt fordon lika grundligt som en professionell besiktare, men genom att göra följande kontroller kan du identifiera problemområden och ha en möjlighet att korrigera eventuella fel innan du lämnar bilen till besiktning. Om bilen underhålls och servas regelbundet borde besiktningen inte innebära några större problem.

I besiktningsprogrammet ingår kontroll av nio huvudsystem – stommen, hjulsystemet, drivsystemet, bromssystemet, styrsystemet, karosseriet, kommunikationssystemet, instrumentering och slutligen övriga anordningar (släpvagnskoppling etc).

Kontrollerna som här beskrivs har baserats på Svensk Bilprovnings krav aktuella vid tiden för tryckning. Kraven ändras dock kontinuerligt och särskilt miljöbestämmelserna blir allt strängare.

Kontrollerna har delats in under följande fem rubriker:

1 Kontroller som utförs från förarsätet
2 Kontroller som utförs med bilen på marken
3 Kontroller som utförs med bilen upphissad och med fria hjul
4 Kontroller på bilens avgassystem
5 Körtest

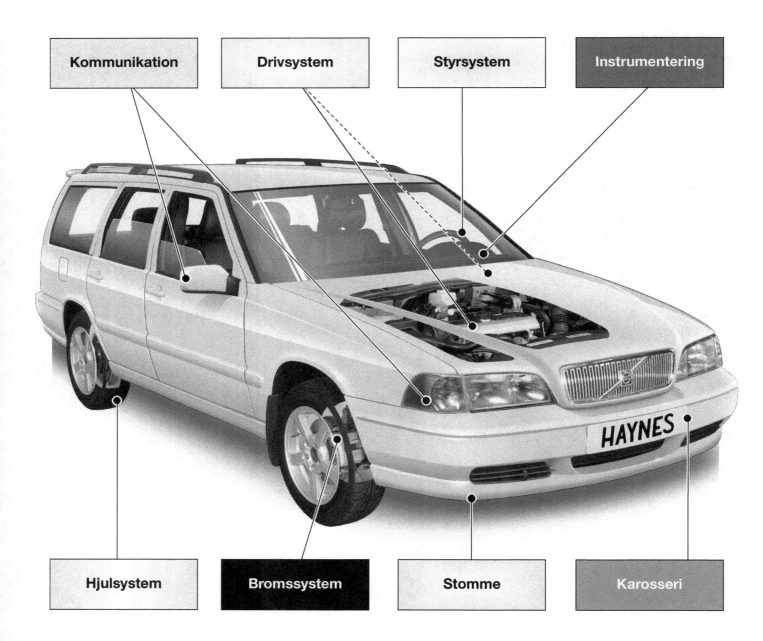

Kommunikation · Drivsystem · Styrsystem · Instrumentering · Hjulsystem · Bromssystem · Stomme · Karosseri

Besiktningsprogrammet

Vanliga personbilar kontrollbesiktigas första gången efter tre år, andra gången två år senare och därefter varje år. Åldern på bilen räknas från det att den tas i bruk, oberoende av årsmodell, och den måste genomgå besiktning inom fem månader.

Tiden på året då fordonet kallas till besiktning bestäms av sista siffran i registreringsnumret, enligt tabellen nedan.

Slutsiffra	Besiktningsperiod
1	november t.o.m. mars
2	december t.o.m. april
3	januari t.o.m. maj
4	februari t.o.m. juni
5	mars t.o.m. juli
6	juni t.o.m. oktober
7	juli t.o.m. november
8	augusti t.o.m. december
9	september t.o.m. januari
0	oktober t.o.m. februari

Om fordonet har ändrats, byggts om eller om särskild utrustning har monterats eller demonterats, måste du som fordonsägare göra en registreringsbesiktning inom en månad. I vissa fall räcker det med en begränsad registreringsbesiktning, t.ex. för draganordning, taklucka, taxiutrustning etc.

Efter besiktningen

Nedan visas de system och komponenter som kontrolleras och bedöms av besiktaren på Svensk Bilprovning. Efter besiktningen erhåller du ett protokoll där eventuella anmärkningar noterats.

Har du fått en 2x i protokollet (man kan ha max 3 st 2x) behöver du inte ombesiktiga bilen, men är skyldig att själv åtgärda felet snarast möjligt. Om du inte åtgärdar felen utan återkommer till Svensk Bilprovning året därpå med samma fel, blir dessa automatiskt 2:or som då måste ombesiktigas. Har du en eller flera 2x som ej är åtgärdade och du blir intagen i en flygande besiktning av polisen blir dessa automatiskt 2:or som måste ombesiktigas. I detta läge får du även böta.

Om du har fått en tvåa i protokollet är fordonet alltså inte godkänt. Felet ska åtgärdas och bilen ombesiktigas inom en månad.

En trea innebär att fordonet har så stora brister att det anses mycket trafikfarligt. Körförbud inträder omedelbart.

Kommunikation

- Vindrutetorkare
- Vindrutespolare
- Backspegel
- Strålkastarinställning
- Strålkastare
- Signalhorn
- Sidoblinkers
- Parkeringsljus fram
  bak
- Blinkers
- Bromsljus
- Reflex
- Nummerplåts-
  belysning
- Övrigt

Vanliga anmärkningar:
Felaktig ljusbild
Skadad strålkastare
Ej fungerande parkeringsljus
Ej fungerande bromsljus

Drivsystem

- Avgasrening, EGR-
  system
- Avgasrening
- Bränslesystem
- Avgassystem
- Avgaser (CO, HC)
- Kraftöverföring
- Drivknut
- Elförsörjning
- Batteri
- Övrigt

Vanliga anmärkningar:
Höga halter av CO
Höga halter av HC
Läckage i avgassystemet
Ej fungerande EGR-ventil
Skadade drivknutsdamasker

Styrsystem

- Styrled
- Styrväxel
- Hjälpstyrarm
- Övrigt

Vanliga anmärkningar:
Glapp i styrleder
Skadade styrväxeldamasker

Instrumentering

- Hastighetsmätare
- Taxameter
- Varningslampor
- Övrigt

Hjulsystem

- Däck
- Stötdämpare
- Hjullager
- Spindelleder
- Länkarm fram
  bak
- Fjäder
- Fjädersäte
- Övrigt

Vanliga anmärkningar:
Glapp i spindelleder
Utslitna däck
Dåliga stötdämpare
Rostskadade fjädersäten
Brustna fjädrar
Rostskadade länkarms-
  infästningar

Bromssystem

- Fotbroms fram
  bak
  rörelseres.
- Bromsrör
- Bromsslang
- Handbroms
- Övrigt

Vanliga anmärkningar:
Otillräcklig bromsverkan på
  handbromsen
Ojämn bromsverkan på
  fotbromsen
Anliggande bromsar på
  fotbromsen
Rostskadade bromsrör
Skadade bromsslangar

Karosseri

- Dörr
- Skärm
- Vindruta
- Säkerhetsbälten
- Lastutrymme
- Övrigt

Vanliga anmärkningar:
Skadad vindruta
Vassa kanter

Stomme

- Sidobalk
- Tvärbalk
- Golv
- Hjulhus
- Övrigt

Vanliga anmärkningar:
Rostskador i sidobalkar, golv
och hjulhus

1 Kontroller som utförs från förarsätet

Handbroms

☐ Kontrollera att handbromsen fungerar ordentligt utan för stort spel i spaken. För stort spel tyder på att bromsen eller bromsvajern är felaktigt justerad.

☐ Kontrollera att handbromsen inte kan läggas ur genom att spaken förs åt sidan. Kontrollera även att handbromsspaken är ordentligt monterad.

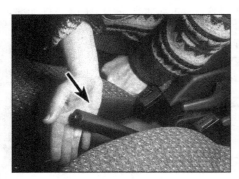

Fotbroms

☐ Tryck ner bromspedalen och kontrollera att den inte sjunker ner mot golvet, vilket tyder på fel på huvudcylindern. Släpp pedalen, vänta ett par sekunder och tryck sedan ner den igen. Om pedalen tar långt ner är det nödvändigt att justera eller reparera bromsarna. Om pedalen känns "svampig" finns det luft i bromssystemet som då måste luftas.

☐ Kontrollera att bromspedalen sitter fast ordentligt och att den är i bra skick. Kontrollera även om det finns tecken på oljeläckage på bromspedalen, golvet eller mattan eftersom det kan betyda att packningen i huvudcylindern är trasig.

☐ Om bilen har bromsservo kontrolleras denna genom att man upprepade gånger trycker ner bromspedalen och sedan startar motorn med pedalen nertryckt. När motorn startar skall pedalen sjunka något. Om inte kan vakuumslangen eller själva servoenheten vara trasig.

Ratt och rattstång

☐ Känn efter att ratten sitter fast. Undersök om det finns några sprickor i ratten eller om några delar på den sitter löst.

☐ Rör på ratten uppåt, neråt och i sidled. Fortsätt att röra på ratten samtidigt som du vrider lite på den från vänster till höger.

☐ Kontrollera att ratten sitter fast ordentligt på rattstången vilket annars kan tyda på slitage eller att fästmuttern sitter löst. Om ratten går att röra onaturligt kan det tyda på att rattstångens bärlager eller kopplingar är slitna.

Rutor och backspeglar

☐ Vindrutan måste vara fri från sprickor och andra skador som kan vara irriterande eller hindra sikten i förarens synfält. Sikten får inte heller hindras av t.ex. ett färgat eller reflekterande skikt. Samma regler gäller även för de främre sidorutorna.

☐ Backspeglarna måste sitta fast ordentligt och vara hela och ställbara.

Säkerhetsbälten och säten

Observera: *Kom ihåg att alla säkerhetsbälten måste kontrolleras - både fram och bak.*

☐ Kontrollera att säkerhetsbältena inte är slitna, fransiga eller trasiga i väven och att alla låsmekanismer och rullmekanismer fungerar obehindrat. Se även till att alla infästningar till säkerhetsbältena sitter säkert.

☐ Framsätena måste vara ordentligt fastsatta och om de är fällbara måste de vara låsbara i uppfällt läge.

Dörrar

☐ Framdörrarna måste gå att öppna och stänga från både ut- och insidan och de måste gå ordentligt i lås när de är stängda. Gångjärnen ska sitta säkert och inte glappa eller kärva onormalt.

2 Kontroller som utförs med bilen på marken

Registreringsskyltar

☐ Registreringsskyltarna måste vara väl synliga och lätta att läsa av, d v s om bilen är mycket smutsig kan det ge en anmärkning.

Elektrisk utrustning

☐ Slå på tändningen och kontrollera att signalhornet fungerar och att det avger en jämn ton.

☐ Kontrollera vindrutetorkarna och vindrutespolningen. Svephastigheten får inte vara extremt låg, svepytan får inte vara för liten och torkarnas viloläge ska inte vara inom förarens synfält. Byt ut gamla och skadade torkarblad.

☐ Kontrollera att strålkastarna fungerar och att de är rätt inställda. Reflektorerna får inte vara skadade, lampglasen måste vara hela och lamporna måste vara ordentligt fastsatta. Kontrollera även att bromsljusen fungerar och att det inte krävs högt pedaltryck för att tända dem. (Om du inte har någon medhjälpare kan du kontrollera bromsljusen genom att backa upp bilen mot en garageport, vägg eller liknande reflekterande yta.)

☐ Kontrollera att blinkers och varningsblinkers fungerar och att de blinkar i normal hastighet. Parkeringsljus och bromsljus får inte påverkas av blinkers. Om de påverkas beror detta oftast på jordfel. Se också till att alla övriga lampor på bilen är hela och fungerar som de ska och att t.ex. extraljus inte är placerade så att de skymmer föreskriven belysning.

☐ Se även till att batteri, elledningar, reläer och liknande sitter fast ordentligt och att det inte föreligger någon risk för kortslutning

Fotbroms

☐ Undersök huvudbromscylindern, bromsrören och servoenheten. Leta efter läckage, rost och andra skador.

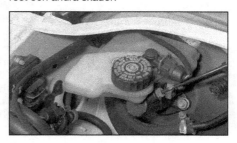

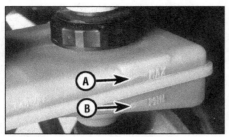

☐ Bromsvätskebehållaren måste sitta fast ordentligt och vätskenivån skall vara mellan max- (A) och min- (B) markeringarna.

☐ Undersök båda främre bromsslangarna efter sprickor och förslitningar. Vrid på ratten till fullt rattutslag och se till att bromsslangarna inte tar i någon del av styrningen eller upphängningen. Tryck sedan ner bromspedalen och se till att det inte finns några läckor eller blåsor på slangarna under tryck.

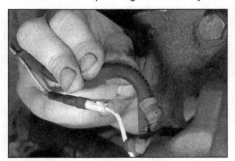

Styrning

☐ Be någon vrida på ratten så att hjulen vrids något. Kontrollera att det inte är för stort spel mellan rattutslaget och styrväxeln vilket kan tyda på att rattstångslederna, kopplingen mellan rattstången och styrväxeln eller själva styrväxeln är sliten eller glappar.

☐ Vrid sedan ratten kraftfullt åt båda hållen så att hjulen vrids något. Undersök då alla damasker, styrleder, länksystem, rörkopplingar och anslutningar/fästen. Byt ut alla delar som verkar utslitna eller skadade. På bilar med servostyrning skall servopumpen, drivremmen och slangarna kontrolleras.

Stötdämpare

☐ Tryck ned hörnen på bilen i tur och ordning och släpp upp. Bilen skall gunga upp och sedan gå tillbaka till ursprungsläget. Om bilen

fortsätter att gunga är stötdämparna dåliga. Stötdämpare som kärvar påtagligt gör också att bilen inte klarar besiktningen. (Observera att stötdämpare kan saknas på vissa fjädersystem.)

☐ Kontrollera också att bilen står rakt och ungefär i rätt höjd.

Avgassystem

☐ Starta motorn medan någon håller en trasa över avgasröret och kontrollera sedan att avgassystemet inte läcker. Reparera eller byt ut de delar som läcker.

Kaross

☐ Skador eller korrosion/rost som utgörs av vassa eller i övrigt farliga kanter med risk för personskada medför vanligtvis att bilen måste repareras och ombesiktas. Det får inte heller finnas delar som sitter påtagligt löst.

☐ Det är inte tillåtet att ha utskjutande detaljer och anordningar med olämplig utformning eller placering (prydnadsföremål, antennfästen, viltfångare och liknande).

☐ Kontrollera att huvlås och säkerhetsspärr fungerar och att gångjärnen inte sitter löst eller på något vis är skadade.

☐ Se också till att stänkskydden täcker däckens slitbana i sidled.

3 Kontroller som utförs med bilen upphissad och med fria hjul

Lyft upp både fram- och bakvagnen och ställ bilen på pallbockar. Placera pallbockarna så att de inte tar i fjäderupphängningen. Se till att hjulen inte tar i marken och att de går att vrida till fullt rattutslag. Om du har begränsad utrustning går det naturligtvis bra att lyfta upp en ände i taget.

Styrsystem

☐ Be någon vrida på ratten till fullt rattutslag. Kontrollera att alla delar i styrningen går mjukt och att ingen del av styrsystemet tar i någonstans.

☐ Undersök kuggstångsdamaskerna så att de inte är skadade eller att metallklämmorna glappar. Om bilen är utrustad med servostyrning ska slangar, rör och kopplingar kontrolleras så att de inte är skadade eller

läcker. Kontrollera också att styrningen inte är onormalt trög eller kärvar. Undersök länkarmar, krängningshämmare, styrstag och styrleder och leta efter glapp och rost.

☐ Se även till att ingen saxpinne eller liknande låsmekanism saknas och att det inte finns gravrost i närheten av någon av styrmekanismens fästpunkter.

Upphängning och hjullager

☐ Börja vid höger framhjul. Ta tag på sidorna av hjulet och skaka det kraftigt. Se till att det inte glappar vid hjullager, spindelleder eller vid upphängningens infästningar och leder.

☐ Ta nu tag upptill och nedtill på hjulet och upprepa ovanstående. Snurra på hjulet och undersök hjullagret angående missljud och glapp.

☐ Om du misstänker att det är för stort spel vid en komponents led kan man kontrollera detta genom att använda en stor skruvmejsel eller liknande och bända mellan infästningen och komponentens fäste. Detta visar om det är bussningen, fästskruven eller själva infästningen som är sliten (bulthålen kan ofta bli uttänjda).

☐ Kontrollera alla fyra hjulen.

Fjädrar och stötdämpare

☐ Undersök fjäderbenen (där så är tillämpligt) angående större läckor, korrosion eller skador i godset. Kontrollera också att fästena sitter säkert.

☐ Om bilen har spiralfjädrar, kontrollera att dessa sitter korrekt i fjädersätena och att de inte är utmattade, rostiga, spruckna eller av.

☐ Om bilen har bladfjädrar, kontrollera att alla bladen är hela, att axeln är ordentligt fastsatt mot fjädrarna och att fjäderöglorna, bussningarna och upphängningarna inte är slitna.

☐ Liknande kontroll utförs på bilar som har annan typ av upphängning såsom torsionfjädrar, hydraulisk fjädring etc. Se till att alla infästningar och anslutningar är säkra och inte utslitna, rostiga eller skadade och att den hydrauliska fjädringen inte läcker olja eller på annat sätt är skadad.

☐ Kontrollera att stötdämparna inte läcker och att de är hela och oskadade i övrigt samt se till att bussningar och fästen inte är utslitna.

Drivning

☐ Snurra på varje hjul i tur och ordning. Kontrollera att driv-/kardanknutar inte är lösa, glappa, spruckna eller skadade. Kontrollera också att skyddsbälgarna är intakta och att driv-/kardanaxlar är ordentligt fastsatta, raka och oskadade. Se även till att inga andra detaljer i kraftöverföringen är glappa, lösa, skadade eller slitna.

Bromssystem

☐ Om det är möjligt utan isärtagning, kontrollera hur bromsklossar och bromsskivor ser ut. Se till att friktionsmaterialet på bromsbeläggen (A) inte är slitet under 2 mm och att broms-skivorna (B) inte är spruckna, gropiga, repiga eller utslitna.

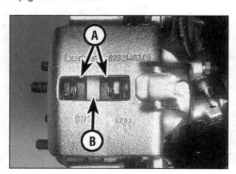

☐ Undersök alla bromsrör under bilen och bromsslangarna bak. Leta efter rost, skavning och övriga skador på ledningarna och efter tecken på blåsor under tryck, skavning, sprickor och förslitning på slangarna. (Det kan vara enklare att upptäcka eventuella sprickor på en slang om den böjs något.)

☐ Leta efter tecken på läckage vid bromsoken och på bromssköldarna. Reparera eller byt ut delar som läcker.

☐ Snurra sakta på varje hjul medan någon trycker ned och släpper upp bromspedalen. Se till att bromsen fungerar och inte ligger an när pedalen inte är nedtryckt.

☐ Undersök handbromsmekanismen och kontrollera att vajern inte har fransat sig, är av eller väldigt rostig eller att länksystemet är utslitet eller glappar. Se till att handbromsen fungerar på båda hjulen och inte ligger an när den läggs ur.

☐ Det är inte möjligt att prova bromsverkan utan specialutrustning, men man kan göra ett körtest och prova att bilen inte drar åt något håll vid en kraftig inbromsning.

Bränsle- och avgassystem

☐ Undersök bränsletanken (inklusive tanklock och påfyllningshals), fastsättning, bränsleledningar, slangar och anslutningar. Alla delar måste sitta fast ordentligt och får inte läcka.

☐ Granska avgassystemet i hela dess längd beträffande skadade, avbrutna eller saknade upphängningar. Kontrollera systemets skick beträffande rost och se till att rörklämmorna är säkert monterade. Svarta sotavlagringar på avgassystemet tyder på ett annalkande läckage.

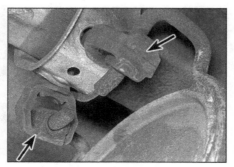

Hjul och däck

☐ Undersök i tur och ordning däcksidorna och slitbanorna på alla däcken. Kontrollera att det inte finns några skärskador, revor eller bulor och att korden inte syns p g a utslitning eller skador. Kontrollera att däcket är korrekt monterat på fälgen och att hjulet inte är deformerat eller skadat.

☐ Se till att det är rätt storlek på däcken för bilen, att det är samma storlek och däcktyp på samma axel och att det är rätt lufttryck i däcken. Se också till att inte ha dubbade och odubbade däck blandat. (Dubbade däck får användas under vinterhalvåret, från 1 oktober till första måndagen efter påsk.)

☐ Kontrollera mönsterdjupet på däcken – minsta tillåtna mönsterdjup är 1,6 mm. Onormalt däckslitage kan tyda på felaktig framhjulsinställning.

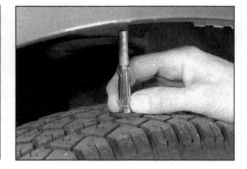

Korrosion

☐ Undersök alla bilens bärande delar efter rost. (Bärande delar innefattar underrede, tröskellådor, tvärbalkar, stolpar och all upphängning, styrsystemet, bromssystemet samt bältesinfästningarna.) Rost som avsevärt har reducerat tjockleken på en bärande yta medför troligtvis en tvåa i besiktningsprotokollet. Sådana skador kan ofta vara svåra att reparera själv.

☐ Var extra noga med att kontrollera att inte rost har gjort det möjligt för avgaser att tränga in i kupén. Om så är fallet kommer fordonet ovillkorligen inte att klara besiktningen och dessutom utgör det en stor trafik- och hälsofara för dig och dina passagerare.

---

4 Kontroller som utförs på bilens avgassystem

Bensindrivna modeller

☐ Starta motorn och låt den bli varm. Se till att tändningen är rätt inställd, att luftfiltret är rent och att motorn går bra i övrigt.

☐ Varva först upp motorn till ca 2500 varv/min och håll den där i ca 20 sekunder. Låt den sedan gå ner till tomgång och iaktta avgasutsläppen från avgasröret. Om tomgången är onaturligt hög eller om tät blå eller klart synlig svart rök kommer ut med avgaserna i mer än 5 sekunder så kommer bilen antagligen inte att klara besiktningen. I regel tyder blå rök på att motorn är sliten och förbränner olja medan svart rök tyder på att motorn inte förbränner bränslet ordentligt (smutsigt luftfilter eller annat förgasar- eller bränslesystemfel).

☐ Vad som då behövs är ett instrument som kan mäta koloxid (CO) och kolväten (HC). Om du inte har möjlighet att låna eller hyra ett dylikt instrument kan du få hjälp med det på en verkstad för en mindre kostnad.

CO- och HC-utsläpp

☐ För närvarande är högsta tillåtna gräns-värde för CO- och HC-utsläpp för bilar av årsmodell 1989 och senare (d v s bilar med katalysator enligt lag) 0,5% CO och 100 ppm HC.

På tidigare årsmodeller testas endast CO-halten och följande gränsvärden gäller:

årsmodell 1985-88	3,5% CO
årsmodell 1971-84	4,5% CO
årsmodell -1970	5,5% CO.

Bilar av årsmodell 1987-88 med frivilligt monterad katalysator bedöms enligt 1989 års komponentkrav men 1985 års utsläppskrav.

☐ Om CO-halten inte kan reduceras tillräckligt för att klara besiktningen (och bränsle- och tändningssystemet är i bra skick i övrigt) ligger problemet antagligen hos förgasaren/bränsle-insprutningssystemet eller katalysatorn (om monterad).

☐ Höga halter av HC kan orsakas av att motorn förbränner olja men troligare är att motorn inte förbränner bränslet ordentligt.

Dieseldrivna modeller

☐ Det enda testet för avgasutsläpp på diesel-drivna bilar är att man mäter röktätheten. Testet innebär att man varvar motorn kraftigt upprepade gånger.

Observera: Det är oerhört viktigt att motorn är rätt inställd innan provet genomförs.

☐ Mycket rök kan orsakas av ett smutsigt luftfilter. Om luftfiltret inte är smutsigt men bilen ändå avger mycket rök kan det vara nödvändigt att söka experthjälp för att hitta orsaken.

5 Körtest

☐ Slutligen, provkör bilen. Var extra upp-märksam på eventuella missljud, vibrationer och liknande.

☐ Om bilen har automatväxellåda, kontrollera att den endast går att starta i lägena P och N. Om bilen går att starta i andra växellägen måste växelväljarmekanismen justeras.

☐ Kontrollera också att hastighetsmätaren fungerar och inte är missvisande.

☐ Se till att ingen extrautrustning i kupén, t ex biltelefon och liknande, är placerad så att den vid en eventuell kollision innebär ökad risk för personskada.

☐ Gör en hastig inbromsning och kontrollera att bilen inte drar åt något håll. Om kraftiga vibrationer känns vid inbromsning kan det tyda på att bromsskivorna är skeva och bör bytas eller fräsas om. (Inte att förväxlas med de låsningsfria bromsarnas karakteristiska vibrationer.)

☐ Om vibrationer känns vid acceleration, hastighetsminskning, vid vissa hastigheter eller hela tiden, kan det tyda på att drivknutar eller drivaxlar är slitna eller defekta, att hjulen eller däcken är felaktiga eller skadade, att hjulen är obalanserade eller att styrleder, upphängningens leder, bussningar eller andra komponenter är slitna.

Motorn

- ☐ Motorn går inte runt vid startförsök
- ☐ Motorn går runt, men startar inte
- ☐ Motorn är svårstartad när den är kall
- ☐ Motorn är svårstartad när den är varm
- ☐ Startmotorn ger i från sig oljud eller kärvar
- ☐ Motorn startar, men stannar omedelbart
- ☐ Ojämn tomgång
- ☐ Motorn feltänder vid tomgångsvarvtal
- ☐ Motorn feltänder vid alla varvtal
- ☐ Långsam acceleration
- ☐ Överstegring av motorn
- ☐ Låg motorkapacitet
- ☐ Motorn misständer
- ☐ Varningslampan för oljetryck lyser när motorn är igång
- ☐ Glödtändning
- ☐ Motorljud
- ☐ Motorn drar för mycket olja

Kylsystem

- ☐ Överhettning
- ☐ Alltför stark avkylning
- ☐ Yttre kylvätskeläckage
- ☐ Inre kylvätskeläckage
- ☐ Korrosion

Bränsle- och avgassystem

- ☐ Överdriven bränsleförbrukning
- ☐ Bränsleläckage och/eller bränslelukt
- ☐ Överdrivet oljud eller överdrivet mycket gaser från avgassystemet

Koppling

- ☐ Pedalen går i golvet - inget tryck eller mycket lite motstånd
- ☐ Kopplingen tar inte (det går inte att lägga i växlar)
- ☐ Kopplingen slirar (motorvarvtalet ökar utan att hastigheten ökar)
- ☐ Skakningar vid frikoppling
- ☐ Missljud när kopplingspedalen trycks ner eller släpps upp

Manuell växellåda

- ☐ Missljud i friläge när motorn går
- ☐ Missljud när en speciell växel ligger i
- ☐ Svårt att lägga i växlar
- ☐ Växeln hoppar ur
- ☐ Vibrationer
- ☐ Smörjmedelsläckage

Automatväxellåda

- ☐ Oljeläckage
- ☐ Växellådsoljan är brun eller luktar bränt
- ☐ Allmänna problem med växlingen
- ☐ Växellådan växlar inte ner (kickdown) när gaspedalen är helt nedtryckt
- ☐ Motorn startar inte i någon växel, eller startar i andra växlar än Park eller Neutral
- ☐ Växellådan slirar, låter illa eller är utan drift i framväxlarna eller backen

Drivaxlar

- ☐ Klickande eller knackande ljud vid svängar (i låg fart med fullt rattutslag)
- ☐ Vibrationer vid acceleration eller inbromsning

Bromssystem

- ☐ Bilen drar åt ena sidan vid inbromsning
- ☐ Oljud (slipljud eller högt gnisslande) vid inbromsning
- ☐ Överdriven pedalväg
- ☐ Bromspedalen känns svampig vid nedtryckning
- ☐ Överdriven pedalkraft krävs för att stanna bilen
- ☐ Skakningar i bromspedal eller ratt vid inbromsning
- ☐ Bromsarna kärvar

Fjädrings- och styrningssystem

- ☐ Bilen drar åt ena sidan
- ☐ Hjulen vinglar och skakar
- ☐ Överdrivna krängningar och/eller nigningar vid kurvtagning eller bromsning
- ☐ Vandrande eller allmän instabilitet
- ☐ Överdrivet stel styrning
- ☐ Överdrivet spel i styrningen
- ☐ Bristande servoeffekt
- ☐ Överdrivet däckslitage

Elsystem

- ☐ Batteriet laddar ur på bara ett par dagar
- ☐ Tändningslampan fortsätter lysa när motorn går
- ☐ Tändningslampan tänds inte
- ☐ Ljusen fungerar inte
- ☐ Instrumentavläsningarna missvisande eller ryckiga
- ☐ Signalhornet fungerar dåligt eller inte alls
- ☐ Vindrute-/bakrutetorkarna fungerar dåligt eller inte alls
- ☐ Vindrute-/bakrutespolarna fungerar dåligt eller inte alls
- ☐ De elektriska fönsterhissarna fungerar dåligt eller inte alls
- ☐ Centrallåset fungerar dåligt eller inte alls

Inledning

Den fordonsägare som underhåller sin bil med rekommenderad regelbundenhet kommer inte att behöva använda den här delen av handboken ofta. Moderna komponenter är mycket pålitliga och om de delar som utsätts för slitage undersöks eller byts ut vid specificerade intervall, inträffar plötsliga haverier mycket sällan. Fel uppstår vanligen inte plötsligt utan utvecklas under en längre tid. Större mekaniska haverier föregås ofta av tydliga symptom under hundra- eller rentav tusentals kilometer. De komponenter som då

och då går sönder är i regel små och lätta att ha med i bilen.

All felsökning måste börja med med att man avgör var sökandet ska inledas. Ibland är detta självklart men andra gånger krävs lite detektivarbete. En bilägare som gör ett halvdussin slumpmässiga justeringar eller komponentbyten kanske lyckas åtgärda felet (eller undanröja symptomen), men om felet uppstår igen vet hon eller han ändå inte var felet sitter och måste spendera mer tid och pengar än vad som är nödvändigt för att

åtgärda det. Ett lugnt och metodiskt tillvägagångssätt är bättre i det långa loppet. Ta alltid hänsyn till varningstecken och sådant som verkat onormalt före haveriet, som kraftförlust, höga/låga mätaravläsningar, eller ovanliga lukter – och kom ihåg att trasiga säkringar och tändstift kanske kanske bara är symptom på ett underliggande fel.

Följande sidor fungerar som en enkel guide till de vanligaste problemen som kan uppstå med bilen. Problemen och deras möjliga orsaker grupperas under rubriker för olika komponenter eller system som Motor, Kylsystem etc. Det kapitel som behandlar problemet visas inom parentes. Oavsett fel finns vissa grundläggande principer. Dessa är:

Bekräfta felet. Detta innebär helt enkelt att se till att symptomen är kända innan arbetet påbörjas. Detta är särskilt viktigt om felet undersöks för någon annans räkning. Denne kanske inte beskrivit felet korrekt.

Förbise inte det självklara. Om bilen till exempel inte startar, finns det verkligen bensin i tanken? (Ta inte någon annans ord för givet och lita inte heller på bränslemätaren!) Om ett elektriskt fel indikeras, leta efter lösa eller trasiga ledningar innan testutrustningen tas fram.

Åtgärda felet, undanröj inte bara symptomen. Att byta ett urladdat batteri mot ett fulladdat tar dig från vägkanten, men om orsaken inte åtgärdas kommer det nya batteriet snart att vara urladdat. Om nedoljade tändstift byts ut mot nya rullar bilen vidare, men orsaken till nedsmutsningen måste fortfarande fastställas och åtgärdas (om det inte helt enkelt berodde på att tändstiften hade fel värmetal).

Ta inte någonting för givet. Glöm inte att även nya delar kan vara defekta (särskilt om de skakat runt i bagageutrymmet i flera månader). Utelämna inte några komponenter vid en felsökning bara för att de är nya eller nymonterade. När felet slutligen upptäcks inser du antagligen att det fanns tecken på felet från redan början.

Tänk över om några åtgärder utförts nyligen, och i så fall vilka. Många fel uppstår på grund av slarvigt eller hastigt utförda arbeten. Om något arbete utförts under motorhuven kanske en del av kablaget lossnat eller dragits felaktigt, eller kanske en slang har hamnat i kläm? Har alla muttrar/bultar dragits åt ordentligt? Användes nya packningar? Det krävs ofta en del detektivarbete för att komma tillrätta med problemet eftersom en till synes ovidkommande åtgärd kan få stora konsekvenser.

Motorn

Motorn går inte runt vid startförsök
- [ ] Batterianslutningarna sitter löst eller är korroderade (*Veckokontroller*)
- [ ] Batteriet är urladdat eller defekt (kapitel 5A)
- [ ] Trasiga, glappa eller urkopplade ledningar i startmotorkretsen (kapitel 5A)
- [ ] Defekt startsolenoid eller kontakt (kapitel 5A)
- [ ] Defekt startmotor (kapitel 5A)
- [ ] Slitna eller trasiga kuggar på startmotorpinjongen eller svänghjulets startkrans (kapitel 2A eller 5A)
- [ ] Motorns jordledningar trasiga eller urkopplade (kapitel 5A)
- [ ] Automatväxellådan står inte i Park-/Neutralläge eller växelspakens vajerjustering är felaktig (kapitel 1)

Motorn går runt men startar inte
- [ ] Bensintanken är tom
- [ ] Batteriet är urladdat (motorn roterar långsamt) (kapitel 5A)
- [ ] Batterianslutningarna sitter löst eller är korroderade (*Veckokontroller*)
- [ ] Tändningskomponenterna fuktiga eller skadade (kapitel 1 eller 5B)
- [ ] Trasiga, glappa eller urkopplade ledningar i tändningskretsen (kapitel 1 eller 5B)
- [ ] Immobilisern defekt (kapitel 12)
- [ ] Utslitna, defekta eller felaktigt inställda tändstift (kapitel 1)
- [ ] Låg cylinderkompression (kapitel 2A)
- [ ] Allvarligt mekaniskt fel (t.ex. på kamremmen) (kapitel 2A)

Motorn är svårstartad när den är kall
- [ ] Batteriet urladdat (kapitel 5A)
- [ ] Batterianslutningarna sitter löst eller är korroderade (*Veckokontroller*)
- [ ] Utslitna, defekta eller felaktigt inställda tändstift (kapitel 1)
- [ ] Andra fel på tändsystemet (kapitel 1 eller 5B)
- [ ] Motorstyrningssystemet defekt (kapitel 1, 4A eller 5B)
- [ ] Låg cylinderkompression (kapitel 2A)

Motorn är svårstartad när den är varm
- [ ] Smutsigt eller igensatt luftfilter (kapitel 1)
- [ ] Motorstyrningssystemet är defekt (kapitel 1, 4A eller 5B)
- [ ] Låg cylinderkompression (kapitel 2A)

Startmotorn ger ifrån sig oljud eller kärvar
- [ ] Slitna eller trasiga kuggar på startmotorpinjongen eller svänghjulets startkrans (kapitel 2A eller 5A)
- [ ] Startmotorns fästbultar lösa eller saknas (kapitel 5A)
- [ ] Startmotorns inre delar slitna eller skadade (kapitel 5A)

Motorn startar men stannar omedelbart
- [ ] Lösa eller defekta elektriska anslutningar i tändningskretsen (kapitel 1 eller 5B)
- [ ] Motorstyrningssystemet defekt (kapitel 1, 4A eller 5B)
- [ ] Vakuumläckage vid insugsgrenröret eller tillhörande slangar (kapitel 1, 4A eller 4B)

Ojämn tomgång
- [ ] Motorstyrningssystemet defekt (kapitel 1, 4A eller 5B)
- [ ] Bränsleinsprutarna delvis blockerade (kapitel 4A)
- [ ] Smutsigt eller igensatt luftfilter (kapitel 1)
- [ ] Vakuumläckage vid insugsgrenröret eller tillhörande slangar (kapitel 1, 4A eller 4B)
- [ ] Utslitna, defekta eller felaktigt inställda tändstift (kapitel 1)
- [ ] Ojämn eller låg cylinderkompression (kapitel 2A)
- [ ] Slitna kamlober (kapitel 2A)

Feltändning vid tomgångshastighet
- [ ] Utslitna, defekta eller felaktigt inställda tändstift (kapitel 1)
- [ ] Defekta tändkablar (kapitel 1)
- [ ] Motorstyrningssystemet defekt (kapitel 1, 4A eller 5B)
- [ ] Bränsleinsprutarna delvis blockerade (kapitel 4A)
- [ ] Vakuumläckage vid insugsgrenröret eller tillhörande slangar (kapitel 1, 4A eller 4B)
- [ ] Ojämn eller låg cylinderkompression (kapitel 2A)
- [ ] Losskopplade, läckande eller slitna vevhusventilationsslangar (kapitel 1 eller 4B)

Feltändning vid alla varvtal
- [ ] Tilltäppt bränslefilter (kapitel 1)
- [ ] Defekt bränslepump (kapitel 4A)
- [ ] Blockerad bensintanksventil eller delvis igentäppta bränslerör (kapitel 4A eller 4B)
- [ ] Vakuumläckage vid insugsgrenröret eller tillhörande slangar (kapitel 1, 4A eller 4B)
- [ ] Utslitna, defekta eller felaktigt inställda tändstift (kapitel 1)
- [ ] Defekta tändkablar (kapitel 1)
- [ ] Motorstyrningssystemet defekt (kapitel 1, 4A eller 5B)
- [ ] Bränsleinsprutarna delvis blockerade (kapitel 4A)
- [ ] Ojämn eller låg cylinderkompression (kapitel 2A)

Långsam acceleration
- [ ] Utslitna, defekta eller felaktigt inställda tändstift (kapitel 1)
- [ ] Motorstyrningssystemet defekt (kapitel 1, 4A eller 5B)
- [ ] Bränsleinsprutarna delvis blockerade (kapitel 4A)
- [ ] Vakuumläckage vid insugsgrenröret eller tillhörande slangar (kapitel 1, 4A eller 4B)

Motorstopp

- [ ] Motorstyrningssystemet är defekt (kapitel 1, 4A eller 5B)
- [ ] Bränsleinsprutarna delvis blockerade (kapitel 4A)
- [ ] Vakuumläckage vid insugsgrenröret eller tillhörande slangar (kapitel 1, 4A eller 4B)
- [ ] Tilltäppt bränslefilter (kapitel 1)
- [ ] Defekt bränslepump (kapitel 4A)
- [ ] Blockerad bensintanksventil eller delvis igentäppta bränslerör (kapitel 4A eller 4B)

Låg motorkapacitet

- [ ] Motorstyrningssystemet är defekt (kapitel 1, 4A eller 5B)
- [ ] Bränsleinsprutarna delvis blockerade (kapitel 4A)
- [ ] Felmonterad kamrem (kapitel 2A)
- [ ] Tilltäppt bränslefilter (kapitel 1)
- [ ] Defekt bränslepump (kapitel 4A)
- [ ] Ojämn eller låg cylinderkompression (kapitel 2A)
- [ ] Utslitna, defekta eller felaktigt inställda tändstift (kapitel 1)
- [ ] Vakuumläckage vid insugsgrenröret eller tillhörande slangar (kapitel 1, 4A eller 4B)
- [ ] Bromsarna kärvar (kapitel 1 eller 9)
- [ ] Kopplingen slirar (kapitel 6)
- [ ] Automatväxellådans oljenivå felaktig (kapitel 1)

Motorn misständer

- [ ] Motorstyrningssystemet är defekt (kapitel 1, 4A eller 5B)
- [ ] Felmonterad kamrem (kapitel 2A)
- [ ] Vakuumläckage vid insugningsgrenröret eller tillhörande slangar (kapitel 1, 4A eller 4B)
- [ ] Avgasreningssystemet defekt (kapitel 4B)

Varningslampan för oljetryck lyser när motorn är igång

- [ ] Låg oljenivå eller fel oljekvalitet (kapitel 1)
- [ ] Defekt oljetrycksgivare (kapitel 12)
- [ ] Slitna motorlager och/eller sliten oljepump (kapitel 2A eller 2B)
- [ ] Motorns arbetstemperatur hög (kapitel 3)
- [ ] Defekt oljetrycksventil (kapitel 2A)
- [ ] Oljeupptagarrörets sil igensatt (kapitel 2B)

Glödtändning

- [ ] Motorstyrningssystemet är defekt (kapitel 1, 4A eller 5B)
- [ ] För mycket sotavlagringar i motorn (kapitel 2A eller 2B)
- [ ] Motorns arbetstemperatur hög (kapitel 3)

Motorljud

Förtändning (spikning) eller knackning under acceleration eller belastning

- [ ] Fel bränslekvalitet (kapitel 4A)
- [ ] Vakuumläckage vid insugsgrenröret eller tillhörande slangar (kapitel 1, 4A eller 4B)
- [ ] För mycket sotavlagringar i motorn (kapitel 2A eller 2B)

Visslande eller väsande ljud

- [ ] Läckage i insugsgrenrörets packning (kapitel 4A)
- [ ] Läckande avgasgrenrörspackning eller skarv mellan det främre röret och grenröret (kapitel 4B)
- [ ] Läckande vakuumslang (kapitel 1, 4A, 5B eller 9)
- [ ] Blåst topplockspackning (kapitel 2A)

Knackande eller skallrande ljud

- [ ] Slitage på ventiler eller kamaxlar (kapitel 2A eller 2B)
- [ ] Slitna eller defekta hydrauliska ventillyftare (kapitel 2A eller 2B)
- [ ] Sliten kamrem, spännare eller överföringsremskivor (kapitel 2A)
- [ ] Defekt hjälpaggregat (kylvätskepump, generator etc.) (kapitel 3 eller 5A)

Knackande ljud eller slag

- [ ] Slitna vevstakslager (regelbundna hårda knackningar som eventuellt minskar vid belastning) (kapitel 2B)
- [ ] Slitna ramlager (muller och knackningar som eventuellt tilltar vid belastning) (kapitel 2B)
- [ ] Kolvslammer (märks mest vid kyla - motorslitage) (kapitel 2B)
- [ ] Defekt hjälpaggregat (kylvätskepump, generator etc.) (kapitel 3 eller 5A)

Motorn förbrukar för mycket olja

- [ ] Fel grad av olja eller för hög oljenivå (Veckokontroller)
- [ ] Oljefiltrets eller sumpens avtappningsplugg sitter löst (kapitel 1)
- [ ] Läckande oljetätning (kapitel 2A eller 2B)
- [ ] Tätningen till kamaxelkåpan/motorns övre skyddskåpa läcker (kapitel 2A eller 2B)
- [ ] Sumpens packning läcker (kapitel 2B)
- [ ] Topplockspackningen läcker (kapitel 2B)
- [ ] Motorn bränner olja – slitna kolvringar eller cylinderlopp (kapitel 2B)

Kylsystem

Överhettning

- [ ] För lite kylvätska i systemet (Veckokontroller)
- [ ] Defekt termostat (kapitel 3)
- [ ] Igensatt kylare eller grill (kapitel 3)
- [ ] Kylarens elektriska kylfläkt/kylfläktar eller temperaturgivaren för kylvätskan defekt (kapitel 3)
- [ ] Motorstyrningssystemet defekt (kapitel 1, 4A eller 5B)
- [ ] Defekt trycklock (kapitel 3)
- [ ] Drivremmen är sliten eller slirar (kapitel 1)
- [ ] Luftficka i kylsystemet (kapitel 1, avsnitt 29)

För stark avkylning

- [ ] Defekt termostat (kapitel 3)
- [ ] Defekt temperaturgivare för kylvätska (kapitel 3)

Yttre kylvätskeläckage

- [ ] Åldrade eller skadade slangar eller slangklämmor (kapitel 1)
- [ ] Läckage i kylare eller värmeelement (kapitel 3)
- [ ] Defekt trycklock (kapitel 3)
- [ ] Kylvätskepumpens tätning läcker (kapitel 3)
- [ ] Motorn kokar på grund av överhettning (kapitel 3)

Inre kylvätskeläckage

- [ ] Läckande topplockspackning (kapitel 2A)
- [ ] Sprucket topplock eller cylinderlopp (kapitel 2B)

Korrosion

- [ ] Bristfällig avtappning och spolning (kapitel 1)
- [ ] Felaktig frostskyddsvätskeblandning eller fel typ av frostskyddsvätska (kapitel 1 eller 3)

Bränsle- och avgassystem

Överdriven bränsleförbrukning

- ☐ Oekonomisk körstil eller ogynnsamma körförhållanden.
- ☐ Smutsigt eller igensatt luftfilter (kapitel 1)
- ☐ Motorstyrningssystemet defekt (kapitel 1, 4A eller 5B)
- ☐ Bränsleinsprutarna delvis blockerade (kapitel 4A)
- ☐ För lite luft i däcken (Veckokontroller)

Bränsleläckage och/eller bränslelukt

- ☐ Skador eller korrosion på bränsletank, rör eller anslutningar (kapitel 1)

Överdrivet oljud eller överdrivet mycket gaser från avgassystemet

- ☐ Läckande avgassystem eller grenrörsanslutningar (kapitel 1 eller 4B)
- ☐ Läckande, korroderade eller skadade ljuddämpare eller rör (kapitel 1 eller 4B)
- ☐ Trasiga fästen som orsakar kontakt med kaross eller fjädring (kapitel 1 eller 4B)

Koppling

Pedalen går i golvet - inget tryck eller mycket lite motstånd

- ☐ Luft i kopplingens hydraulsystem (kapitel 6)
- ☐ Kopplingens slavcylinder defekt (kapitel 6)
- ☐ Kopplingens huvudcylinder defekt (kapitel 6)
- ☐ Trasig tallriksfjäder i kopplingens tryckplatta (kapitel 6)

Kopplingen frikopplar inte (det går inte att lägga i växlar)

- ☐ Luft i kopplingens hydraulsystem (kapitel 6)
- ☐ Kopplingens slavcylinder defekt (kapitel 6)
- ☐ Kopplingens huvudcylinder defekt (kapitel 6)
- ☐ Lamellen fastnar på räfflorna på växellådans huvudaxel (kapitel 6)
- ☐ Lamellen fastnar på svänghjul eller tryckplatta (kapitel 6)
- ☐ Defekt tryckplatta (kapitel 6)
- ☐ Urtrampningsmekanismen sliten eller felaktigt ihopsatt (kapitel 6)

Kopplingen slirar (motorvarvtalet ökar men inte bilens hastighet)

- ☐ Lamellbeläggen är mycket slitna (kapitel 6)
- ☐ Lamellbeläggen är förorenade med olja eller fett (kapitel 6)
- ☐ Defekt tryckplatta eller svag tallriksfjäder (kapitel 6)

Skakningar vid frikoppling

- ☐ Lamellbeläggen är förorenade med olja eller fett (kapitel 6)
- ☐ Lamellbeläggen är mycket slitna (kapitel 6)
- ☐ Defekt eller skev tryckplatta eller tallriksfjäder (kapitel 6)
- ☐ Slitna eller lösa motor-/växellådefästen (kapitel 2A)
- ☐ Lamellnavet eller räfflorna på växellådans ingående axel slitna (kapitel 6)

Missljud när kopplingspedalen trycks ner eller släpps upp

- ☐ Slitet urtrampningslager (kapitel 6)
- ☐ Slitna eller torra pedalbussningar (kapitel 6)
- ☐ Defekt tryckplatta (kapitel 6)
- ☐ Tryckplattans tallriksfjäder trasig (kapitel 6)
- ☐ Lamellens dämpfjädrar defekta (kapitel 6)

Manuell växellåda

Missljud i friläge när motorn går

- ☐ Slitage i huvudaxellagren (missljud med uppsläppt men inte med nedtryckt kopplingspedal) (kapitel 7A)*
- ☐ Slitet urtrampningslager (missljud med nedtryckt pedal som möjligen minskar när pedalen släpps upp) (kapitel 6)

Missljud när en specifik växel ligger i

- ☐ Slitna eller skadade kuggar på växellådsdreven (kapitel 7A)*
- ☐ Slitna lager (kapitel 7A)*

Svårt att lägga i växlar

- ☐ Defekt koppling (kapitel 6)
- ☐ Felaktigt inställda växelvajrar (kapitel 7A)
- ☐ Slitna synkroniseringsenheter (kapitel 7A)*

Växel hoppar ur

- ☐ Felaktigt inställda växelvajrar (kapitel 7A)
- ☐ Slitna synkroniseringsenheter (kapitel 7A)*
- ☐ Slitna väljargafflar (kapitel 7A)*

Vibrationer

- ☐ För lite olja (kapitel 1)
- ☐ Slitna lager (kapitel 7A)*

Smörjmedelsläckage

- ☐ Läckage i bakaxeldrevets oljetätning (kapitel 7A)
- ☐ Läckande husfog (kapitel 7A)*
- ☐ Läckage i ingående axelns oljetätning (kapitel 7A)*

Även om nödvändiga åtgärder för beskrivna symptom är svårare än vad en hemmamekaniker normalt klarar av, är informationen ovan en hjälp till att spåra felkällan, så att den tydligt kan beskrivas för en yrkesmekaniker.

Automatväxellåda

Observera: *På grund av automatväxellådans komplicerade samman-sättning är det svårt för hemmamekanikern att ställa riktiga diagnoser och serva enheten. Om andra problem än följande uppstår bör bilen tas till en verkstad eller till en specialist på växellådor.*

Oljeläckage

☐ Automatväxellådsolja är ofta mörk till färgen. Oljeläckage ska inte blandas ihop med motorolja, som lätt kan stänka på växellådan av luftflödet.

☐ För att hitta läckan, använd avfettningsmedel eller en ångtvätt och rengör växellådshuset och områdena runt omkring från smuts och avlagringar. Kör bilen i låg hastighet så att luftflödet inte blåser iväg den läckande oljan långt från källan. Hissa upp bilen och stöd den på pallbockar, och avgör varifrån läckan kommer. Läckor uppstår ofta i följande områden:

 a) *Växellådans oljesump (kapitel 1 eller 7B).*
 b) *Mätstickans rör (kapitel 1 eller 7B).*
 c) *Rör/anslutningar mellan växellådan och oljekylaren (kapitel 1 eller 7B).*
 d) *Växellådans oljetätningar (kapitel 7B).*

Växellådsoljan är brun eller luktar bränt

☐ Växellådsoljan behöver fyllas på eller bytas (kapitel 1)

Allmänna problem med växlingen

☐ Kontroll och justering av växelspaksvajern behandlas i kapitel 1 och 7B. Följande problem är vanliga problem som kan orsakas av en feljusterad vajer:

 a) *Motorn startar i andra växellägen än Park eller Neutral.*
 b) *Indikatorn på växelspaken pekar på en annan växel än den som faktiskt är ilagd.*
 c) *Bilen rör sig när växlarna Park eller Neutral ligger i.*
 d) *Dålig växlingskvalitet eller ojämn utväxling.*
 Se kapitel 7B för information om växelspaksvajerns justering.

☐ Om växelspaken inte går att flytta från Park kan skiftlåssystemet vara defekt. Vrid startnyckeln till läge I. Tryck sedan ner knappen framme till höger på växelspakshuset för att sätta skiftlåssystemet ur spel medan spaken flyttas till ett annat läge.

Växellådan växlar inte ner (kickdown) när gaspedalen är helt nedtryckt

☐ Växellådans oljenivå är låg (kapitel 1)
☐ Felaktig inställning av växelvajer (kapitel 1 eller 7B)
☐ Automatväxellådans elektroniska styrenhet eller givare är defekt (kapitel 7B)

Motorn startar inte i någon växel, eller startar i andra växlar än Park eller Neutral

☐ Felaktig inställning av växelvajer (kapitel 7B)
☐ Automatväxellådans elektroniska styrenhetet eller givare är defekt (kapitel 7B)

Växellådan slirar, låter illa eller är utan drift i framåtväxlarna eller backen

☐ Det finns flera möjliga orsaker till ovanstående problem, men hemmamekanikern behöver endast bekymra sig om en – oljenivån. Kontrollera oljenivån och oljans skick enligt beskrivningen i kapitel 1 innan bilen lämnas in till en verkstad eller en specialist på växellådor. Justera oljenivån eller byt olja om det behövs. Om problemet kvarstår behövs professionell hjälp.

Drivaxlar

Klickande eller knackande ljud vid svängar (i låg fart med fullt rattutslag)

☐ Brist på smörjning i knuten, eventuellt på grund av defekt damask (kapitel 8)
☐ Sliten yttre drivknut (kapitel 8)

Vibrationer vid acceleration eller inbromsning

☐ Sliten inre drivknut (kapitel 8)
☐ Böjd eller skev drivaxel (kapitel 8)

Bromssystem

Observera: *Innan bromsarna antas vara defekta, kontrollera att däcken är i gott skick och att de har rätt lufttryck, att framvagnens inställning är korrekt samt att bilen inte är ojämnt belastad. Utöver kontroll av alla rör- och slanganslutningars skick, skall alla fel och åtgärder i ABS-systemet (låsningsfria bromsar) överlåtas till en Volvoverkstad.*

Bilen drar åt ena sidan vid inbromsning

☐ Slitna, defekta, skadade eller förorenade främre eller bakre bromsklossar på en sida (kapitel 9)
☐ Skuren eller delvis skuren främre eller bakre bromsokskolv (kapitel 9)
☐ Olika sorters bromsklossbelägg monterade på sidorna (kapitel 9)
☐ Bromsokets fästbultar lösa (kapitel 9)
☐ Slitna eller skadade delar i fjädring eller styrning (kapitel 10)

Oljud (slipljud eller högt gnisslande) vid inbromsning

☐ Bromsklossbelägg nedslitna till stödplattan (kapitel 9)
☐ Kraftig korrosion på bromsskivan (kan framträda när bilen har stått ett tag (kapitel 9)

Överdrivet lång pedalväg

☐ Defekt huvudcylinder (kapitel 9)
☐ Luft i hydraulsystemet (kapitel 9)

Bromspedalen känns svampig vid nedtryckning

☐ Luft i hydraulsystemet (kapitel 9)
☐ Åldrade bromsslangar (kapitel 9)
☐ Huvudcylinderns fästmuttrar lösa (kapitel 9)
☐ Defekt huvudcylinder (kapitel 9)

Bromssystem (fortsättning)

Överdriven pedalkraft krävs för att stanna bilen

- [ ] Defekt vakuumservo (kapitel 9)
- [ ] Bromsservons vakuumslang otillräckligt fastsatt, losskopplad eller skadad (kapitel 9)
- [ ] Defekt primär- eller sekundärkrets (kapitel 9)
- [ ] Anfrätt(a) bromsokskolv(ar) (kapitel 9)
- [ ] Bromsklossarna felmonterade (kapitel 9)
- [ ] Fel typ av bromsklossar monterade (kapitel 9)
- [ ] Bromsklossarnas belägg förorenade (kapitel 9)

Skakningar i bromspedal eller ratt vid bromsning

- [ ] Överdrivet skeva eller ovala främre eller bakre skivor (kapitel 9)
- [ ] Bromsklossarnas belägg slitna (kapitel 9)
- [ ] Bromsokets fästbultar lösa (kapitel 9)
- [ ] Slitage i fjädringens eller styrningens komponenter eller fästen (kapitel 10)

Bromsarna kärvar

- [ ] Anfrätt(a) bromsokskolv(ar) (kapitel 9)
- [ ] Defekt handbromsmekanism (kapitel 9)
- [ ] Defekt huvudcylinder (kapitel 9)

Fjädring och styrning

Observera: *Kontrollera att felet inte beror på fel lufttryck i däcken, blandade däcktyper eller kärvande bromsar innan fjädringen eller styrningen diagnostiseras som defekta.*

Bilen drar åt ena sidan

- [ ] Defekt däck (*Veckokontroller*)
- [ ] Kraftigt slitage i fjädringens eller styrningens komponenter (kapitel 10)
- [ ] Felaktig fram- eller bakhjulsinställning (kapitel 10)
- [ ] Skadade styrnings- eller fjädringskomponenter efter olycka (kapitel 10)

Hjulen vinglar och skakar

- [ ] Framhjulen obalanserade (vibration känns huvudsakligen i ratten) (*Veckokontroller*)
- [ ] Bakhjulen obalanserade (vibration känns i hela bilen) (*Veckokontroller*)
- [ ] Skadade eller skeva hjul (*Veckokontroller*)
- [ ] Defekt eller skadat däck (*Veckokontroller*)
- [ ] Slitage i styrning eller fjädring (kapitel 10)
- [ ] Lösa hjulbultar (kapitel 1)

Överdrivna krängningar och/eller nigningar vid kurvtagning eller bromsning

- [ ] Defekta stötdämpare (kapitel 10)
- [ ] Trasig eller svag spiralfjäder och/eller fjädringsdel (kapitel 10)
- [ ] Slitage eller skada på krängningshämmare eller fästen (kapitel 10)

Bilen vandrar på vägen eller är allmänt instabil

- [ ] Felaktig hjulinställning (kapitel 10)
- [ ] Slitage i styrning eller fjädring (kapitel 10)
- [ ] Hjulen obalanserade (*Veckokontroller*)
- [ ] Defekt eller skadat däck (*Veckokontroller*)
- [ ] Lösa hjulbultar (kapitel 1)
- [ ] Defekta stötdämpare (kapitel 10)

Överdrivet stel styrning

- [ ] Styrningspumpens drivrem är trasig eller slirar (kapitel 1)
- [ ] Defekt styrningspump (kapitel 10)
- [ ] Skuren spindelled i styrstagsände eller fjädring (kapitel 10)
- [ ] Felaktig framhjulsinställning (kapitel 10)
- [ ] Kuggstången eller rattstången böjd eller skadad (kapitel 10)

Överdrivet spel i styrningen

- [ ] Slitage i rattstångens universalkoppling(ar) (kapitel 10)
- [ ] Slitage i spindelled i styrstagsände (kapitel 10)
- [ ] Slitage i styrväxeln (kapitel 10)
- [ ] Slitage i styrningens eller fjädringens leder, bussningar eller komponenter (kapitel 10)

Bristande servoeffekt

- [ ] Styrningspumpens drivrem är trasig eller slirar (kapitel 1)
- [ ] Felaktig oljenivå (*Veckokontroller*)
- [ ] Igensatta oljeslangar (kapitel 10)
- [ ] Defekt styrningspump (kapitel 10)
- [ ] Defekt styrväxel (kapitel 10)

Överdrivet däckslitage

Däcken slitna på inner- eller ytterkanten

- [ ] För lite luft i däcken (*Veckokontroller*)
- [ ] Felaktiga camber- eller castervinklar (slitage på en kant) (kapitel 10)
- [ ] Slitage i styrning eller fjädring (kapitel 10)
- [ ] Överdrivet hård kurvtagning
- [ ] Skada efter olycka

Däckmönstret har fransiga kanter

- [ ] Felaktig toe-inställning (kapitel 10)

Slitage i mitten av däckmönstret

- [ ] För mycket luft i däcken (*Veckokontroller*)

Däcken slitna på inner- och ytterkanten

- [ ] För lite luft i däcken (*Veckokontroller*)

Ojämnt däckslitage

- [ ] Däcken obalanserade (*Veckokontroller*)
- [ ] Stort kast i hjul eller däck (*Veckokontroller*)
- [ ] Slitna stötdämpare (kapitel 10)
- [ ] Defekt däck (*Veckokontroller*)

Elsystem

Observera: *Vid problem med startsystemet, se felen under Motor tidigare i detta avsnitt.*

Batteriet laddar ur på bara ett par dagar

- ☐ Batteriet defekt invändigt (kapitel 5A)
- ☐ Batteriets elektrolytnivå låg (kapitel 1)
- ☐ Batterianslutningarna sitter löst eller är korroderade (*Veckokontroller*)
- ☐ Drivremmen är sliten eller slirar (kapitel 1)
- ☐ Generatorn laddar inte vid korrekt effekt (kapitel 5A)
- ☐ Generatorn eller spänningsregulatorn defekt (kapitel 5A)
- ☐ Kortslutning orsakar kontinuerlig urladdning av batteriet (kapitel 5A eller 12)

Laddningslampan fortsätter lysa när motorn går

- ☐ Drivremmen är sliten eller slirar (kapitel 1)
- ☐ Växelströmsgeneratorns borstar är slitna eller smutsiga, eller har fastnat (kapitel 5A)
- ☐ Fjädrarna till växelströmsgeneratorns borstar svaga eller trasiga (kapitel 5A)
- ☐ Internt fel i generatorn eller spänningsregulatorn (kapitel 5A)
- ☐ Trasigt, urkopplat eller glappt kablage i laddningskretsen (kap 5A)

Laddningslampan tänds inte

- ☐ Varningslampans glödlampa trasig (kapitel 12)
- ☐ Trasigt, urkopplat eller glappt kablage i varningslampans krets (kapitel 12)
- ☐ Defekt växelströmsgenerator (kapitel 5A)

Ljusen fungerar inte

- ☐ Trasig glödlampa (kapitel 12)
- ☐ Korrosion på glödlampa eller sockel (kapitel 12)
- ☐ Trasig säkring (kapitel 12)
- ☐ Defekt relä (kapitel 12)
- ☐ Trasigt, löst eller urkopplat kablage (kapitel 12)
- ☐ Defekt brytare (kapitel 12)

Instrumentavläsningarna missvisande eller ryckiga

Instrumentavläsningarna stiger med motorvarvtalet

- ☐ Instrumentbrädans reglagekomponenter eller kretsar defekta (kapitel 12)

Varvräknaren ger inget eller felaktigt utslag

- ☐ Instrumentbrädans reglagekomponenter eller kretsar defekta (kapitel 12)
- ☐ Defekt varvtalsgivare (kapitel 5B)
- ☐ Motorstyrningssystemet defekt (kapitel 4A eller 5B)
- ☐ Kretsavbrott (kapitel 12)
- ☐ Defekt mätare (kapitel 12)

Bränsle- eller temperaturmätaren ger inget utslag

- ☐ Instrumentbrädans reglagekomponenter eller kretsar defekta (kapitel 12)
- ☐ Motorstyrningssystemet defekt (kapitel 4A eller 5B)
- ☐ Defekt givare (kapitel 3 eller 4A)
- ☐ Kretsavbrott (kapitel 12)
- ☐ Defekt mätare (kapitel 12)

Bränsle- eller temperaturmätaren ger kontinuerligt maximalt utslag

- ☐ Instrumentbrädans reglagekomponenter eller kretsar defekta (kapitel 12)
- ☐ Defekt givare (kapitel 3 eller 4A)
- ☐ Kortslutning (kapitel 12)
- ☐ Defekt mätare (kapitel 12)

Signalhornet fungerar dåligt eller inte alls

Signalhornet fungerar inte

- ☐ Trasig säkring (kapitel 12)
- ☐ Rattens kabelanslutningar glappa, trasiga eller urkopplade (kapitel 10)
- ☐ Defekt signalhorn (kapitel 12)

Signalhornet avger ryckigt eller otillfredsställande ljud

- ☐ Rattens kabelanslutningar glappa, trasiga eller urkopplade (kapitel 10)
- ☐ Signalhornets fästen sitter löst (kapitel 12)
- ☐ Defekt signalhorn (kapitel 12)

Signalhornet tjuter hela tiden

- ☐ Signalhornets kontakt jordad eller har fastnat (kapitel 10)
- ☐ Rattens kabelanslutningar jordade (kapitel 10)

Vindrute-/bakrutetorkarna fungerar dåligt eller inte alls

Torkare fungerar inte eller går mycket långsamt

- ☐ Torkarbladen har fastnat vid rutan eller länksystemet har skurit (kapitel 12)
- ☐ Trasig säkring (kapitel 12)
- ☐ Kablage eller anslutningar lösa, trasiga eller urkopplade (kapitel 12)
- ☐ Defekt relä (kapitel 12)
- ☐ Defekt torkarmotor (kapitel 12)

Torkarbladen sveper för stor eller för liten del av rutan

- ☐ Torkararmarna felaktigt placerade i spindlarna (kapitel 12)
- ☐ Överdrivet slitage i torkarnas länksystem (kapitel 12)
- ☐ Torkarmotorns eller länksystemets fästen sitter löst (kapitel 12)

Torkarbladen rengör inte rutan effektivt

- ☐ Torkarbladens gummi slitet eller saknas (*Veckokontroller*)
- ☐ Trasiga torkarfjädrar eller skurna armtappar (kapitel 12)
- ☐ Spolarvätskan har för låg koncentration för att beläggningen ska kunna tvättas bort (*Veckokontroller*)

Vindrute-/bakrutespolarna fungerar dåligt eller inte alls

Ett eller flera spolarmunstycken sprutar inte

- ☐ Blockerat spolarmunstycke (kapitel 12)
- ☐ Losskopplad, veckad eller igensatt spolarslang (kapitel 12)
- ☐ För lite spolarvätska i spolarvätskebehållaren (*Veckokontroller*)

Spolarpumpen fungerar inte

- ☐ Trasiga eller lösa kablar eller anslutningar (kapitel 12)
- ☐ Trasig säkring (kapitel 12)
- ☐ Defekt spolarbrytare (kapitel 12)
- ☐ Defekt spolarpump (kapitel 12)

Spolarpumpen går ett tag innan det kommer någon spolarvätska

- ☐ Defekt envägsventil i vätskematarslangen (kapitel 12)

Elsystem (fortsättning)

De elektriska fönsterhissarna fungerar dåligt eller inte alls

Fönsterrutan rör sig bara i en riktning
☐ Defekt brytare (kapitel 12)

Fönsterrutan rör sig långsamt
☐ Dörrglasstyrningens kanaler feljusterade (kapitel 11)
☐ Fönsterhissen har skurit, är skadad eller behöver smörjas (kapitel 11)
☐ Dörrens inre komponenter eller klädsel hindrar fönsterhissen (kapitel 11)
☐ Defekt motor (kapitel 12)

Fönsterrutan rör sig inte
☐ Dörrglasets styrningskanaler feljusterade (kapitel 11)
☐ Trasig säkring (kapitel 12)
☐ Defekt relä (kapitel 12)
☐ Trasiga eller lösa kablar eller anslutningar (kapitel 12)
☐ Defekt motor (kapitel 12)

Centrallåset fungerar dåligt eller inte alls

Totalt systemhaveri
☐ Trasig säkring (kapitel 12)
☐ Defekt relä (kapitel 12)
☐ Trasiga eller lösa kablar eller anslutningar (kapitel 12)

Regeln låser men låser inte upp, eller låser upp men låser inte
☐ Dörrlåsets mikrobrytare defekt (kapitel 11)
☐ Regelns reglagestag trasiga eller losskopplade (kapitel 11)
☐ Defekt relä (kapitel 12)

En låsmotor arbetar inte
☐ Trasiga eller lösa kablar eller anslutningar (kapitel 12)
☐ Defekt låsmotor (kapitel 11)
☐ Regelns reglagestag trasiga, losskopplade eller kärvar (kapitel 11)
☐ Defekt dörregel (kapitel 11)

A

ABS (Anti-lock brake system) Låsningsfria bromsar. Ett system, vanligen elektroniskt styrt, som känner av påbörjande låsning av hjul vid inbromsning och lättar på hydraultrycket på hjul som ska till att låsa.

Air bag (krockkudde) En uppblåsbar kudde dold i ratten (på förarsidan) eller instrumentbrädan eller handskfacket (på passagerarsidan) Vid kollision blåses kuddarna upp vilket hindrar att förare och framsätespassagerare kastas in i ratt eller vindruta.

Ampere (A) En måttenhet för elektrisk ström. 1 A är den ström som produceras av 1 volt gående genom ett motstånd om 1 ohm.

Anaerobisk tätning En massa som används som gänglås. Anaerobisk innebär att den inte kräver syre för att fungera.

Antikärvningsmedel En pasta som minskar risk för kärvning i infästningar som utsätts för höga temperaturer, som t.ex. skruvar och muttrar till avgasrenrör. Kallas även gängskydd.

Antikärvningsmedel

Asbest Ett naturligt fibröst material med stor värmetolerans som vanligen används i bromsbelägg. Asbest är en hälsorisk och damm som alstras i bromsar ska aldrig inandas eller sväljas.

Avgasgrenrör En del med flera passager genom vilka avgaserna lämnar förbränningskamrarna och går in i avgasröret.

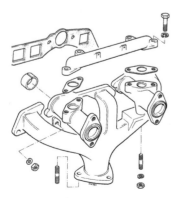
Avgasgrenrör

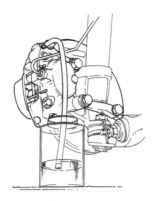
Avluftning av bromsarna

Avluftning av bromsar Avlägsnande av luft från hydrauliskt bromssystem.

Avluftningsnippel En ventil på ett bromsok, hydraulcylinder eller annan hydraulisk del som öppnas för att tappa ur luften i systemet.

Axel En stång som ett hjul roterar på, eller som roterar inuti ett hjul. Även en massiv balk som håller samman två hjul i bilens ena ände. En axel som även överför kraft till hjul kallas drivaxel.

Axialspel Rörelse i längdled mellan två delar. För vevaxeln är det den distans den kan röra sig framåt och bakåt i motorblocket.

B

Belastningskänslig fördelningsventil En styrventil i bromshydrauliken som fördelar bromseffekten, med hänsyn till bakaxelbelastningen.

Bladmått Ett tunt blad av härdat stål, slipat till exakt tjocklek, som används till att mäta spel mellan delar.

Bladmått

Bromsback Halvmåneformad hållare med fastsatt bromsbelägg som tvingar ut beläggen i kontakt med den roterande bromstrumman under inbromsning.

Bromsbelägg Det friktionsmaterial som kommer i kontakt med bromsskiva eller bromstrumma för att minska bilens hastighet. Beläggen är limmade eller nitade på bromsklossar eller bromsbackar.

Bromsklossar Utbytbara friktionsklossar som nyper i bromsskivan när pedalen trycks ned. Bromsklossar består av bromsbelägg som limmats eller nitats på en styv bottenplatta.

Bromsok Den icke roterande delen av en skivbromsanordning. Det grenslar skivan och håller bromsklossarna. Oket innehåller även de hydrauliska delar som tvingar klossarna att nypa skivan när pedalen trycks ned.

Bromsskiva Den del i en skivbromsanordning som roterar med hjulet.

Bromstrumma Den del i en trumbromsanordning som roterar med hjulet.

C

Caster I samband med hjulinställning, lutningen framåt eller bakåt av styrningens axialled. Caster är positiv när styrningens axialled lutar bakåt i överkanten.

CV-knut En typ av universalknut som upphäver vibrationer orsakade av att drivkraft förmedlas genom en vinkel.

D

Diagnostikkod Kodsiffror som kan tas fram genom att gå till diagnosläget i motorstyrningens centralenhet. Koden kan användas till att bestämma i vilken del av systemet en felfunktion kan förekomma.

Draghammare Ett speciellt verktyg som skruvas in i eller på annat sätt fästes vid en del som ska dras ut, exempelvis in axel. Ett tungt glidande handtag dras utmed verktygsaxeln mot ett stopp i änden vilket rycker avsedd del fri.

Drivaxel En roterande axel på endera sidan differentialen som ger kraft från slutväxeln till drivhjulen. Även varje axel som används att överföra rörelse.

Drivrem(mar) Rem(mar) som används till att driva tillbehörsutrustning som generator, vattenpump, servostyrning, luftkonditioneringskompressor mm, från vevaxelns remskiva.

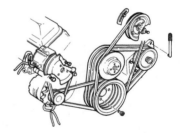
Drivremmar till extrautrustning

Dubbla överliggande kamaxlar (DOHC) En motor försedd med två överliggande kamaxlar, vanligen en för insugsventilerna och en för avgasventilerna.

E

EGR-ventil Avgasåtercirkulationsventil. En ventil som för in avgaser i insugsluften.

Elektrodavstånd Den distans en gnista har att överbrygga från centrumelektroden till sidoelektroden i ett tändstift.

Justering av elektrodavståndet

Elektronisk bränsleinsprutning (EFI) Ett datorstyrt system som fördelar bränsle till förbränningskamrarna via insprutare i varje insugsport i motorn.

Elektronisk styrenhet En dator som exempelvis styr tändning, bränsleinsprutning eller låsningsfria bromsar.

F

Finjustering En process där noggranna justeringar och byten av delar optimerar en motors prestanda.

Fjäderben Se MacPherson-ben.

Fläktkoppling En viskös drivkoppling som medger variabel kylarfläkthastighet i förhållande till motorhastigheten.

Frostplugg En skiv- eller koppformad metallbricka som monterats i ett hål i en gjutning där kärnan avlägsnats.

Frostskydd Ett ämne, vanligen etylenglykol, som blandas med vatten och fylls i bilens kylsystem för att förhindra att kylvätskan fryser vintertid. Frostskyddet innehåller även kemikalier som förhindrar korrosion och rost och andra avlagringar som skulle kunna blockera kylare och kylkanaler och därmed minska effektiviteten.

Fördelningsventil En hydraulisk styrventil som begränsar trycket till bakbromsarna vid panikbromsning så att hjulen inte låser sig.

Förgasare En enhet som blandar bränsle med luft till korrekta proportioner för önskad effekt från en gnistantänd förbränningsmotor.

G

Generator En del i det elektriska systemet som förvandlar mekanisk energi från drivremmen till elektrisk energi som laddar batteriet, som i sin tur driver startsystem, tändning och elektrisk utrustning.

Glidlager Den krökta ytan på en axel eller i ett lopp, eller den del monterad i endera, som medger rörelse mellan dem med ett minimum av slitage och friktion.

Gängskydd Ett täckmedel som minskar risken för gängskärning i bultförband som utsätts för stor hetta, exempelvis grenrörets bultar och muttrar. Kallas även antikärvningsmedel.

H

Handbroms Ett bromssystem som är oberoende av huvudbromsarnas hydraulikkrets. Kan användas till att stoppa bilen om huvudbromsarna slås ut, eller till att hålla bilen stilla utan att bromspedalen trycks ned. Den består vanligen av en spak som aktiverar främre eller bakre bromsar mekaniskt via vajrar och länkar. Kallas även parkeringsbroms.

Harmonibalanserare En enhet avsedd att minska fjädring eller vridande vibrationer i vevaxeln. Kan vara integrerad i vevaxelns remskiva. Även kallad vibrationsdämpare.

Hjälpstart Start av motorn på en bil med urladdat eller svagt batteri genom koppling av startkablar mellan det svaga batteriet och ett laddat hjälpbatteri.

Honare Ett slipverktyg för korrigering av smärre ojämnheter eller diameterskillnader i ett cylinderlopp.

Hydraulisk ventiltryckare En mekanism som använder hydrauliskt tryck från motorns smörjsystem till att upprätthålla noll ventilspel (konstant kontakt med både kamlob och ventilskaft). Justeras automatiskt för variation i ventilskaftslängder. Minskar även ventiljudet.

I

Insexnyckel En sexkantig nyckel som passar i ett försänkt sexkantigt hål.

Insugsrör Rör eller kåpa med kanaler genom vilka bränsle/luftblandningen leds till insugsportarna.

K

Kamaxel En roterande axel på vilken en serie lober trycker ned ventilerna. En kamaxel kan drivas med drev, kedja eller tandrem med kugghjul.

Kamkedja En kedja som driver kamaxeln.

Kamrem En tandrem som driver kamaxeln. Allvarliga motorskador kan uppstå om kamremmen brister vid körning.

Kanister En behållare i avdunstningsbegränsningen, innehåller aktivt kol för att fånga upp bensinångor från bränslesystemet.

Kanister

Kardanaxel Ett långt rör med universalknutar i bägge ändar som överför kraft från växellådan till differentialen på bilar med motorn fram och drivande bakhjul.

Kast Hur mycket ett hjul eller drev slår i sidled vid rotering. Det spel en axel roterar med. Orundhet i en roterande del.

Katalysator En ljuddämparliknande enhet i avgassystemet som omvandlar vissa föroreningar till mindre hälsovådliga substanser.

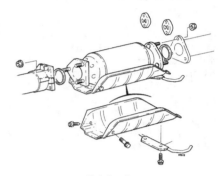

Katalysator

Kompression Minskning i volym och ökning av tryck och värme hos en gas, orsakas av att den kläms in i ett mindre utrymme.

Kompressionsförhållande Skillnaden i cylinderns volymer mellan kolvens ändlägen.

Kopplingsschema En ritning över komponenter och ledningar i ett fordons elsystem som använder standardiserade symboler.

Krockkudde (Airbag) En uppblåsbar kudde dold i ratten (på förarsidan) eller instrumentbrädan eller handskfacket (på passagerarsidan) Vid kollision blåses kuddarna upp vilket hindrar att förare och framsätespassagerare kastas in i ratt eller vindruta.

Krokodilklämma Ett långkäftat fjäderbelastat clips med ingreppande tänder som används till tillfälliga elektriska kopplingar.

Kronmutter En mutter som vagt liknar kreneleringen på en slottsmur. Används tillsammans med saxsprint för att låsa bultförband extra väl.

Krysskruv Se Phillips-skruv

Kronmutter

Kugghjul Ett hjul med tänder eller utskott på omkretsen, formade för att greppa in i en kedja eller rem.

Kuggstångsstyrning Ett styrsystem där en pinjong i rattstångens ände går i ingrepp med en kuggstång. När ratten vrids, vrids även pinjongen vilket flyttar kuggstången till höger eller vänster. Denna rörelse överförs via styrstagen till hjulets styrleder.

Kullager Ett friktionsmotverkande lager som består av härdade inner- och ytterbanor och har härdade stålkulor mellan banorna.

Kylare En värmeväxlare som använder flytande kylmedium, kylt av fartvinden/fläkten till att minska temperaturen på kylvätskan i en förbränningsmotors kylsystem.

Kylmedia Varje substans som används till värmeöverföring i en anläggning för luftkonditionering. R-12 har länge varit det huvudsakliga kylmediet men tillverkare har nyligen börjat använda R-134a, en CFC-fri substans som anses vara mindre skadlig för ozonet i den övre atmosfären.

L

Lager Den böjda ytan på en axel eller i ett lopp, eller den del som monterad i någon av dessa tillåter rörelse mellan dem med minimal slitage och friktion.

Lager

Lambdasond En enhet i motorns grenrör som känner av syrehalten i avgaserna och omvandlar denna information till elektricitet som bär information till styrelektroniken. Även kalla syresensor.

Luftfilter Filtret i luftrenaren, vanligen tillverkat av veckat papper. Kräver byte med regelbundna intervaller.

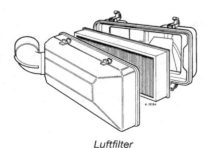
Luftfilter

Luftrenare En kåpa av plast eller metall, innehållande ett filter som tar undan damm och smuts från luft som sugs in i motorn.

Låsbricka En typ av bricka konstruerad för att förhindra att en ansluten mutter lossnar.

Låsmutter En mutter som låser en justermutter, eller annan gängad del, på plats. Exempelvis används låsmutter till att hålla justermuttern på vipparmen i läge.

Låsring Ett ringformat clips som förhindrar längsgående rörelser av cylindriska delar och axlar. En invändig låsring monteras i en skåra i ett hölje, en yttre låsring monteras i en utvändig skåra på en cylindrisk del som exempelvis en axel eller tapp.

M

MacPherson-ben Ett system för framhjulsfjädring uppfunnet av Earle MacPherson vid Ford i England. I sin ursprungliga version skapas den nedre bärarmen av en enkel lateral länk till krängningshämmaren. Ett fjäderben - en integrerad spiralfjäder och stötdämpare - finns monterad mellan karossen och styrknogen. Många moderna MacPherson-ben använder en vanlig nedre A-arm och inte krängningshämmaren som nedre fäste.

Markör En remsa med en andra färg i en ledningsisolering för att skilja ledningar åt.

Motor med överliggande kamaxel (OHC) En motor där kamaxeln finns i topplocket.

Motorstyrning Ett datorstyrt system som integrerat styr bränsle och tändning.

Multimätare Ett elektriskt testinstrument som mäter spänning, strömstyrka och motstånd.

Mätare En instrumentpanelvisare som används till att ange motortillstånd. En mätare med en rörlig pekare på en tavla eller skala är analog. En mätare som visar siffror är digital.

N

NOx Kväveoxider. En vanlig giftig förorening utsläppt av förbränningsmotorer vid högre temperaturer.

O

O-ring En typ av tätningsring gjord av ett speciellt gummiliknande material. O-ringen fungerar så att den trycks ihop i en skåra och därmed utgör tätningen.

O-ring

Ohm Enhet för elektriskt motstånd. 1 volt genom ett motstånd av 1 ohm ger en strömstyrka om 1 ampere.

Ohmmätare Ett instrument för uppmätning av elektriskt motstånd.

P

Packning Mjukt material - vanligen kork, papp, asbest eller mjuk metall - som monteras mellan två metallytor för att erhålla god tätning. Exempelvis tätar topplockspackningen fogen mellan motorblocket och topplocket.

Packning

Phillips-skruv En typ av skruv med ett korsspår, istället för ett rakt, för motsvarande skruvmejsel. Vanligen kallad krysskruv.

Plastigage En tunn plasttråd, tillgänglig i olika storlekar, som används till att mäta toleranser. Exempelvis så läggs en remsa Plastigage tvärs över en lagertapp. Delarna sätts ihop och tas isär. Bredden på den klämda remsan anger spelrummet mellan lager och tapp.

Plastigage

R

Rotor I en fördelare, den roterande enhet inuti fördelardosan som kopplar samman centrumelektroden med de yttre kontakterna vartefter den roterar, så att högspänningen från tändspolens sekundärlindning leds till rätt tändstift. Även den del av generatorn som roterar inuti statorn. Även de roterande delarna av ett turboaggregat, inkluderande kompressorhjulet, axeln och turbinhjulet.

S

Sealed-beam strålkastare En äldre typ av strålkastare som integrerar reflektor, lins och glödtrådar till en hermetiskt försluten enhet. När glödtråden går av eller linsen spricker byts hela enheten.

Shims Tunn distansbricka, vanligen använd till att justera inbördes lägen mellan två delar. Exempelvis sticks shims in i eller under ventiltryckarhylsor för att justera ventilspelet. Spelet justeras genom byte till shims av annan tjocklek.

Skivbroms En bromskonstruktion med en roterande skiva som kläms mellan bromsklossar. Den friktion som uppstår omvandlar bilens rörelseenergi till värme.

Skjutmått Ett precisionsmätinstrument som mäter inre och yttre dimensioner. Inte riktigt lika exakt som en mikrometer men lättare att använda.

Smältsäkring Ett kretsskydd som består av en ledare omgiven av värmetålig isolering. Ledaren är tunnare än den ledning den skyddar och är därmed den svagaste länken i kretsen. Till skillnad från en bränd säkring måste vanligen en smältsäkring skäras bort från ledningen vid byte.

Spel Den sträcka en del färdas innan något inträffar. "Luften" i ett länksystem eller ett montage mellan första ansatsen av kraft och verklig rörelse. Exempel, den sträcka bromspedalen färdas innan kolvarna i huvudcylindern rör på sig. Även utrymmet mellan två delar, exempelvis kolv och cylinderlopp.

Spiralfjäder En spiral av elastiskt stål som förekommer i olika storlekar på många platser i en bil, bland annat i fjädringen och ventilerna i topplocket.

Startspärr På bilar med automatväxellåda förhindrar denna kontakt att motorn startas annat än om växelväljaren är i N eller P.

Storändslager Lagret i den ände av vevstaken som är kopplad till vevaxeln.

Svetsning Olika processer som används för att sammanfoga metallföremål genom att hetta upp dem till smältning och sammanföra dem.

Svänghjul Ett tungt roterande hjul vars energi tas upp och sparas via moment. På bilar finns svänghjulet monterat på vevaxeln för att utjämna kraftpulserna från arbetstakterna.

Syresensor En enhet i motorns grenrör som känner av syrehalten i avgaserna och omvandlar denna information till elektricitet som bär information till styrelektroniken. Även kalla Lambdasond.

Säkring En elektrisk enhet som skyddar en krets mot överbelastning. En typisk säkring innehåller en mjuk metallbit kalibrerad att smälta vid en förbestämd strömstyrka, angiven i ampere, och därmed bryta kretsen.

T

Termostat En värmestyrd ventil som reglerar kylvätskans flöde mellan blocket och kylaren vilket håller motorn vid optimal arbetstemperatur. En termostat används även i vissa luftrenare där temperaturen är reglerad.

Toe-in Den distans som framhjulens framkanter är närmare varandra än bak-kanterna. På bakhjulsdrivna bilar specificeras vanligen ett litet toe-in för att hålla framhjulen parallella på vägen, genom att motverka de krafter som annars tenderar att vilja dra isär framhjulen.

Toe-ut Den distans som framhjulens bakkanter är närmare varandra än framkanterna. På bilar med framhjulsdrift specificeras vanligen ett litet toe-ut.

Toppventilsmotor (OHV) En motortyp där ventilerna finns i topplocket medan kamaxeln finns i motorblocket.

Torpedplåten Den isolerade avbalkningen mellan motorn och passagerarutrymmet.

Trumbroms En bromsanordning där en trumformad metallcylinder monteras inuti ett hjul. När bromspedalen trycks ned pressas böjda bromsbackar försedda med bromsbelägg mot trummans insida så att bilen saktar in eller stannar.

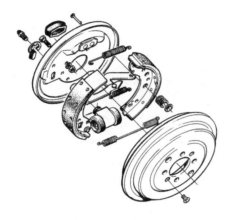

Trumbroms, montage

Turboaggregat En roterande enhet, driven av avgastrycket, som komprimerar insugsluften. Används vanligen till att öka motoreffekten från en given cylindervolym, men kan även primäranvändas till att minska avgasutsläpp.

Tändföljd Turordning i vilken cylindrarnas arbetstakter sker, börjar med nr 1.

Tändläge Det ögonblick då tändstiftet ger gnista. Anges vanligen som antalet vevaxelgrader för kolvens övre dödpunkt.

Tätningsmassa Vätska eller pasta som används att täta fogar. Används ibland tillsammans med en packning.

U

Universalknut En koppling med dubbla pivåer som överför kraft från en drivande till en driven axel genom en vinkel. En universalknut består av två Y-formade ok och en korsformig del kallad spindeln.

Urtrampningslager Det lager i kopplingen som flyttas inåt till frigöringsarmen när kopplingspedalen trycks ned för frikoppling.

V

Ventil En enhet som startar, stoppar eller styr ett flöde av vätska, gas, vakuum eller löst material via en rörlig del som öppnas, stängs eller delvis maskerar en eller flera portar eller kanaler. En ventil är även den rörliga delen av en sådan anordning.

Ventilspel Spelet mellan ventilskaftets övre ände och ventiltryckaren. Spelet mäts med stängd ventil.

Ventiltryckare En cylindrisk del som överför rörelsen från kammen till ventilskaftet, antingen direkt eller via stötstång och vipparm. Även kallad kamsläpa eller kamföljare.

Vevaxel Den roterande axel som går längs med vevhuset och är försedd med utstickande vevtappar på vilka vevstakarna är monterade.

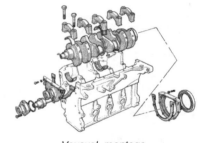

Vevaxel, montage

Vevhus Den nedre delen av ett motorblock där vevaxeln roterar.

Vibrationsdämpare En enhet som är avsedd att minska fjädring eller vridande vibrationer i vevaxeln. Enheten kan vara integrerad i vevaxelns remskiva. Kallas även harmonibalanserare.

Vipparm En arm som gungar på en axel eller tapp. I en toppventilsmotor överför vipparmen stötstångens uppåtgående rörelse till nedåtgående rörelse som öppnar ventilen.

Viskositet Tjockleken av en vätska eller dess flödesmotstånd.

Volt Enhet för elektrisk spänning i en krets 1 volt genom ett motstånd av 1 ohm ger en strömstyrka om 1 ampere.

Observera: *Hänvisningarna i registret ges i formen "kapitelnummer" • "sidnummer"*